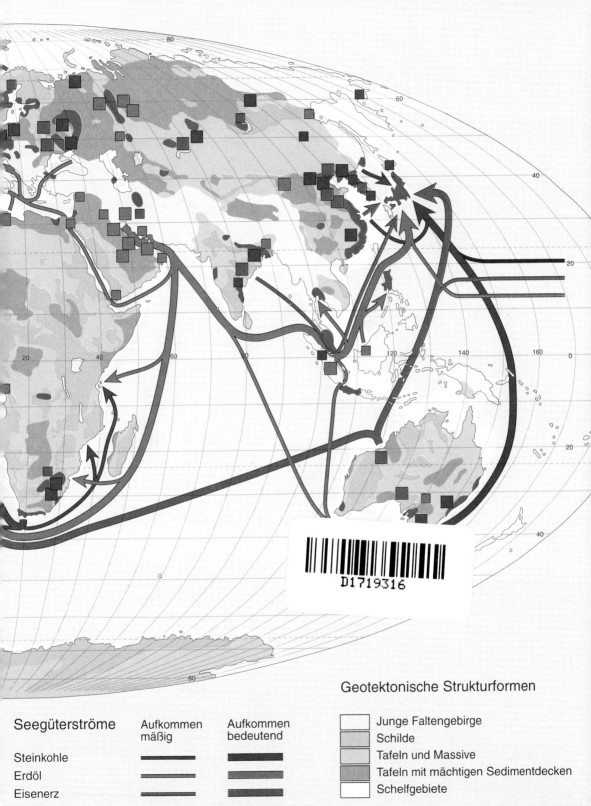

1 : 100 000 000

Geotektonische Strukturformen

Seegüterströme | Aufkommen mäßig | Aufkommen bedeutend

Steinkohle

Erdöl

Eisenerz

Junge Faltengebirge

Schilde

Tafeln und Massive

Tafeln mit mächtigen Sedimentdecken

Schelfgebiete

D1719316

# Naturressourcen der Erde und ihre Nutzung

# PERTHES GEOGRAPHIEKOLLEG

# Naturressourcen der Erde und ihre Nutzung

### 2., überarbeitete und erweiterte Auflage

## Heiner Barsch und Klaus Bürger

### 80 Abbildungen und 88 Tabellen

## Justus Perthes Verlag Gotha

Die Deutsche Bibliothek – CIP-Einheitsaufnahme

**Barsch, Heiner:**
Naturressourcen der Erde und ihre Nutzung : 88 Tabellen /
Heiner Barsch und Klaus Bürger. – 2., überarb. und erw. Aufl. –
Gotha : Perthes, 1996
  (Perthes Geographiekolleg)
  ISBN 3–623–00838–9
NE: Bürger, Klaus:

Anschriften der Autoren:
PROF. DR. HEINER BARSCH, Am Kanal 50, 14467 Potsdam
PROF. DR. KLAUS BÜRGER, Roseggerstraße 10, 14471 Potsdam

Umschlagfoto:
Im Windenergiepark Vogelsberg, Grebenhain-Hartmannshain, Hessen (© Keute/BAVARIA)

ISBN 3–623–00838–9

2. Auflage
© Justus Perthes Verlag Gotha GmbH, Gotha 1996
Printed in Germany. All rights reserved.
Lektor: DR. EBERHARD BENSER, Gotha
Hersteller, Satz und Layout: KartoGraFix Hengelhaupt, Suhl
Einband und Schutzumschlag: KLAUS MARTIN, Arnstadt, und UWE VOIGT, Erfurt
Druck und Buchbinderei: Druckhaus „Thomas Müntzer" GmbH, Bad Langensalza

Gedruckt auf Papier aus chlorfrei gebleichtem Zellstoff

# Inhaltsverzeichnis

8

Vorderes Vorsatz: Bergbau, Industrieballungen und Seegüterströme 1994

Hinteres Vorsatz: Land- und Forstwirtschaft der Erde – Naturbedingungen und Naturrisiken 1993

# Vorwort

Globale Probleme der Menschheitsentwicklung und Interdependenz sind beherrschende Merkmale unserer gegenwärtigen Welt. Sie werden heute von einer breiten Öffentlichkeit diskutiert. Vor dem Hintergrund der Ungleichheit der Lebenschancen in den Ländern der Erde sind nicht zuletzt der Mißbrauch natürlicher Ressourcen und seine Folgen, wie die Ausplünderung von Bodenschätzen, die zunehmende Belastung der Böden und Gewässer, das Verschwinden der Wälder und das Vorrücken der Wüsten, Anlaß zu Sorgen und Fragen. Es entstehen für die Menschheit Sicherheitsrisiken, die den militärischen an Gefährlichkeit nicht nachstehen.

Die Verfasser dieses Buches waren bestrebt, das Beziehungsgefüge zwischen Mensch und Umwelt, das sich heute bei der Ressourcennutzung herausgebildet hat, auf einer aktuellen wissenschaftlichen Grundlage nachvollziehbar darzustellen. Der an der Ressourcenproblematik interessierte Leser soll sich selbst ein Bild machen können vom Stand der Probleme bei der Ressourcennutzung. Das Buch wendet sich deshalb besonders an Geographiestudenten und Geographielehrer sowie an die im Umweltschutz und in der Sanierungs- und Entwicklungsplanung tätigen Geowissenschaftler.

Die Autoren gehen bei der Behandlung der Ressourcenproblematik von der Grunderkenntnis aus, daß der Reichtum der Erde nicht unerschöpflich und die Gefahr der Vergeudung groß ist. Daher ist es notwendig, rechtzeitig zu warnen. Deshalb zieht sich als zentrale These durch das Buch: Unsere Erde ist ein endlicher Körper. Sie verfügt demzufolge auch nur über eine endliche Größe an Ressourcen, insbesondere an mineralischen, Wasser- sowie Flächen- und Bodenressourcen. Deswegen kann es kein unendliches Wachstum im Ressourcenverbrauch bzw. in der Entsorgung geben. Jedoch würden auch bestehende wirtschaftliche und ökologische Ungleichgewichte verschärft und neue Ungleichgewichte entstehen, wenn man die Nutzung der Naturressourcen ohne Rücksicht auf die Nebenwirkungen von heute auf morgen drastisch einschränkt.

Zugespitzt formuliert, bedeutet dies, daß grenzenlose Technikgläubigkeit ebenso wie unbedingte Technikfeindlichkeit denselben Nährboden haben: mangelnde Einsicht in die Funktionsweise von Mensch-Umwelt-Beziehungen. Die verletzlichen Fließgleichgewichte, die sich zwischen Mensch und Umwelt herausgebildet haben, können ebenso durch Raubbau wie durch einseitig angelegte Schutzmaßnahmen zerstört werden. Beispiele im Buch belegen das.

Die Menschheitsgeschichte ist eine Geschichte von Eingriffen in die Natur. Die Dimensionen dieser Eingriffe haben sich in den letzten Jahrzehnten sprunghaft erhöht. Heute ist es eine existenzielle Aufgabe, die Mensch-Umwelt-Beziehungen im Gleichgewicht zu halten. Das schließt die Entwicklung moderner Technologien zur ressourcenschonenden Nutzung der Natur ebenso ein wie die Schaffung neuer Lösungen zum Schutz der Umwelt vor Abfällen und Abprodukten. Es sind ökonomische und ökologische Strategien gefragt, die nicht nur den Interessen der Industriestaaten gerecht werden, sondern auch den Möglichkeiten der Entwicklungsländer entsprechen. Auch von dieser Zielstellung haben sich die Autoren des Buches leiten lassen.

Neu an der nunmehr zweiten Auflage des Buches „Naturressourcen der Erde und ihre Nutzung" ist, daß die ökologische Komponente der Ressourcennutzung entsprechend ihrer Bedeutungszunahme eine stärkere Beachtung gefunden hat. Darüber hinaus ist der Weiterentwicklung des geowissenschaftlichen Kenntnisstandes, dem Fortgang der weltwirtschaftlichen und weltpolitischen Entwicklung und der statistischen Untermauerung der Darlegungen mit aktuellen Daten in vielfältiger Weise Rechnung getragen worden. Damit soll diese Auflage sowohl aktuelle Fakten vermitteln als auch auf aktuelle Zusammenhänge hinweisen, um so die Bedeutung der These „Global denken – lokal handeln" in der Gegenwart zu verdeutlichen. Das Buch soll zeigen, welche Möglichkeiten und Grenzen der Ressourcennutzung gegeben sind, und hierbei auch aufspüren, wie jeder einzelne im bewußten Umgang mit Naturressourcen Verantwortung für die folgenden Generationen wahrzunehmen hat.

Die Verfasser würden sich freuen, wenn sie auf diesem Wege zu einem vertieften Verständnis wirtschaftlicher wie ökologischer Aspekte der Ressourcennutzung beitragen könnten.

Potsdam, Mai 1996

Heiner Barsch                                                            Klaus Bürger

# 1.
# Nutzung und Schutz der Naturressourcen – ein globales Problem

## 1.1.
## Naturressourcen und Rohstoffe

### *1.1.1.*
### *Naturressourcen*

Der aus dem englischen Sprachraum stammende Begriff „natural resources" hat erst im letzten Drittel unseres Jahrhunderts weltweite Verbreitung gefunden. Er ersetzte die ehemals oft, heute seltener gebrauchten Begriffe „Naturschätze", „Naturgüter", „Naturreichtümer", „Quellen der Natur" oder „natürliche Hilfsquellen".

*Naturressourcen* sind von Menschen genutzte oder nutzbare natürliche Stoffe und Energiearten; sie sind Existenzmittel menschlichen Lebens. In Anlehnung an MINC (1976) gehören dazu die stofflichen Substanzen und Energievorräte (Körper und Kräfte) der Natur, die man – auf dem jeweiligen Niveau der wissenschaftlich-technischen Entwicklung – für die Bedürfnisbefriedigung der Menschheit nutzt oder nutzen kann. Sie können u. a. mineralische, energetische, pflanzliche und tierische, Boden- und Flächenressourcen darstellen.

Naturressourcen sind Teil der Naturausstattung, welche die Gesamtheit der Stoffe, Eigenschaften und Prozesse eines Naturraumes umfaßt und den Gebieten der Erde jeweils ganz spezifische, unverwechselbare, von Naturgesetzen objektiv gestaltete Ausstattungen mit unterschiedlichen Möglichkeiten im Hinblick auf Stoff- und Energieumwandlung gibt. Die Stoffe, Eigenschaften und Prozesse, die sich – bezogen auf einen bestimmten Raum – nutzen lassen, bilden das Naturraumpotential (siehe auch Kapitel 1.4.).

Indem der Mensch von Anfang seiner Existenz an Teile dieses Potentials nutzte – und im Verlauf der historischen Entwicklung zunehmend besser und intensiver zu erschließen verstand –, gab er ihm eine grundlegend neue Funktion, eine neue Zweckbestimmung: Er machte es zur Existenzquelle – zur *Naturressource*.

ZIMMERMANN (1951) bezeichnet in seinem bekannten Buch „World resources and industries" gegebene Substanzen zunächst als potentielle Ressourcen, die erst zu eigentlichen Ressourcen werden, wenn ihre „Inwertsetzung unter spezifischen Rahmenbedingungen beginnt und sie somit eine Funktion erfüllen". Treffend drückte er (1951, S. 15) diesen Prozeß mit den Worten: „Resources are not, they become" (Ressourcen existieren nicht von sich aus, sie werden es erst) aus.

SOYEZ (1985, S. 43) definiert in Anlehnung an ZIMMERMANN den Begriff „Naturressourcen" im funktionalen und dynamischen Sinn so: „Naturressourcen sind Naturgüter von je nach

Rahmenbedingungen unterschiedlichem Wert. Berücksichtigt man, welche Vielfalt unterschiedlicher räumlicher, gesellschaftlicher, politischer und technischer Rahmenbedingungen möglich ist, so wird verständlich, welche Bewertungs- und auch Inwertsetzungsunterschiede für ein und dieselbe Ressource zu verschiedenen Zeiten und an verschiedenen Orten möglich sind." Er weist in seinen Darlegungen darauf hin, daß „.... neben dem artenerhaltenden Dargebot an Luft, Wasser und Nahrung ... der Wert aller sonstigen Ressourcen nicht konstant ist, sondern von den jeweils aktuellen Bedürfnissen und Wertungen der betroffenen Gesellschaft ebenso abhängt wie vom jeweils erreichten technischen Niveau und Organisationsgrad".

In Auswertung vorliegender Definitionen sehen die Verfasser die Naturressourcen als komplizierte Ganzheit der von Menschen nutzbaren natürlichen Stoffe einschließlich Luft, Wasser und Flächen sowie Energieformen an. Sie sind unabdingbare Voraussetzungen menschlichen Lebens, sind Existenzmittel der Menschheit.

Die *Ermittlung* und *Wertung* dieser Ressourcen gewinnt zunehmend an Bedeutung. Wirtschaftsentwicklung und technischer Fortschritt, die Möglichkeiten der Realisierung der Versorgung der Bevölkerung und der Wirtschaft mit lebenswichtigen Nahrungsgütern, Energie und mineralischen Stoffen einerseits, aber auch Ängste und Sorgen der Menschen im Hinblick auf die Gefahr einer nicht mehr ausreichenden Verfügbarkeit über Ressourcen sowie über zunehmende ökologische Schwierigkeiten andererseits sind eng mit der Nutzung der Naturressourcen verknüpft. Um konkrete Antworten auf diesbezügliche Fragen geben zu können, die dann in umwelt- und sozialverträglichen Nutzungskonzepten ihren Niederschlag finden sollen, müssen unsere Kenntnisse über die Ressourcen selbst und deren Verfügbarkeit, über das Mensch-Natur-Verhältnis insgesamt, präzisiert werden.

Der Bedarf an komplexen und detaillierten Ressourcenbewertungen, Szenarien und Modellen der Entwicklung der Nutzung und der Verfügbarkeit, in die neben fach- und allgemeinwissenschaftlichen, ökonomischen, politischen und weltanschaulichen Gesichtspunkten auch moralisch-ethische Aspekte einzubeziehen sind, wächst ständig. Sie müssen – zunehmend genauer – verdeutlichen, wie die Naturressourcen heute und morgen (perspektivisch) so vollständig und effektiv wie möglich genutzt werden können und wie gleichzeitig sorgsamer mit ihnen umgegangen wird, ihr Schutz weitgehend gewährleistet ist. Ein solches Herangehen an die Ressourcenproblematik unterstreicht unsere Grundposition in dieser Frage: die Betrachtung des Mensch- (Gesellschaft-) Natur-Verhältnisses als voneinander abhängige Seiten einer dialektischen Einheit.

Sowohl in seiner Stellung als biologisches Wesen (bedingt durch seine Körperlichkeit und seine biologische Organisation) als auch als gesellschaftliches Wesen ist für den Menschen diese Einheit Voraussetzung seiner Existenz. Ohne unausgesetzten Stoffwechsel mit der Natur – der allerdings Veränderungen unterliegt – können weder Mensch noch Gesellschaft existieren.

## 1.1.2.
## Gliederung der Naturressourcen

Im Zusammenhang mit der Wertung von Naturressourcen ergibt sich die Problematik der *Ressourcengliederung*. Es gibt viele Versuche diesbezüglicher Art. Hier sei auf Möglichkeiten von Klassifizierungen hingewiesen:

1. Klassifikation nach der Zuordnung zum Natursystem. Danach werden Ressourcen einem der beiden Teilsysteme
   – Ressourcen der unbelebten Natur und
   – Ressourcen der belebten Natur
   zugeordnet.
   Ressourcen der unbelebten Natur sind anorganische Stoffe bzw. Stoffe, die beachtliche Anteile an anorganischen Stoffen aufweisen. Sie werden vorwiegend als Quellen für Arbeitsmittel genutzt. Auch Stoffe des unmittelbaren Konsums, wie Luft und Wasser, gehören zu den Ressourcen der unbelebten Natur.
   Ressourcen der belebten Natur sind die pflanzlichen und tierischen Stoffe einschließlich der Mikroorganismen. Sie dienen direkt oder indirekt der Sicherung der Ernährung der Menschheit, sind auch Quelle der stofflichen Realisierung von Arbeits- und Produktionstätigkeit. Die belebte Natur ist infolge der Umwandlung von Stoffen und Energie aus der anorganischen Natur entstanden. Somit ist die anorganische Natur die primäre, die organische Natur die sekundäre Form.

2. Klassifikation der Ressourcen nach Erschöpfbarkeit und Regenerierbarkeit. Nach dieser häufig genutzten Klassifikation werden
   – nichterschöpfliche Ressourcen und
   – erschöpfliche Ressourcen
   unterschieden.
   Meist werden die Ressourcen der unbelebten Natur als erschöpfliche, die der belebten Natur als nichterschöpfliche bezeichnet. Es sei jedoch darauf verwiesen, daß auch Stoffe der unbelebten Natur sich regenerieren, z. B. Wasser, andererseits vernichtete Tier- und Pflanzenarten nicht mehr regenerierbar sind. Es sei auch daran erinnert, daß alle natürlichen Stoffe unter dem Gesichtspunkt, daß sie Modifikationen der sich bewegenden Materie, Kombinationen chemischer Elemente sind, nicht verlorengehen, weil sich die mechanischen, physikalischen, chemischen und biologischen Prozesse der Natur in Übereinstimmung mit dem Gesetz der Erhaltung von Masse und Energie vollziehen. Die Unerschöpflichkeit bezieht sich jedoch nur auf das Niveau von Mikrokörpern (chemische Elemente). Im Rahmen der geographischen Ressourcenbetrachtung werden aber Makrokörper (chemische Verbindungen), wie Erze, silikatische Rohstoffe und Energieträger, untersucht, die hinsichtlich der Lagerstättensituation durchaus erschöpflich sein können.

3. Klassifikation der Ressourcen in gegenständliche und energetische Ressourcen. Als gegenständliche Ressourcen sind die Ressourcen der belebten und unbelebten Natur zu verstehen.
   Als energetische Ressourcen sind solche nichtstofflicher Art zu sehen, die vom Menschen genutzt werden können oder genutzt werden, so z. B. Energieformen, wie geothermische Energie, Solarenergie, Wasserenergien usw.

4. Klassifikation der Ressourcen nach ihrer Einbindung in die Geosphäre(n). Danach lassen sich die Ressourcen als
   – Ressourcen der Atmosphäre,
   – Ressourcen der Hydrosphäre und
   – Ressourcen der Lithosphäre

voneinander unterscheiden (siehe auch Kapitel 1.4.1.). In ferner Zukunft dürften zusätzlich auch Stoffe des Weltraums und des Erdmantels als Ressourcen eine Rolle spielen.

5. Klassifikation nach der Verfügbarkeit der Ressourcen in einer bestimmten begrenzten Zeiteinheit. Unterschieden werden
   - heute verbrauchte, in historischen Zeitabschnitten genutzte Ressourcen
     (z. B. vernichtete Tierarten),
   - real verfügbare Ressourcen, die heute bzw. in übersehbaren Zeiträumen genutzt werden bzw. genutzt werden können,
   - potentielle Ressourcen, die in weiterer Zukunft für eine Nutzung zur Verfügung stehen werden.

6. Klassifikation nach Nutzung der Ressourcen entsprechend den Naturraumpotentialen (siehe auch Kapitel 1.4.):
   - biotisches Ertragspotential,
   - bergbauliches Rohstoffpotential,
   - geothermisches Potential,
   - Wasserpotential,
   - Luftpotential,
   - Bebauungs- und Flächenpotential,
   - Entsorgungspotential u. a.

So stellen sich die Naturressourcen – insgesamt gesehen – als eine komplizierte Gesamtheit materieller Elemente und Prozesse dar, als eine von der Natur gegebene Möglichkeit, dem Menschen zu dienen. Sie sind Naturreichtümer, zu denen neben den mineralischen und biologischen Ressourcen, Luft und Wasser auch die Boden- und Flächenressourcen und Energieformen gehören. Sie sind allesamt Bestandteil der Natur und damit des Naturpotentials (siehe Kapitel 1.4.1.), „... deren innere Entwicklung Naturgesetzen unterliegt und deren Nutzungsmöglichkeit gesellschaftlich determiniert ist ..." (SCHERF u. SCHOLZ 1981, S. 145).

## 1.1.3.
## Rohstoffe

Ein Teil der Naturressourcen bildet die stoffliche Grundlage von Rohstoffen. *Rohstoffe* sind durch menschliche Tätigkeit umgewandelte Naturressourcen. Es sind „... in der Natur vorgefundene Arbeitsgegenstände, die bis auf die Loslösung aus ihrer natürlichen Quelle noch keine weitere Verarbeitung gefunden haben, ... die auf Grund ihres Gebrauchswertes von Menschen produktiv konsumiert oder in unverarbeiteter oder verarbeiteter Form von ihnen individuell konsumiert werden" (BACHMANN 1983, S. 13). Damit kann jeder Rohstoff als Naturstoff verstanden werden, der entweder direkt (durch Urproduktion) oder nach Aufbereitung in Gegenstände oder Gebrauchswerte eingeht, die der Befriedigung der Bedürfnisse der Menschen dienen.

Ist der Rohstoffbegriff gegenüber dem Begriff Naturressource noch relativ gut abzugrenzen, so ergeben sich Probleme in der Abgrenzung gegenüber dem Begriff Halbfabrikat. So stellen z. B. Metallkonzentrate ein Verarbeitungsprodukt dar, das aus der ersten Gewinnungsstufe, der Roherzförderung, hervorgegangen ist. Häufig werden aber auch solche Stoffe aus

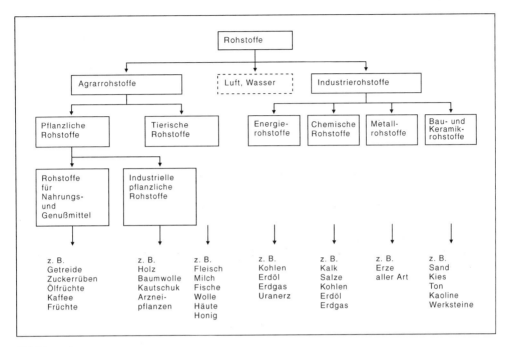

Abbildung 1
Gliederung der Rohstoffe nach ihrem Verwendungszweck
(nach BACHMANN 1983)

der ersten Verarbeitungsstufe als Rohstoffe bezeichnet, weil sie Ausgangsstoffe für weitere Verarbeitungsstufen darstellen, so z. B. Roheisen, Rohkupfer, Rohtabak usw. BOESLER (1989, S. 6) gebraucht den Begriff Rohstoff auch für „Bearbeitungsabfälle" (z. B. von Gespinsten, Metallen), Altmaterial (Lumpen, Schrott) sowie Endprodukte einer Synthese (Kunststoffe), soweit sie als Ausgangsstoffe für eine weitere Verarbeitung dienen. Hilfsstoffe, die in die Produktion eingehen (Farben, Klebstoffe), aber auch elektrische Energie, Gas und Wasser, haben eine ähnliche Funktion wie „Rohstoffe".

Der Rohstoffbegriff ist deshalb in „seinen Konturen fließend und dynamisch" (BACHMANN). Stoffe, die im Verlaufe der historischen Entwicklung lange Zeit Abfallstoffe waren, wurden plötzlich zu hochwertigen Rohstoffen, so z. B. Rinde in der Holzproduktion, Stroh im Getreideanbau, Kiese im Abraum des Braunkohlenbergbaues, Nickel im Erzbergbau. Die Gliederung der Rohstoffe nach ihrem Verwendungszweck zeigt Abb. 1.

Schon die einleitenden Definitionen der Begriffe „Naturressourcen" und „Rohstoffe" machen deutlich, daß beide immer in ihrer Wechselwirkung und -beziehung zum Menschen und zur Gesellschaft zu sehen sind. Sie drücken ein ganz spezifisches Natur-Mensch-Verhältnis aus.

Das Erfassen dieser Wechselwirkungen ist auch ein zutiefst geographisches Anliegen. Naturressourcen spielen hierbei eine wichtige Rolle. Ihre Darstellung erfolgt sowohl in globaler Betrachtung und Wertung als auch in regionalen Untersuchungen, in denen die räumliche Ressourcenstruktur als räumliche Teilstruktur erfaßt wird. Beide Richtungen gestatten in hervorragender Weise, Besonderheiten und Gesetzmäßigkeiten im Zusammenhang mit der räumlichen Differenzierung und in Beziehung zu anderen Strukturen (Bevölkerung und Siedlung, Infrastruktur, Produktion) widerzuspiegeln. Gleichzeitig werden durch die Erfassung von Naturressourcen Gesetzmäßigkeiten der natürlichen Ausstattung der geographischen Erdhülle verdeutlicht. Damit ist die Untersuchung der Naturressourcen sowohl ein Anliegen der Physischen Geographie und der Geoökologie als auch der Anthropogeographie bzw. der Wirtschafts- und Sozialgeographie.

## 1.2.
## Neue Dimensionen in der Ressourcennutzung

Die Erforschung der Naturressourcen gehört zu den wichtigen Aufgaben interdisziplinärer Forschung, in die auch die Geographie fest eingebunden ist. Dem Anliegen muß deshalb besondere Bedeutung beigemessen werden, weil die Sicherung der weiteren Verfügbarkeit von Naturressourcen heute zu den globalen Problemen gehört, die sich von anderen dadurch unterscheiden, daß sie

– weltweiten Charakter tragen und die Lebensinteressen aller Völker, Staaten und Staatengruppen berühren;
– Probleme darstellen, deren Nichtlösung die gesamte Menschheit bedroht und die deshalb unverzüglich gelöst bzw. deren Lösung in Angriff genommen werden muß;
– nur durch gemeinsame Bemühungen aller Staaten dauerhaft gelöst werden können.

Bei so wichtigen globalen Problemen, wie der Begrenzung des Bevölkerungswachstums oder der Beseitigung der krassesten sozialen Ungerechtigkeiten (Bekämpfung des Analphabetentums usw.), gehören im Rahmen der Naturressourcennutzung heute folgende globale Fragestellungen zu den wesentlichen Aufgaben:

– die Sicherung der Welternährung,
– die Sicherung der Versorgung der Länder mit Energie und Rohstoffen,
– die Sicherung eines wirksamen, aktiven Umweltschutzes und die Verhinderung zunehmender Belastungen der Umwelt,
– die Sicherung einer mittel- und langfristigen Verfügbarkeit von Naturressourcen.

Erst in jüngster Zeit der Menschheitsgeschichte ist die Nutzung der Naturressourcen zu einem globalen Problem herangewachsen. Obwohl der Mensch von Beginn seiner Existenz an Naturressourcen nutzt und im Verlauf seiner vieltausendjährigen Geschichte den Stoffwechsel zwischen sich und der Natur immer mehr intensivierte, regulierte und kontrollierte (einzelne Rohstoffe gaben ganzen Entwicklungsabschnitten ihren Namen und deuten auf eine umfangreiche Nutzung dieser Ressourcen hin, wie die Steinzeit, die Kupferzeit, die Bronzezeit, die Eisenzeit), war die Naturressourcennutzung zuerst nur ein lokales, später dann über viele Jahrhunderte ein regionales Problem.

Freilich stellten sich dem Menschen Ressourcenfragen immer als grundsätzliche, elementare Fragen. Niemals ist es ihm leichtgefallen, sich der Rohstoffe zu bedienen, die er benötigte, und immer mußte er sich unter den jeweils konkreten Bedingungen – von der Menschwerdung über die einzelnen Gesellschaftsepochen bis zur Gegenwart – unaufhörlich bemühen, seine Ressourcenprobleme zu lösen. Nicht die Sorge um die Bereitstellung der erfor-

Abbildung 2
Bergbauliche Produktion
wichtiger Massenrohstoffe
(1950–1992)

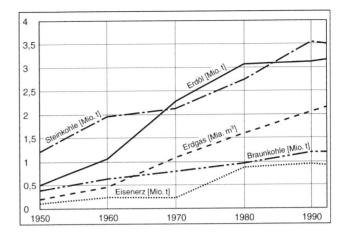

derlichen Ressourcen unterscheidet die Menschheit der Gegenwart von früheren Generationen, sondern der Fakt, daß sie heute in völlig neue Dimensionen der Nutzung der Naturressourcen und Rohstoffe vordringen muß, in *globale Dimensionen*. Sie umfassen fünf Ebenen:

1. Neue Mengendimensionen
   Gegenwärtig werden von der Menschheit biologische und mineralische Rohstoffe – als Teil der Gesamtressourcen – in gewaltigen Mengen gewonnen und verbraucht. Allein bei mineralischen Rohstoffen liegen die Werte bei 25 Mia. t/a. Im Zeitraum von 1950 bis zur Gegenwart wurden auf der Erde ebenso viele mineralische Rohstoffe verbraucht wie in der gesamten vorangegangenen Menschheitsgeschichte. Auch bei biologischen Rohstoffen stiegen Nachfrage und Produktion beträchtlich an. So wurde z. B. die Weltgetreideproduktion von 1950 bis 1993 – also in einem knappen halben Jahrhundert – von 680 Mio. t auf 1888 Mio. t gesteigert und damit knapp verdreifacht. Im selben Zeitraum

*Tabelle 1*
*Bergbauliche Produktion ausgewählter*
*mineralischer Rohstoffe in den Jahren*
*1950 und 1990 [Mio. t]*

| Rohstoff | Jahr | |
|---|---|---|
| | 1950 | 1990 |
| Hartgesteine | ca. 3000 | ca. 8000 |
| Sande, Kiese | ca. 3000 | ca. 9000 |
| Steinkohle | 1201 | 3541 |
| Braunkohle | 381 | 1154 |
| Erdöl | 523 | 3154 |
| Erdgas [Mia. m$^3$] | 191 | 2063 |
| Eisenerz | 116 | 974 |
| Bauxit | 8 | 108 |
| Phosphat | 30 | 157 |
| Kalisalze | 4 | 28 |

| Geförderter Rohstoff | Wertanteil [%] | Mengenanteil [%] |
|---|---|---|
| Energierohstoffe | 75 | 31 |
| Erze | 11 | 5 |
| Sonstige Rohstoffe | 14 | 64 |

*Tabelle 2*
*Mengen- und Wertdimensionen der mineralischen Rohstoffgruppen*

stieg die Produktion der drei führenden Getreidearten Weizen, Reis und Körnermais um 287 %, 240 % bzw. 223 %. Ähnliche Steigerungsraten wurden auch bei anderen wichtigen Rohstoffen erreicht. Eine Übersicht über Mengen und Mengenrelationen der Nutzung ausgewählter mineralischer Rohstoffe vermittelt die Tab. 1. Abb. 2 weist die Entwicklung der bergbaulichen Produktion wichtiger Massenrohstoffe aus.

Im Hinblick auf die Entwicklung neuer Mengen- und Wertdimensionen haben sich auch relativ konstante neue Relationen zwischen den drei Hauptgruppen mineralischer Rohstoffe ergeben (Tab. 2).

## 2. Neue Raumdimensionen

Im Verlauf der Menschheitsgeschichte konnten durch politische, ökonomische, wissenschaftliche und technische Entwicklungen die Einzugsbereiche für Rohstoffbezüge räumlich immer mehr erweitert und von lokalen über regionale in globale Dimensionen ausgedehnt werden. Besonders durch den wissenschaftlich-technischen Fortschritt, z. B. durch den Bau großer und deshalb besonders rentabel operierender Schiffseinheiten für den Massenguttransport oder durch den Pipelinebau, sind die regionale und die globale Dimension kein technisches Hindernis mehr für den Rohstoffbezug. Allerdings beeinflussen die Transportkosten die Bezugsmöglichkeiten wesentlich. Während bei billigen Massenrohstoffen, z. B. bei Baustoffen, die Transportkosten schon im Bereich relativ geringer Entfernungen (150–250 km) ein Mehrfaches der Gewinnkosten betragen, liegt der Transportkostenanteil am Rohstoffpreis bei hochwertigen Rohstoffen viel niedriger. Ganz allgemein kann festgestellt werden, daß solche Stoffe heute weltweit transportiert werden können.

Durch solche weltweiten Einzugsgebiete wiederum konnte erst die bergbauliche Exportproduktion von Ländern, die an der Peripherie der Weltwirtschaft liegen – wie z. B. Australien oder Südafrika – aufgebaut werden. Heute können selbst Massenrohstoffe, wie Steinkohle, Erdöl oder Eisenerz, um die halbe Welt transportiert werden, so z. B. Stein-

*Tabelle 3*
*Entwicklung der Weltrohölpreise von 1970 bis 1996*
*(Preise bezogen auf das zweite Quartal; Angaben in US $ pro Barrel und Ölqualität Arab lit)*

| Jahr | 1970 | 1972 | 1974 | 1976 | 1978 | 1980 | 1982 | 1984 | 1986 | 1988 | 1990 | 1992 | 1994 | 1996* |
|---|---|---|---|---|---|---|---|---|---|---|---|---|---|---|
| Preis | 1,21 | 1,77 | 10,60 | 11,25 | 12,70 | 35,52 | 30,40 | 28,40 | 11,08 | 14,18 | 14,05 | 17,61 | 17,25 | 19,10 |

* Preis bezogen auf das erste Quartal

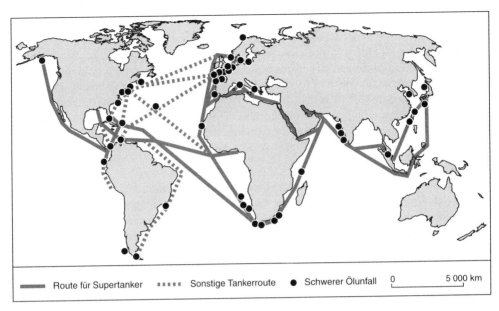

| ▬▬▬ Route für Supertanker | ▪▪▪▪▪ Sonstige Tankerroute | ● Schwerer Ölunfall | 0       5 000 km |

Abbildung 3
Haupttankerrouten und schwere Ölunfälle (aus „Welt-Ressourcen" 1993)

Abbildung 4
Lokalisierung sichtbarer Ölflecke (aus „Welt-Ressourcen" 1993)

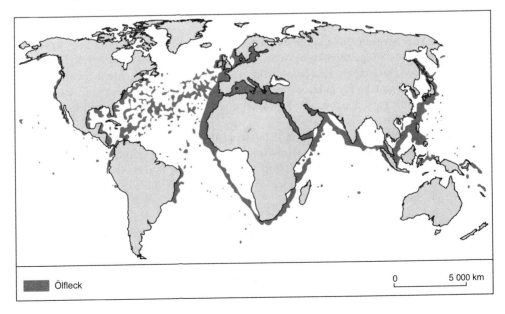

| ▨ Ölfleck | 0       5 000 km |

kohle aus Australien oder Südafrika nach Japan, Erdöl aus den Ländern der Arabischen Halbinsel nach Nordamerika oder Japan, Eisenerz von Australien nach Europa usw. Auch im Bereich des Pipelinetransportes nahm die Möglichkeit, flüssige und gasförmige Stoffe über große Entfernungen zu befördern, zu. Heute wird mittels transkontinentaler Pipelines z. B. Erdgas aus Sibirien bzw. Nordafrika nach Mitteleuropa gebracht. Die Überwindung großer Strecken ist kein technisches Problem mehr, sondern eine Frage der Transportkosten (Verteuerung der Betriebskosten). Trotzdem stellt sich der Bezug von Rohstoffen aus entfernten Gebieten häufig kostengünstiger als der aus einheimischen Gebieten oder relativ nahe gelegenen Lieferländern dar.

3. Neue Wert- und Preisdimensionen

Rohstoffe sind teuer geworden, weil sie unter immer schwierigeren natürlichen und räumlichen Bedingungen gewonnen werden müssen, im Gewinnungsprozeß zunehmend teure Technik, die Arbeit hunderter wissenschaftlicher Einrichtungen zum Tragen kommt. Auch der Preisauftrieb zur Erzielung hoher Gewinne in Konjunkturzeiten, Preismanipulationen auf den Rohstoffbörsen, Auswirkungen militärischer Eingriffe usw. spielen eine Rolle. Diese Grundtendenz der Rohstoffverteuerung wird auch nicht durch zeitweilig andere Trends, speziell Preisrückgänge, außer Kraft gesetzt. Während z. B. in den siebziger Jahren die Rohstoffpreise außerordentlich zulegten, sanken sie in den achtziger Jahren wieder beträchtlich ab oder stagnierten. In der ersten Hälfte der neunziger Jahre ist wieder ein leichter Preisanstieg feststellbar. Veränderte Angebots- und Nachfragestrukturen sind wohl die Hauptursache dieser Entwicklung. Langfristig muß jedoch mit steigenden Rohstoffpreisen gerechnet werden. Sehr deutlich spiegeln diesen Trend die Weltrohölpreise wider (Tab. 3).

4. Neue ökologische Dimensionen

Die neuen Dimensionen in der Rohstoffgewinnung, im Rohstofftransport, in der Rohstoffbearbeitung und im Rohstoffverbrauch verlangen zunehmend einen überlegten Umgang mit den natürlichen Ressourcen. Als Teil unserer Umwelt sind sie unabdingbar für die zukünftige Entwicklung.

Leider hat der Mensch allein schon durch die Umweltbeeinflussung mittels der Rohstoffwirtschaft schwerwiegende ökologische Schäden angerichtet, so daß ökologische Probleme in ihrer Gesamtheit zu den globalen Problemen der Menschheit heranwuchsen. Allein die bergbauliche Produktion verursacht ständig Landschaftsschäden aller Art, insbesondere durch Tagebaue, beeinflußt Wasser und Luft, zerstört die Vegetation oder schädigt sie zumindest.

Auch die nachfolgende Nutzung mineralischer Rohstoffe kann ökologische Probleme größten Ausmaßes hervorrufen. Allein im Jahr 1986 wurden durch den Reaktorunfall von Tschernobyl bzw. durch den Austritt toxischer Stoffe in den Rhein bei Basel Umweltbelastungen in einer neuen Dimension bewirkt. Auch die Meere sind ständig bedroht, wie die Abb. 3 und 4 zeigen.

Aber auch die lebenden Ressourcen sind zunehmenden Belastungen ausgesetzt. Ergebnis ist eine deutliche Einengung der Artenvielfalt. Artenvielfalt ist aber Voraussetzung für ein normales Funktionieren der Ökosysteme und der Biosphäre als Ganzes. Deshalb muß alles unternommen werden, um den Artenschwund zu stoppen, so u. a. durch die Erhaltung der tropischen Wälder, die Bekämpfung der Desertifikation und der Bodenerosion und damit die Erhaltung eines ausreichenden Netzes geschützter Gebiete.

5. Neue Qualitätsdimensionen

Neue Qualitätsdimensionen ergeben sich in erster Linie aus gestiegenen Ansprüchen der Wirtschaft an hochqualitative Grundstoffe (Stahl, Aluminium, Reinststoffe usw.), deren Produktion aus hochwertigen mineralischen Rohstoffen am effektivsten ist. So werden z. B. in der Eisenmetallurgie heute bevorzugt Reicherze eingesetzt. Sie haben, obwohl meist aus überseeischen Gebieten bezogen, die mitteleuropäischen Armerze fast völlig vom Markt verdrängt. Trotz der anfallenden Transportkosten sind sie letztlich für den gesamten Produktionsprozeß günstiger und preiswerter einzusetzen, weil sie besser aufzubereiten und zu veredeln sind. Es darf jedoch nicht übersehen werden, daß die Bereitstellung solcher hochwertigen Rohstoffe komplizierter – und teurer – wird, je knapper sie werden.

## 1.3.
# Rohstoffe und Rohstoffpolitik im Welthandel und in den internationalen Wirtschaftsbeziehungen

Rohstoffhandel gibt es schon seit den Anfängen der Menschheit. Der Austausch von Salzen gegen andere Rohstoffe (Feuersteine, Bernstein usw.) ist ein Beispiel hierfür. Rohstoffpolitik läßt sich in einfachen Formen zwar ebenfalls schon im Altertum, verstärkt im Mittelalter nachweisen (insbesondere im Zusammenhang mit der Kolonialisierung weiter Gebiete der Erde von Europa aus), aber erst im 20. Jh. nahmen rohstoffpolitische Aktivitäten bei gleichzeitigem raschem Anstieg des Welthandels zu. Bereits 1927 wurden auf der Weltwirtschaftskonferenz in Genf Grundsätze einer internationalen Rohstoffpolitik festgelegt.

Nach dem Zweiten Weltkrieg nahm der Welthandel mit Rohstoffen einen raschen Aufschwung. Die Ursachen sind in erster Linie in der Herausbildung von rohstoffproduzierenden Ländern, die gleichzeitig Rohstoff-Exportländer wurden, und Ländern, die auf Rohstoffbezug angewiesen waren, also Rohstoff-Importländern, zu suchen. Exportländer verfolgten vorrangig Produzenteninteressen, Importländern dagegen Verbraucherinteressen. Daraus ergeben sich unterschiedliche rohstoffpolitische Ziele.

Wesentliche Ziele der Exportländer sind:
– umfangreicher Rohstoffexport, um möglichst hohe Exporterlöse erzielen zu können;
– höchstmögliche Preise;
– Einbindung des Rohstoffexportes in internationale Abkommen, um ständige und sichere Exporterlöse erzielen zu können;
– Verringerung der Abhängigkeit von einzelnen Importländern bzw. Rohstoffmärkten durch weltweite Handelsbeziehungen;
– Ausbau von Rohstoff-Verarbeitungskapazitäten im eigenen Land, um einen Teil der Rohstoffe in veredelter Form exportieren zu können, was gleichzeitig höhere Erlöse zur Folge hätte;
– möglichst lange Erhaltung der Rohstoffproduktion durch sorgfältigen Abbau, Schonung der Lagerstätten, staatliche Kontrollmechanismen über den Bergbau, Vermeidung größerer ökologischer Schäden;
– Nutzung der gewonnenen Rohstoffe für den Aufbau der eigenen Wirtschaft bzw. zur Versorgung der Bevölkerung.

Dem stehen die Ziele der Importländer gegenüber:
– Sicherung der Eigenversorgung mit Rohstoffen;
– Erreichung einer mittel- und langfristigen Unabhängigkeit von einzelnen Rohstoffländern durch Bezüge aus verschiedenen Ländern und Rohstoffräumen;
– möglichst niedrige Rohstoffpreise, um die Konkurrenzfähigkeit der eigenen Wirtschaft zu vergrößern;
– Nutzung der eigenen Ressourcen sowie des Recyclings, um Importe von Rohstoffen zu minimieren;
– Beteiligung an der Erkundung, Erschließung und Produktion von Rohstoffen in den rohstoffexportierenden Ländern;
– Einbindung in internationale Abkommen zur Wahrung der nationalen Interessen.

Die sehr unterschiedlichen Interessenlagen spiegeln sich in der Entwicklung und in den Problemen des Welthandels wider. Dieser ist in der Gegenwart durch drei Merkmale gekennzeichnet:

1. Der Welthandel hat von Jahrzehnt zu Jahrzehnt beträchtlich zugenommen. Der Rohstoffhandel und -transport spielt hierbei eine große Rolle, sind doch mehr als ein Drittel der Welthandelsgüter Rohstoffe (Tab. 4).

2. Die führenden Positionen im Welthandel nehmen ausnahmslos hochentwickelte Industrieländer (sowie das Schwellenland Hongkong) ein. Allein die zehn „Spitzenreiter" USA, Deutschland, Japan, Großbritannien, Frankreich, Italien, Niederlande, Hongkong, Kanada und Belgien-Luxemburg sind zusammen mit 63,6 % (1993) am Welthandel beteiligt. Mit Ausnahme Kanadas importieren alle anderen Länder Rohstoffe in großem Umfang. Ihre rohstoffpolitischen Ziele spielen deshalb in den internationalen Verhandlungen eine wichtige Rolle.

3. Der Welthandel leidet mangels durchgreifender und verbindlicher Abkommen unter Problemen, die vor allem einen freien Welthandel stark behindern. Das sind:
   – staatlicher Protektionismus (Maßnahmen zum Schutz der eigenen Wirtschaft vor Importen, besonders wenn diese billiger oder besser sind);
   – Importrestriktionen zum Schutz vor Billigländern;
   – Gegengeschäfte (countertrade) als Kompensationsgeschäfte Ware gegen Ware; diese Gegengeschäfte machen gegenwärtig etwa 25 % des Welthandelsvolumens aus;
   – Hemmnisse, die zusätzlich zu den Zöllen den Zugang zu den Märkten erschweren sollen, so z. B. diskriminierende Einfuhrbehinderungen, Sonder-Importabgaben usw.

Diese Darlegungen machen deutlich, daß auch im Welthandel wichtige Probleme gelöst werden müssen, um die Kluft zwischen Industriestaaten und Entwicklungsländern nicht noch größer werden zu lassen. Rohstoffe sind für Entwicklungsländer nach wie vor der wichtigste Devisenbringer. Deswegen werden große Hoffnungen in internationale Abkommen gesetzt, von denen die wichtigsten wie folgt charakterisiert werden können:

| Jahr           | 1960 | 1970 | 1980 | 1990 | 1994 |
|----------------|------|------|------|------|------|
| Export [Mia. $] | 114  | 280  | 1996 | 3433 | 4060 |

*Tabelle 4*
*Entwicklung des Exportumfanges im Welthandel*

UNCTAD
(UN-Conference on Trade and Development = Welthandels- und Entwicklungskonferenz);
1964 als ständiges Organ der UNO gegründet; Sitz in Genf; 187 Mitgliedstaaten.

Die UNCTAD gilt als Hauptforum für die Entwicklungsländer, um deren wirtschaftliche
Vorstellungen durchzusetzen. Sie stellt damit einen Gegenpol zum GATT dar. In den bisherigen ordentlichen Konferenzen standen stets allgemeine Richtlinien der Rohstoffpolitik,
Fragen einzelner Rohstoffabkommen, Verwaltung des gemeinsamen Rohstoffonds (seit 1989)
und Probleme des internationalen Rohstoffhandels zur Debatte. In speziellen Sonder-
kommissionen, z. B. der Konferenz zu Dakar 1974, wurden ausschließlich Rohstoffprobleme
behandelt.

Auf die UNCTAD geht auch das sogenannte „Integrierte Rohstoffprogramm" zurück, das
laut Resolution 93/IV der Konferenz in Nairobi 1976 folgende Ziele verfolgt:

– Herstellung stabiler Preisverhältnisse im Rohstoffhandel durch Stabilisierung der Preise
  auf einem Niveau, das lohnend und gerecht für die Produzenten und fair für die Verbrau-
  cher ist;
– Verbesserung und Stabilisierung der Exporterlöse der rohstofforientierten Entwicklungs-
  länder;
– Verbesserung des Marktzuganges für alle Rohstoffe;
– Diversifizierung der Produktion und Förderung der Rohstoffweiterverarbeitung in den
  Entwicklungsländern;
– Harmonisierung der synthetischen Herstellung von Rohstoffsubstituten in Industrielän-
  dern mit der Erzeugung natürlicher Rohstoffe in den Entwicklungsländern.

Als Ergebnis der Konferenz wurden 18 Rohstoffe in ein „Integriertes Rohstoffprogramm"
aufgenommen. Sie verkörperten Ende der siebziger Jahre etwa 75 % der gesamten Rohstoffexporte der Entwicklungsländer. Wenn das IRA auch bis in die Gegenwart nicht alle Probleme des internationalen Rohstoffhandels lösen konnte, so stellt es doch einen wichtigen
Schritt zur Lösung von Rohstoffproblemen dar. Gegenwärtig bestehen 18 „Internationale
Rohstoffabkommen". Sie umfassen verschiedene Rohstoffgruppen:

– mineralische Rohstoffe: Eisenerz, Manganerz, Bauxit, Zinn, Kupfer, Phosphate;
– pflanzliche Nahrungsmittel: Zucker, pflanzliche Öle und Ölsaaten, Bananen;
– tierische Nahrungsmittel: Fleisch;
– Genußmittel: Kaffee, Tee, Kakao;
– technische Rohstoffe: Baumwolle, Jute, Sisal, Holz (tropische Hölzer), Kautschuk.

Es fällt auf, daß die internationalen Rohstoffabkommen sehr unterschiedliche Rohstoffe
beinhalten. Das trifft sowohl für die Produktion (Produktionsumfang, Export) als auch für
die regionale Nutzung der einzelnen Rohstoffe zu. Deshalb haben sich den jeweiligen internationalen Rohstoffabkommen auch unterschiedlich viele Länder angeschlossen, und zwar
sowohl Entwicklungsländer als auch entwickelte Länder.

GATT
(General Agreement on Tariffs and Trade = Allgemeines Zoll- und Handelsabkommen);
1947 von 23 Signatarstaaten gegründet; 1995 110 Mitgliedstaaten; Sitz in Genf.

Ziel des GATT ist, im grenzüberschreitenden Handel einen Mittelweg zwischen unbe-
schränktem Freihandel und für notwendig gehaltenem Protektionismus zu finden. Letzterer

ist weltweit verbreitet und dient vor allem dem Schutz der jeweiligen eigenen Wirtschafts-
interessen eines Landes. Besonderer Schwerpunkt der Interessenkonflikte war und ist bis
heute der Agrarhandel. Zu den wichtigsten Prämissen des GATT gehören:

– handelspolitische Gleichbehandlung aller Staaten;
– Verbot mengenmäßiger Importbeschränkungen für bestimmte Güter bzw. von Einfuhren
  aus bestimmten Staaten;
– Aufhebung anderer Schutzinstrumente als Zölle.

Das sind jedoch Zielvorstellungen, die bisher nur teilweise realisiert werden konnten. Vor
allem spielen im Außenhandel zahlreicher Länder mengenmäßige Importbeschränkungen
für Agrarprodukte und für Textilien eine große Rolle. Auch Subventionierungen einzelner
Industriezweige, so z. B. des Flugzeug- und des Schiffsbaues, der Metallurgie usw., behindern einen freien und unbeschränkten Handel. Die Abschottung von der ausländischen Konkurrenz stand und steht den Prinzipien des GATT diametral gegenüber.

Um jedoch eine solche mit nachteiligen Konsequenzen für den Handel und damit für die
Wirtschaft der meisten Länder verbundene Entwicklung einzudämmen, wurden auf einer
GATT-Konferenz 1994 in Marrakesch Maßnahmen festgelegt, die die Situation entschärfen
und Fortschritte im Welthandel bringen sollen. Insbesondere geht es um eine stärkere Einbindung des Agrarhandels (deutliche Liberalisierung bis 2001), um den Außenhandel mit
Industrieprodukten (Senkung der Zölle bis 1999 auf 3,9 %), um den Handel mit Dienstlei-
stungen (Finanz-, Versicherungs-, Verkehrsleistungen), um Regelungen des Schutzes von
geistigem Eigentum (Urheberrechte, Patente) u. a.

Fischer Weltalmanach 1995 (S. 1055) schätzt die Ergebnisse des GATT für die zukünftige Entwicklung wie folgt ein:

„Hauptnutznießer werden nach den Berechnungen der OECD – in dieser Reihenfolge –
die EU, die VR China, die USA, Japan, die ostasiatischen Schwellenländer, die EFTA-Län-
der und die Länder Lateinamerikas sein. Eindeutige Verlierer der Verhandlungen dürften
nach Meinung der meisten Experten die ärmeren rohstoffexportierenden Entwicklungsländer, d. h. vor allem die Länder Afrikas, sein. Sie werden belastet durch mittelfristig steigende Preise für Lebensmittelimporte ohne Garantien für eine nachhaltige Verbesserung der
Preissituation für ihre Rohstoffexporte; sie sind von der Aushöhlung der jetzt noch bestehenden Präferenzen betroffen; sie können angesichts ihrer unterentwickelten Infrastruktur
so gut wie keine Gewinne aus der Liberalisierung des Dienstleistungshandels ziehen und
haben im Gegenteil zusätzliche Kosten durch den strikten Schutz von Patenten."

GATT war seit der Gründung bis Ende 1994 eine autonome Organisation innerhalb des
UNO-Systems. Ab 1995 wird an Stelle von GATT die WTO (World Trade Organization)
treten und die Ziele verfolgen, die bereits GATT zu realisieren versuchte.


UNCLOS
(UN-Conference on the Law of the Sea = UN-Seerechtskonferenz); ständige Unterorgani-
sation der UNO; 1958 erstmals zusammengetreten; 168 Vertragsstaaten.

Die UNO-Seerechtskonferenz soll Rechts- und Nutzungsverhältnisse auf dem Meer neu
regeln. Die Forderung nach einer solchen Neuregelung verstärkte sich mit der Zunahme der
Welttransportströme auf dem Meer, der Ressourcenausbeutung aus dem Meerwasser, auf
dem Meeresboden und aus dem Meeresuntergrund, mit der Einbeziehung des Meeres in
militärische Handlungen, der Austragung von Atom- und Raketenversuchen im Meer und

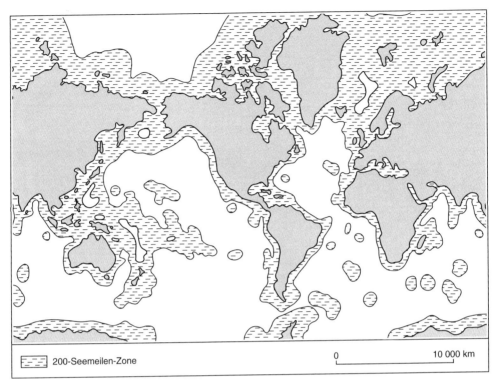

Abbildung 5
Weltweite Ausdehnung der „Ausschließlichen Wirtschaftszone" – 200-Seemeilen-Zone
(nach GOCHT 1983)

mit der zunehmenden ökologischen Belastung der Meere. Die Entwicklung verdeutlichte, daß das alte Prinzip der „Freiheit der Meere" durch Gesetze eingeengt bzw. neu geregelt werden mußte.

Von allen Seerechtskonferenzen wurde die dritte die bedeutendste. Sie gilt als die politisch und wirtschaftlich wichtigste Konferenz des 20. Jh. überhaupt, weil durch die dort verabschiedete Konvention die Nutzungsrechte über einen beachtlichen Teil der Erdoberfläche neu geregelt wurden. Zu den wesentlichsten Ergebnissen gehören:

– die Erweiterung der Hoheitsgewässer von Küstenstaaten auf 12 sm;
– die Schaffung einer „Ausschließlichen Wirtschaftszone" bis maximal 200 sm einschließlich Hoheitsgewässer;
– die Definition der Begrenzung des Festlandssockels;
– Vorschlag einer Internationalen Meeresbergbaubehörde;
– Einrichtung eines Internationalen Seerechts-Gerichtshofes.

Mit der Schaffung der Ausschließlichen Wirtschaftszone (Abb. 5) wurde der jeweilige Anrainerstaat mit dem souveränen Recht der Nutzung aller lebenden und toten Ressourcen in dieser Zone ausgestattet. Auch im Bereich der darüber hinausgehenden Gebiete bis zum Rand des Festlandssockels zum Kontinentalhang hat er das Recht auf die Gewinnung mineralischer Rohstoffe sowie benthoniter Lebewesen (Gesamtheit der pflanzlichen und tierischen Organismen auf dem Grund des Meeres).

Diese Neuregelung hatte weltweit sowohl für die Meeresanrainer als auch für viele andere Staaten schwerwiegende Auswirkungen auf die Meeresnutzung, insbesondere auf den Fischfang, ging doch in großen Teilen der Hauptfanggebiete der Fischerei das Fanggebiet in nationale Souveränität über.

Antarktis-Vertrag mit CCAS, CCAMLR und CRAMRA
(Zusammenschluß von Ländern zum Schutz des antarktischen Raumes südlich des 60. südlichen Breitengrades); 1959 von 12 Nationen gegründet; 39 Mitgliedstaaten.

Das Gebiet umfaßt 36 Mio. km², also fast 10 % der Landoberfläche der Erde. Es ist reich an mineralischen und biologischen Ressourcen, wobei die mineralischen vorwiegend im antarktischen Festlandsbereich (Ausnahmen: Erdöl und Erdgas), die biologischen im antarktischen Meer konzentriert sind. Die Vorkommen sollen weitgehend (biologische Ressourcen) oder vollständig (mineralische Ressourcen) geschützt werden.

Vier internationale Bündnisse regeln die Aktivitäten der Menschen im antarktischen Raum und wecken die Hoffnung, daß der einzigartige Kontinent auch der Nachwelt in gutem Zustand zur Verfügung steht:

1. der Antarktis-Vertrag selbst aus dem Jahre 1959 mit einer Erklärung der Mitgliedsländer aus dem Jahre 1964, die Antarktis zu einem besonderen Schutzgebiet zu machen;

2. die Konvention zum Schutz der antarktischen Fellrobben und See-Elefanten
   (CCAS = Convention for the Conservation of Antarctic Seals) aus dem Jahre 1972;

3. die Konvention zum Schutz der antarktischen lebenden Meeresressourcen
   (CCAMLR = Convention for the Conservation of Antarctic Marine Life Resources)
   aus dem Jahre 1980;

4. die Konvention zur Regelung der Nutzung der antarktischen mineralischen Ressourcen
   (CRAMRA = Convention of the Regulation of Antarctic Mineral Resource Activities),
   erst 1990 in Kraft getreten.

Zweifellos würden die Erkundung und Förderung von Mineralien die schlimmsten Folgen für die Qualität von Luft und Wasser haben, ebenso für die terrestrische und marine Umwelt, für alle heimischen Arten, für wissenschaftliche Forschungsarbeiten und für einen – hoffentlich immer in engen Grenzen gehaltenen – sanften Tourismus.

OPEC
(Organization of Petroleum Exporting Countries = Organisation erdölexportierender Länder); 1960 von fünf Ländern gegründet, zeitweilig 13, heute 12 Länder umfassend.

Die OPEC ist eine Produzentenvereinigung, die zu den wichtigsten weltweit operierenden Rohstoffkartellen gehört. Ihre Rohstoffpolitik umfaßt Strategien der Erdölförderung (Produktionsquoten zur Vermeidung von Überkapazitäten), zur Vermarktung, zur Preisgestaltung (Richtpreise), zur Gewinn- und Steuerabführung ausländischer Gesellschaften, die im Land arbeiten, sowie den Aufbau nationaler Erdölgesellschaften.

Die Wirkung der Maßnahmen wird häufig durch Uneinigkeiten eingeschränkt, da unüberbrückbar erscheinende politische und wirtschaftliche Gegensätze bestehen, so z. B. zwischen den Ölländern der Arabischen Halbinsel einerseits und Libyen, Algerien, Iran bzw. Irak andererseits. Selbst Kriege zwischen OPEC-Ländern (Iran–Irak, Kuwait–Irak) konnten nicht verhindert werden. Andererseits unterstützt die OPEC durch einen OPEC-Fonds die sogenannten NOEC-Länder (Non-Oil-exporting countries) mit finanziellen Zuwendungen und leistet damit einen Beitrag zur Unterstützung der meist auch an anderen Rohstoffen armen Länder.

# 1.4.
# Ökologische Konflikte in der Ressourcennutzung

## 1.4.1.
## *Wege zur Erkenntnis*

Ohne Eingriffe in die Natur könnte die Menschheit nicht existieren, hat sie auch nie existiert. Die frühen Zeugnisse der Menschheitsgeschichte berichten bereits von Rodungen und von Ackerbau, von der Anlage von Bewässerungssystemen oder Siedlungen. Zugleich wurden Sonne und Sterne beobachtet, um die rechte Zeit für Bewässerung und Aussaat zu finden. Davon zeugen die mehr als 3000 Jahre alten Schrifttafeln aus dem Nilland und aus Mesopotamien, dem Zwischenstromland zwischen Euphrat und Tigris. Hinzu kam der Hochwasserschutz. Die Sumerer haben hier ihre Siedlungen durch Dämme geschützt und etwa um 2000 v. Chr. eine „Sintflut" überlebt. Die Menschen dieser Zeit waren sich darüber im klaren, wie sehr sie Teil der Natur waren. Wenn sie von ihr leben wollten, mußten sie auch verstehen, mit ihr zu leben. Sie wußten, daß die Natur verletzlich ist, so wie sie selbst verletzlich waren.

Flüsse und das Meer hielten diese Erkenntnis wach. Bewässerungs-, Entwässerungs- und Deichbauten belegen dies in vielen Stromländern und an vielen Küsten. Doch der Umfang und die Intensität der Eingriffe in die Natur nahmen in anderen Bereichen der Erde zu. Große Waldflächen wurden gerodet, im frühen Mittelalter auch in Zentraleuropa. Völlig neuartige Dimensionen der Aneignung durch die Natur wurden im letzten Jahrhundert erschlossen. Ingenieurtechnische Leistungen wurden nicht nur von Gewerbe und Wirtschaft, sondern auch von einer breiten Öffentlichkeit begeistert begrüßt, in Deutschland beispielsweise die Rheinkorrektion zwischen Basel und Mainz. Erst in den letzten Jahrzehnten ist uns die Erkenntnis, wie sehr wir in die Natur einbezogen sind, auf neue Art bewußt geworden. Das Verschwinden der Wälder, das Wachstum der Wüsten, die globale Erwärmung, die Häufung von Naturkatastrophen und die Verschmutzung von Luft, Boden und Gewässern lösten Betroffenheit und Nachdenken aus. Zusammenhänge wurden erkennbar:

– Großflächige Rodungen vermindern die Sauerstoffproduktion in der Lufthülle und die Humusbildung in der Bodendecke.
– Verbrennungsgase und andere gasförmige Abprodukte leisten einen erkennbaren Beitrag zur globalen Erwärmung.
– Die globale Erwärmung ist mit einem stärkeren energetischen Gefälle zwischen Tropik- und Polarluft verbunden. Das kann Witterungsanomalien und Witterungskatastrophen hervorrufen.

- Die Überweidung und die Ausdehnung des Regenfeldbaues in der Trockensavanne führen in Trockenjahren zur Vernichtung der Vegetationsdecke und zur Vergrößerung der Wüsten.
- Entwaldung und Wüstenbildung verändern den Strahlungsumsatz und damit den Witterungsablauf in den Tropen.
- Lebensräume von Pflanzen und Tieren werden durch monotone Nutzungslandschaften zerstört.
- Saurer Regen führt zu Waldschäden.
- Abprodukte von Industrie und Landwirtschaft sowie Siedlungsmüll belasten die Bodendecke und die Gewässer.
- Der Freiraumverbrauch durch Industrie- und Siedlungsflächen versiegelt den Boden, vernichtet Grünflächen und verändert den Wasserhaushalt.
- Ausgedehnte Überschwemmungen sind nicht nur eine Folge von Witterungsanomalien, sondern werden auch durch Flußbegradigungen verursacht.

Mehr als ein Jahrhundert lang war der Blick auf diese Nebenwirkungen menschlicher Tätigkeit durch immer neue Fortschritte von Wissenschaft und Technik verdrängt worden. Erst als nach dem Zweiten Weltkrieg die Eingriffe in die Natur bisher unvorstellbare Dimensionen erreichten, wurden Warnungen gehört. Die vom Club of Rome (MEADOWS, MEADOWS u. RANDERS 1972) angemahnten Grenzen des Wachstums wurden international diskutiert. Ökologie wurde als Wissenschaft bekannt, und in bedeutenden Publikationen ist das heutige Wissen zum Zustand der Erde zusammenfassend dargestellt worden, so bei MESAROVIC (1983), BRUNDTLAND (1988), GORE (1992) und wiederum MEADOWS, MEADOWS u. RANDERS (1992). Ökologie wurde zum Hintergrund politischer Willenserklärungen, auf die partiell Taten folgten.

Daran hat sich bis heute nichts geändert. Ökologie als Leitbild des Handelns ist aber nur hilfreich bei der Lösung globaler Probleme und dann auch des persönlichen Einsatzes wert, wenn sie nicht primär von Emotionen getragen wird, sondern in erster Linie auf Sachkenntnis fußt. Dafür stehen Arbeiten, die sich mit dem Problem auseinandersetzen, daß die Nutzung der Natur mit Nebenwirkungen verbunden ist, die man nicht ungestraft übersehen darf. Sie haben das raumrelevante ökologische Wissen der Gegenwart geprägt.

HAECKEL beschrieb bereits 1866 Ökologie als die Wissenschaft von den Beziehungen der Organismen untereinander und mit ihrer Umwelt, begrifflich abgeleitet aus dem Griechischen (oikos: Haus, Hab und Gut, Haushalt; logos: Lehre). Ökologische Zusammenhänge betrachtete er zunächst als Bedingungen des „Kampfes ums Dasein" im DARWINschen Sinne. Bald aber weitete sich sein Blickfeld auf den Naturhaushalt als Ganzes. Diese holistische Denkweise hatte ihre Wurzeln auch außerhalb der Biologie. Bereits 1807 hatte HUMBOLDT den Landschaftsbegriff als Ausdruck des Totalcharakters einer Erdgegend geprägt. DOVE, der erste Meteorologe an der Berliner Universität, beschrieb 1837 den Synergismus zwischen Mensch und Natur. Aus geowissenschaftlichen Betrachtungsweisen entwickelten sich so gleichfalls Grundvorstellungen der modernen Ökologie.

Ungeachtet der Ausweitung, die der Ökologie-Begriff in der Gegenwart erfahren hat, kann man bis heute biologisch geprägte und geowissenschaftlich gebundene Ansätze für ökologische Untersuchungen unterscheiden. Soweit sie raumrelevant sind, stehen sie in der Biologie für die Synökologie, im weiteren Sinne für die Ökogeographie. Wesentliche Beiträge sind dazu nach dem Zweiten Weltkrieg u. a. durch TÜXEN (1956), WALTER (1964, 1968), VAN DER MAAREL (1971), ELLENBERG (1971), KUCHLER (1975), HABER (1979) und KRAUKLIS (1985) geleistet worden. Mit dem Begriff der potentiellen natürlichen Vegetation wurde das Augenmerk der Geobotanik stärker auf die Standortbedingungen gelenkt. Die Standort-Zeigerwerte der Arten wurden ermittelt. Das Verhalten der Gesellschaften unter unterschiedlichen Umweltbedingungen wurde untersucht. Vor allem auf dem Gebiet der Öko-Physiologie wurde ein bedeutender Wissenszuwachs erreicht.

Ökologische Ansätze in den Geowissenschaften sind sowohl von der Geographie als auch von der Bodenkunde, der Geologie, der Hydrologie und der Klimatologie erarbeitet worden. In der Geographie sind sie eng mit der Entwicklung der Landschaftsökologie verknüpft. Von TROLL (1939, 1950) als eigenständige geowissenschaftliche Betrachtungsweise entworfen, wurde die Landschaftsökologie vor allem von NEEF (1967), RICHTER (1981) und HAASE (1964, 1991) theoretisch und methodisch ausgebaut. Dimensionsspezifische und auf Naturraumtypen bezogene Untersuchungsverfahren wurden entwickelt. Konzepte zur Landschaftsbetrachtung haben beispielsweise ZONNEVELD (1972, 1982), LESER (1976, 1991), PREOBRASHENSKIJ (1977), SOTSCHAWA (1978), NEUMEISTER (1987) sowie, unter Betonung des holistischen Konzepts, NAVEH u. LIEBERMAN (1984, 1994) entworfen. Auf Überlegungen zur Modellierung geographischer Systeme (CHORLEY u. KENNEDY 1971) fußend, sind Modellvorstellungen zur Landschaftsentwicklung von KLUG u. LANG (1983) zusammengestellt worden.

Modellvorstellungen sind noch keine Modelle, mit denen man die in einzelnen Landschaften oder in der gesamten Geosphäre ablaufenden Prozesse tatsächlich abbilden und prognostizieren kann. Wie weit der Weg dahin ist, kann man am besten in den Schwierigkeiten der Wettervorhersage in der Gegenwart erkennen. Meteorologen wurden sich sehr bald der prinzipiellen Grenzen der Vorhersagbarkeit atmosphärischer Prozesse bewußt, wie z. B. FORTAK (1988). Er fußt auf ERTEL, der bereits 1954 von der Notwendigkeit sprach, aus erkenntnismethodischen Gründen die globalen Systeme in zwei Untersystemgruppen zu gliedern (Tab. 5).

Das Verhalten eines kausal-deterministischen und vollständig analysierbaren Subsystems in der Natur läßt sich dennoch nicht eindeutig vorhersagen, da man die Störungen, die von den anderen Systemen ausgehen, nicht genau kennt.

Die mathematische Beschreibung der in diesen Systemen ablaufenden Prozesse hat sich darüber hinaus damit auseinanderzusetzen, daß diese Prozesse oftmals nur durch nichtlineare Gleichungssysteme abgebildet werden können, deren numerische Lösung nur möglich ist,

*Tabelle 5*
*Gliederung globaler Systeme (nach* ERTEL *1954)*

| Globale Systeme | | |
|---|---|---|
| Untersystemgruppe | Funktionsweise | Erkennbarkeit |
| Kleine Systeme | deterministisch-kausal | im Labor analysierbar bzw. stochastisch-kausal |
| Große Systeme | stochastisch-kausal | in der Natur (unvollständig) beobachtbar |

wenn man sie schrittweise auflöst. Aus einem System von nichtlinearen Differentialgleichungen, das Transferprozesse beschreibt, wird beispielsweise (nach der Finite-Elemente-Methode oder im Kaskadenmodell) ein Komplex einfacher Differentialgleichungen aufgebaut, der rechenbar ist. Dabei baut jeder Rechenschritt auf dem vorhergehenden auf. Werden die Anfangsbedingungen ungenau beschrieben, kann das nach einer Reihe von Schritten dazu führen, daß Folgezustände ausgewiesen werden, die mit der Realität nichts gemein haben. Auch bei nur geringfügigen Abweichungen in der Festlegung der Ausgangswerte hat sich gezeigt, daß benachbarte Trajektorien exponentiell divergieren können (Neumeister 1987). Eine längerfristige Vorausberechnung von Ökosystemzuständen läßt heute stets Fragen offen. Das belegen auch zahlreiche Fehlprognosen, die ökologische und Ressourcenmodelle in den letzten Jahrzehnten getroffen haben.

Fortschritte in der mathematischen Behandlung der zur Verfügung stehenden Daten, aber auch eine Zunahme des Beobachtungsmaterials können diese prinzipiellen Grenzen der Erkennbarkeit von Verhaltensweisen der Geosphäre und ihrer Ausschnitte nicht beseitigen. Sie können aber größere Erkenntnisfelder öffnen. Diesem Ziel sind heute viele internationale Forschungsvorhaben gewidmet. Unter anderen sind zu nennen:

– das Umweltprogramm der Vereinten Nationen (UNEP: United Nations Environment Programme),
– die Entwicklungsprogramme der Welternährungsorganisation der Vereinten Nationen (FAO: Food and Agricultural Organization),
– das von wissenschaftlichen Akademien und Forschungsministerien der beteiligten Länder getragene Internationale Geosphären-Biosphären-Programm (IGBP: International Geosphere Biosphere Programme) mit Unterprogrammen zur Erforschung der Wechselwirkung zwischen den Veränderungen der Landnutzung und der Landbedeckung (LUCC: Land-Use/Cover Change), zur Erkundung der Beziehung zwischen Biosphäre und Wasserkreislauf (BAHC: Biospheric Aspects of the Hydrological Cycle), zur Entwicklung und Vermittlung von Methoden für die Bearbeitung globaler Probleme (START: Global Change System for Analysis, Research and Training),
– das Weltklimaforschungsprogramm (WCRP: World Climate Research Programme),
– das Programm zur Erforschung menschlicher Dimensionen globaler Umweltveränderungen (HDP: Human Dimensions of Global Environmental Change).

Die vergleichende Ökosystemforschung hat in Deutschland ihre Basis in einer Reihe von Forschungseinrichtungen gefunden. Zu nennen sind u. a. die Ökosystemforschungszentren in Göttingen (Waldökosysteme), Bayreuth (terrestrische Ökosysteme), der Forschungsverbund Agrarökosysteme München und der Forschungsverbund Bornhöveder Seenkette in Kiel sowie das Umweltforschungszentrum in Leipzig (urbane Ökosysteme) und eine Reihe von Universitätsinstituten, wie die am Bodenseeprojekt, am Oberrheinprojekt (REKLIP) oder am MAB-6-Projekt Berchtesgaden beteiligten Einrichtungen. MAB-Projekte sind im Rahmen des ersten großen Programmes zur Untersuchung globaler Probleme entstanden, des Programmes Man and Biosphere (MAB), das vor zwei Jahrzehnten von der UNESCO ins Leben gerufen wurde.

Vergleichende Ökosystemforschung widmet sich der modelltheoretisch unterbauten Analyse der Struktur und Dynamik von vernetzten Ökotopen, mithin von Landschaften (Blume u. a. 1992). Das erfordert die Erarbeitung von Stoff- und Energiebilanzen, die Entschlüsselung der dafür verantwortlichen Regelungsmechanismen sowie die Bestimmung von Sta-

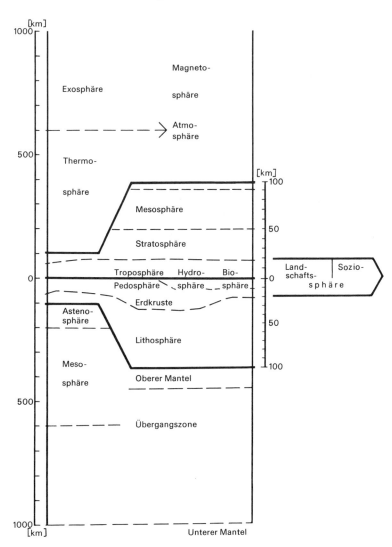

Abbildung 6
Geosphären

bilitäts- und Belastbarkeitskriterien. Für die Bewältigung der Umweltkonflikte ist dies von großer Bedeutung. Ein wirksamer Umweltschutz setzt voraus, daß Struktur und Funktionsweise von Ökosystemen weitgehend bekannt sind. Dann können sich Maßnahmen zur Eingriffsminderung und zur Eingriffsvermeidung an konkreten ökologischen Erfordernissen orientieren und sind nicht mehr allein von allgemeinen Vorstellungen über Umweltqualitätsziele abhängig. Darüber hinaus erlauben vertiefte Kenntnisse über die Regelungs- und Funktionsprinzipien von Naturraum- oder Landschaftstypen die Entwicklung ökologisch verträglicher Technologien, auch bei der Nutzung der Naturressourcen. Globale Probleme der Ressourcennutzung sind ohne Kenntnis lokaler Zusammenhänge in repräsentativen Ökosystemen nicht lösbar. Die zahlreichen an der Analyse von Struktur und Dynamik solcher Ökosysteme weltweit arbeitenden Einrichtungen der Wissenschaft leisten ihren speziellen Beitrag für eine Kennzeichnung regionaler und globaler Wirkungsmechanismen. Das macht großräumige Betrachtungen erst möglich.

Die notwendige Vielfalt der internationalen ökologischen Forschung schlägt sich in einer Vielfalt von Formen der Beschreibung ökologisch relevanter Tatbestände nieder. Für die weltweite Darstellung der Nutzung von Naturressourcen erscheint es zweckmäßig, von den Naturräumen der Erde auszugehen, Ausschnitten der Erdoberfläche, die durch die Eigenschaften ihrer natürlichen Kompartimente charakterisiert werden. Naturräumliche Kompartimente werden durch den Aufbau der Erdhülle vorgegeben (Abb. 6). Sie weisen demzufolge einen Stockwerksbau auf (RICHTER 1979), der sich aus dem Schalenbau der Erde ergibt (Tab. 6).

Im naturräumlichen Hauptstockwerk haben sich die engsten Verflechtungen zwischen den naturräumlichen Kompartimenten entwickelt. Es ist weltweit das vornehmliche Tätigkeitsfeld der Menschen. Damit gehört es zur Soziosphäre. Bezieht man die dadurch bedingten Ausstattungsmerkmale in alle Betrachtungen ein, so untersucht man die Landschaftssphäre oder Teile davon, Landschaftsregionen bzw. Landschaften. Die vom Menschen geschaffenen Formen der Flächennutzung sind Landschaftsmerkmale, keine Naturraumcharakteristika. Landschaften stellen Naturraum-Nutzflächen-Kombinationen dar, die man bei großmaßstäbiger Betrachtung in der topischen und chorischen Dimension, an Standorten und in kleinen Räumen, genau verfolgen kann. Bei einer kleinmaßstäbigen Betrachtung allerdings wird so weit von Details der Naturraumausstattung und des Nutzflächengefüges abstrahiert, daß eine Trennung von Naturraum- und Landschaftsmerkmalen nur in intensiv genutzten Regionen sinnvoll ist. Bei globalen Betrachtungen unterbleibt sie in der Regel (Tab. 7).

Gerade bei globalen Betrachtungen ist es zweckmäßig, zunächst von anthropogenen Veränderungen ökosystemarer Wechselwirkungen zu abstrahieren, wenn man den naturgegebenen Hintergrund der Prozeßabläufe betrachten will. Das ist erforderlich, um Umfang und Intensität der Eingriffe in den Naturhaushalt besser beurteilen zu können. Schließlich können durch menschliches Handeln Naturgesetze nicht außer Kraft gesetzt werden. Ihr Wirkungsfeld und ihre Wirkungsweise lassen sich lediglich beeinflussen. Dieser Tatsache trägt

*Tabelle 6*
*Naturräumliche Stockwerksgliederung (nach* RICHTER *1979)*

| Naturräumliche Stockwerke | | |
|---|---|---|
| Stockwerk | Kompartimente | Sphären |
| Atmosphärisches Stockwerk | Klima | Troposphäre |
| Hauptstockwerk | Bios (Pflanzen- und Tierwelt) | Biosphäre |
| | Oberflächengewässer | Soziosphäre |
| | Boden | Hydrosphäre |
| | Relief und geo- | Pedosphäre |
| | logisches Substrat | Lithosphäre |
| | | Landschaftssphäre |
| Untergrundstockwerk | Erdkruste | Lithosphäre |
| | Grundwasser | Hydrosphäre |

| Landschaftsbetrachtung | | | |
|---|---|---|---|
| Dimension | Gegenstand | | Beispiel |
| Topisch Chorisch | Standorte Landschaften | | Elbaue |
| | Naturräume/ Naturraumgefüge | Nutzflächen/ Nutzflächengefüge | Auenlehmgebiet an der Elbe | Grünland Ackerland Auenwald |
| Regionisch Geosphärisch | Landschaftsregionen Landschaftszonen | | sibirische Taiga boreale Nadelwaldzone |

*Tabelle 7*
*Dimensionsspezifik der Landschaftsbetrachtung*

der Begriff des Natur(raum)potentials Rechnung. Er kennzeichnet die wirtschaftliche Nutzbarkeit von Natureigenschaften.

Dem Naturpotential kann der ökologische Wert von Landschaftsmerkmalen gegenübergestellt werden, der sich ebenfalls aus den Eigenschaften der landschaftlichen Kompartimente ableiten läßt. Er ergibt sich einmal aus deren Beitrag zur Stabilität des gesamten Ökosystems, vor allem im Hinblick auf den Wärme-, Wasser- und Nährstoffhaushalt. Zum anderen wird der ökologische Wert natürlicher Kompartimente durch deren Merkmale selbst bestimmt, durch deren Seltenheit, Gefährdung und Wiederherstellbarkeit. Der Begriff des Naturraumpotentials ist aus anthropozentrischer Sicht geschaffen worden, der des ökologischen Wertes aus geozentrischer Sicht. Nicht von ungefähr ist der Potentialbegriff älter als der Begriff des ökologischen Wertes.

Je genauer die Kenntnis ökosystemarer Zusammenhänge ist, desto besser lassen sich ökologischer Wert und Nutzungsrisiko beurteilen. In dieser Hinsicht sind heute noch viele Wissenslücken zu schließen. Dennoch kann man davon ausgehen, daß die Tatsache, daß Ökosysteme große Systeme darstellen, die viele lose Kopplungen aufweisen, zur Stabilität abiotischer Teilbereiche beiträgt. Störungen in einem Teilsystem werden nicht unmittelbar auf andere Teilbereiche übertragen. Dort, wo die abiotischen Kompartimente eng verkoppelt sind, ist die Empfindlichkeit gegenüber Eingriffen am größten. Das Wasser ist ein Medium, das solche Kopplungen herstellt. Deswegen sind die grundwasserbeeinflußten Niederungen und Flußauen ebenso verletzlich wie die waldlosen Gebirge, an denen der oberflächliche Abfluß ungehindert wirken kann. In Trockengebieten tritt der Wind an die Stelle des Wassers. Vegetationsfreie Sanddünen und Schotterfelder gehören zu den sensiblen Ökosystemen.

Die Vegetationsdecke gehört zu den biotischen Kompartimenten, die zur Rückkopplung fähig sind. Störungen werden hier nicht allein passiv abgepuffert wie durch die losen Kopplungen der abiotischen Teilbereiche der Landschaft, sondern auch durch Reaktionen auf Umwelteinflüsse. Pflanzengemeinschaften können sich der Außenwelt anpassen, allerdings über lange Fristen hinweg und in unterschiedlichem Maße. Schwellen des Reaktionsvermögens gibt es bei allen Arten. Aus der Luft aufgenommene Schadstoffe summieren sich beispielsweise in Nadelwäldern rascher als in Laubwäldern, die ihre Blätter im Rhythmus

| Merkmale landschaftlicher Kompartimente | Ökologischer Wert der Landschaft | Natur(raum)potential *Natur(raum)risiko* |
|---|---|---|
| **Bios** Artenbestand | **Biotopwert** Artenreichtum, Diversität, Maturität/Reife (Naturnähe, Stellung in der Sukzessionsfolge), Seltenheit, Gefährdung, Wiederherstellbarkeit des Bestandes an Pflanzen und Tieren | **Biotisches Ertragspotential** Vermögen, nutzbare organische Substanz zu erzeugen und die Bedingungen dafür zu regenerieren |
| **Boden** Körnung, Humusgehalt, Volumenverhältnisse | **Ökologischer Bodenwert** Filter-, Puffer- und Transformationsvermögen des Bodens | Vermögen, Nährstoffe und Wasser für die Bioproduktion bereitzustellen (Bodenfruchtbarkeit) |
| **Luft/Klima** Witterungsablauf, Häufigkeit des Auftretens charakteristischer Wetterlagen | **Klimaökologischer Wert** geringe Eintrittswahrscheinlichkeit meteorologischer Anomalien oder Extrema (Temperatur, Niederschlag, Strahlung) | Vermögen, durch charakteristische Witterungsabläufe ertragsfördernd und ertragsstabilisierend zu wirken (Klimafruchtbarkeit); *Ertragsrisiko* |
| | geringe Eintrittswahrscheinlichkeit von Inversionslagen | **Klimapotential** Vermögen, durch charakteristische Witterungsabläufe wirtschaftsfördernde klimatische Bedingungen zu schaffen (Reinheit der Luft, Windhöffigkeit); *meteorologisches Risiko* |
| **Wasser** Abflußregime, Grundwasservorrat, Menge, Chemismus | **Hydroökologischer Wert** Erneuerbarkeit, Durchlüftung, Dekontaminationsvermögen der Oberflächengewässer und des Grundwassers | **Wasserpotential** Vermögen, Wasser in nutzbarer Form (als Trink- oder Brauchwasser) bereitzustellen; *hydrologisches Risiko* |

*Tabelle 8*
*Geo- und bioökologischer Wert sowie Nutzungspotential und Nutzungsrisiko von Landschaften*

| Merkmale landschaftlicher Kompartimente | Ökologischer Wert der Landschaft | Natur(raum)potential *Natur(raum)risiko* |
|---|---|---|
| **Relief und Gestein** Porenvolumen | hydroökologischer Wert | Wasserpotential |
| Reliefenergie (in Verbindung mit Abflußverhalten) | | **Hydroenergetisches Potential** Vermögen, Wasser zur Energiegewinnung bereitzustellen; *hydrologisches Risiko* |
| Schichtfolge und -lagerung | **Lithologischer Wert** Transformationsvermögen, Sperrvermögen, Speichervermögen | **Entsorgungspotential** Vermögen, Abfälle oder Abprodukte aufzunehmen oder abzubauen |
| Tektonischer Bau | | **Bebauungspotential** Vermögen, nutzbaren Baugrund (eben, druckfest, wenig zerschnitten, nicht erdbebengefährdet) bereitzustellen; *geologisches Risiko* |
| | | **Rohstoffpotential** Vermögen, bergbauliche Rohstoffe bereitzustellen; *geologisches Risiko* |
| | | **Geothermisches Potential** Vermögen, nutzbare Erdwärme bereitzustellen; *geologisches Risiko* |

*Fortsetzung Tabelle 8*

der Jahreszeiten abwerfen. Ist der Boden durch sauren Regen vergiftet, belastet das alle Waldbestände. Kommt dazu noch Trockenheit, setzt Waldsterben ein. Radikale kurzfristige Eingriffe lassen sich ohne Pflegemaßnahmen überhaupt nicht ausgleichen. Werden Wälder gerodet, ohne daß Neuanpflanzungen erfolgen, setzt sich dort, wo sie langsam wachsen, das Gras durch. Aber auch in den Tropen, in denen das Wachstumstempo hoch ist, müssen die Fristen bis zur Wiederherstellung des Bestandes eingehalten werden. Die Schwellenwerte der Kompensationsmöglichkeiten gegenüber Eingriffen darf man nicht ungestraft überschreiten.

Ökologischer Wert der Landschaften und Nutzungspotential der Naturräume können somit aus denselben Natureigenschaften abgeleitet werden. Allerdings geschieht das unter verschiedenen Gesichtspunkten, einmal bezogen auf deren Protektivfunktionen, die der Stabilisierung des Naturhaushaltes dienen, zum anderen unter Berücksichtigung ihrer Produktiv-

| Kriterien zur Beschreibung der humanökologischen Funktionen der Landschaft | | |
|---|---|---|
| Landschaftsmerkmale | humanökologischer Wert der Landschaft | Erholungspotential der Landschaft |
| Landschaftliches Ensemble mit natürlichen Kontrasten: Gebirge, Küsten, Ufer, Waldsäume | bioklimatische Reizarmut (geringe Eintrittswahrscheinlichkeit meteorologischer Extreme) | Attraktivität für Erholungsuchende |
| Landschaftsgärtnerisch gestaltete Räume: Parks mit Sichtachsen, mit Kultur- und Naturdenkmälern | Frischluftzufuhr, ästhetische Wirkung | |

*Tabelle 9*
*Humanökologischer Wert und Erholungspotential von Landschaften*

funktionen (HABER 1979), die ihre wirtschaftliche Nutzbarkeit ausdrücken. Dabei sollte nicht übersehen werden, daß Naturprozesse auch Nutzungsrisiken in sich bergen, die entweder spontan wirken, wie Stürme oder Dürreperioden, oder durch die Nutzung selbst ausgelöst werden, wie die Bodenerosion (Tab. 8).

Naturrisiken kommen dann zur Geltung, wenn Schwellenwerte des Stoffumsatzes überschritten werden. Im Extremfall treten dann Naturkatastrophen ein. Das ist beispielsweise dann der Fall, wenn der Kerndruck einer Zyklone so niedrig wird, daß ein Orkan entsteht, wenn die Spannungen in der Erdkruste so anwachsen, daß ein Erdbeben ausgelöst wird, die Niederschläge so hoch sind, daß sie als Hochwasser abgeführt werden, oder die Haftung von Neuschnee auf Altschnee an einem Hang so gering ist, daß Lawinen abgehen. Die Beispiele zeigen, daß der Mensch heute zum Teil die Möglichkeit hat, Naturrisiken zu mindern (durch den Bau erdbebensicherer Gebäude, durch die Anlage von Hochwasserrückhaltebecken oder durch Lawinenverbauungen), daß er aber auch die Katastrophengefahr selbst vergrößert hat (u. a. durch die Kanalisation von Flüssen, durch die Anlage von Skipisten). Nichtbeachtung und Nichtkenntnis von Naturgesetzen können darüber hinaus auch langfristig zur Erhöhung von Naturrisiken führen. Die Anheizung der Atmosphäre mit Treibhausgasen ist ein Beispiel dafür.

Die Einbezogenheit des Menschen in die Natur spiegeln auf andere Weise die humanökologischen Funktionen der Landschaft wider. Auch sie lassen sich sowohl unter umweltmedizinischen Gesichtspunkten als auch unter erholungswirtschaftlichen Aspekten betrachten. Allerdings spielen dabei individuelle Empfindungen und Wünsche eine große Rolle. Naturwissenschaftliche Kriterien geben dabei nur einen Rahmen vor, der durch die Bedürfnisse der Menschen in jeder Region anders ausgefüllt werden kann. Dieser Rahmen wird durch einen Komplex vieler Landschaftseigenschaften geschaffen, nicht durch die Merkmale einzelner Kompartimente. Er bezieht sich stets auf den vom Menschen überprägten Naturraum, also auf die Landschaft (Tab. 9).

Die anthropozentrische Sicht auf nutzbare Natureigenschaften, die in den Termini Naturpotential und Naturrisiko zum Ausdruck kommt, konzentriert sich im Ressourcenbegriff

| Globale Prozesse | Globale Strukturen | Naturpotentiale | Naturrisiken | Natur- ressourcen |
|---|---|---|---|---|
| Strahlungs- umsatz, atmosphärische Zirkulation | Klimazonen | Klima- und Wasserpotential | meteorolo- gisches und hydrologisches Risiko | Luft- und Wasser- ressourcen |
| Pflanzliche Primärproduktion | Vegetations- zonen | Ertragspotential | Ertragsrisiko | biologische Ressourcen |
| Bodenbildung | Bodenzonen | Ertragspotential | | |
| Geomorpholo- gische und geotektonische Prozesse | platten- tektonische Großeinheiten | Rohstoff- potential | geologisches Risiko | mineralische Ressourcen |

*Tabelle 10*
*Globale Zusammenhänge zwischen Naturpotentialen, Naturrisiken und Naturressourcen*

noch stärker auf wirtschaftliche Aspekte. Hier findet sich der Teil des Naturdargebotes wieder, der dem erreichten technischen Niveau und den aktuellen Bedürfnissen sowie Wertungen der Menschheit entsprechend nutzbar ist bzw. genutzt wird (ZIMMERMANN u. HANSJÜRGENS 1994). Will man Potentialeigenschaften in Beziehung zu Merkmalen der Naturressourcen setzen, so ist es angebracht, der Ressourcengliederung zu folgen, die von der Einbindung der Naturressourcen in die Geosphären ausgeht (vgl. Kapitel 1.1.1.). Das gilt für die erneuerbaren biologischen, Luft- und Wasserressourcen gleichermaßen wie für die nicht (oder nur in geologischen Zeiträumen) erneuerbaren mineralischen Ressourcen. Im globalen Zusammenhang ergibt sich dabei die in Tab. 10 dargestellte Situation.

Nicht alle Naturpotentiale lassen sich Naturressourcen direkt zuordnen. Insbesondere ist das bei der Naturressource Fläche der Fall. Das Bebauungspotential ist beispielsweise ein Teil der Merkmale von Flächenressourcen. Dennoch versteht man unter der Naturressource Fläche wesentlich mehr. Sie umfaßt die Gesamtheit aller nutzbaren Areale, unabhängig von ihrer Bebaubarkeit. Insofern ist das Freiraumangebot als ein Merkmal der Flächenressourcen von großer Bedeutung für das Erholungspotential. Inwieweit die Freiräume sich zur Erholungsnutzung eignen, wird jedoch mit dem Begriff der Flächenressource nicht beschrieben. Das zeigt, daß eine Parallelisierung von Begriffen, die sich aus unterschiedlichen Denkansätzen ergeben, nur in einem begrenztem Umfang erfolgreich sein kann.

So bleibt festzuhalten, daß das Naturpotential, wie der ökologische Wert, unter naturwissenschaftlichen Gesichtspunkten beschrieben, die Naturressource jedoch unter wirtschaftswissenschaftlichen Aspekten charakterisiert wird. Beschreibt man die eingangs benannten globalen Probleme unter beiden Sichtweisen, dann zeigt sich, daß beide in vielen Fällen ihre Berechtigung haben:

– Großflächige Waldrodungen in den feuchten Tropen mindern den Biotopwert, den öko- logischen Bodenwert und den klimaökologischen Wert der Regenwaldzone. Sie ver- ringern das Ertragspotential und die Qualität der biologischen Ressourcen in diesen

Regionen. Gleiches ist zu den Folgen der Desertifikation in den trockenen Tropen festzustellen.
– Der starke Anfall von Abgasen, Abwässern und festen Abfällen in den Industriestaaten
  beeinträchtigt nicht nur den Biotopwert, den ökologischen Bodenwert, den klimaökologischen Wert und den hydroökologischen Wert der Landschaften, sondern auch ihren
  humanökologischen Wert. Er verschlechtert das Ertragspotential und das Wasserpotential
  ebenso wie das Erholungspotential. Die Qualität der biologischen Ressourcen und Wasserressourcen sinkt. Ähnliche Folgewirkungen sind in allen Teilen der Erde mit dem Freiraumverbrauch durch Siedlungen, Industrie und Bergbau sowie der Ausbildung monotoner
  Nutzungslandschaften durch die Landwirtschaft verbunden.

Die Kennzeichnung der betroffenen ökologischen Werteigenschaften, der Potentiale und
der Naturressourcen dient der gedanklichen Strukturierung globaler Probleme. Sie ist ein
erster Schritt auf dem Weg zur Erkenntnis geoökologischer Konflikte in der Ressourcennutzung. Nicht überall ist er in dieser Form gangbar. Die globale Erwärmung und die damit
verbundene Veränderung des Witterungsablaufes in vielen Teilen der Erde, die Häufung
von Witterungsanomalien und Extremwetterlagen, berührt fast alle Natureigenschaften und
damit viele Potential- und Ressourcenmerkmale. Sie ist das zentrale ökologische Problem
der Erde und läßt sich nicht auf einzelne Potentialeigenschaften oder Naturressourcen, aber
auch nicht auf technische Maßnahmen allein reduzieren.


## 1.4.2.
## Konfliktminderung durch Umweltschutz

Nach einer indianischen Legende werden die Krieger des Regenbogens kommen, um die
Erde zu schützen, wenn die Erde krank ist und die Tiere verschwinden. Deshalb ist das erste
größere Schiff von Greenpeace auf den Namen „Rainbow Warrior", Krieger des Regenbogens, getauft worden (GAIA 1985). Durch spektakuläre Aktionen hat die Mannschaft dieses
Schiffes auf Umweltprobleme aufmerksam gemacht und Schutzmaßnahmen gefordert. Die
möglichen Folgen des Walfanges im Nordatlantik, der Verklappung von Titanoxid in der
Nordsee, aber auch der Atombombenversuche im Südpazifik wurden so einer breiten Öffentlichkeit bewußt.
So wie Greenpeace sind auch andere Organisationen bemüht, einer breiten Öffentlichkeit
die Notwendigkeit bewußt zu machen, daß mit der Natur schonend umgegangen wird, bei-
spielsweise WWF (World Wide Fund for Nature), IUCN (International Union for the
Conservation of Nature) oder IALE (International Association for Landscape Ecology). In
dieselbe Richtung zielt die Arbeit privat finanzierter, zum Teil auch durch internationale
Programme getragener Institute, beispielsweise des Worldwatch Institute in Washington.
Nicht zuletzt dadurch sind Umweltprobleme immer stärker in den Vordergrund des öffentlichen Interesses getreten.
Der Druck der Öffentlichkeit hat in den letzten Jahrzehnten dazu geführt, daß eine Reihe
von zwischenstaatlichen Vereinbarungen abgeschlossen werden konnten. Zu nennen sind:

– das Ramsar-Übereinkommen zum Schutz von Feuchtgebieten mit internationaler Bedeutung als Lebensräume für Watt- und Wasservögel (1971 in der Stadt Ramsar im Iran ver-

abschiedet, ergänzt und erweitert durch EU-Richtlinien zum Vogelschutz 1979 sowie zum Schutz der natürlichen oder naturnahen Lebensräume von wildlebenden Tieren und Pflanzen – „Flora, Fauna, Habitate" 1988),
– das Internationale Übereinkommen zur Verhütung der Meeresverschmutzung durch Schiffe (1972 mit weltweitem Geltungsbereich abgeschlossen, ergänzt durch die Beschlüsse der Nord- und Ostseeschutzkonferenzen 1984–1990, die u. a. die Beendigung der Abfallverklappung und Abfallverbrennung vorsehen),
– das Übereinkommen über den internationalen Handel mit gefährdeten Arten freilebender Tiere und Pflanzen (Washingtoner Artenschutzabkommen von 1973, dazu die Zusammenstellung „Roter Listen" von gefährdeten Arten),
– die Genfer Luftreinhaltekonvention (unterzeichnet von 21 Staaten Europas 1979, ergänzt 1985 durch das Helsinki-Protokoll zur Verringerung der Schwefeldioxidemissionen sowie 1988 durch das Sofia-Protokoll zur Begrenzung des Stickstoffausstoßes),
– das Montrealer Protokoll über Stoffe, die zu einem Abbau der Ozonschicht führen (unterzeichnet von der EG und weiteren 23 Staaten 1987),
– die Basler Konvention zur Kontrolle des grenzüberschreitenden Transportes gefährlicher Abfälle (1989 von 35 Staaten unterzeichnet, tritt nach Ratifizierung durch 20 Staaten in Kraft),
– das Internationale Tropenwald-Aktionsprogramm (getragen von den sechs führenden Industriestaaten der Erde nach den Beschlüssen des Wirtschaftsgipfels von Houston 1990).

Nach Vorlage des Berichtes der Weltkommission für Umwelt und Entwicklung (BRUNDTLAND 1988) beschloß die Vollversammlung der Vereinten Nationen, 1992 in Rio de Janeiro eine Weltkonferenz über Umwelt und Entwicklung (UNCED: United Nations Conference on Environment and Development) durchzuführen. Dort wurden verabschiedet:

– die Konvention zum Schutz der biologischen Vielfalt (1992 von 156 Staaten unterzeichnet),
– die Klima-Rahmenkonvention (eine Erklärung der Absicht, die Treibhausgaskonzentration in der Atmosphäre auf einem Niveau zu stabilisieren, das es den Ökosystemen erlaubt, sich natürlichen Klimaveränderungen anzupassen; 1992 von 154 Staaten unterzeichnet),
– die Wald-Erklärung (eine rechtlich unverbindliche Darlegung des Konsenses über Bewirtschaftung und Erhaltung der Wälder),
– die Agenda 21 (rechtlich unverbindliche 40 Kapitel zur Entwicklungs- und Umweltpolitik im 21. Jahrhundert).

Eine völkerrechtsverbindliche Erd-Charta kam 1992 in Rio de Janeiro nicht, wie ursprünglich vorgesehen, zustande. Sie sollte die Rechte und Pflichten der Menschen gegenüber der Natur festschreiben (ENGELHARDT u. WEINZIERL 1993). Statt dessen haben die über 150 Teilnehmerstaaten eine entwicklungspolitische Grundsatzdeklaration unterzeichnet: die Rio-Deklaration.
Die Wertigkeit dieser Vereinbarungen ist unterschiedlich, ebenso ihre Wirksamkeit. Das Artenschutzabkommen hat den einträglichen Handel mit tropischen Pflanzen und Tieren erheblich eingeschränkt. Die in den Roten Listen aufgeführten Arten konnten vor dem Aussterben bewahrt werden. Es sind aber durch den gezielten Schutz bestimmter Arten auch Ungleichgewichte zwischen den Arten und ihrer Umwelt entstanden. Augenfällig wird das an den Aus- und Nebenwirkungen der strengen Schutzbestimmungen für Elefanten in Afrika. Der Elfenbeinhandel ist zum Erliegen gekommen. Die Bestände an Elefanten haben

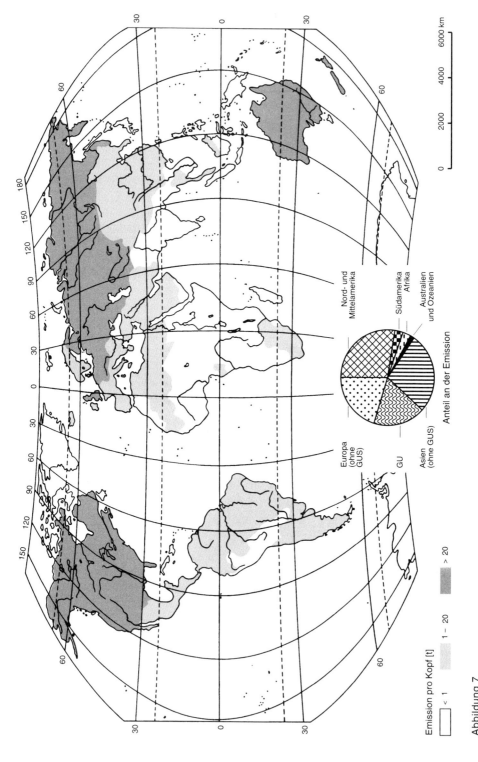

Emission pro Kopf [t]

< 1    1 – 20    > 20

Nord- und Mittelamerika

Südamerika
Afrika
Australien und Ozeanien

Anteil an der Emission

Europa (ohne GUS)

GU

Asien (ohne GUS)

Abbildung 7
Industrielle Kohlendioxidemission 1989 (nach ENGELHARDT u. WEINZIERL 1993)

sich so vermehrt, daß in einigen Staaten Afrikas, insbesondere in Kenia, wieder daran gedacht wird, Elefanten in begrenztem Umfang zum Abschuß freizugeben. Die Verwüstungen, die Elefantenherden auf den Feldern am Rande der Nationalparks anrichten, wo sie noch wohlschmeckenderes Futter vorfinden als im Nationalpark selbst, sind beträchtlich.

Mit Recht beklagen die Entwicklungsländer anhand solcher Beispiele, daß internationale Abkommen über den Umweltschutz oftmals aus der Sicht der Industriestaaten formuliert werden. Sie berufen sich darauf, daß von den Industriestaaten auf deren Einhaltung gedrungen wird, obwohl die wirtschaftlichen Folgen für die unterentwickelten Staaten beträchtlich sind, daß aber andererseits Abkommen, die die Industriestaaten zum Handeln zwingen, nur schleppend umgesetzt werden. So ist zwar in London 1990 eine Verschärfung des Montrealer Protokolls über den Schutz der Ozonschicht beschlossen worden. Dennoch wurde dabei der von der EU für 1997 angestrebte Ausstiegstermin aus der Produktion von Fluorchlorkohlenwasserstoffen und Halonen nicht erreicht. Gleiches gilt für die Einschränkung der Luftbelastung durch andere Treibhausgase (Abb. 7). Die Gruppe der 36 Inselstaaten (AOSIS) hatte gefordert, daß sich die Industriestaaten auf der Weltklimakonferenz 1995 in Berlin bindend verpflichten, den Ausstoß von Kohlendioxid bis 2005 um mindestens 20 % zu senken. Dies ist jedoch nicht geschehen. Die Klima-Rahmenkonvention soll nun auf der nächsten Nachfolgekonferenz zur UNCED in verbindliche Regelungen überführt werden.

Regelungen, die die Wechselwirkungen zwischen den Umweltmedien in den Mittelpunkt von Handlungsvorschriften stellen, fehlen weitgehend. Die Europäische Konferenz für Umwelt und Gesundheit 1989 in Frankfurt/Main hat ebenso wie die Konferenz der Vereinten Nationen 1992 in Rio de Janeiro den umfassenden Bedarf für ein gemeinsames Vorgehen zum Schutz der Umwelt auf internationaler Ebene angesprochen. Es ist jedoch bei Erklärungen geblieben, die nur zum Teil und nur regional begrenzt in zwischenstaatliche Verträge oder Vereinbarungen Eingang gefunden haben. Die EU hat seit langem versucht, Anstöße dafür zu geben. Neben den obengenannten Beispielen seien die Aktionsprogramme zum Gewässerschutz genannt, die zu einer beachtlichen Verminderung der Schadstoffbelastung des Rheins geführt haben. Vor allem aber ist die 1985 erlassene Richtlinie des Rates über die Umweltverträglichkeitsprüfung bei bestimmten öffentlichen und privaten Projekten zu nennen. Sie hat in das nationale Recht der EU-Mitglieder Eingang gefunden, in der Bundesrepublik Deutschland in das 1991 erlassene Gesetz über die Umweltverträglichkeitsprüfung (UVPG).

Umweltverträglichkeitsprüfungen sind seit Anfang der siebziger Jahre in den USA vorgenommen worden. Sie dienten mit Erfolg der vorausschauenden Beurteilung der Umweltauswirkungen von Projekten der Industrie und des Verkehrswesens. Das Vorsorgeprinzip ist demzufolge in der EU-Richtlinie betont worden. Es bestimmt auch den Inhalt des deutschen Umweltverträglichkeitsgesetzes. Es geht davon aus (GASSNER u. WINKELBRANDT 1992), daß es notwendig ist zu wissen, wie die Umwelt des Vorhabens beschaffen ist und wie deren Eigenschaften bewahrt oder Eingriffsfolgen kompensiert werden können, ehe ein Eingriff erfolgt. Dabei müssen Umweltbelange ohne Rücksicht auf die Interessen des Vorhabensträgers dargestellt werden.

Als Umweltschutzgüter werden im deutschen UVPG (§ 2) Menschen, Tiere und Pflanzen, Boden, Wasser, Luft und Klima sowie Kultur- und sonstige Sachgüter genannt. Dabei geht es in diesem Fall um die Gesundheit und das Wohlbefinden des Menschen, um den Erhalt des Artenbestandes von Pflanzen- und Tierwelt, um die Reinhaltung von Luft und Wasser sowie um die Sicherung der Eigenart und Vielfalt der Landschaft einschließlich ihrer Natur- und Kulturdenkmäler. Die Leistungsfähigkeit des Naturhaushaltes ist zu gewährleisten, die Nutzungsfähigkeit der Naturgüter ist zu sichern. Das fordert darüber hinaus das Bundesnaturschutzgesetz, auf das sich das Gesetz über die Umweltverträglichkeitsprüfung ausdrücklich bezieht.

Ein zentrales Ziel des UVPG ist die Sicherung der Funktionsfähigkeit des Naturhaushaltes. Eingriffe, die beispielsweise durch Bodenversiegelung den Wasserkreislauf unterbrechen, die durch Abholzung eines Waldes den biotischen Stoffkreislauf zwischen Boden und Pflanze völlig verändern, die durch Entwässerung den Lebensraum für feuchteliebende Pflanzen und Tiere zerstören, sind zu verhindern. Sollte das bei Abwägung aller Belange der Allgemeinheit nicht möglich sein, dann ist im Ausgleich dafür ein angemessenes Verhältnis von Produktiv- und Protektivflächen in der Umgebung des Vorhabens zu schaffen. Dafür muß ein landschaftspflegerischer Begleitplan entworfen und umgesetzt werden.

In der Anlage zu § 3 UVPG werden die Vorhaben genannt, für die eine Umweltverträglichkeitsprüfung obligatorisch ist. Dazu gehören der Aufschluß eines Tagebaues oder die Errichtung einer Deponie, der Bau von Industrieanlagen und Gewerbeeinrichtungen ebenso wie die freiraumbeanspruchende Ausdehnung von Siedlungen, der Ausbau oder die Neueinrichtung von Schienenwegen, Autobahnen, Fernstraßen, Überlandleitungen, Flugplätzen und Wasserstraßen. Auch die Anlage von Campingplätzen ist prüfpflichtig. Im Prüfverfahren muß der Betreiber zunächst die Notwendigkeit seines Vorhabens begründen. Falls diese Begründung von der verfahrensführenden Behörde akzeptiert wird, werden dann der Umfang und die Tiefe der dazu erforderlichen Untersuchungen von der Behörde mit dem Vorhabensträger abgestimmt. Dementsprechend wird eine Umweltverträglichkeitsstudie erarbeitet. Für die Schutzgüter Tiere und Pflanzen sowie Wasser sind dafür einjährige Beobachtungen erforderlich. Die Studie, bestehend aus Karten und textlichen Erläuterungen, wird der Prüfung des Vorhabens zugrunde gelegt. Dabei ist die Öffentlichkeit einzubeziehen. Die Entscheidung über die Umweltverträglichkeit fällt jedoch die Behörde. Sie hat dabei Umweltbelange gegenüber anderen Interessen der Allgemeinheit abzuwägen.

Die Umweltverträglichkeitsprüfung wird in Deutschland im Rahmen des Raumordnungsverfahrens durchgeführt, das darüber zu befinden hat, ob das Vorhaben den Belangen der Raumordnung gerecht wird. Die zentrale Frage ist dabei, ob das Projekt der Gestaltung ausgeglichener Lebensbedingungen und Entwicklungsmöglichkeiten in allen Teilen des Landes dient. Die oberste Raumordnungsbehörde der Länder ist bei allen größeren prüfpflichtigen Vorhaben die verfahrensführende Behörde. Je nachdem, wo die Raumordnung angesiedelt ist, kann es das Bauministerium oder das Umweltministerium sein. Allerdings stellt die Entscheidung der Raumordnungsbehörde nur informelles Recht dar, das bei weiteren Verwaltungsakten zu berücksichtigen ist.

Erst durch die nachfolgenden Verwaltungsakte wird das Ergebnis des Raumordnungsverfahrens mit integrierter Umweltverträglichkeitsprüfung rechtsverbindlich für den Betreiber und alle betroffenen Bürger. Solche Verwaltungsakte stellen die Baugenehmigung, die immissionsschutzrechtliche oder atomrechtliche Genehmigung, die wasserrechtliche oder abfallrechtliche Erlaubnis oder Bewilligung, die wegerechtliche oder bergbaurechtliche Zulassung dar. Das alles kann in einer Entscheidung zur Planfeststellung konzentriert werden. Dafür ist, wenn es sich um erhebliche Eingriffe in den Naturhaushalt handelt oder neue Aspekte gegenüber dem Raumordnungsverfahren zu beachten sind, eine vertiefende Umweltverträglichkeitsuntersuchung erforderlich. Auch deren Ergebnisse müssen der Öffentlichkeit vorgestellt werden. Die Entscheidung trifft wiederum die verfahrensführende Behörde, in der Regel das Bauministerium oder das Verkehrsministerium. Dabei kann von den Vorgaben des Raumordnungsverfahrens abgewichen werden. Betroffenen Bürgern oder Verbänden steht ein Einspruchsrecht zu. Erst dann, wenn über Klagen der Bürger verwaltungsgerichtlich entschieden worden ist, wird der Planfeststellungsbeschluß rechtskräftig.

Auch unter Berücksichtigung der Tatsache, daß durch diese Verfahrensweise die Berücksichtigung aller Belange des Umweltschutzes beim Planfeststellungsbeschluß nicht zwingend erforderlich ist, läßt sich feststellen, daß die Umweltverträglichkeitsprüfung einen Weg zur Verminderung geoökologischer Konflikte in der Industriegesellschaft weist. In Deutschland wie in anderen Ländern Westeuropas oder Nordamerikas legen die Gesetze zur Prüfung der Umweltverträglichkeit vor allem neue Aufgabenverteilungen zwischen Projektträger und Verwaltung fest. Der zukünftige Betreiber muß selbst die Folgen seines Eingriffes in die Natur recherchieren und bewerten sowie belegen, wie er erforderlichenfalls Umweltschäden kompensieren will. Damit werden die dafür erforderlichen finanziellen Aufwendungen in die Ebene des Vorhabensträgers transferiert (GASSNER u. WINKELBRANDT 1992).

Das hat allerdings den Nebeneffekt, daß einige Unternehmen dazu tendieren, problematische Vorhaben in solche Länder zu verlagern, in denen das nationale Umweltrecht billigere Lösungen zuläßt oder nationales Umweltrecht noch gar nicht existiert. Diese Entwicklung muß von der Öffentlichkeit kritisch verfolgt werden. Auf keinen Fall darf es dazu kommen, daß Entwicklungshilfen für derartige Standortverlagerungen in Anspruch genommen werden. Es ist deshalb zu begrüßen, daß durch die Bundesregierung 1988 ein Verfahren in Kraft gesetzt wurde, nach dem bei allen Entwicklungsprojekten auch die Auswirkungen auf die Umwelt untersucht werden. Falls erforderlich, sind Alternativen zu wählen oder Verfahrensweisen zur Minderung und Kompensation der Umweltauswirkungen zu finden.

Die technische und finanzielle Unterstützung der Entwicklungsländer bei ihren Anstrengungen zum Umweltschutz ist ein wichtiger Schritt zur Lösung von einigen globalen Umweltproblemen. Dabei müssen einfache, dem jeweiligen Entwicklungsstand angepaßte Strategien (vgl. Kapitel 4.3., 5.3.) gefunden werden.

# 2.
# Mineralische Ressourcen

## 2.1.
## Tektonische Großgliederung der Erde

### 2.1.1.
### *Plattentektonische Strukturen der Lithosphäre*

#### 2.1.1.1.
#### Vertikalgliederung der Lithosphäre

Die Erdkruste und der oberste Teil des Erdmantels bilden die Lithosphäre (Abb. 8). Die starre Lithosphäre wird in 70–150 km Tiefe (FRISCH u. LOESCHKE 1993) von der in Teilen zähflüssigen Asthenosphäre unterlagert, der in rund 300 km Tiefe die kaum fließfähige Mesosphäre folgt. Das Vorhandensein der Asthenosphäre wird durch den Verlauf der seismischen Wellen belegt. Ihre Geschwindigkeit verlangsamt sich zwischen 100 und 300 km Tiefe. Transversalwellen (mit Schwingungen senkrecht zur Fortpflanzungsrichtung der Welle) werden hier verschluckt. Das ist ein Zeichen für den viskosen Zustand dieses Tiefenbereiches. Hinzu kommt, daß hier örtlich eine überdurchschnittlich hohe elektrische Leitfähigkeit beobachtet werden konnte. Das spricht für Schmelzflüsse in der Asthenosphäre.

Die Erdkruste und der lithosphärische Teil des Erdmantels bewegen sich auf der Asthenosphäre. Die damit verbundenen geologischen und geophysikalischen Erscheinungen erklärt das Modell der Plattentektonik im Vergleich zu anderen globaltektonischen Theorien am einfachsten und vollständigsten. Es stellt eine Weiterentwicklung der Theorie der Kontinentalverschiebung dar, die WEGENER (1912, 1915, 1929) formuliert hatte, ohne deren Antriebskräfte ausreichend erklären zu können. WEGENERS Driftvorstellungen konnten erst in den sechziger Jahren dieses Jahrhunderts bei der Untersuchung der Ozeanböden geophysikalisch untermauert werden. Der von dem aufsteigenden Magma in den mittelozeanischen Rücken ausgeübte Druck erwies sich als Motor der Kontinentalverschiebung (HESS 1962). Darauf gründete sich das plattentektonische Konzept (WILSON 1965; DEWEY 1972; LE PICHON, FRANCHETEAU u. BONIN 1973), das durch viele Detailuntersuchungen bestätigt wurde. Es hat maßgeblich dazu beigetragen, daß in den letzten Jahrzehnten mehr Lagerstätten entdeckt als abgebaut wurden.

Betrachtet man die Erdkruste auf den Lithosphärenplatten, dann zeigen sich erhebliche Unterschiede im Vertikalaufbau. Ozeanische Krusten weisen lediglich eine geringmächtige Basaltschicht auf. Im Gegensatz dazu ist die kontinentale Kruste stärker. Sie kann in eine

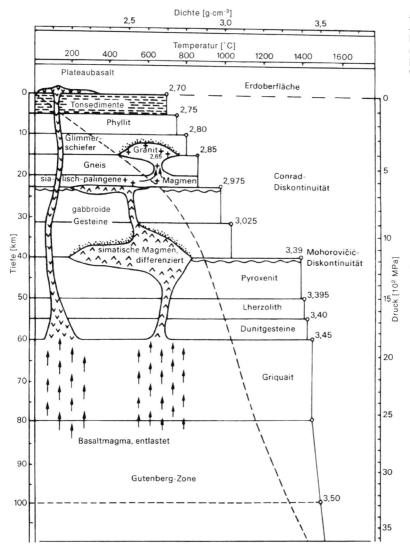

Abbildung 8
Aufbau der
Lithosphäre
(nach Baumann,
Nikoslkij u.
Wolf 1982)

Granitschicht und in eine darunter liegende Gabbro-Basalt-Schicht gegliedert werden
(Abb. 8). In der Granitschicht überwiegen Gesteine mit einem hohen Gehalt an Quarz und
sauren Feldspäten. Die Gesteine der Gabbro-Basalt-Schicht führen vor allem basaltische
Feldspäte, Augit, Hornblende und Olivin. Das darunter auftretende Material des oberen
Erdmantels ist sowohl unter ozeanischer als auch unter kontinentaler Kruste reich an Olivin.
Die Peridotite, die innerhalb der Lithosphäre hier vertreten sind (Pyroxenit, Dunit, Lherzolith,
Griquait), kann man nahe der Erdoberfläche nur in Ausnahmefällen antreffen.

Die Grenzbereiche zwischen den Schichten der Erdkruste sowie zwischen Erdkruste und
Erdmantel werden wiederum durch Sprünge in den Ausbreitungsgeschwindigkeiten seismischer Wellen gekennzeichnet. Zwischen Granitschicht und Gabbro-Basalt-Schicht liegt

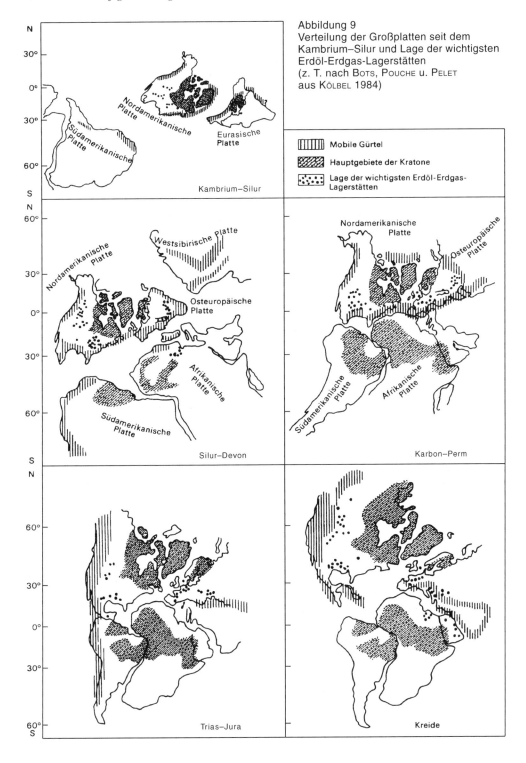

Abbildung 9
Verteilung der Großplatten seit dem
Kambrium–Silur und Lage der wichtigsten
Erdöl-Erdgas-Lagerstätten
(z. T. nach Bots, Pouche u. Pelet
aus Kölbel 1984)

Mobile Gürtel

Hauptgebiete der Kratone

Lage der wichtigsten Erdöl-Erdgas-
Lagerstätten

die CONRAD-Diskontinuität. Man trifft sie meist in Tiefen zwischen 15 und 25 km an. Unter Gebirgen erreicht sie größere Tiefen, in kontinentalen Kerngebieten streicht sie gebietsweise an der Oberfläche aus. Durch große granitische Intrusionen in der Kruste (Manteldiapire) wird sie stellenweise unterbrochen. Die Untergrenze der Kruste wird durch die MOHOROVIČIĆ-Diskontinuität (kurz: „Moho") angezeigt. Ihre Tiefe beträgt in der Regel 30–45 km innerhalb kontinentaler Krustenbereiche sowie 15–25 km innerhalb ozeanischer Krustenbereiche. An Kontinentalrändern kann sie jedoch wesentlich größere Tiefen erreichen, sowohl unter ozeanischer als auch unter kontinentaler Kruste. Unter kontinentalen Hochgebirgen trifft man sie in Tiefen von 60–80 km und mehr an.

## 2.1.1.2.
## Plattentektonische Zyklen und Horizontalgliederung der Lithosphäre

Zwischen der vertikalen und der horizontalen Gliederung der Lithosphäre besteht ein entwicklungsgeschichtlicher Zusammenhang. Vor mehr als 4 Mia. Jahren ist im Azoikum (vgl. SCHWAB 1982) die Lithosphäre mit der gravitativen Differenzierung der Erdmaterie gebildet worden. Die schwereren stofflichen Bestandteile der Erde wanderten während dieses Differenzierungsprozesses nach innen, zum Kern. Die leichteren Bestandteile wanderten nach außen und bildeten den Erdmantel, dessen oberste Teile zur Asthenosphäre und zur Lithosphäre wurden. Die leichtesten stofflichen Substanzen umhüllten die Lithosphäre. Aus ihnen entstanden die Hydrosphäre und die Atmosphäre sowie etwa 1 Mia. Jahre später, im Katarchaikum, die Biosphäre.

Mit der gravitativen Differenzierung der Erdmaterie waren eine Verdichtung des Erdkernes und eine Zunahme des Wärmeflusses vom Erdkern nach außen verbunden. Bis in die Asthenosphäre entwickelte sich im Erdmantel ein konvektiver, an Strömungen gebundener Wärmetransport. Aufsteigende Konvektion führte zur Ausbildung vieler heißer Stellen (hot spots) in der Asthenosphäre, über denen sich die primär einheitliche Lithosphäre aufwölbte und schließlich während des Katarchaikums in Platten zerbrach, die zu driften begannen (OLSZAK 1984). Eine erhöhte Wärmeabgabe an die Erdoberfläche war möglich. Gleichzeitig ging mit der Vollendung der Gravitationsdifferentiation der Erdmaterie die Intensität des Wärmeflusses vom Erdkern zum Erdmantel zurück. Die Lithosphäre wurde mächtiger, und die vorhandenen Platten schlossen sich während des Archaikums, vor etwa 2 Mia. Jahren, zu Großplatten zusammen, brachen jedoch über heißen Stellen in der Asthenosphäre erneut auseinander. Wahrscheinlich machte die Lithosphäre vom Archaikum an mehrmals solche plattentektonischen Großzyklen von 600–800 Mia. Jahren Dauer durch (OLSZAK 1984). Zuletzt bildete sich im Paläozoikum der von WEGENER als Pangäa bezeichnete Großkontinent heraus, der seit Beginn des Mesozoikums auseinanderdriftet (Abb. 9).

Innerhalb eines plattentektonischen Großzyklus kann man mehrere Etappen bzw. Stadien der Lithosphärenentwicklung unterscheiden und in Beziehung zu den Konvektionsströmungen in der Asthenosphäre setzen (Abb. 10). Zunächst führt aufsteigende Konvektion an heißen Stellen (hot spots) in der Asthenosphäre zu einer partiellen Aufschmelzung des Mantels (BURKE u. WILSON 1976) und zur Aufwölbung der Kruste, zur Arkogenese (doming). Dabei kommt es zu Scheitelbrüchen, zur Taphrogenese (vgl. SCHWAB 1982). Mit dem Aufdringen von basischen Magmatiten am Rift ist die Ausbildung von mittelozeanischen Rücken verbunden. Der Druck, den das aufsteigende Magma auslöst, wird von den basaltischen

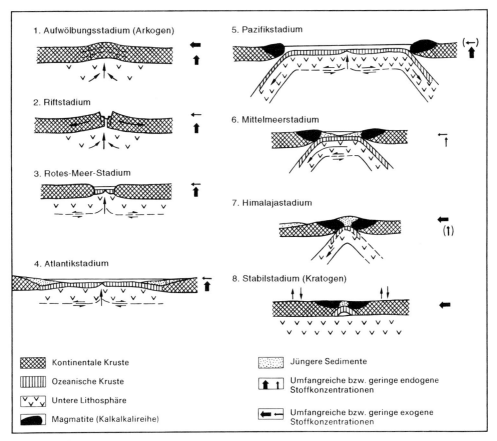

1. Aufwölbungsstadium (Arkogen)

2. Riftstadium

3. Rotes-Meer-Stadium

4. Atlantikstadium

5. Pazifikstadium

6. Mittelmeerstadium

7. Himalajastadium

8. Stabilstadium (Kratogen)

Kontinentale Kruste

Ozeanische Kruste

Untere Lithosphäre

Magmatite (Kalkalkalireihe)

Jüngere Sedimente

Umfangreiche bzw. geringe endogene Stoffkonzentrationen

Umfangreiche bzw. geringe exogene Stoffkonzentrationen

Abbildung 10
Plattentektonischer Zyklus (aus BAUMANN 1984)

Schmelzen seitlich auf die Lithosphäre übertragen (FRISCH u. LOESCHKE 1993). Dadurch verursacht der Rückendruck (ridge push) großräumige Horizontalbewegungen der Lithosphärenplatten. Die Ozeanausbreitung (spreading) führt über das Rote-Meer-Stadium bis zum Atlantikstadium. Der Übergangsbereich von kontinentaler und ozeanischer Kruste verhält sich dabei passiv. Er stellt einen Kontinentalrand atlantischen Typs dar, keine Plattengrenze. Ozeanausbreitung und Plattendrift weisen in dieselbe Richtung.

Erkaltet die ozeanische Kruste, dann tendiert sie infolge ihrer hohen Dichte zum Abtauchen in den weniger dichten obersten Erdmantel. Das ist vor allem am Rand ozeanischer Becken der Fall. Hier kommt es zur Ausbildung von Subduktionszonen. Ozeanische Kruste wird nach unten gezogen und schiebt sich damit unter andere Krustenabschnitte, die eine geringere Dichte aufweisen (BOTT 1982). Durch Plattenzug (slab pull) unterschiebt die Unterplatte die benachbarte Oberplatte. Die Oberplatte erfährt Auftrieb. Trägt sie kontinentale Kruste, dann schaffen Reibung und Auftrieb (isostatischer Ausgleich) komplizierte tektonische Strukturen. Es kommt zur Bildung von Gesteinsschmelzen, zum Aufdringen magmatischer Diapire, zur Faltung und zur Bruchbildung (Tektogenese A nach BAUMANN 1984).

Gegenwärtig entstehen hier etwa 2 km³ vulkanischer und plutonischer Gesteine neu (SMITH 1981). Die so vergrößerten Gesteinspakete in der kontinentalen Kruste der Oberplatte steigen infolge isostatischer Ausgleichsbewegungen als Gebirge auf (Orogenese oder Tektogenese B nach BAUMANN 1984). Derartige Faltengebirgszüge sind charakteristisch für Kollisionszonen und markieren einen Kontinentalrand pazifischen Typs an einer Plattengrenze.

Wenn die Subduktionsrate größer wird als die Ausbreitungsrate ozeanischer Kruste, dann kommt es zur Verkleinerung der Ozeanbecken, zu deren Schließung (closing). Über das Pazifikstadium führt sie zum Mittelmeer- und Himalajastadium. Die kontinentale Kruste zweier Platten verbindet sich zu einem Kontinent. Die Horizontalverschiebungen der Platten in der Kollisionszone klingen ab. Es überwiegen wiederum Vertikalbewegungen, großräumige Hebungen und Senkungen. Sie kennzeichnen die Etappe der Kratogenese oder der Epirogenese im Sinne von BAUMANN (1984). Die Hebungen und Senkungen zeigen aber zugleich an, daß sich bei dem Abtauchen ozeanischer Krusten neue Konvektionsströme entwickeln, die erneut zur Bildung von Arkogenen führen und den nächsten plattentektonischen Zyklus einleiten können.

Daraus ergibt sich, daß die Kontinente und Ozeane, betrachtet man sie als Teile der Lithosphäre, heute Agglomerate von verschiedenen Platten darstellen. Viele der Platten tragen sowohl kontinentale als auch ozeanische Kruste. Nur auf den Platten im Bereich des Pazifiks fehlt die kontinentale Kruste oder ist lediglich bruchstückhaft vertreten, wie auf der Pazifischen Platte durch Kalifornien und Neuseeland. Terranes markieren Krustenbereiche, die durch Plattendrift an andere Kontinente angeschweißt worden sind und sich von der geologischen Struktur ihrer Umgebung grundlegend unterscheiden. Am Rand des Pazifiks sind zahlreiche Terranes nachgewiesen worden. Dabei handelt es sich sowohl um Fragmente ozeanischer Kruste, wie das Franciscan Terrane, als auch um Teile kontinentaler Kruste, wie das Yukon-Tanan-Terrane (FRISCH u. LOESCHKE 1993). Die kontinentalen Krustenbildungen konnten auf Grund ihrer Mächtigkeit und ihrer geringen Dichte nicht subduziert werden. Teile ozeanischer Krusten tauchten nicht ab, weil sie noch zu heiß und damit ebenfalls relativ leicht waren (FRISCH 1991). Sie wurden nach oben geführt: obduziert.

Innerhalb der Kontinente lassen sich an Riftzonen unterschiedlichen Alters, erkennbar an Tiefenbrüchen, und ehemaligen Kollisionszonen, markiert durch Faltungsbereiche, alte Plattenränder erkennen (Abb. 11). Tiefenbrüche werden auf den Kontinenten nicht nur am ostafrikanischen Riftsystem, sondern auch an den Riftsystemen am Sank-Lorenz-Strom, am Baikalsee, am Kaukasus, in Nigeria, in Sambia und Zaïre, zwischen Mittelmeer und Südnorwegen (einschließlich Oberrhein- und Leine-Brüche) und viele kleinere Lineamente angezeigt. Oftmals sammeln sich dort neue aufsteigende Konvektionsströme in der Asthenosphäre, die zur erneuten Ausbeulung (CLOOS 1939) der Lithosphäre führen. Viele Bruchlinien stehen also in Zusammenhang mit Arkogenen. Dabei trifft man auf Dreispaltenstrukturen (triple junctions), beispielsweise am Golf von Aden. Wie dort, so tendieren zwei der Spalten auch anderswo zur Riftbildung.

Im Gegensatz zu den Rifts und Kollisionszonen, an denen sich horizontale Bewegungen aus der Erdgeschichte abzeichnen, markieren Arkogene Bereiche, die vor allem durch vertikale Plattenbewegungen charakterisiert werden. Sie umfassen zum Teil sehr große Gebiete von mehr als 1 Mio. km² und können über kontinentale und ozeanische Krustenabschnitte hinweggreifen, z. B. im Nordatlantischen Arkogen. Die Gewölbebreite großer Arkogene beträgt 200–400 km, so beim Mitteleuropäischen, beim Nubisch-Arabischen, beim Mongolisch-Transbaikalischen, beim Ostafrikanischen und beim Südbrasilianischen Arkogen. Diese

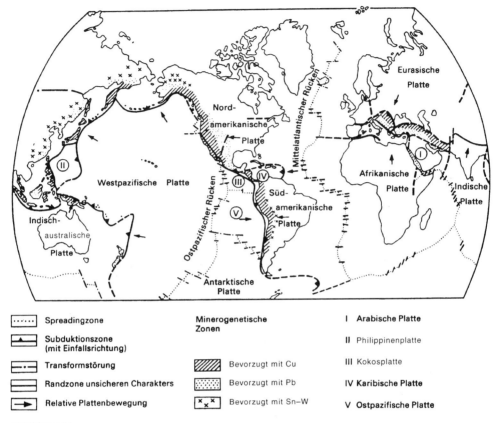

Abbildung 11
Einige lithosphärische Platten mit ihren unterschiedlichen Begrenzungsrändern und die
känozoischen minerogenetischen Provinzen (ergänzt nach BAUMANN u. TISCHENDORF 1976)

großen Gewölbe lassen sich in kleinere untergliedern. Innerhalb des Mitteleuropäischen
Arkogens sind beispielsweise die Kuppeln im Oberrheingebiet, an Weser und Leine sowie
in Nordböhmen unterscheidbar. Arkogene stellen damit ebenso wie die Riftsysteme und die
(alten sowie jungen) Kollisionszonen wichtige Strukturformen der Lithosphäre dar.

## 2.1.1.3.
## Plattentektonische Zyklen und Bildung von Bodenschätzen

In dem Maße, wie sich bei der Entwicklung der Erde die Erdsubstanz entsprechend ihrer
Dichte von innen nach außen differenzierte, haben sich für die einzelnen Sphären der Erde
charakteristische Anreicherungen von chemischen Elementen und deren Verbindungen ergeben. Aus der Übersicht (Tab. 11) wird ersichtlich, daß in den Phasen des plattentektonischen
Zyklus, die mit Mantelentgasung und Mantelmagmatismus (also einer Verlagerung stoffli-
cher Substanzen aus dem Mantel in die Erdkruste) verbunden sind, die Zuführung von

| Sphäre | Durchschnittliche Dichte [g/cm³] | Charakteristika der stofflichen Zusammensetzung |
|---|---|---|
| Atmosphäre | 0,0015 | $N_2$, $O_2$, $H_2O$, $CO_2$, Edelgase |
| Biosphäre | 1,0 | $H_2O$, C, O, H, N, S, K, Ca, P |
| Hydrosphäre | 1,03 | $H_2O$, K, Na, Mg, Ca, Cl, $SO_4$ |
| Lithosphäre | | |
| Erdkruste | 2,8 | O, Si, Al, Ca, Mg, Na, K |
| Erdmantel | 4,5 | Mg, Fe, Cu, Zn, Pb, Sn, Si, O |

*Tabelle 11*
*Überblick über die Anreicherung von chemischen Elementen und deren Verbindungen in den einzelnen Sphären (in Anlehnung an* RÖSLER *1979)*

Schwermetallen erfolgt, d. h. die Bildung von magmatischen Erzen in der Erdkruste. Das geschieht insbesondere in der Phase der Arkogenese an aktiven Rifts während der Ozeanausbreitung (spreading) sowie an Kollisionszonen im Verlauf des Schließens von Ozeanen (closing). Das Maximum der Stoffzufuhr liegt nach BAUMANN (1984) im Bereich der Arkogenese (Abb. 12).

Abbildung 12
Plattentektonische Stadien und Stoffkonzentrationen (aus BAUMANN 1984)

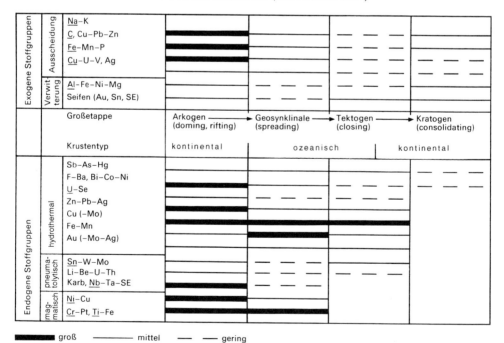

Dagegen überwiegt in den Phasen, in denen die Stoffzufuhr aus dem Erdmantel in die Erdkruste gering ist, in denen sich die Lithosphäre relativ inaktiv verhält, die Rückführung von Substanzen aus den äußeren Erdsphären in die Lithosphäre, von Erdalkali- (Mg, Ca) oder Alkalimetallen (K, Na), von Aluminium, von Chlor und Schwefel, vor allem aber von organischen Verbindungen. Es bilden sich die sedimentären Bodenschätze der Erdkruste: sedimentäre Erze, Salze, Kohle, Erdöl, Erdgas. Solche Phasen sind in erster Linie mit der Etappe der Kratogenese oder Epirogenese verknüpft, daneben aber auch, betrachtet man die Randsenken, mit der Arkogenese, und sieht man auf die Kontinentalränder atlantischen Typs, mit der Etappe der Ozeanausbreitung (spreading) verbunden. Die Kenntnis der alten Bewegungspläne von Lithosphärenplatten erleichtert die Erkundung von sedimentären Bodenschätzen in der Erdkruste und läßt Verallgemeinerungen über die Grenzen der heutigen Kontinente hinaus zu (Abb. 9).

## 2.1.2.
## *Strukturen der Erdkruste und Verbreitung von Bodenschätzen*

### 2.1.2.1.
### Kontinentale Strukturformen und damit verbundene Bodenschätze

Der Aufbau und die räumliche Gliederung der Erdkruste, des oberen Bereiches der Lithosphäre, stehen in enger Beziehung zum Bau der unteren Lithosphäre. Tiefenstrukturen pausen sich bis zur Erdoberfläche durch und geben den Rahmen für die Ausbildung von Krustenstrukturen vor. Das gilt insbesondere für die Strukturformen globalen Ranges. Als solche kann man die an aktive Kollisionszonen gebundenen jungen Faltengebirge, die aktiven Orogene, einerseits und die nicht durch Kollisionen beanspruchten Plattformen, die Kratogene, andererseits ansehen (Abb. 13). Plattformen und junge Faltengebirge stellen Strukturformen hohen Ranges dar, die durch Strukturformen niederen Ranges untersetzt werden. Beiden Strukturformen ist auch gemein, daß sie eine kontinentale Kruste (siehe Kapitel 2.1.1.1.) aufweisen, in der vorwiegend Sedimentite, Metamorphite und saure Magmatite über gabbroiden Gesteinen auftreten. Auf Plattformen lassen sich zwei nachgeordnete Strukturformen unterscheiden: die der Schilde und die der Tafeln.

Auf Tafeln wird das kristalline Fundament, gebildet von Metamorphiten und Magmatiten, von einer Decke aus Sedimentiten überlagert. Auf Schilden fehlt diese Decke. Die Sedimentite sind abgetragen worden. Schilde findet man demzufolge vor allem im Zentralbereich von Arkogenen, Tafeln auf Senkungsgebieten am Rand der großen Arkogene sowie zwischen den Kuppeln innerhalb der großen Arkogene (vgl. LEEDER u. WEBER 1984). Die mit solchen Kuppeln verbundenen Krustenstrukturen werden örtlich auch als Massive bezeichnet. Ihr Krustenbau gleicht dem der Schilde.

Tafeln und Schilde ergänzen einander. So besteht die Osteuropäische Plattform aus dem Fennoskandischen und dem Ukrainischen Schild sowie aus der Russischen und der Skytischen Tafel. Die Nordasiatische (Sibirische) Plattform umfaßt den Aldan-Schild und das Anabar-Massiv einerseits, die Westsibirische Tafel, die Ostsibirische Tafel und die Turan-Tafel andererseits. Auch die Ostasiatische Plattform läßt sich in Tafeln (z. B. Tarim-Tafel, Dsungarische Tafel) und Massive (Baikalisch-mongolisches Massiv, Tibetanisches Massiv, Ost- und Südchinesisches Massiv) gliedern. In Nordamerika stehen sich Kanadischer Schild

und Nordamerikanische Tafel gegenüber, in Südamerika Guayana-Schild sowie Brasiliani-
scher Schild und Amazonas- sowie Patagonische Tafel. In Afrika und Südasien werden die
ostafrikanischen Massive, der Südafrikanische Schild und der Dekkanschild von der Saha-
ra-Tafel, der Arabischen und der Indischen Tafel umgeben.

Dem Alter des Fundaments entsprechend, kann man zwischen alten und jungen Plattformen (vgl. Karte im vorderen Vorsatz) und demzufolge auch zwischen alten und jungen Tafeln sowie Massiven unterscheiden. Die Schilde sind im Sinne dieser Unterscheidung fast
alle alt, d. h., ihr Fundament ist wie bei allen alten Plattformen im Proterozoikum oder
Riphäikum (vor mehr als 570 Mio. Jahren) letztmalig gefaltet worden. Auf jungen Plattformen findet man dagegen im Fundament Gesteine, die nach dem Riphäikum gefaltet worden
sind, beispielsweise im Rahmen der kaledonischen und variszischen Faltung während des
Paläozoikums. Junge Plattformen sind in der Regel stärkeren tektonischen Bewegungen
unterworfen als alte, insbesondere einige der Tafeln an Kontinentalrändern atlantischen Typs
und im Übergangsbereich zu den Vorsenken der Faltengebirge an Kontinentalrändern pazifischen Typs sind davon betroffen. Man unterscheidet deshalb stabile und labile Tafelregionen
bzw., soweit die Tafeln vom Meer überdeckt werden, stabile und labile Schelfe. Innerhalb
der Tafeln lassen sich als weiter untergeordnete Strukturformen die zumeist im Stadium der
Epirogenese gebildeten Großsenken (Syneklisen) und Großsättel (Anteklisen) ebenso wie
die vor allem im Stadium der Arkogenese sowie am Rand von aktiven Orogenen in Stadien
der Tektogenese (nach BAUMANN 1984) entstandenen Hoch- und Tiefschollen unterscheiden. Hoch- und Tiefschollen gliedern im Gegensatz zu den Ante- und Syneklisen auch das
Fundament. Sie stellen damit auch Strukturformen der Schilde oder Massive dar. Im Fundament aller Plattformen lassen sich außerdem Faltungspakete unterschiedlichen Alters struk-
turell unterscheiden, die Kollisionszonen aus verschiedenen Tektogenesen repräsentieren.
Die ältesten erreichen in Zentralmanitoba, im Kern der Nordamerikanischen Plattform, ein
Alter von 3,8 Mia. Jahren. An Arkogenen sind ihnen Manteldiapire eingelagert, Vertikal-
plutone, die in das Fundament vom Erdmantel her eingedrungen sind. Dazu gehören wahrscheinlich auch die Granite in der erzgebirgischen Kuppel (DAHM, GERSTENBERGER u. GEIBLER
1985).

Daraus ergibt sich (Abb. 13), daß auf Schilden Erzvorkommen auftreten, die sowohl bei
der tektogenen Faltung des Fundamentes als auch bei seiner arkogenen Aufwölbung durch
den damit verbundenen Magmatismus gebildet worden sind. Erze sind auch im Fundament
der Tafeln vertreten. Allerdings sind sie hier der Erschließung nur an Hochschollen zugänglich (beispielsweise an Harz, Thüringer Wald und Erzgebirge). Im Gegensatz dazu lassen sich sedimentär entstandene Bodenschätze in Oberflächennähe erreichen, nicht nur die
sedimentär oder durch Verwitterungsprozesse abgeschiedenen Erze, sondern vor allem das
in Schelfbereichen gebildete Erdöl und Erdgas, das auf labilen Schelfen unter ariden Bedingungen ausgefällte Salz und die in kontinentalen Becken unter humiden Bedingungen
entstandene Kohle (vgl. Kapitel 2.2.2.2.). Diese Erdöl-, Erdgas-, Salz- und Kohlelagerstätten
an passiven Kontinentalrändern sind in der Regel wesentlich größer als die im Bereich der
jungen Faltengebirge an aktiven Kontinentalrändern.

Die Krustenstrukturen der jungen Faltengebirge (vgl. SCHWAB 1982), der Orogene, sind
im Vergleich zu den konsolidierten Krustenstrukturen der Plattformen, den Kratogenen,
viel stärkeren Deformationen unterworfen. Bei der Kollision zweier Lithosphärenplatten
wird die Kruste erheblich komprimiert. Im Himalaja ist bisher die Erdoberfläche um fast
500 km verengt und dementsprechend verdickt worden. Das entspricht in einer Faltungszeit

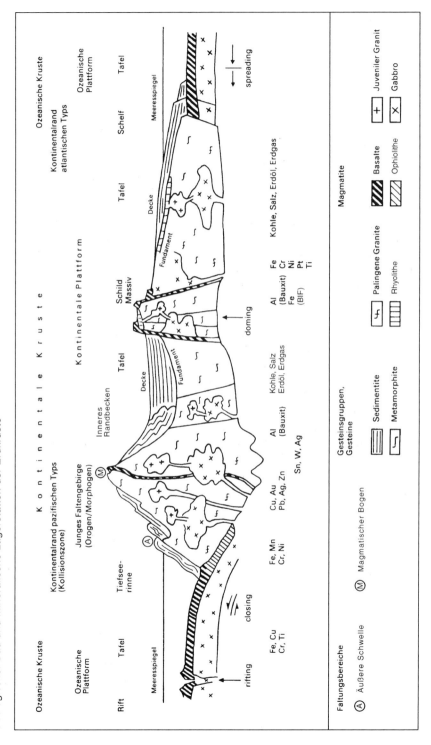

Abbildung 13
Geologischer Bau und mineralische Lagerstätten der Erdkruste

von 100 Mio. Jahren einer Deformation von etwa 5 mm/a. In diesem Deformationsprozeß entstehen, dem Zackenrand eines Kronenkorkens ähnlich, konvexe Faltenbögen am Rand der Oberplatte (FRISCH u. LOESCHKE 1993). Diese Faltenbögen lassen sich in drei Bereiche gliedern: die äußeren Schwellen und Becken (Forearc-Bereich), den magmatischen Bogen (Arc-Bereich) und die inneren Randbecken (Backarc-Bereich). Die damit verknüpfte räumliche Gliederung der Lagerstätten läßt sich hier besser übersehen als in den alten Faltengebirgen, die das Fundament kontinentaler Plattformen darstellen und stark abgetragen worden sind. In beiden Fällen unterliegt die Lagerstättenverteilung jedoch den gleichen Rahmenbedingungen. Der Ansatz zur Lagerstättenerkundung ist daher in jungen Faltengebirgen derselbe wie in alten Faltengebirgen.

Die äußere Schwelle junger Faltengebirge wird durch Sedimente gebildet, die in die Tiefseerinne abgerutscht waren und/oder bei der Plattenkollision abgeschürft worden sind, dann aber wieder, vermischt mit metamorphisierten Gesteinen der ozeanischen Kruste, Ophiolithen, gehoben wurden. Ophiolithe stellen Gesteinskomplexe dar, die aus Peridotiten (Serpentiniten), Gabbros, Basalten und Tiefseesedimenten (Radiolarienschiefer) gebildet werden. Sie können Kupfer-, Chrom- und Nickelvorkommen aufweisen. Diese tektonischen Mischgesteine sind für den Anwachskeil der Kontinente charakteristisch. Ihre Metamorphite sind durch Dynamo- (Versenkungs-) Metamorphose bei niedriger Temperatur und hohem Druck entstanden. Die geringen Temperaturen der Unterplatte verhindern den Aufstieg magmatischer Schmelzen.

Erst bei rund 80–100 km Tiefe der Unterplatte setzt sich der Magmatismus durch. 125 bis 250 km hinter der Plattengrenze liegt die Vulkanfront, die den magmatischen Bogen kennzeichnet. An die Gesteinsschmelzen sind Erzabscheidungen geknüpft. In erster Linie sind hier die porphyrischen Kupfer-, Zinn- und Gold-, Wolfram- und Molybdänlagerstätten (feinverteilte Erze mit niedrigem Metallgehalt, aber großem Umfang) in den Diapiren sowie die Zinnabscheidungen („Skarne") an deren Scheitelregionen anzutreffen. Schließlich treten im inneren vulkanischen Gürtel von Inselbögen polymetallische Sulfide auf, die unter Wasser ausgefällt worden sind (Kuroko-Typ). Metamorphe Gesteine bilden sich im Arc-Bereich bei höheren Temperaturen und niedrigeren Drücken als im Forearc-Bereich aus. Erzbildungen sind damit weniger verbunden als bei der Subduktionsmetamorphose. Ihre Bildungen findet man wieder im Bereich der inneren Randbecken. Hier steigen, wahrscheinlich auf Grund von Konvektionsströmungen im Erdmantel, wieder Ophiolithe mit abbauwürdigen Chrom-, Nickel- oder Kupfervorkommen auf. Sie werden aber vielfach von Sedimentfolgen überlagert, die sowohl Schwemmkegeln aus dem kontinentalen Hinterland als auch vulkanischen Aschen aus dem magmatischen Bogen entstammen können. In diesen Sedimenten sind Erdöl- und Kohlevorkommen sowie Salzausfällungen anzutreffen.

## 2.1.2.2.
## Ozeanische Strukturformen und damit verbundene Bodenschätze

In zweierlei Hinsicht unterscheidet sich die ozeanische Kruste von der kontinentalen: Einmal ist sie relativ jung und repräsentiert zumeist nur den letzten plattentektonischen Zyklus, bei dem sie in der Etappe der Ozeanausbreitung (spreading) entstanden ist und in der Etappe der Ozeanschließung (closing) wieder aufgeschmolzen wird; zum anderen weist sie nur ein Stockwerk auf, das der Gabbro-Basalt-Schicht. An den Rifts wird sie von Peridotit unterlagert, auf dem Meeresboden wird sie von Kissenlaven überlagert. Beim Aufstieg der Gesteinsschmelze scheiden sich im Peridotit Erze ab, vor allem Chromit (Chrom-Eisenerz). Durch Ozeanbodenmetamorphose (MIYASHIRO 1973) kann sich außerdem im Stoffaustausch mit dem Meerwasser der Basalt in Grünstein (Spilit) umwandeln, bei Temperaturen über 500 °C auch in Hornfels (Amphibolit). Sulfidische Erze (Eisen und Buntmetalle) bilden sich dabei aus.

Die horizontale Differenzierung der ozeanischen Kruste ist gut überschaubar. Schon im Relief des Ozeanbodens zeichnen sich ihre drei Strukturformen deutlich ab: die Rifts, die Tiefseetafeln und die Tiefseerinnen (Abb. 13). Die Schelfgebiete innerhalb der Ozeane gehören zur kontinentalen Kruste. Sie markieren vor allem Kontinentalränder atlantischen Typs. Darüber hinaus erkennt man auf den Tiefseetafeln Terranes, vom Festland abgetrennte Teile kontinentaler Kruste, beispielsweise am Challengerplateau vor Australiens Ostküste, an den Seychellen und den Kanaren.

Die Rifts treten morphologisch als mittelozeanische Rücken in Erscheinung. Ihr 1–3 km tiefer Zentralgraben bildet die Hauptachse. Quer dazu sind Transformstörungen ausgebildet, die Blattverschiebungen senkrecht zum Riftverlauf anzeigen. Dort befinden sich Zentren magmatischer und seismischer Aktivität. Das ist auch in Island der Fall, wo sich in einem Arkogen der Mittelatlantische Rücken über das Meeresniveau erhebt. Dort hat sich von 1963 bis 1967 die Vulkaninsel Surtsey neu entwickelt. Kontinuierlich wird an diesen Rifts basisches Magma gefördert und damit ozeanische Kruste gebildet. Je weiter das magmatische Gestein vom Rift entfernt liegt, desto älter ist es in der Regel. An Dehnungsspalten der sich abkühlenden ozeanischen Kruste oder über heißen Stellen im Erdmantel (hot spots) können dann basaltische Schmelzen aufsteigen. Sie bilden isolierte Vulkane oder Vulkangruppen, wie die Hawaii-Inseln.

Die Tiefseetafeln werden weithin von Sedimenten verhüllt. Überwiegend handelt es sich um rote Tiefseetone. An Kontinentalrändern atlantischen Typs kommen Schiefer und Kalke hinzu, die den Kontinentalabfall und damit den Übergang zum Schelf ankündigen. Tiefseetone können Erzschlämme enthalten. Der Metallgehalt der basischen Magmen am Boden des Ozeans weist dagegen dort beachtliche Konzentrationen auf, wo es im Kontakt mit Seewasser zur Ausfällung von Eisen-Mangan-Knollen oder zur Ablagerung erzhaltiger Schlämme gekommen ist.

Da Sedimente die Basaltdecke vom Ozean abschirmen, schließen sich Manganknollen und Erzschlämme in ihrer Verbreitung gegenseitig aus. Am Kontinentalrand pazifischen Typs setzt der Abfall zur Tiefseerinne ein. Sie markiert die Subduktionszone, in der durch Subduktions- (Hochdruck-) Metamorphose die ozeanische Kruste zu Ophiolithen umgewandelt wird. Kupfer-, Chrom- und Nickelerze, die in den Krustengesteinen enthalten sind, können dabei durch Obduktion aufgepreßt und dem Abbau zugänglich gemacht werden.

## 2.2.
# Mineralisches Rohstoffpotential der Erdkruste

### 2.2.1.
### *Rohstoffpotential der Faltengebirge*

#### 2.2.1.1.
#### Erzlagerstätten und deren Bildung

Als Lagerstätten werden die Vorkommen von nutzbaren Mineralen bezeichnet, die entsprechend den heutigen technischen Möglichkeiten und wirtschaftlichen Erfordernissen nutzbringend gewonnen und verarbeitet werden können. Für Faltengebirge ist eine Vielfalt von Erzlagerstätten charakteristisch. Sedimentäre, metamorphe und magmatische Bildungen treten hier nebeneinander und in vielen Mischformen auf (Pohl 1992).

Magmatogene Lagerstätten zeichnen die Kristallisationsdifferentiation nach, die bei der Abkühlung der aufgestiegenen Gesteinsschmelzen eintritt. Sie beginnt mit der liquidmagmatischen Phase (vgl. Schwab 1982, Hohl u. a. 1981) bei Temperaturen zwischen 1300 °C und 700 °C. Dann kristallisieren zunächst die dunkleren, dichteren Minerale (wie Olivin, Augit, Hornblende), später die helleren, weniger dichten Minerale (wie Glimmer, Feldspat, Quarz) aus. Dabei werden oxidische (Magnetit, Ilmenit, Chromit) und sulfidische Eisen-, Chrom-, Nickel-, Titan-, Kupfer- und Platinerze in Linsen und „Flözen" ausgeschieden (Pohl 1992). An jungen Faltengebirgen sind diese meist dem Abbau nicht zugänglich, es sei denn, es handelt sich um magmatisches Material ozeanischer Krusten, das obduziert wurde. Dazu gehören die Chromerze Südosteuropas und Kleinasiens.

Der liquid-magmatischen Phase der Kristallisationsdifferentiation (Abb. 14) folgen bei Temperaturen unterhalb 700 °C die pneumatolytische und die hydrothermale Phase. Die pneumatolytische Phase setzt bei Temperaturen über 400 °C und einem Fluiddruck von > 200 MPa ein, nachdem sich die Hauptmasse der Gesteinsminerale herausgebildet hat. Die fluide Restlösung der Mantelmagmen weist nunmehr Eigenschaften von Gasen und Flüssigkeiten auf. Unterhalb 700 °C kondensiert in der hydrothermalen Phase bei einem Fluiddruck von < 300 MPa die Mineralgemenge zu wäßrigen Lösungen, in denen sich Erze abscheiden. Das an Gesteinsschmelzen erhitzte Sicker- und Grundwasser hat ähnliche Eigenschaften. Es kann ebenfalls hydrothermale Lösungen bilden.

Die meisten der unter pneumatolytischen und hydrothermalen Bedingungen entstandenen Erze sind mit Granitoiden verknüpft, sauren plutonischen Gesteinen, die mehr als 20 % Quarz enthalten (Pohl 1992). Ein echtes Produkt der Kristallisationsdifferentiation sind die Mantelgranite (M-Granitoide). Sie sind oftmals über Gabbros anzutreffen, denn Feldspäte, Quarze und Glimmer erstarren später als die im Gabbro vertretenen Olivine, Hornblenden und Augite. Granitische Schmelzen können aber auch anders entstehen. Mehrfache Extraktion von Magma aus demselben Pluton bringt besonders alkalireiche Granite hervor (A-Granitoide). Wenn diese uran- und thoriumhaltig sind, geben sie durch radioaktiven Zerfall noch lange nach ihrer Erstarrung als HHP-Granite (high heat production) Wärme ab. Durch das Wiederaufschmelzen älterer magmatischer Gesteine bilden sich an Plattenrändern die mit Vulkaniten, wie Andesit und Dazit, verknüpften I-Granitoide aus (igneus: feurig). Der Regionalmetamorphose von Sedimenten entstammen S-Granitoide. Das heißt, die Bildung

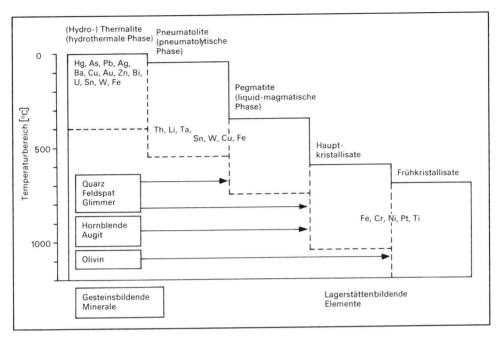

Abbildung 14
Kristallisationsdifferentiation und Lagerstättenbildung (ergänzt nach RÖSLER 1979)

von Granitoiden erbringt vielfältige und sehr unterschiedliche Bedingungen für die Erzbildung (vgl. POHL 1992).

In der pneumatolytischen Phase entstehen bei Druckentlastung an Hohlräumen in der Kruste Pegmatitgänge oder -linsen mit großen Glimmern, Feldspäten oder Quarzen sowie mit Edelsteinen: Smaragden, Rubinen, Turmalinen und Topasen. Sie treten in bzw. um M-, A- sowie S-Granitoide auf und enthalten in sehr heterogener Verteilung Erze, bei den A-Granitoiden beispielsweise Uran und Thorium sowie Zinn und Wolfram. Im Kontakt zu den Nachbargesteinen bilden sich Skarne, bei den erzgebirgischen S-Granitoiden Greisen genannt. Skarne sind Übergangsformen zu hydrothermalen Bildungen. Sie entstehen vor allem beim Aufsteigen der I-Granitoide an der Vulkanfront aktiver Kontinentalränder. In den jungen Faltengebirgen zeugen die Zinnvorkommen Südostasiens und Boliviens sowie die Kupferlagerstätten in Chile davon, in alten Faltengebirgen die Eisenerze bei Kiruna oder die Magnetitvorkommen im Ural.

In hydrothermalen Lösungen ist eine Vielzahl von Metallen vertreten, so daß sich oftmals Polyerze (beispielsweise Gold–Silber, Eisen–Nickel, Kupfer–Eisen, Silber–Blei–Zink, Uran–Eisen, Eisen–Mangan–Barium, Fluor, Kobalt–Nickel–Silber, Zinn–Bismut, Quecksilber–Antimon) abscheiden. Nach einer feinkörnigen Kristallisation der Restschmelze, oftmals unter „Fangglocken" (aufgewölbten Nachbargesteinen – PETRASCHEK 1944), durchsetzen hydrothermale Erze als porphyrische Lagerstätten die Andesite, Diorite und Rhyolithe (Granitoide vom I-Typ) an der Vulkanfront von Kollisionszonen. Die großen Kupfervorkommen in Chile, die Zinnerze in Bolivien und Südostasien gehören dazu. Hydrothermale

Erze können sich aber auch am Rand ultrametamorph aufgeschmolzener Gesteine (HHP-Granite: high heat production) bilden, wie an den Zinngraniten von Cornwall. Uran und Thorium sind hier die Begleiter. Hydrothermal gefüllte Spalten im Nachbargestein werden zu Erzgängen. In den jungen Faltengebirgen sind beispielsweise die Silbererzgänge in Peru und die Golderzgänge in Alaska so entstanden.

An Kalken reagieren die hydrothermalen Lösungen mit dem Kalkstein. Durch den Abtausch von Calciumionen entstehen dann Metallcarbonate in metasomatischen oder Verdrängungslagerstätten. Das ist im Bereich der Kalkdecken junger Faltengebirge häufiger der Fall, beispielsweise am Erzberg in Österreich und bei Košice in der Slowakei. Hinter Inselbögen untermeerisch austretende Hydrothermen scheiden vor allem Eisen und Zink ab. Bekannt sind die nach dem Zinkerz Kuroko benannten Lagerstätten am Japanischen Meer.

## 2.2.1.2.
## Zonierung der Lagerstätten

Eine räumliche Ordnung magmatogener Erzlagerstätten läßt sich sowohl an den jungen als auch an älteren Faltengebirgen verfolgen (Abb. 15). Am Kontinentalrand folgen auf Anreicherungen von Kupfer, Chrom und Nickel in den Ophiolithen des Anwachskeils die Gold- und Kupfervorkommen der hinter der Kollisionsfront aufgeschmolzenen I-Granitoide sowie die dazugehörigen Lagerstätten von Silber, Zink und Blei. Bei noch größerer Tiefe der Subduktionszone setzen die aus den mehrmals extrahierten Plutonen der A-Granitoide stammenden Kalkalkalimagmen und deren Zinn-, Blei-, Uran und Thoriumvorkommen ein. Kupfer-, Chrom- und Nickellagerstätten zeigen wiederum obduzierte Ophiolithe an. Betrachtet man die jungen Faltenzüge, so liegen die Kupfervorkommen Chiles, Perus, Panamas, Mexikos und Kanadas am Außenrand der Anden, die Zinnerze Boliviens weit im Hinterland, ebenso die Zinnerze Ostsibiriens, Südchinas und Malaysias. An den Subduktionsnarben der Faltenzüge trifft man im Bereich des eurasischen Tethysgürtels auf Chrom-Nickelerze und Platinvorkommen.

In die Abfolge der Faltenbögen sind auch die sedimentogenen Lagerstätten einzuordnen, wie die unter wechselfeuchtem Tropenklima gebildeten Kalk- oder Silikatbauxite. Sie stellen Produkte einer allitischen Verwitterung dar, mit dem Aluminium aus dem Mineralverband herausgelöst und ausgefällt wurde. Kalkbauxite findet man in alpidischen Faltenzügen am Mittelmeer und in Indonesien, Silikatbauxite an den Basaltdecken im Hinterland der alpidischen Faltengebirge Nordamerikas (Arkansas). In variszischen Faltengebirgen sind Kalkbauxite im Ural und in Kasachstan abbauwürdig.

Die Abtragung der herausgehobenen Gebirgszüge ist mit der Bildung sedimentogener Erzlagerstätten innerhalb der Faltengebirge und im Vorland unmittelbar verknüpft. Die Gesteinstrümmer werden hierbei von den Flüssen aufgenommen, transportiert und infolge ihrer im Vergleich zu erzfreien Geröllen höheren Dichte sortiert, als Seifen abgelagert. Diese Erzseifen können vor allem unmittelbar vor Gebirgsrandstufen, bei raschen Gefälleveränderungen der Flüsse, ergiebige sekundäre Lagerstätten darstellen, beispielsweise die Eisenerz(trümmer)lagerstätten von Salzgitter. Vor allem bilden sich Kohle-, Erdöl-, Erdgas- und Salzvorkommen an den Vor- und Innensenken der Gebirge (vgl. Kapitel 2.2.2.2.).

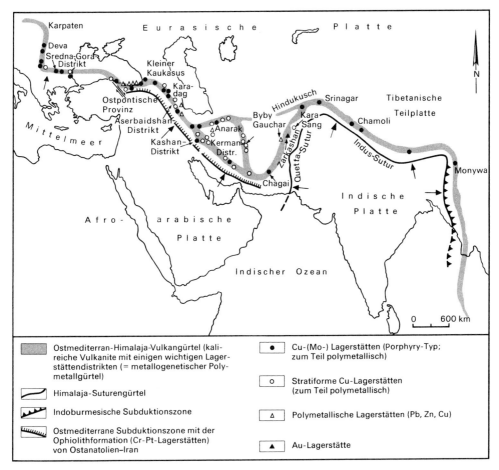

Abbildung 15
Eurasischer metallogenetischer Gürtel am Rande der ehemaligen Tethys (nach BAUMANN 1984)

## 2.2.1.3.
## Bewertung des Rohstoffpotentials und des Abbaurisikos

Unter Berücksichtigung der Kohle-, Erdöl-, Erdgas- und Salzlagerstätten sei hervorgehoben, daß das mineralische Rohstoffpotential der Faltengebirge in den Vor- und Innensenken sowie an den Stellen hoch ist, wo Magmatite bei der Faltung gefördert und wo ihre Abtragungsprodukte abgelagert wurden. Die Plutonite und deren Umgebung sind hier Ansatzpunkt für die Prospektion von Erzlagerstätten. Bei Vorkommen von Nephelin oder Apatit können hier auch Rohstoffe für die Aluminium- und Phosphatgewinnung aufgefunden werden.

Das Naturrisiko beim Abbau von Lagerstätten in Faltengebirgen ergibt sich vor allem aus der Tatsache, daß die Gebirge unter tektonischem Druck entstanden sind oder weiter entstehen. Jede Druckentlastung durch die Extraktion von Gesteinen setzt Kräfte frei, die beim bergmännischen Tiefbau durch entsprechende Grubenverbauungen abgefangen werden müssen und bei der Anlage der Abbaufronten im Tagebau zu berücksichtigen sind. Die Erdgas- und Erdölgewinnung steht in engen Vor- und Innensenken vor dem Risiko, daß sich kurzlebige „Springer" bilden, aus denen große Mengen von Kohlenwasserstoffen in kurzer Zeit ausströmen. Unter hohem Druck ist die Explosionsgefahr relativ hoch. Hinzu kommen die anderen Naturrisiken, die sich in jungen Faltengebirgen aus dem Fortgang tektonischer Prozesse ergeben (Erdbeben), und in allen Hochgebirgen solche, die aus extremen klimatischen Bedingungen (Frost, Lawinen, Hochwasser) resultieren.

Diese Risiken sind heute zumeist technisch beherrschbar. Allerdings erfordert ihre Beherrschung oftmals hohe technische Aufwendungen ebenso wie die Heranführung von Brauchwasser (die Grundwasservorkommen in den Tälern sind gering) und die Einrichtung der Abbauanlagen im stark zerschnittenen, stets geneigten und durch Verkehrswege schwer erschließbaren Gelände. Dies reagiert auf Eingriffe empfindlich. Die Verbauung der Täler erhöht die Hochwassergefahr, die Einrichtung der Grube zerstört in der Regel das Landschaftsbild.

## 2.2.2.
## *Rohstoffpotential der Plattformen*

### 2.2.2.1.
### Lagerstätten im Fundament

Fundament und Decke der Plattformen sind aus unterschiedlichen Gesteinsverbänden aufgebaut und weisen deshalb auch erhebliche Unterschiede in der Ausstattung mit Bodenschätzen auf. Magmatogene Lagerstätten sind für das Fundament charakteristisch, sedimentogene Lagerstätten für die Decke. Das kommt in der räumlichen Gliederung der Plattformen dadurch zum Ausdruck, daß Tafeln Deckgebirge aufweisen, Schilde jedoch nicht. Mit Sedimentgesteinen verbundene Lagerstätten sind demnach vor allem auf Tafeln zu finden. An Magmatite gebundene Lagerstätten treten dagegen in erster Linie auf Schilden in Erscheinung. Auf Tafeln kommen sie nur dann für den Abbau in Betracht, wenn deren sedimentäre Decke eine geringe Mächtigkeit aufweist.

So gibt es Gemeinsamkeiten zwischen dem mineralischen Rohstoffpotential der Schilde und der Faltengebirge. Die Verbreitung der alten Faltenstockwerke in den Schilden bestimmt die Verbreitung von Lagerstätten, bestimmt das Areal der minerogenetischen Provinzen. Sie sind an magmatische Intrusionen und deren – wiederum verfestigte und metamorph beanspruchte – Abtragungsprodukte gebunden, die sich den präkambrischen (archaischen und proterozoischen) Faltungsbereichen zuordnen lassen. Dabei fallen aber auch Unterschiede gegenüber der Lagerstättenausbildung in jüngeren Faltungszonen auf. In den Schilden sind die liquid-magmatischen Lagerstätten der Arkogene aufgeschlossen. Basische Magmatite und ihre Differentiationsfolgen spielen deshalb eine größere Rolle bei der Ausprägung minerogenetischer Bereiche.

Besonders große basische Magmatite führen die altproterozoischen Stockwerke, beispielsweise der 2 Mia. Jahre alte Bushveld-Komplex in Südafrika. Neben Eisen-Titanvorkommen treten hier vor allem Chrom- und Platinschlieren auf, begleitet von Nickel und Kupfer. Der etwas jüngere Sudbury-Komplex (Abb. 16) in Kanada führt in erster Linie Nickel, dazu wiederum Kupfer und Platin. Ähnliche Komplexe finden sich auch auf anderen Plattfor-

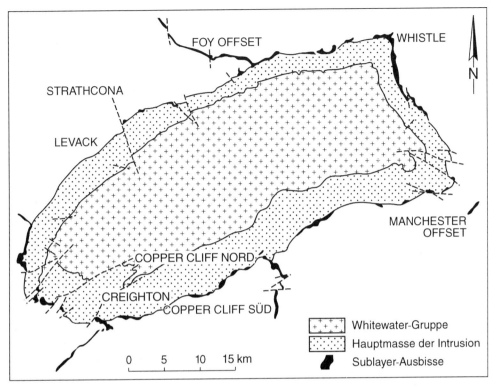

Abbildung 16
Übersichtskarte des Sudbury-Komplexes (aus POHL 1992)

men, in Asien beispielsweise bei Norilsk in Sibirien, in Afrika im Great Dyke in Simbabwe. Die bei der Differentiation des basischen Magmas entstandenen eisenreichen (hydrother-malen) Restschmelzen begleiten diese Komplexe oftmals ringförmig. Diese Ringstrukturen haben die Lagerstättenprospektion mittels Fernerkundungsmethoden erleichtert. Auf Kola sind während des Varistikums in einem solchen proterozoischen Komplex ringförmig vul-kanische Intrusionen aufgedrungen, die reiche Nephelin- (Aluminium-) und Apatit- (Phos-phat-) Vorkommen aufweisen. Hinzu kommen in der Umgebung derartiger Plutone erz-führende Sedimentgesteine, wie die Urankonglomerate Südafrikas, Brasiliens oder Indiens und die Nickel-Eisen- sowie Kupferkiese bei Norilsk (Rußland) und Sudbury (Kanada), die Uran und Kupfer führenden Sandsteine in Zaïre, die Gold, Uran und Diamanten enthalten-den Konglomerate Südafrikas und Brasiliens.

Unabhängig davon sind in den proterozoischen Stockwerken die größten eisenhaltigen Sedimentserien der Erde anzutreffen, die „banded iron formations" (BIF), zumeist eisen-haltige Schiefer (Itabirite) oder Quarzite (Jaspilite). Wahrscheinlich haben sie sich in fla-chen Meeresbecken gebildet, in denen hydrothermale Lösungen ausgefällt wurden (Abb. 17). Durch Druckverfestigung (Diagenese), zum Teil auch durch Metamorphose wurden die Eisenausfällungen zu Magnetit und Hämatit und anderen Eisensilikaten umgewandelt. Die BIF enthalten bis zu 60 % Eisen und bergen den größten Teil des Weltvorrats an Eisenerz.

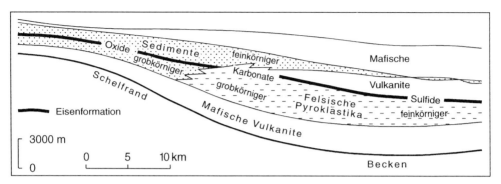

Abbildung 17
Rekonstruktion des stratigraphischen Verbandes einer gebänderten Eisenerzformation im archaischen Michipicoten-Becken, Kanada (nach GOODWIN 1973 aus POHL 1993)

Man findet sie in Brasilien, Südafrika, Indien, Australien, Kanada ebenso wie am Oberen See in den USA oder bei Kursk in Rußland bzw. Krementschug und auch Kriwoi Rog in der Ukraine.

Eine besondere Stellung nehmen die etwas jüngeren Kimberlite ein. Es handelt sich um Peridotitbrekzien oder -tuffe, die als Schlotfüllungen entlang großer Tiefenbrüche in den Plattformen auftreten und wahrscheinlich erst nach dem Erkalten des eruptierten Magmas passiv aus dem Mantel hochgepreßt wurden (POHL 1992). Sie stellen die wichtigsten Diamantvorkommen dar, in Jakutien wie in Brasilien, Indien, Australien und Südafrika. Jüngere sedimentogene Lagerstätten sind ebenfalls mit dem Vulkanismus auf den alten Schilden verknüpft. Nephelinbasalte auf dem Dekkanplateau, in Ostsibirien, in Guinea, Ghana und Guyana stellen Rohstoffe für die Aluminiumproduktion dar.

Die räumliche Verbreitung der Faltenstockwerke läßt auch die Lage der heutigen Kontinente im Proterozoikum erkennen. Besonders deutlich wird das, wenn man von dem alten Südkontinent ausgeht, dem Gondwanaland. Der proterozoische Faltenzug, der mit dem südafrikanischen Erzvorkommen verknüpft ist, läßt sich von da aus nach Südindien, Westaustralien und dem Rand der Antarktis verfolgen. Ebenso kann man ihn in Südamerika und Nordwestafrika wiederfinden (Abb. 18).

Insgesamt zeichnen sich die alten Schilde durch eine ganze Reihe großer Erzlagerstätten aus, die zumeist an der Oberfläche oder in geringer Tiefe liegen und deshalb für den Bergbau leicht erschließbar sind. Das Abbaurisiko ist allein bei der Diamantgewinnung in den schmalen, tieferen Kimberlitschloten hoch. Ansonsten sind die meisten Erze auf den alten Schilden im Tagebau gewinnbar, wo sich ein größeres Naturrisiko allein aus den klimatischen oder hydrologischen Verhältnissen ergeben kann, nicht aber aus tektonischen Gegebenheiten. Das regional – vor allem im Verbreitungsgebiet bestimmter Faltenstockwerke – hohe mineralische Rohstoffpotential der Schilde wird nur unter extremen klimatischen oder hydrologischen Bedingungen, in der Tundra, in der Wüste, Trockensavanne oder Trockensteppe, durch klimatische oder hydrologische Risiken beeinträchtigt. Die Verbreitung der erzführenden Faltenstockwerke im alten Fundament erbringt die Ansatzpunkte für die Lagerstättenerkundung auf den Schilden.

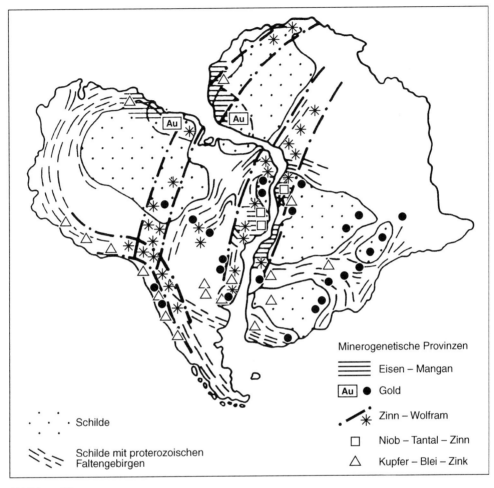

Abbildung 18
Minerogenetische Zonen im Westen Gondwanas (aus BAUMANN U. TISCHENDORF 1976)

## 2.2.2.2.
## Lagerstätten der Tafeldecken

### Erdöl, Erdgas

Tafelstrukturen tragen die großen sedimentogenen Lagerstätten. An erster Stelle sind natürliche Bitumina, insbesondere Erdgas- und Erdölfelder, zu nennen. Muttergestein und Speichergestein sind hier nicht identisch. Erdöl und Erdgas entstehen aus abgestorbener organischer Substanz zumeist in feinkörnigen porenarmen Sedimenten am Boden von Gewässern, in marinen oder limnischen Tonen und Schluffen. Das kann in Meeresbecken geschehen, aber auch vor Flachküsten, in Lagunen oder Binnenseen (POHL 1992). Erdgas bildet sich darüber hinaus bei der Entgasung von Kohleflözen. Das Speichergestein für Erdgas oder Erdöl stellen porenreiche Sedimente dar: Sand und Sandstein, Kalk und Dolomit.

Bei der Bildung von Erdöl wird den organischen Verbindungen in reduzierendem Milieu am Boden von schlecht durchlüfteten Stillgewässern unter Mitwirkung von Bakterien Sauerstoff entzogen. Das geschieht vor allem dort, wo die Grenzfläche zwischen Wasser und Sediment gleichzeitig die Grenze der Durchlüftung darstellt. Das ist bei Ton und Schluff der Fall. Bei der Anreicherung von organischer Substanz entsteht Faulschlamm, der als marines Sediment Sapropelit, als limnisches Sediment Gyttja genannt wird. Bei der Diagenese (Druckverfestigung) des Faulschlammes findet eine besonders starke bakterielle Gärung statt, die Methan, $CO_2$, Kerogen und Wasser erzeugt. Kerogen ist ein Gemisch von organischen Verbindungen, das Fette, Wachse und Öle mit erhöhtem Wasserstoffanteil enthält. Kerogen gibt bei einem Überlagerungsdruck, der etwa einer 1500 m mächtigen Sedimentdecke entspricht, und einer Temperatur von rund 100 °C Erdöl und Erdgas ab. Gereift, d. h. bei etwa 3500 m Sedimentüberlagerung und 150 °C, kann nur noch Erdgas abgegeben werden. Erdgas und Erdöl wandern nach ihrer Bildung in geologisch kurzen Zeiträumen zu ihren Speichergesteinen ab.

Anreicherungen von Erdöl und Erdgas bilden sich dabei nur dann, wenn diese Wanderung behindert wird: in Erdöl- und Erdgasfallen. Solche Erdöl- und Erdgasfallen weisen neben einem niedrigen Porendruck im Speicherkörper vor allem für Kohlenwasserstoffe undurchlässige Basis- sowie Abdeckungsschichten auf. Dadurch, daß diese in beschränktem Umfang Wasser durchlassen, wird der Ionengehalt der wäßrigen Restlösung erhöht und die Wasserlöslichkeit der Kohlenwasserstoffe vermindert. Erdgas, Erdöl und Wasser entmischen sich und sortieren sich entsprechend ihrer Dichte vertikal im Speichergestein. In strukturellen Fallen wird die weitere Wanderung von Erdöl und Erdgas durch die Art und Weise der Schichtlagerung unmöglich gemacht. Das ist im Scheitelbereich von Antiklinalen (Abb. 19), an Salzstöcken sowie bei Verwerfungen der Fall. Ist das Erdöl von Gas übersättigt, bilden sich hier Erdgaskappen. Darunter folgen Öl und Wasser. Diese strukturellen Fallen können wesentlich größere Flächen einnehmen als die lithologischen Fallen, die sich in besonders porenreichen Sedimenten bilden, in alten Flußläufen, in Sandbänken oder Dolomitlagen. Sie stellen oft nur schmale „Schnürsenkel" dar, allerdings mitunter von großer Länge (beispielsweise vor dem Ural). Entgastes Erdöl ist nicht mehr fließfähig und nur zusammen mit dem Speichergestein bergmännisch gewinnbar, als Ölsand. Ölschiefer stellen Erdölmuttergestein dar. Sie müssen ebenfalls bergmännisch abgebaut werden.

Die bedeutendsten strukturellen Erdöl- und Erdgasfallen befinden sich in den weiträumigen Antiklinalen der alten Tafeln, wie der Arabischen, Russischen, Ostsibirischen, Nordamerikanischen und Nordafrikanischen Tafel (Abb. 9). Diese Antiklinalen erstrecken sich vom Kontinent meist bis hinaus in die Schelfgebiete. Ihr Einzugsgebiet ist sehr groß, dementsprechend hoch sind hier die Vorräte. Werden die Tafeln stärker durch Brüche in Hoch- und Tiefschollen zerlegt, wie das in jungen Tafeln die Regel ist, dann sind die Zuführungsgebiete der Erdöl- und Erdgasfallen geringer und die Vorräte kleiner. Nur in Ausnahmefällen können sich größere zusammenhängende Zuführungsgebiete und damit auch bedeutende Lagerstätten ausbilden, wie auf der Westeuropäischen Tafel im Nordseebecken. Gleiches gilt für die Erdölvorkommen am Rande und außerhalb der Tafelgebiete, in den Vorsenken (Galizien, Walachei, Nordkaukasus, Iran–Irak, Provinz Alberta in Kanada) sowie in den Innensenken (Maracaibo in Venezuela, Kalifornien, Baku) der alpidischen Faltengebirge.

Die Tatsache, daß Erdöl und Erdgas sowohl über alten Plattformen als auch in jungen Faltengebirgen auftreten, weist darauf hin, daß sie sich in unterschiedlichen Epochen gebildet haben und in verschieden alte Gesteinskomplexe eingewandert sind. Man findet Erdöl und

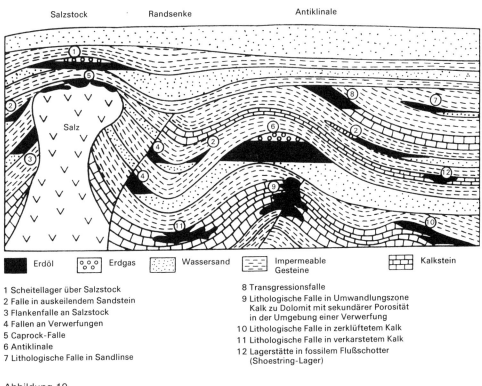

Abbildung 19
Erdöllagerstätten (aus HOHL u. a. 1981)

Erdgas in kambrischen Schichten, aber auch in quartären Ablagerungen. Der größte Teil der Weltvorräte an Erdöl und Erdgas ist jedoch in Sedimenten des Mesozoikums gespeichert, primär auf Tafelgebieten. Die Tafeln und die ihnen vorgelagerten Schelfe sind bis heute die Gebiete, auf die sich die weitere Erkundung von Erdöl- und Erdgaslagerstätten konzentriert.

## Kohle

Im Gegensatz zu Erdöl und Erdgas, die sich im Schlamm sauerstoffarmer Wasserbecken entwickelt haben, sind Kohlen aus flachen Seen und Sümpfen hervorgegangen. Unter Sauerstoffabschluß wird dabei im abgestorbenen Pflanzenmaterial Kohlenstoff angereichert. Es vertorft zunächst. Mit dem Verlust von Wasser setzt dann die Inkohlung ein. Die Pflanzenstruktur, die bei Torf noch erkennbar ist, wird nun vollständig zerstört. Braunkohlen enthalten noch Huminsäuren, bei Steinkohlen fehlen diese. Die Inkohlung bis zum Steinkohlenstadium verlangt höhere Drücke und Temperaturen als die Braunkohlenbildung. Dabei wird zunehmend Methan abgegeben, so daß schwächer inkohlte Steinkohlen noch gasreich (Gas-, Fettkohle), stärker inkohlte Steinkohlen jedoch (Magerkohle, Anthrazit) gasarm sind. Ist der Anteil der Algen oder Sporen groß, entsteht Boghead- oder Kannelkohle. Ansonsten werden Kohlen hauptsächlich aus höheren Pflanzen gebildet. Das war vor allem im Karbon und Perm der Fall. Zu dieser Zeit sind die wichtigsten Steinkohlenlagerstätten entstanden. Große Bedeutung hat auch das Tertiär, in dem sich bedeutende Braunkohlenlagerstätten entwickelten.

| Bildungsgebiet der Kohlelagerstätten | Größe der Kohlelager-stätten | Intensität der Inkohlung | Qualität der Kohle |
|---|---|---|---|
| Zentralbereiche von Tafeln; stabile Schelfe | bedeutend | gering | gering |
| Randbereiche von Tafeln; labile Schelfe | unter-schiedlich | wechselnd (meist mäßig bzw. gering) | wechselnd (meist mäßig bzw. gering) |
| Außensenken von Faltengebirgen (Becken mit Süß- und Salzwasser: paralisch) | bedeutend | hoch | hoch |
| Innensenken von Faltengebirgen (Becken mit Süßwasser: limnisch) | meist un-bedeutend | hoch | hoch |

*Tabelle 12*
*Zusammenhang von*
*Bildungsgebiet und Größe*
*der Kohlelagerstätten sowie*
*Intensität der Inkohlung und*
*Kohlequalität*

Kohlevorkommen findet man innerhalb der Plattformen vor allem auf den jungen Tafeln, die sich im Bereich variszischer Faltenzüge ausgebildet haben. Darüber hinaus sind sie auch auf älteren Tafeln sowie in den Vor- und Innensenken alpidischer Faltengebirge und der ihnen benachbarten Schollengebirge anzutreffen. Voraussetzungen für die Bildung von Kohlevorkommen waren sowohl ein feuchtwarmes Klima mit hoher Pflanzenproduktion als auch eine langsame Senkung der Festlandsoberfläche, verbunden mit hohen Grundwasser-ständen, Vermoorungen und Überschwemmungen bei weiterem Anstieg des Wasserspie-gels. Da sich in solchen flachen Senken auch viele Sande und Kiese absetzen, sind Kohle-vorkommen stets schichtförmig, als Flöze, in Sandsteinen und Konglomeraten eingelagert. Ausmaß und Rhythmus der Überflutungen bestimmen die Verbreitung, die Zahl und die Mächtigkeit der Kohleflöze. Je stärker die Becken abgesenkt wurden, je mehr sich dadurch Druck und Temperatur erhöht haben, desto stärker sind die Beckensedimente diagenetisch verfestigt, zum Teil sogar metamorph verändert worden, desto weiter ist in organischen Ablagerungen der Inkohlungsprozeß vorangeschritten. Es treten in alpidischen Faltenge-birgen Steinkohlen aus Kreide und Tertiär auf (Rocky Mountains, Peru, Kolumbien), im Zentrum alter Tafeln dagegen Braunkohlen aus dem Karbon (Moskau-Tulaer Becken). So ergibt sich der in Tab. 12 dargestellte Zusammenhang.

In den Zentralbereichen der Tafelgebiete, die tektonisch wenig beansprucht werden, sind die Abbaubedingungen am günstigsten. Im Moskau-Tulaer Becken der Russischen Tafel treten die Flöze weiträumig fast in horizontaler Lagerung auf. Stärker durch Brüche geglie-dert sind dagegen die Flözabfolgen am Rand von Tafelgebieten. Unter anderem ist das im Südosten der Westsibirischen Tafel bei den jurazeitlichen Braunkohlen von Kansk–Atschinsk und auf der Westeuropäischen Tafel bei den tertiären Braunkohlen in der Oberlausitz, im

Egergraben und am Niederrhein zu beobachten. Liegen die Kohlen tiefer, im Übergangs-
stockwerk zwischen Tafeldecke und -fundament, sind sie durch Brüche, zum Teil auch durch
Faltungen noch stärker verstellt worden. Mit der Erhöhung von Zahl, Umfang und Intensität der tektonischen Bewegungen während der Kohlebildung erschweren sich die Abbaubedingungen in den heutigen Kohlelagerstätten. Es erhöhen sich aber auch zumeist Zahl
und Mächtigkeit der Flöze. Das zeigen die Steinkohlenlagerstätten an, die eine Vielzahl
von Flözen aufweisen (meist mehr als 30). Ihre größte Ausdehnung erreichen sie in den
Vorsenken des Variszischen Gebirges in Mittel- und Westeuropa (Ruhrgebiet, Górny Śląsk),
im Donezbecken, im Ural (Perm), im Kusnezbecken (Kemerowo), in Südjakutien sowie in
den Appalachen. Die Innensenken des Variszischen Gebirges zeichnen sich nur an wenigen
Stellen durch beachtenswerte Kohlelagerstätten ab (Saargebiet, Lothringen).

*Salze*
Salze stellen Ausfällungsprodukte des Wassers (Evaporite) dar, die bei überkritischen
Lösungskonzentrationen im trockenheißen Klima entstehen. Starke Verdunstung in Meeresbecken und Binnenseen führt ebenso zu Salzbildungen wie die Evaporation des Bodenwassers (vgl. Kapitel 3.2.1.5.). Darüber hinaus setzen sich Salze auch als Sublimate an
vulkanischen Gesteinen ab. Die größten Salzlagerstätten sind auf Tafeln oder in den Vorsenken der Faltengebirge zu finden. Die Salzgesteine der Tafeln können auf labilen Schelfen
entstanden sein. Es kann sich aber auch um Becken oder Grabenfüllungen handeln. Mischformen zwischen diesen beiden genetischen Lagerstättentypen sind nicht selten.

Ausgehend von der Barrentheorie, läßt sich die Salzbildung im Schelfmeer- oder Lagunen-
bereich dadurch erklären, daß in flachen Teilbecken unter ariden Bedingungen das Meerwasser verdunstet. Bei der Bildung von Salzen der Flachwasserfazies werden zunächst
Carbonate ausgefällt, später Sulfate, zuletzt die am leichtesten löslichen Chloride. Ein Teil
der stark salzhaltigen und deshalb relativ dichten Restlösung strömt ins Meer zurück. Im
Gegenstrom wird an der Oberfläche neues Meerwasser herangeführt (Abb. 20). Neue Salze
werden ausgefällt. So können Salzlager entstehen, die mehrere Salzlagen aufweisen. Sie
markieren die Austrocknung und Wiederauffüllung der Meeresbecken. Kalk ($CaCO_3$) und
Dolomit ($MgCO_3$) liegen an der Basis dieser Abfolgen. Darüber folgen Anhydrit ($CaSO_4$)
und Gips ($CaSO_4 \cdot H_2O$), Steinsalz (mit Halit: NaCl) und Kalisalz (mit Halit, Sylvin: KCl
und Kieserit: $MgSO_4 \cdot H_2O$). An Binnenseen scheiden sich außerdem Bor- und Salpeter-
verbindungen ab. Gegenwärtig bilden sich solche Abfolgen an der Bucht Kara-Bogas-Gol
im östlichen Teil des Kaspisees aus.

Bedeutende Salzvorkommen der Erde sind bei der Verdunstung von Tiefwasserbecken in
trockenheißen Klimaten entstanden. Es handelt sich dabei sowohl um überflutete Vorsenken
von Faltengebirgen als auch um vom Meer bedeckte Grabenbrüche. An der Meeresoberfläche wird hier durch starke Verdunstung die Salzkonzentration erheblich erhöht. Die dichte
Salzlauge sinkt nach unten, wird im Laufe der Zeit dort weiter angereichert, so daß bald
überkritische Lösungskonzentrationen erreicht werden und das Salz am Meeresboden aus-
fällt. Mächtige Salzbildungen sind die Folge. Umgeben werden sie von Sulfaten und
Carbonaten. Am Rand von Salzen der Tiefwasserfazies können sich auch Salzgesteine der
Flachwasserfazies absetzen. Die Zechsteinsalze Mittel- und Nordwesteuropas weisen eine
solche Gliederung auf. Die fast gleichaltrigen Salzvorkommen der Nördlichen Kalkalpen
stellen dagegen reine Tiefseeablagerungen dar. Salz verhält sich bei Druckeinwirkungen
plastisch, so daß es bei tektonischen Bewegungen Salzstöcke, Salzdome oder Salzmauern

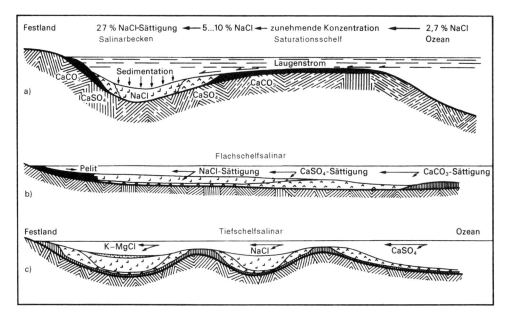

Abbildung 20
Salzlagerstätten (aus BAUMANN, NIKOSLKIJ u. WOLF 1982)

bildet. Diese Salztektonik erschwert den Salzabbau. Die Deckschichten der salztektonischen Formen stellen aber oft die Basis von Erdölfallen dar.

Große Salzvorkommen gibt es auf der Westeuropäischen Tafel. Zwei Drittel Norddeutschlands werden von Salzablagerungen bedeckt. Aus dem Perm stammen auch die ausgedehnten Salzlagerstätten auf der Russischen Tafel westlich des Urals bei Perm und auf der Nordamerikanischen Tafel in Texas. Die Dünen am Rande dieser Salzmeere stellen wichtige Speichergesteine für Erdgas oder Erdöl dar. Sie sind nach der variszischen Faltung gebildet worden. Salzlagerstätten finden sich aber auch in wesentlich älteren und in jüngeren Sedimentdecken. Nach der riphäischen Faltung entstanden die Kalisalze im Lena-Angara-Becken, nach der kaledonischen Faltung die devonischen Salzvorkommen von Zentralkanada (Saskatchewan) und im Süden Weißrußlands. Mit mesozoischen Faltungen stehen Salzlagerstätten aus Trias und Jura (am Rande der damaligen Tethys) in Verbindung, die am Golf von Mexiko und südlich des Atlasgebirges zu finden sind. Größere tertiäre Salzvorkommen gibt es am Roten Meer und am westlichen Mittelmeer.

## Industrieminerale und Erze

Neben den Erdöl-, Erdgas-, Kohle- und Salzlagerstätten auf den Tafeln gewinnen in der Gegenwart immer mehr die sogenannten Industrieminerale an Bedeutung, die in den Tafelsedimenten enthalten sind. Industrieminerale werden auch als Rohstoffe der Steine und Erden bezeichnet. Dazu gehören in den Lockersedimenten die Beton- und Spezialsande (Gießereisande oder die aus über 98 % Quarz bestehenden Glassande). Aus gröberen Quarziten (auch Feuersteinen) werden Quarzschamottesteine gewonnen, aus Lehm Ziegelsteine, aus Ton Tonschamottesteine. Dort, wo in den Tonen das Tonmineral Kaolinit eindeutig do-

miniert, ist der Abbau von Porzellanerde möglich. Ist dagegen im Ton der Anteil des Ton-
minerals Montmorillonit besonders hoch, können Bentonite (Entfärbe- und Gleitmittel)
gewonnen werden. Phosphorhaltige Sandsteine bilden bedeutende Phosphoritlagerstätten
in Kasachstan, am Südural, in der Umgebung von Moskau, in Florida und Georgia. Vor
allem aber stellen viele feste Sedimente (Sandstein, Kalk, Gips, Anhydrit) wichtige Roh-
und Baustoffe dar. In diesem Zusammenhang sind Gips und Anhydrit als Rohstoffe für die
Schwefelsäureproduktion zu nennen. Die Verbreitung ihrer Vorkommen ist vielfach mit dem
Auftreten von Salzlagerstätten verknüpft (vgl. Abschnitt Salze).

In den Tafelsedimenten haben sich auch Erzlagerstätten gebildet. Insbesondere sind hier
die Erze zu nennen, die in Flachmeeren, meist mit Kalk zusammen, sedimentiert wurden.
Sie umhüllen Gesteinsbruchstücke, die die Brandung aufgewirbelt hatte (Ooide). Man bezeichnet sie als marin-oolithische Erze. Dazu gehören beispielsweise die Minetteeisenerze
von Lothringen ebenso wie die Manganerze bei Nikopol in der Ukraine. In Binnensenken
kam es unter semiariden Klimabedingungen zusammen mit der Ablagerung von sandig-
tonigem Schutt (rotem Sand) nach Flächenspülungen zur Ausfällung von Metallen, wenn
das Wasser verdunstete.

So konnten sich neben Eisen Kupfer und Silber (im Großen Becken der USA) oder Vanadium und Uran (Ferganabecken) konzentrieren. Vor allem aber bilden sich in diesem Klima
Bauxitlagerstätten: bei allitischer Verwitterung, bei der sich Metallhydroxide und Kieselsäure nicht – wie in der siallitischen Verwitterung – zu Tonmineralen verbinden (vgl. Kapitel 3.2.1.3.), sondern im Substrat getrennt angereichert werden. Kalkbauxite sind auf Tafeln
vor allem in Kasachstan, Alabama sowie Georgia vertreten, Silikatbauxite in Guinea, Ghana, Guyana, Suriname und Jamaika.

## 2.2.2.3.
## Bewertung des Rohstoffpotentials und des Abbaurisikos

Wie man sieht, zeichnen sich Tafeln durch eine außerordentliche Vielfalt von Lagerstätten
aus. Die Kerngebiete der Tafeln werden nur von wenigen Störungen durchzogen. Sie weisen über große Areale hinweg einheitliche Strukturen auf, so daß sich hier, wenn die klima-
tisch-hydrologischen Bildungsbedingungen dazu gegeben waren, viele große Vorkommen
an Erdöl, Erdgas, Kohlen und Industriemineralen ausbilden konnten. An den Tafelrand-
gebieten, wo die tektonische Beanspruchung der Tafel und ihres Fundaments durch jüngere
Faltungen größer war, nimmt die Ausdehnung dieser Lagerstätten vielfach ab. Eine Ausnahme stellen hierbei jedoch die Salzlagerstätten dar, zu deren Bildung eine relativ klein-
räumige Becken- und Schwellengliederung ohnehin erforderlich war. Sie sind an den Tafel-
rändern am stärksten entwickelt.

So läßt sich feststellen, daß Tafelgebiete weithin ein hohes mineralisches Rohstoffpotential aufweisen. Es übersteigt, als Ganzes betrachtet, noch das der Schilde und übertrifft
bei weitem das der Faltengebirge. Das bei der Rohstoffextraktion hier zu beachtende
geologisch bedingte Naturrisiko kann allerdings nur dort als gering bezeichnet werden, wo
durch den Abbau die ausgedehnten Grundwasservorkommen der Tafelgebiete (vgl. Kapitel
4.2.1.) nicht in Mitleidenschaft gezogen werden können. Das ist aber zumeist der Fall
und verlangt, besonders beim Salzbergbau und bei der Erdölförderung, Schutzmaßnahmen,
um die Versalzung des Grundwassers und seine Verunreinigung durch Kohlenwasser-

stoffe weitgehend auszuschließen. Auch die in den wasserführenden Tafelsedimenten notwendige Grubenentwässerung muß unter Berücksichtigung der Folgewirkungen im Umland erfolgen.

## 2.2.3.
### Rohstoffpotential der Ozeanböden

Basalte als Decken oder Kissen sowie darunter liegende Diabase und Gabbros bilden fast ausschließlich die feste Erdkruste am Grund der Ozeane (vgl. Kapitel 2.1.1.1.). Die von den Basaltdecken gebildeten Tiefseetafeln werden auf etwa drei Viertel ihrer Fläche von roten Tiefseetonen überdeckt. An Kontinentalrändern atlantischen Typs, die für Schelfregionen charakteristisch sind, werden die Tiefseetone von blauem Schlick abgelöst. Sand- und Kalkablagerungen findet man nur im Bereich der Schelfe selbst. Im Unterschied dazu sind an Kontinentalrändern pazifischen Typs, wo Kollisionszonen Faltungsvorgänge bewirken, Sand und Kalk auch direkt über den Basalten, Diabasen und Gabbros der ozeanischen Kruste zu finden.

Das Rohstoffpotential der Ozeanböden wird von der Dominanz magmatischer Gesteine in der ozeanischen Kruste bestimmt. Mit dem Magmatismus ist die Bildung von Erzen verbunden. Sie sind aus (unter 400 °C) heißen, wäßrigen Restlösungen des zum Teil schon erstarrten Magmas ausgeschieden worden. Dabei kam es an Kollisionszonen zu Reaktionen mit Sedimenten der Tiefseerinnen oder der Rücksenken von Inselbögen. Man bezeichnet solche Erzbildungen als submarin-hydrothermal-sedimentär. Submarin ist das Bildungsmilieu, hydrothermal die Lösungszufuhr und sedimentär die Mineralabscheidung (BAUMANN, NIKOLSKIJ u. WOLF 1982). Ihre Position an Kontinentalrändern pazifischen Typs zeigt, daß sich an Vulkaniten bei sauerstoffreichem Wasser Eisenoxide (Lahn-Dill-Gebiet, Elbingeröder Komplex), bei sauerstoffarmem Wasser dagegen Pyrite (Eisensulfide am Río Tinto/Spanien, Kuroko/Japan) abgeschieden haben. An Magmatiten finden sich neben Pyrit vor allem Buntmetalle, wie Kupfer, Blei, Zink (Górny Śląsk). Erzvorkommen dieser Art sind im Bereich von Kollisionszonen am Rande der heute existierenden Ozeane ebenfalls vorhanden. Allerdings lassen sie sich gegenwärtig noch nicht für den Abbau erschließen. Sie stellen also gegenwärtig noch keine Lagerstätten dar.

Als Lagerstätten kann man dagegen schon die Erz- und Diamantseifen auf küstennahen Schelfablagerungen sowie die Phosphorite ansprechen, die in den Sedimenten der Schelfränder enthalten sind, ebenso Metallanreicherungen (Aluminium) im Tiefseeton (vgl. Kap. 2.1.2.2.). Vor allem muß man Kupfer-, Chrom- und Nickelerze in Ophiolithen nennen. Darüber hinaus sind Konkretionen von Eisen-Mangan-Oxiden zu erwähnen, die sich – mit Durchmessern zwischen wenigen Millimetern und mehreren Dezimetern – auf dem Boden von Tiefseetafeln gebildet haben. Wahrscheinlich stellen sie ebenfalls die Ausfällungsprodukte hydrothermaler Lösungen dar. Dafür spricht auch, daß die Eisen-Mangan-Knollen auch Kupfer, Nickel und Kobalt enthalten. Ihre Bildung setzt eine geringmächtige Sedimentdecke voraus: Die hydrothermalen Lösungen scheiden sich an diesen Sedimenten ab. Bei einer mächtigen Sedimentdecke ist jedoch eine Knollenbildung nicht möglich. Es käme dann zu schichtförmigen Konkretionen innerhalb der Sedimente. Diese sind gegenwärtig ebenfalls nicht erschließbar. So konzentriert sich die Erkundung von Eisen-Mangan-Knollen auf Ozeanböden mit einer geringen Sedimentationsrate.

## 2.3.
## Bilanzen und Prognosen der Nutzung

### 2.3.1.
### *Notwendigkeit von Erhebungen*

Wenn sich heute viele Menschen mit dem Problemkomplex der Nutzung der Naturressourcen beschäftigen, so deshalb, weil das starke Anwachsen des Bedarfs an Naturressourcen und die erwähnten neuen Dimensionen Sorgen über eine langfristige Verfügbarkeit aufkommen lassen, zumal mit einer sich weiter verstärkenden Nutzung der Ressourcen gerechnet werden muß. Die zunehmende Ressourcenbeanspruchung hat zwei wesentliche Ursachen:

1. Gegenwärtig leben auf der Erde 5,7 Milliarden Menschen (1995). Nach vorliegenden UNO-Hochrechnungen wird die Weltbevölkerung im Jahre 2000 etwa 6,1 Milliarden Menschen umfassen und auch danach – mit vermindertem Wachstumstempo – weiter zunehmen (Tab. 13, Abb. 21). Im Hinblick auf die Ressourcen- und Rohstoffnutzung bedeutet das, daß selbst unter Beibehaltung der gegenwärtigen Pro-Kopf-Nutzung von biologi-

| Jahr | Bevölkerung [Mio.] | Mögliche Fehlerquote [%] |
|---|---|---|
| 2500 v.u.Z. | 50 | 35 |
| 1000 v.u.Z. | 100 | 25 |
| 0 | 200 | 20 |
| 1000 | 300 | 15 |
| 1200 | 350 | 15 |
| 1400 | 380 | 14 |
| 1500 | 450 | 12 |
| 1600 | 480 | 10 |
| 1700 | 550 | 9 |
| 1800 | 880 | 7 |
| 1850 | 1200 | 6 |
| 1900 | 1600 | 4 |
| 1910 | 1700 | 4 |
| 1920 | 1840 | 3 |
| 1930 | 2000 | 3 |
| 1940 | 2260 | 2 |
| 1950 | 2500 | 2 |
| 1960 | 3000 | 2 |
| 1970 | 3630 | 2 |
| 1980 | 4380 | 2 |
| 1990 | 5200 | 2 |
| 2000 | 6100* | 2 |
| 2050 | 9700* | 5 |
| 2100 | 10400* | 15 |

*Tabelle 13*
*Entwicklung und Prognose der Weltbevölkerung*
*(nach STEMPELL 1985)*

* Schäzung

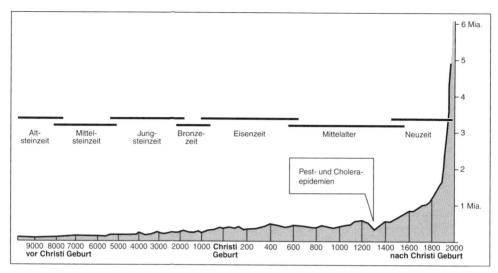

Abbildung 21
Entwicklung der Weltbevölkerung (aus Fischer Weltalmanach 1991)

schen und mineralischen Rohstoffen im Jahre 2000 zusätzliche Rohstoffe zur Verfügung stehen müssen. Trotz der Bemühungen in einigen Ländern, den absoluten Einsatz von Rohstoffen zu reduzieren, geht weltweit der Trend in Richtung einer noch umfangreicheren Rohstoffnutzung.

2. Der Bedarf an Rohstoffen wird aber nicht nur wegen der wachsenden Weltbevölkerung, sondern auch dadurch ansteigen, daß die Zunahme der Produktion in vielen Ländern der Erde, besonders in den Entwicklungsländern, in der Regel auch mehr stoffliche Substanz zur körperlichen Darstellung der Produktion verlangt. Es ist demzufolge sogar mit einer Erhöhung des Pro-Kopf-Verbrauches an Rohstoffen zu rechnen.

Aus zwei Gründen liegen hierbei die regionalen Schwerpunkte einer verstärkten und umfangreichen Rohstoffnutzung in den Entwicklungsländern:
*Erstens* wird auch in Zukunft die Bevölkerung in den Entwicklungsländern am schnellsten wachsen, so daß immer größere Anteile an der Weltbevölkerung in Entwicklungsländern leben und damit auch dort Rohstoffe nutzen und verbrauchen werden.
*Zweitens* besteht in Entwicklungsländern ein sehr großer Nachholbedarf in der Produktionsentwicklung, ganz besonders im Aufbau einer mit hohem Rohstoffverbrauch verbundenen Energiewirtschaft sowie einer Grundstoffindustrie. Ein Vergleich der Bevölkerungsanteile der einzelnen Erdteile bzw. Großregionen mit den diesbezüglichen Anteilen am Energieverbrauch verdeutlicht den Nachholbedarf der Entwicklungsländer (Abb. 22).
Weltweit ist darüber hinaus festzustellen, daß auch durch die Rüstungsindustrie und deren Materialansprüche sowie den Verbrauch der Rüstungsgüter in zahllosen Kriegen der Rohstoffbedarf weiter anwachsen wird. Außerdem ist auch in der Verbraucherwirtschaft vorwiegend der entwickelten Länder hinsichtlich der Einsparung von Rohstoffen nur teilweise (z. B. in verschiedenen Industriezweigen durch Substitutionen) eine Trendwende erkennbar. Nach wie vor werden durch leichtfertigen Umgang, so z. B. im Verpackungsbereich,

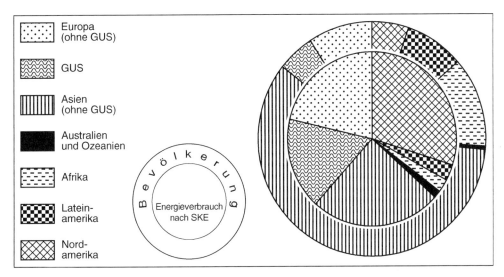

**Abbildung 22**
Bevölkerungsanteile der Kontinente und der GUS sowie die Anteile am Energieverbrauch um 1995

im Reklamewesen, im hohen Anteil der Einweg-Packungen, aber auch durch Weckung immer neuer Konsumbedürfnisse aller Art viel zuviel Material und Energie vergeudet.

Die hier skizzierten Merkmale haben in jüngerer Zeit immer stärker Fragen nach der zukünftigen Verfügbarkeit einzelner Naturressourcen und einer komplexeren und effektiveren Nutzung sowie der Erweiterung der Sphären der für die Menschheit nutzbaren Räume (wie Meeresnutzung, Nutzung tieferer Schichten der Erdrinde, Nutzung des Weltraums, Nutzung der Antarktis) aufkommen lassen.

Wissenschaftler und Wirtschaftler beschäftigen sich mit diesen Fragen, und ihre Antworten gehen meist mit der Interpretation vorliegender Rohstoffbilanzierungen einher bzw. gipfelten in Rohstoffprognosen. Dabei darf nicht übersehen werden, daß alle Vorratsbilanzierungen außerordentlich problematisch sind. Vor allem muß bei der Auswertung solcher Bilanzierungen darauf geachtet werden, ob berechnete oder geschätzte Ergebnisse erfaßt worden sind. Die dargestellten Werte spiegeln nur den gegenwärtigen Stand der Erkenntnisse wider, und sie kommen deshalb dem real in der Natur existierenden Lagerstättenpotential nur mehr oder weniger nahe. Das trifft sowohl für weltweite Bilanzierungen als auch für solche von Regionen oder Ländern zu.

## 2.3.2.
## Bilanzen

Über die Ausstattung unserer Erde mit mineralischen Ressourcen liegen zahlreiche Bilanzen globaler und regionaler Art vor.

Für globale Berechnungen ist die Erfassung der mineralischen Stoffe der Erdkruste in ihrer Gesamtheit von Interesse. Es fehlt nicht an Versuchen, solche Mengen zu ermitteln (Tab. 14). Derartige „Erdkrustenkonzepte" sind jedoch nach volkswirtschaftlichen Gesichts-

| Stoff | Inhalt der Erdkruste [t] |
|---|---|
| Aluminium | $7,90 \cdot 10^{16}$ |
| Eisen | $4,57 \cdot 10^{16}$ |
| Titan | $5,05 \cdot 10^{15}$ |
| Mangan | $9,52 \cdot 10^{14}$ |
| Zink | $7,71 \cdot 10^{13}$ |
| Chrom | $7,33 \cdot 10^{13}$ |
| Nickel | $5,81 \cdot 10^{13}$ |
| Kupfer | $4,76 \cdot 10^{13}$ |
| Kohle | $3,00 \cdot 10^{13}$ |
| Blei | $1,24 \cdot 10^{13}$ |
| Uran | $2,09 \cdot 10^{12}$ |
| Zinn | $1,52 \cdot 10^{12}$ |
| Antimon | $4,28 \cdot 10^{11}$ |
| Silber | $6,19 \cdot 10^{10}$ |
| Gold | $3,33 \cdot 10^{5}$ |

*Tabelle 14*
*Mineralische Stoffe der kontinentalen Erdkruste (ohne Antarktika)*
*bis in eine Tiefe von 2500 m (nach* FETTWEIS *1981 aus* GOCHT *1983)*

punkten wenig aussagekräftig und im Hinblick auf Möglichkeiten der Rohstoffgewinnung absolut unrealistisch. Sie informieren lediglich über den vermuteten Gesamtinhalt der Kruste (oder eines Teiles davon), vermitteln also Maximalwerte. GOCHT (1983) meint, daß das Verhältnis der gegenwärtig bekannten Lagerstättenvorräte von verschiedenen Metallen zu deren Vorkommen in der Erdkruste bis zu 2500 m Tiefe zwischen 1:10 und 1:1 000 000 liegt.

Für genauere Berechnungen hinsichtlich einer Verfügbarkeit von Ressourcen sind „Lagerstättenkonzepte" viel wichtiger. In solchen werden nur die in Lagerstätten auftretenden Stoffe erfaßt und bilanziert.

Als *Lagerstätte* sind nach BAUMANN, NIKOLSKIJ u. WOLF (1982, S. 13) „.... natürliche Anhäufungen von mineralischen Rohstoffen – Elemente, Minerale und Gesteine einschließlich ihrer Poreninhalte – in der Erdkruste zu verstehen, die nach den technischen und gesellschaftlichen Gegebenheiten mit volkswirtschaftlichem Nutzen gewonnen und verwendet werden können". Das bedeutet, daß „.... die natürliche Mineralkonzentration eine bestimmte Größe und eine angemessene Qualität aufweisen muß, die Gewinnung mit den gegenwärtigen Methoden der Bergbau- und Aufbereitungstechnik möglich und ein vertretbarer Aufwand an gesellschaftlicher Arbeit gegeben ..." sein muß (BACHMANN 1985, S. 29).

Bisher vorliegende Berechnungen von Lagerstätteninhalten weichen im Ergebnis oft weit voneinander ab, weil von den Autoren unterschiedliche Kriterien der Erfassung (Abhängigkeit vom Preis, vom Metallgehalt, von der Größe der Lagerstätte usw.) genutzt werden (Tab. 15). Versucht man die Lagerstätten unter Beachtung von Bonität (geologische Lagerungsbedingungen), Qualität und Quantität zu werten, so lassen sich nach BACHMANN (1985, S. 31/32) vier Gruppen ausweisen:

1. Lagerstätten mit großen bis sehr großen Vorratsmengen guter Qualität und mit Ausnahme der territorialen Lage günstigen geologischen Lagerungsbedingungen. Der Abbau ist im Tagebau mit hohen jährlichen Förderleistungen möglich. Ihr Standort in abgelegenen Ge-

| *Tabelle 15*<br>*Weltvorräte nach*<br>*unterschiedlichen Berechnungen*<br>*von Lagerstätteninhalten [t]* | Mineralische Ressource | Lagerstätteninhalte nach | | |
|---|---|---|---|---|
| | | BAUMANN, NIKOLSKIJ u. WOLF (1982) | GOCHT (1983) | Global 2000 (1981) |
| | Kohle | | $6200 \cdot 10^9$ | |
| | Eisen | $100–500 \cdot 10^9$ | $265 \cdot 10^9$ | $93,1 \cdot 10^9$ |
| | Aluminium | | $22 \cdot 10^9$ | $5,2 \cdot 10^9$ |
| | Mangan | $0,5–0,8 \cdot 10^9$ | $4,9 \cdot 10^9$ | $2,2 \cdot 10^9$ |
| | Chrom | $0,4–0,8 \cdot 10^9$ | $1,2 \cdot 10^9$ | $0,78 \cdot 10^9$ |
| | Kupfer | | $0,49 \cdot 10^9$ | $0,456 \cdot 10^9$ |
| | Nickel | | $0,054 \cdot 10^9$ | $0,054 \cdot 10^9$ |
| | Zinn | | $0,01 \cdot 10^9$ | $0,01 \cdot 10^9$ |
| | Silber | $0,0002 \cdot 10^9$ | $0,00018 \cdot 10^9$ | $0,0002 \cdot 10^9$ |

bieten erfordert hohe Transportaufwendungen, zumal die regionale Infrastruktur nicht oder nur ungenügend entwickelt ist. Beispiele dafür sind Lagerstätten (erschlossene und nicht erschlossene) in Sibirien, im Fernen Osten Rußlands, in Kanada, Afrika, Australien.

2. Lagerstätten mit großen Vorratsmengen und mittleren bis günstigen Lagerungsbedingungen, aber geringer Qualität. Sie können im Tagebau oder Tiefbau abgebaut werden. Die Standortbedingungen sind günstig, und eine gut entwickelte Infrastruktur ist vorhanden. Beispiele sind Steinkohlen-, Braunkohlen-, Kalilagerstätten in Deutschland, Erzlagerstätten in Frankreich (Minette) usw.

3. Lagerstätten mittlerer Größe mit durchschnittlichen bis guten geologischen Lagerungsbedingungen und sehr guter Qualität. Die wenig entwickelte Infrastruktur und ungünstige Standortbedingungen erfordern einen hohen Erschließungs- und Transportaufwand. Beispiele sind der Buntmetallbergbau in Lateinamerika und Afrika, der Phosphatbergbau in Afrika.

4. Kleine Lagerstätten mit geringer Vorratsqualität und ungünstigen geologischen Lagerungsbedingungen. Trotz günstiger Standortbedingungen und einer voll entwickelten Infrastruktur sind nur geringe jährliche Förderleistungen möglich. Beispiele sind Erz- und Erdöllagerstätten in Mitteleuropa, Kohlelagerstätten in Österreich und in Ungarn.

Globale Bilanzen sind besonders im Hinblick auf Berechnungen der zukünftigen Verfügbarkeit von Rohstoffen von Interesse. Für volkswirtschaftliche Fragestellungen erweisen sich dagegen nationale Bilanzen als unabdingbare Voraussetzung für rohstoffpolitische und wirtschaftliche Entscheidungen. Um in der Erfassung der Ressourcen auf nationaler Basis Einheitlichkeit erreichen zu können, wurden Klassifikationssysteme geschaffen. Die Vorkommen werden also in Kategorien eingeteilt. Einige Klassifikationssysteme haben sich als besonders tragfähige Bilanzgrundlage erwiesen und werden heute von zahlreichen Staaten genutzt.

Am verbreitetsten ist das System des US-Bureau of Mines (1974). In diesem System werden – wie auch in mehreren anderen – zwei Hauptgruppen unterschieden:

Abbildung 23
Klassifikation mineralischer
Ressourcen und Reserven
nach US-Bureau of Mines
und U. S. Geological Survey
(aus Global 2000)

Abbildung 24
Vorratsklassifikation der Gesellschaft Deutscher Metallhütten- und Bergleute 1959
(aus Gocht 1983)

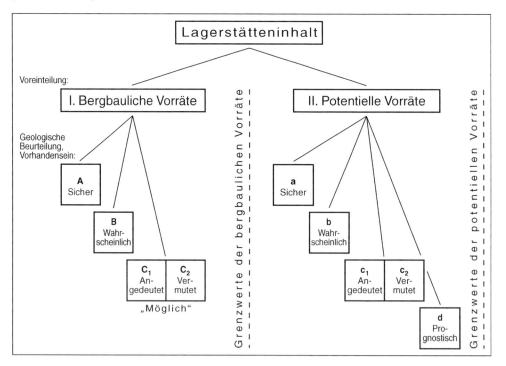

1. Reserven. Das sind gesicherte mineralische Lagerstätten, die mit der gegenwärtigen Technologie unter den gegebenen wirtschaftlichen Voraussetzungen erschließbar sind.
2. Ressourcen. Das sind aus wirtschaftlichen oder technischen Gründen nicht abbaubare Lagerstätten bzw. subökonomische Stoffe, die bis jetzt noch nicht entdeckt worden sind, aber vermutet werden.

Das US-System untergliedert die Vorkommen in nachgewiesene und deduzierte Reserven sowie in identifizierte und unentdeckte Ressourcen a) hypothetischen und b) spekulativen Charakters. Abb. 23 zeigt das 1980 verbesserte System.

In Deutschland ist die Klassifikation der „Gesellschaft Deutscher Metallhütten- und Bergleute" aus dem Jahre 1959 in breiter Anwendung. Hier werden ebenfalls zwei Hauptgruppen unterschieden (Abb. 24):

1. Bergbauliche Vorräte. Sie sind unter den gegenwärtigen Bedingungen abbauwürdig und werden nochmals hinsichtlich der Unterschiede in der Vorratserfassung untergliedert.
2. Potentielle Vorräte. Sie kommen für eine zukünftige Nutzung in Frage. Auch diese Hauptgruppe ist nochmals in vier Kategorien geteilt.

Da noch zahlreiche Veröffentlichungen und Quellen, insbesondere der Bergakademie Freiberg, über Vorratserfassungen in der ehemaligen DDR vorliegen, sei auf die „Vorratsklassifizierungsordnung" aus dem Jahre 1979 hingewiesen, in der

– nachgewiesene Vorräte (bekanntes Potential) mit Untergliederung in vier Vorratsklassen ($A$, $B$, $C_1$ und $C_2$) und
– prognostische Vorräte (unbekanntes Potential)

unterschieden werden.

Mit dem Ziel einer größtmöglichen, weltweiten Vereinheitlichung bzw. der Erreichung internationaler Vergleichbarkeit der Klassifikationssysteme befaßte sich 1979 ein UN-Komitee für Naturressourcen mit dieser Problematik. Als Ergebnis legten die an der Ausarbeitung beteiligten acht Experten ein *Internationales Klassifikationsschema* vor, das vom Wirtschafts- und Sozialrat der UNO noch im selben Jahr den Mitgliedsstaaten zur Annahme und Einführung empfohlen wurde. Auch dieses System ist matrixartig gestaltet. Die Gesamtvorräte werden

a) nach der bergbauwirtschaftlichen Bedeutung in abbauwürdige, bedingt abbauwürdige und nicht abbauwürdige,
b) nach der geologischen Gewißheit in zuverlässig erkundete, bedingt zuverlässig erkundete, in Ansätzen erkundete und unbekannte

Lagerstätten gegliedert. Bisher setzte sich dieses Internationale Klassifikationsschema nicht durch. Viele nationale Klassifikationen korrespondieren jedoch eng mit dem UNO-Vorschlag.

## 2.3.3.
## Prognosen

Mineralische Ressourcen gelten allgemein als erschöpfliche Ressourcen. Da einerseits weder Produktion noch Konsum ohne Einsatz von Rohstoffen möglich ist, andererseits diese

Stoffe nicht in jedem gewünschten Umfang zur Verfügung stehen, ja sogar knapper werden, ergibt sich das Problem der zukünftigen Verfügbarkeit. Die damit verbundene Frage, ob die weitere Entwicklung der Menschheit auf Dauer zu einer Erschöpfung des natürlichen Ressourcenbestandes führt, zielt also in Richtung auf Rohstoffprognosen.

Bei solchen Prognosen geht es in erster Linie um die Verfügbarkeitsdauer, konkret um die Frage: Wieviel Jahre kann ein bestimmter Rohstoff (global, regional, national) noch genutzt werden? Zwei Möglichkeiten der Ermittlung bieten sich an: die direkte Erfassung der Vorhaltedauer und die der volkswirtschaftlichen Verfügbarkeit.

Die Vorhaltedauer (auch Reichweite genannt) ergibt sich aus der Ermittlung der Vorratsreserven und des jährlichen Abbaues von Bodenschätzen. Indem man beide Werte in Beziehung setzt, ermittelt man den Zeitraum, in dem der Rohstoff noch zur Verfügung stehen kann. Die Vorhaltedauer wird in Jahren ausgedrückt. Von einer *statischen* Vorhaltedauer (oder Reichweite) wird gesprochen, wenn die gegenwärtige Förderung in die Berechnung eingeht, von einer *dynamischen* Vorhaltedauer, wenn eine vermutete Wachstumsrate der Förderung Grundlage der Berechnung ist:

$$\text{Jahre} = \frac{\text{Lagerstättenreserven [t, m}^3 \text{ usw.]}}{\text{bergbauliche Produktion [t usw.]}} \cdot$$

Die auf diese Weise ermittelte Vorhaltedauer ist Gegenstand zahlreicher Untersuchungen und Veröffentlichungen. Daß dabei oft recht unterschiedliche Werte ermittelt werden, hängt davon ab, ob Reserven oder Ressourcen und hierbei auch wieder unterschiedliche Kategorien (siehe Klassifikationssystem) erfaßt werden.

Einige Beispiele verdeutlichen diese Situation (Tab. 16). Die Tabelle zeigt, daß beträchtliche Unterschiede zwischen den Auffassungen der einzelnen Autoren bestehen und daß

*Tabelle 16*
*Vorhaltedauer von Weltreserven [Jahre]*

| Ressource | Club of Rome (1972) | STAMMBERGER (1975) | Global 2000 (1980) | BOESLER (1989) | Weltressourcen (1993) | Fischer Weltalmanach (1995) |
|---|---|---|---|---|---|---|
| Steinkohle |  | 800 |  |  |  | 180 |
| Erdöl | 20– 31 | 100 |  |  |  | 50 |
| Erdgas | 20– 38 | 100 | 29– 47 | 53 |  | 80 |
| Eisenerz | 93–240 | 500 | 68–216 | 191 | 175 | 280 |
| Manganerz |  |  | 69–268 |  |  | 250 |
| Chromerz |  |  | 68–249 | 440 |  | 350 |
| Nickelerz |  | 100 |  |  | 52 | 160 |
| Kupfererz | 21– 36 | 90 | 35– 60 | 72 | 36 | 90 |
| Bleierz | 21– 36 | 30 | 29– 57 | 53 | 21 | 80 |
| Zinnerz | 15– 17 | 30 | 31– 44 | 40 | 27 | 120 |
| Zinkerz |  |  | 21– 29 | 40 | 20 | 40 |
| Bauxit |  | 300 |  | 266 |  |  |
| Silber | 13– 16 |  | 14– 16 |  |  | 60 |

*Tabelle 17*
*Vorhaltedauer mineralischer*
*Ressourcen um 1990 und 2030*
*[Jahre]*

| Ressource | Vorhaltedauer um 1990 für 5 Mia. Menschen | | Vorhaltedauer um 2030 für 10 Mia. Menschen | |
|---|---|---|---|---|
| | Reserven | Ressourcen | Reserven | Ressourcen |
| Kohle | 206 | 805 | 124 | 407 |
| Erdöl | 35 | 277 | 4 | 26 |
| Aluminium | 256 | 429 | 10 | 40 |
| Kupfer | 41 | 256 | 8 | 33 |

trotz hoher jährlicher Fördermengen die Vorhaltedauer in den Prognosen der neunziger Jahre oft höher ist als bei älteren Prognosen. Diese Situation ergibt sich aus einem zunehmenden Erkundungspotential, aus einer verbesserten Wirtschaftlichkeit mit entsprechendem Zugang zu den Ressourcen und veränderten politischen und rechtlichen Gegebenheiten in einzelnen Lagerstättengebieten.

Interessant ist auch eine Prognose des „Spektrums der Wissenschaften" (1990), in der die Weltvorräte an Reserven und Ressourcen wichtiger Rohstoffe a) unter Beibehaltung der gegenwärtigen Verbrauchshöhe, b) für 10 Mia. Menschen im Jahre 2030 und auf der Stufe des Verbrauches eines US-Bürgers im Jahre 1990 hinsichtlich ihrer Vorhaltedauer prognostiziert werden (Tab. 17).

Trotz aller Unsicherheiten der Rohstoffbilanzierung und Prognostizierung macht sich weltweit ein steigendes Interesse an solchen Erhebungen bemerkbar. Die Ergebnisse und Einschätzungen dementsprechender Untersuchungen lassen zwei Hauptrichtungen erkennen:

– Bilanzen und Prognosen, die die gesamte Bandbreite von superpessimistischen und düsteren Vorhersagen einerseits bis zur absoluten Verharmlosung des Ressourcenproblems andererseits umfassen;
– Bilanzen und Prognosen, die sich um eine nüchterne, durchaus auch kritische Einschätzung der Ressourcensituation bemühen und dabei zu einer insgesamt optimistischen Einschätzung kommen.

Beispiele für beide Auslegungen sind genügend bekannt. Erinnert sei nur an die Studie des Club of Rome „Die Grenzen des Wachstums" (1972), in der Vorratsbilanzierungen veröffentlicht wurden, die viele Menschen schockierten und verunsicherten. Danach hätte bereits 1980 die letzte Unze Gold gefördert werden müssen, wäre in den achtziger Jahren der Abbau von Quecksilber, Silber, Zinn, Blei und kurz danach auch weiterer Rohstoffe wegen Erschöpfung der Lagerstätten weltweit beendet. Die reale Förderentwicklung und wissenschaftliche Gegendarstellungen, darunter auch neue Vorratsbilanzierungen, haben die Studie inzwischen, was die Prognosen der Verfügbarkeit von Rohstoffen angeht, widerlegt. Der große Wert des Buches ist jedoch unumstritten, gehört es doch zu den ersten Publikationen, die eindringlich auf die Gefahren heranwachsender globaler Probleme hinwiesen und vor einem zu starken Anwachsen des Ressourcenverbrauches warnten.

Eine sehr detaillierte Darstellung der Ressourcensituation brachte dann das 1980 erschienene Buch „Global 2000. Der Bericht an den Präsidenten". Es setzt sich ebenfalls mit Entwicklungsfragen der Bevölkerung, der Ressourcen und der Umwelt auseinander und warnt vor einer zu großen Belastung der Erde. Es wird eine drastische und zunehmende Ressourcenverknappung prognostiziert und auf alle damit verbundenen Folgen hingewiesen. Im Buch heißt es: „Der Rückgang der Belastbarkeit der Erde, der schon heute in ganz unterschiedlichen Gebieten zu beobachten ist, verweist auf ein Phänomen, das sich bis zum Jahr 2000 sehr viel weiter ausbreiten könnte. Tatsächlich deuten die besten zur Zeit verfügbaren Unterlagen – die auch die zahlreichen günstigen Auswirkungen der Entwicklung und Übernahme neuer Technologien berücksichtigen – darauf hin, daß die Weltbevölkerung im Jahre 2000 vielleicht nur noch wenige Generationen von dem Zeitpunkt entfernt ist, wo sie die Grenze der Belastbarkeit des gesamten Planeten erreicht hat."

Neben solchen eher pessimistischen Grundaussagen fallen andere auf, die das Mensch-Umwelt-Problem, auch die Verfügbarkeit von Ressourcen, eher verharmlosen. So weisen z. B. Kahn u. a. (1977) darauf hin, daß der wissenschaftlich-technische Fortschritt die Lösung aller Fragen der Mensch-Umwelt-Beziehungen verbürgt. Sie sehen die Erde als unerschöpfliche Vorratskammer an, der man alle benötigten Stoffe entnehmen und in die man alle Abfälle in der Hoffnung zurückgeben kann, daß sie dort von selbst neutralisiert würden. Eine solche „Schlaraffenland-Theorie" ist jedoch nicht haltbar; sie hätte bei anhaltender Realisierung verheerende Folgen.

Bei solchen doch weit voneinander abweichenden Prognosen sei gestattet, daß die Autoren ihre Prognose zukünftiger Ressourcenverfügbarkeit darstellen.

Wir sehen die Beziehungen der Gesellschaft zur natürlichen Umwelt, insbesondere auch die Ressourcennutzung, nicht als eine einfache Konsumbeziehung, sondern als eine komplexe und konstruktive Beziehung und gehen davon aus, daß die teilweise wirklich komplizierter werdenden Probleme kein Anlaß sind, die Versorgung der Menschen in einem absehbaren Zeitraum in Frage zu stellen. Es ist sicher wenig sinnvoll, schon Prognosen über mehrere hundert Jahre anzustellen, weil sich durch Wissenschaft und wissenschaftlich-technischen Fortschritt zukünftig noch große Möglichkeiten in der Erschließung mineralischer Rohstoffe ergeben werden. Es läßt sich jedoch feststellen:

In einem überschaubaren Zeitraum, der mehrere Jahrzehnte umfaßt, droht – weltweit gesehen – keine Erschöpfung mineralischer Ressourcen. Sie werden dem Menschen um so länger zur Verfügung stehen, je besser er es verstehen wird, die Entwicklung der Natur bewußt zu lenken und zu schützen und sich bei der Nutzung der Ressourcen äußerst verantwortungsvoll zu verhalten.

Natürlich sehen auch wir, daß einzelne Rohstoffe zeitlich nur noch begrenzt geologisch zur Verfügung stehen, darunter einige Energieträger, Stahlveredler, Buntmetalle und Edelmetalle. Ein solcher Tatbestand kann jedoch nur den schrecken, der meint, daß dann ein Stillstand der Menschheitsentwicklung eintritt, wenn eine Ressource erschöpft ist und nicht mehr oder nur noch über den Stoffkreislauf genutzt werden kann. Wer so die Menschheitsperspektiven sieht, „zweifelt an dem wissenschaftlichen Genie des Menschen, das volles Vertrauen verdient" (Parson 1969, S. 532). Andere Rohstoffe werden die entstehenden Angebotslücken schließen müssen.

Betrachten wir unter diesen Gesichtspunkten die mineralischen Ressourcen hinsichtlich ihrer geologischen Verfügbarkeit in ihrer Gesamtheit, so können wir Klare (1977) zustimmen, der feststellte, daß die verfügbaren Ressourcen insgesamt weder heute noch morgen zu einem „entscheidenden Faktor für die weitere Entwicklung der Welt" werden können. Wir gehen davon aus, daß bis Mitte des kommenden Jahrhunderts die Vorhaltedauer aller genutzten mineralischen Rohstoffe anhält. Ein Differenzierungsprozeß setzt dann in der zweiten Hälfte des Jahrhunderts ein, so daß wir schon heute zwei Gruppen mineralischer Rohstoffe hinsichtlich ihrer Vorhaltedauer ausweisen:

1. „sensible" Rohstoffe mit einer Vorhaltedauer bis zu 100 Jahren, wie z. B. alle Edelmetalle, Erdöl und Erdgas sowie viele Erze,

2. „stabile" Rohstoffe mit einer Vorhaltedauer von mehr als einem Jahrhundert, z. T. sogar von mehreren Jahrhunderten, wie z. B. Eisenerz, Bauxit, Steinkohle, Braunkohle, Salze, Steine und Erden der verschiedensten Kategorien.

Diese Prognose bezieht sich auf globale Gegebenheiten. Regionale oder lokale Werte können davon oft weit abweichen.

## 2.3.4.
## Volkswirtschaftliche Verfügbarkeit

Geologische Verfügbarkeit mineralischer Rohstoffe, unter dem Aspekt der Vorhaltedauer im Weltmaßstab betrachtet, bedeutet noch keine volkswirtschaftliche Verfügbarkeit. Letztere ist erst dann gegeben, wenn die benötigten Rohstoffe einem bestimmten Land nach Quantität und Qualität zu einem bestimmten Zeitpunkt zur Verfügung stehen. Gerade diese volkswirtschaftliche Verfügbarkeit ist außerordentlich differenziert zu sehen, weil hier nicht die globale Dimension, sondern die nationale Dimension besondere Bedeutung hat. Sie stellt sich im einzelnen wie folgt dar:

1. Mineralische Rohstoffe sind entsprechend ihren natürlichen Entstehungsprozessen unterschiedlich über die Erde verteilt (siehe Kapitel 2.2.). Dadurch ergibt sich eine unterschiedliche Verfügbarkeit von Rohstoffen für einzelne Länder. Ländern mit geringer geologischer Verfügbarkeit und damit verbundener geringer Bergbautätigkeit, demzufolge mit hoher Importabhängigkeit von Rohstoffen, stehen Länder mit hoher oder sehr großer Verfügbarkeit gegenüber. Die Rohstoffproblematik stellt sich also regional sehr differenziert dar.

2. Da fast alle flächenmäßig großen Länder über ein sehr umfangreiches mineralisches Rohstoffpotential verfügen und eine sehr bedeutende bergbauliche Produktion aufbauten (Rußland, USA, Kanada, China, Australien, Südafrika, Indien, Brasilien), liegt die Versuchung nahe, kleinere Länder mit einer kleineren geologischen Mengen- bzw. Sortimentsverfügbarkeit bzw. einer kleineren bergbaulichen Produktion als rohstoffarm zu bezeichnen.

3. Geologische Verfügbarkeit und Naturressourcenreichtum allein sind für den Wohlstand eines Staates und seiner Bevölkerung nicht ausreichend, wie auch fehlende Bodenschätze nicht unbedingt sozialökonomisch niedrigen Entwicklungsstand zur Folge haben müssen, wie am Beispiel der Schweiz, der Niederlande, Dänemarks oder Irlands ersichtlich ist.

Hinsichtlich einer tatsächlichen, realen Verfügbarkeit mineralischer Rohstoffe für die Volkswirtschaft muß ein Bedingungsgefüge gegeben sein, in das verschiedene Komponenten einzubeziehen sind. PAUCKE (1984, S. 9) stellte dazu fest: „Die Nutzung der verfügbaren Roh-

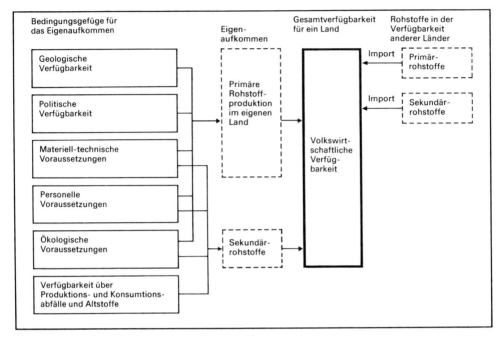

Abbildung 25
Volkswirtschaftliche Verfügbarkeit mineralischer Rohstoffe für ein Land

stoffe bewegt sich immer im Spannungsfeld des geologisch Vorgegebenen, wissenschaftlich Erkundeten, technologisch Machbaren, ökonomisch Möglichen, ökologisch Vertretbaren und volkswirtschaftlich Notwendigen unter politischen und sozialökonomischen Rahmenbedingungen." Nur dann, wenn neben der geologischen Verfügbarkeit

– die politischen Voraussetzungen für die Aufnahme der bergbaulichen Produktion (Besitzverhältnisse, Rohstoffstrategien des Landes, Bündnisverpflichtungen, internationale Abkommen),
– die ökonomisch-technischen Voraussetzungen (Investmittelumfang, Infrastrukturentwicklung, Energiebereitstellung, Geräte- und Anlagenbeschaffung),
– die personellen Voraussetzungen (Arbeitskräftebereitstellung, Fachkräfteentwicklung, Qualifizierungen, soziale Absicherungen),
– die Verfügbarkeit über Produktions- und Konsumtionsabfälle und Altstoffe sowie
– der Import notwendiger Primär- und Sekundärrohstoffe

gegeben sind, kann eine volkswirtschaftliche Verfügbarkeit (Abb. 25) erreicht werden. Eine weitere Komponente muß die ökologische sein (Beachtung des Natur- und Umweltschutzes, der Auswirkungen des Bergbaues und der Bergbaufolgenutzung). Allerdings ergeben sich im hier skizzierten Wirken der Komponenten im Hinblick auf bergbauliche Produktion und Aufbereitung häufig noch Probleme hinsichtlich einer bedeutungsgerechten Beachtung des ökologischen Faktors (Abb. 26).

In vielen Ländern stößt die Erreichung einer volkswirtschaftlichen Verfügbarkeit mineralischer Rohstoffe noch auf erhebliche Schwierigkeiten. Besonders in den Entwicklungslän-

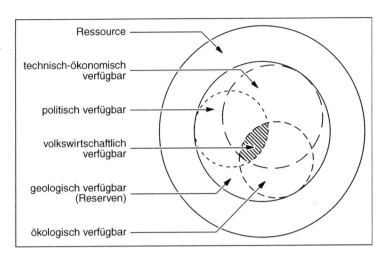

Abbildung 26
Volkswirtschaftliche
Verfügbarkeit minerali-
scher Rohstoffe
– schematische
Mengendarstellung
(nach BACHMANN 1983)

Ressource

technisch-ökonomisch
verfügbar

politisch verfügbar

volkswirtschaftlich
verfügbar

geologisch verfügbar
(Reserven)

ökologisch verfügbar

dern fehlen oft die politischen, ökonomisch-technischen und personellen Voraussetzungen für die Aufnahme der bergbaulichen Produktion. In anderen wiederum existiert nur beschränkt nationale Souveränität über die natürlichen Reichtümer. In der weiteren Entwicklung werden deshalb für den Aufbau der Rohstoffwirtschaft in den Entwicklungsländern sowohl Nationalisierungen im Bereich der Montanindustrie, Festlegungen über die Realisierungsmöglichkeiten ausländischen Kapitals und ausländischer Beteiligungen im Bergbau, der Abbau von Verträgen und Konzessionen, die der Souveränität der Länder über ihre Ressourcen widersprechen, und die Festlegung obligatorischer Anteile nationalen Kapitals an bergbaulichen Unternehmen mit ausländischer Beteiligung wichtig sein.

## 2.4.
## Charakteristik ausgewählter mineralischer Ressourcen und ihrer Nutzung

Mineralische Rohstoffe sind durch geologische Prozesse gebildete Bestandteile der Erdkruste (Minerale und Mineralgemische) in fester, flüssiger oder gasförmiger Form. Sie können unter bestimmten Bedingungen in bergbaulichen Betrieben oder Fördereinrichtungen gewonnen werden. Als wichtigste Gruppen sind fossile Energieträger, Erze, Industrieminerale sowie Steine und Erden zu nennen. Sie sind stoffliche Grundlage einer vielseitigen Tätigkeit des Menschen.

Mineralische Rohstoffe können verschiedenartig gegliedert werden. Neben den bekannten Gruppierungsversuchen der Einteilung der Rohstoffe nach dem Aggregatzustand (feste, flüssige, gasförmige Stoffe), nach minerogenetischen und lagerstättenkundlichen geologischen Prozessen (mineralische Rohstoffe endogener, exogener bzw. metamorpher Bildung), nach ihrem „Charakter" (Erze, Salze, Steine und Erden, Kohlen bzw. fossile Brennstoffe, Erdöl, Erdgas, Grundwasser usw.) werden mineralische Rohstoffe oft nach ihrer industriellen und konsumtiven Verwendung gegliedert.

Danach lassen sich drei Hauptgruppen (nach BAUMANN, NIKOLSKIJ u. WOLF 1982, S. 88) ausweisen:

| 1. Feste, flüssige und gas- | 2. Metallische Rohstoffe | 3. Nichtmetallische Rohstoffe |
|---|---|---|
| förmige Energierohstoffe | – Schwarzmetall | (nutzbare Gesteine und |
| – Torf | – Stahlveredler | Industrieminerale) |
| – Lignit | – Buntmetalle | – metallurgische Hilfs- |
| – Braunkohle | – Leichtmetalle | stoffe |
| – Steinkohle | – Edelmetalle | – chemische Mineralroh- |
| – Anthrazit | – seltene Metalle | stoffe |
| – Brennschiefer | – radioaktive Metalle | – agrochemische Mineral- |
| – Erdöl | | rohstoffe |
| – Erdgas | | – Baumaterialrohstoffe |
| – Wasser | | – Glasrohstoffe |
| – Kernbrennstoffe | | – Keramikrohstoffe |
| (auch unter 2.) | | – Feuerfestrohstoffe |
| | | – Industrieminerale |
| | | – Rohstoffe für Zier- und |
| | | Edelsteine |

Im folgenden werden nur einige bedeutende mineralische Rohstoffe der drei Hauptgruppen im Hinblick auf gegenwärtige Produktion, geographische Verteilung des Abbaus und Perspektiven der weiteren Gewinnung charakterisiert.

## 2.4.1.
## *Energetische Ressourcen und Rohstoffe*

### 2.4.1.1.
### Überblick

Energetische Ressourcen sind Stoffe bzw. gespeicherte Arbeit, die zur Abgabe von Energie genutzt werden können. Zu ihnen gehören einerseits die „klassischen" mineralischen, in historischen Zeiträumen nicht erneuerbaren Energieressourcen in fester, flüssiger und gasförmiger Form, andererseits sogenannte „neue" (erst in jüngster Zeit stärker genutzte) bzw. erneuerbare Energiequellen.

Letztere spielen gegenwärtig im Energieverbrauch und in der Energieproduktion (weltweit gesehen) noch keine große Rolle. Da es sich bei ihnen vorwiegend um erneuerbare Quellen handelt (bituminöse Schiefer und Teersande ausgenommen), wird ihre Bedeutung (insgesamt gesehen) in den kommenden Jahrzehnten zunehmen, ohne jedoch die Dominanz der traditionellen mineralischen Energierohstoffe brechen zu können. Über einen Anteil von 5–8 % an der gesamten Weltenergieproduktion werden die in Tab. 18 angeführten Energiequellen in einem mittelfristigen Prognosezeitraum wohl nicht hinauskommen. Auch der Trend der weiteren Entwicklung verläuft bei den einzelnen Quellen unterschiedlich. Während vor allem der Nutzung der Sonnenenergie, der Geothermie, der Meeresenergie und der Biogase große Zukunftschancen eingeräumt werden, haben die Brennholz- und Holzkohlennutzung nicht solche Perspektiven (siehe auch Kapitel 3.4.2.3.).

*Tabelle 18*
*Entwicklung einzelner Energiequellen bis zum*
*Jahre 2000 (nach dem Development Forum*
*der UNO 1981)*

| Energiequelle | Gegenwärtiger Verbrauch [Mia. kWh] | Verbrauch im Jahre 2000 [Mia. kWh] |
|---|---|---|
| Sonne | 2–3 | 2000–5000 |
| Geothermik | 55 | 1000–5000 |
| Wind | 2 | 1000–5000 |
| Gezeiten | 0,4 | 30–60 |
| Meerwellen | 0 | 10 |
| Meerwärme | 0 | 1000 |
| Biogase | 550–700 | 2000–5000 |
| Brennholz | 10000–12000 | 15000–20000 |
| Holzkohle | 1000 | 2000–5000 |
| Torf | 20 | 1000 |
| Bituminöse Schiefer | 15 | 500 |
| Teersande | 130 | 1000 |

Gegenwärtig und in einem übersehbaren Perspektivzeitraum bilden Erdöl, Kohle, Erdgas und Kernenergie, mit Abstand auch das fließende Wasser des Festlandes die wichtigsten Energieträger. Das spiegelt sich auch in Tab. 19 wider, die über die Entwicklung des Einsatzes von Energieträgern für den Weltenergieverbrauch bis zum Jahre 2000 Auskunft gibt. Die Tab. 19 verdeutlicht:

– Erdöl wird zwar bedeutendster Energieträger bleiben, aber deutlich weiter an Anteilen verlieren.
– Kohle trägt zur Erdölsubstitution bei und gewinnt wieder etwas an Bedeutung.
– Kernenergie und Erdgas haben ständige Zuwachsraten, wobei vor allem Erdgas in die erste Gruppe der Energieträger aufrückt.
– Die Anteile der erneuerbaren Energien halten sich zunächst noch in Grenzen. Unter ihnen nimmt die Wasserkraft eine herausragende Position ein.
– Der mengenmäßig nicht unbedeutende Anteil von Holz und Dung bleibt in der Tabelle unberücksichtigt.

*Tabelle 19*
*Einsatz von traditionellen Energie-*
*trägern für denWeltenergieverbrauch*
*1970 bis 2000 [%]*
*(nach Fischer Weltalmanach 1995*
*und anderen Quellen)*

| Energieträger | 1970 | 1980 | 1990 | 2000* |
|---|---|---|---|---|
| Erdöl | 45,3 | 44,7 | 37,2 | 33,0 |
| Kohle | 32,9 | 29,5 | 29,9 | 31,0 |
| Erdgas | 19,5 | 20,5 | 23,3 | 25,0 |
| Kernenergie | 0,1 | 2,8 | 6,8 | 7,5 |
| Wasserkraft u. a. | 2,2 | 2,4 | 2,9 | 3,5 |
| SKE [Mio. t] | 6641 | 8931 | 10859 | 13000–13500 |

* Schätzung

Insgesamt gesehen, sind die Veränderungen im Einsatz von Energieträgern im letzten Drittel unseres Jahrhunderts begrenzt. Dagegen stieg die absolute Höhe des Weltenergieverbrauches ständig an und wird um das Jahr 2000 etwa 13 000–13 500 Mio. t SKE (Steinkohleneinheiten; Berechnung siehe Glossar) betragen. Deshalb muß auch mit einem weiteren Anstieg der Produktion von Energierohstoffen bzw. der Nutzung regenerierbarer Energie gerechnet werden.

## 2.4.1.2.
## Steinkohle

Seit dem 19. Jh., genauer seit Einführung der Dampfmaschine, gehört Kohle zu den wichtigsten Grundlagen der modernen Wirtschaft, wurde sie unentbehrlicher Energieträger. Obwohl auch in den Jahrhunderten davor schon Kohle als Brennstoff genutzt wurde, begann deren eigentliche Geschichte als Energieträger und als chemischer Roh- und Hilfsstoff erst mit der Entwicklung der Industrie.

Die Kohleproduktion, speziell die von Steinkohle, nahm einen außerordentlich schnellen Aufschwung, so daß sie bald vor allen anderen Energieträgern die umfangreichste war. Im Zeitraum von 1880 bis 1995 wurden fast 200 Mia. t Steinkohle gefördert, davon über die Hälfte nach dem Zweiten Weltkrieg. Genauere Informationen über die Förderentwicklung sind der Tab. 20 zu entnehmen.

Obwohl in der Übersicht die schweren Krisen der Weltwirtschaft und deren Auswirkungen auf die Kohleproduktion nicht sichtbar werden, wird doch deutlich, daß neben Phasen eines sehr starken Anstieges der Produktion auch Phasen der Stagnation die Entwicklung der Steinkohlenproduktion bestimmten. Wesentliche Veränderungen im Primärenergieeinsatz führten seit Anfang der siebziger Jahre zu einer Kohlekrise. Durch Überbewertung des Erdöls in den nationalen Energiewirtschaften sank gleichzeitig die Bedeutung der Steinkohle, ging die Förderung beträchtlich zurück. Wenn das in der Entwicklung der Weltförderung nicht deutlich zum Ausdruck kommt, so deshalb, weil einige andere Länder (z. B. Indien, China, Südafrika) die Kohleproduktion kontinuierlich steigerten. Dadurch kam es zu beträchtlichen Veränderungen in der Rangliste der Steinkohlenförderung (Tab. 21).

Bemerkenswerte Entwicklungen mit großen Auswirkungen auf die Standortverteilung sind:

– der Aufstieg Chinas zum führenden Kohleförderland der Erde seit Mitte der achtziger Jahre;
– der starke Förderrückgang in Europa, besonders in den „klassischen" Förderländern Großbritannien, Deutschland, Belgien, Frankreich, Polen und Tschechien;
– die Forcierung der Steinkohlenproduktion außerhalb der bisherigen großen Fördergebiete, insbesondere in Indien, Australien und Südafrika.

*Tabelle 20*
*Entwicklung der Steinkohlenproduktion der Erde [Mio. t]*

| Jahr | 1820 | 1840 | 1860 | 1880 | 1900 | 1910 | 1920 | 1930 | 1940 | 1950 | 1960 | 1970 | 1980 | 1990 | 1993 |
|------|------|------|------|------|------|------|------|------|------|------|------|------|------|------|------|
| Menge | 12 | 45 | 136 | 474 | 700 | 1059 | 1130 | 1244 | 1281 | 1201 | 1967 | 2133 | 2733 | 3541 | 3431 |

| *Tabelle 21* *Entwicklung und Stand der Steinkohlengewinnung in den führenden Förderländern [Mio. t]* | Förderland | 1950 | 1960 | 1970 | 1980 | 1990 | 1993 |
|---|---|---|---|---|---|---|---|
| | China* | 43 | 425 | 360 | 620 | 1080 | 1141 |
| | USA | 505 | 391 | 550 | 714 | 854 | 775 |
| | UdSSR/GUS | 181 | 355 | 433 | 493 | 543 | 417 |
| | Polen | 78 | 104 | 140 | 193 | 147 | 130 |
| | Indien | 33 | 53 | 74 | 109 | 212 | 246 |
| | Südafrika | 26 | 38 | 55 | 113 | 185 | 182 |
| | Australien | 17 | 22 | 45 | 78 | 159 | 188 |
| | Großbritannien | 220 | 197 | 147 | 130 | 94 | 68 |
| | Nordkorea | 2 | 7 | 22 | 35 | 40 | 40 |
| | Deutschland | 111 | 142 | 111 | 87 | 77 | 64 |
| | Kanada | 12 | 7 | 8 | 20 | 38 | 35 |
| | Tschechoslowakei/ Tschechien | 17 | 26 | 28 | 28 | 23 | 18 |
| | Japan | 38 | 51 | 40 | 18 | 8 | 7 |
| | Erde | 1201 | 1967 | 2133 | 2733 | 3541 | 3431 |

\* einschließlich Braunkohle

Abb. 27 zeigt die wesentlichsten Merkmale der Standortverteilung des Steinkohlenbergbaus auf der Erde und die wichtigsten Transportströme.

Auch in der zukünftigen Entwicklung werden Kohlen eine wichtige Rolle in den Volkswirtschaften vieler Länder spielen, denn Kohle ist der am reichsten vorhandene fossile Brennstoff auf der Erde. Nach Materialien der Weltenergiekonferenz verfügt die Erde über Kohlereserven, die schon heute 800 Mia. t umfassen. Selbst diese heute bekannten Reserven würden mehrere Jahrhunderte reichen. Wenn man außerdem berücksichtigt, daß es heute bereits Bilanzierungen gibt, die von weit höheren unbekannten Potentialen ausgehen (der Amerikaner AVERITT rechnet mit 16,6 Bio. t), und daß der gegenwärtig aktuelle Erschließungsfaktor mit 50 % sehr niedrig angesetzt ist und mit Fortgang des wissenschaftlich-technischen Fortschritts zweifellos steigen wird, so ist die Feststellung realistisch, daß genaue Bilanzierungen der Verfügbarkeit von Kohle weit jenseits unseres zeitlichen Vorstellungsbildes der Rohstoffnutzung liegen.

Regional weist der bisherige Stand der Erkundungen von Kohleressourcen noch deutliche Disproportionen auf. Wegen der umfangreichen, in entwickelten Ländern vorhandenen Lagerstätten wurde lange Zeit in Entwicklungsländern die Erkundung und Exploration vernachlässigt. Deshalb ist dort im Zuge der Erkundung mit beachtlichen Entdeckungen zu rechnen, denn es wird allgemein angenommen, daß sich die Kohlelagerstätten – mit Einschränkungen für Lateinamerika und Afrika – annähernd gleichmäßig über die Kontinente verteilen (Tab. 22).

Zu völlig neuen Prognosen kommt „Welt-Ressourcen" (1994) mit der Feststellung, daß mehr als 60 % der Weltreserven in Entwicklungsländern liegen sollen, davon allein 50 % in China. Die Vorkommen seien bisher total unterschätzt worden.

Kohle steht also selbst für langfristige Prognosezeiträume zur Nutzung zur Verfügung. Die geologische Verfügbarkeit ist gegeben. Allerdings ist mit immer schwierigeren Bedingungen bei der Erkundung, Erschließung, Förderung und beim Transport zu rechnen. Trotz-

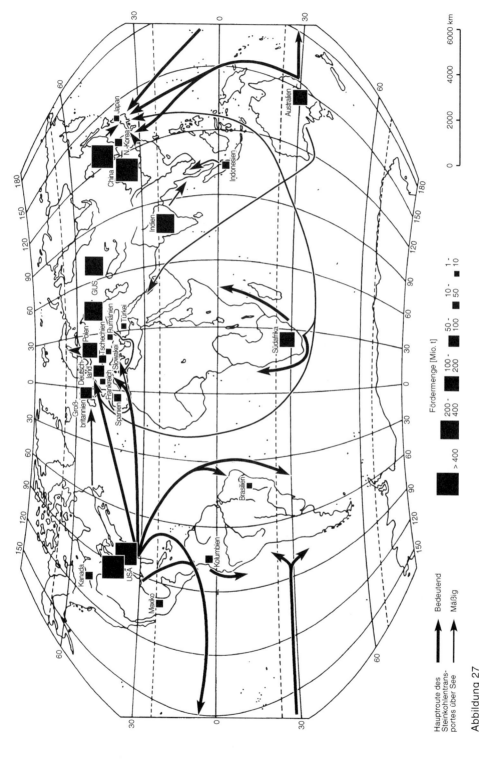

Fördermenge [Mio. t]

Hauptroute des
Steinkohlentrans-        Bedeutend
portes über See          Mäßig

**Abbildung 27**
Steinkohlenförderung 1993 und Haupttransportwege über See

*Tabelle 22*
*Anteil der Erdteile an der Ressource Kohle [%]*
*(nach Weltenergiekonferenz)*

| Erdteil | Anteil |
|---|---|
| Europa (ohne GUS) | 24,4 |
| GUS | 19,2 |
| Asien (ohne GUS) | 16,6 |
| Nordamerika | 29,1 |
| Lateinamerika | 0,9 |
| Afrika | 2,4 |
| Australien/Ozeanien | 7,4 |

dem ist im Zeitraum bis zum Jahre 2000 mit einem Anstieg der Weltkohleproduktion durch verstärkten Kohleeinsatz für Energiegewinnung und für chemische Umwandlung zu rechnen.

## 2.4.1.3.
## Braunkohle

Braunkohle ist ein fossiler Brennstoff. Die Kohlenstoffanteile sind geringer als die der Steinkohle. Der Heizwert liegt unter 23 000 kJ/kg. Die deutsche Braunkohle entstand im Tertiär, der sogenannten Braunkohlenzeit.

Die Flöze weisen in ihrer Mächtigkeit große Unterschiede auf (einige Meter bis über 100 m). Die meisten liegen relativ oberflächennah. Weil die Kohlen einen Wassergehalt von 12–60 % und oft auch Ballaststoffe haben, ist ein weiterer Transport unwirtschaftlich. Braunkohle sollte also möglichst nahe am Gewinnungsort verwertet werden. Insbesondere für die Elektroenergiegewinnung, die Gaserzeugung, für den Hausbrand und für die chemische Industrie kommt Braunkohle zum Einsatz. Die durch Förderung, Verarbeitung oder Verbrennung entstehende Umweltbelastung ist jedoch sehr hoch. Das setzt der Gewinnung und Verwertung des Rohstoffes Grenzen.

Braunkohlenlagerstätten sind weltweit verbreitet, in Entwicklungsländern jedoch noch relativ schlecht erkundet. Nach dem gegenwärtigen Stand umfassen die erkundeten und vermuteten Lagerstätten der Erde über 1 Bio. t. Unter Beibehaltung der gegenwärtigen Förderung von etwa 1 Mia. t jährlich und bei einer angenommenen Abbaubarkeit von 50 % würde Braunkohle noch viele Jahrhunderte zur Verfügung stehen.

In der *Förderentwicklung* ergeben sich kaum Parallelen zum Steinkohlenbergbau. Eine stärkere Gewinnung dieser Kohleart setzte erst am Ende des vergangenen Jahrhunderts ein.

*Tabelle 23*
*Braunkohle-Weltförderung [Mio. t]\**

| Jahr | 1900 | 1910 | 1920 | 1930 | 1940 | 1950 | 1960 | 1970 | 1980 | 1990 | 1993 |
|---|---|---|---|---|---|---|---|---|---|---|---|
| Menge | 69 | 105 | 155 | 193 | 314 | 381 | 639 | 793 | 960 | 1154 | 944 |

\* Angaben ohne China

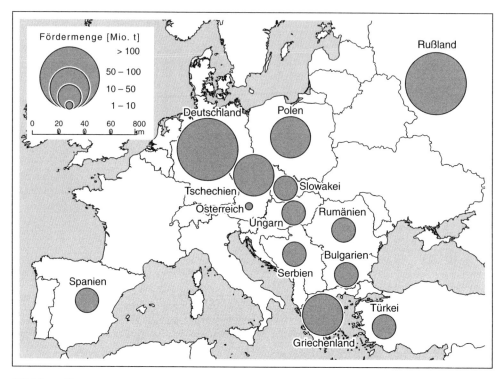

Abbildung 28
Braunkohlenförderung in Europa 1992

Sie blieb bis heute auf relativ wenige Länder beschränkt. Die bergmännische Förderung erfolgt fast ausschließlich im Tagebau. Einen Ferntransport, besonders auch nach Übersee, gibt es nicht.

Schwerpunkte der Förderung waren bisher mittel- und südosteuropäische Länder sowie Rußland, ferner inselartige Standorte in den USA, in China und in Australien. Im Ergebnis zur Zeit durchgeführter Erkundungen kann jedoch mit einer regionalen Ausweitung des Abbaus gerechnet werden. Die in der Fördertechnik und Förderhöhe führende Position Deutschlands dürfte jedoch auch in den kommenden Jahrzehnten – zumindest in einem mittelfristigen Prognosezeitraum – von anderen Ländern nicht erreicht werden. Über die Braunkohlengewinnung in den Ländern Europas informiert Abb. 28.

*Tabelle 24*
*Führende Braunkohlenförderländer 1993 [Mio. t]*

| Land | Deutschland | China | GUS | Tschechien | USA | Polen | Griechenland | Australien |
|------|-------------|-------|-----|------------|-----|-------|--------------|------------|
| Menge | 222 | 150* | 127 | 71 | 80 | 67 | 56 | 48 |

* Angaben geschätzt, da statistisch bei Steinkohle erfaßt

2.4.1.4.
Erdöl

Erdöl gehört zu den bedeutendsten mineralischen Rohstoffen. Nach dem Produktionsumfang nimmt es die zweite, nach dem Förderwert die erste Position unter den Energieträgern ein.

Gewinnung und Nutzung erfolgen seit Jahrhunderten. Schon die Babylonier und Ägypter verwandten Öl, das aus der Erde entnommen wurde. Aber erst die Erfindung der Erdöldestillation und damit die Aufspaltung des Rohstoffes öffnete einer verstärkten Nutzung den Weg als Kraftstoff, Heizöl, Schmieröl, als chemischer Grundstoff. Zweifellos brach mit der verstärkten Nutzung des Erdöls seit etwa Ende des vergangenen Jahrhunderts ein Zeitalter technischer Umwälzungen an, das vor allem durch die Entwicklung des Fahrzeugverkehrs und der chemischen Industrie gekennzeichnet war. Und da Erdöl aufgrund seines vielfältigen Verwendungsvermögens, seiner Bedeutung als Treibstoff und chemischer Grundstoff bald auch als überaus wichtiger strategischer Rohstoff erkannt wurde, setzte auch ein hartes Ringen um möglichst unumschränkte Verfügungsgewalt über dieses Schlüsselprodukt und seine Ressourcen ein. Selbst kriegerische Auseinandersetzungen (Ecuador–Peru 1995) oder Kriege (Golfkrieg 1990/91 u. a.) wurden um Erdöl geführt.

Während Kohle bereits im 19. und in der ersten Hälfte des 20. Jh. ein Energieträger von überragender Bedeutung war, erfolgte der große Aufschwung der Erdölförderung erst in der zweiten Hälfte des 20. Jh. Im Jahre 1969 überflügelte die Erdölproduktion die bis dahin führende Steinkohlengewinnung, wurde allerdings im Jahre 1982 wieder von dieser Förderung übertroffen. Der „Erdölboom" der siebziger Jahre, künstlich geschürt durch eine Überbewertung des Rohstoffes hinsichtlich zukünftiger energiewirtschaftlicher Einsatzmöglichkeiten, führte in dieser Zeit einerseits zu einem beachtlichen Bedarfsanstieg in den Hauptverbraucherländern, andererseits zu einer sehr starken Erhöhung der Erdölpreise.

In der ersten Hälfte der achtziger Jahre sanken aufgrund energiewirtschaftlicher Maßnahmen in den Erdölimportländern, von Umstrukturierungen der Wirtschaften sowie Wachstumsproblemen in den Zentren der Weltwirtschaft zunächst der Bedarf, dann die Preise und schließlich auch die Förderung von Erdöl, um das Überangebot abzubauen. Die Entwicklung der Erdölproduktion im 20. Jh. zeigt Tab. 25.

Mit Sicherheit wird Erdöl aber auch in den zukünftigen Jahrzehnten noch eine wichtige Rolle als chemischer Rohstoff und als Energieträger spielen. Die geologische Verfügbarkeit ist gegeben. Die Welterdölreserven werden gegenwärtig mit etwa 130–150 Mia. t bilanziert, die Erdölressourcen mit 230–250 Mia. t. Hinzu kommen noch in Sanden und Schiefern gebundene Öle, die in obige Berechnungen nicht einbezogen sind. In den vergangenen Jahren (etwa ab 1985) nahmen die Reserven in Nordafrika, in Westasien (besonders im Golfgebiet), in Lateinamerika und Südostasien noch zu. Dagegen verringerten sie sich

*Tabelle 25*
*Entwicklung der Erdölförderung der Erde [Mio. t]*

| Jahr | 1900 | 1910 | 1920 | 1930 | 1940 | 1950 | 1955 | 1960 | 1965 | 1970 | 1975 | 1980 | 1985 | 1990 | 1994 |
|------|------|------|------|------|------|------|------|------|------|------|------|------|------|------|------|
| Menge | 20 | 55 | 95 | 200 | 292 | 523 | 773 | 1054 | 1510 | 2277 | 2650 | 3066 | 2669 | 3154 | 3203 |

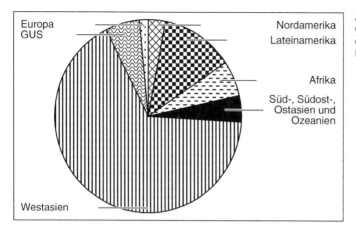

Abbildung 29
Geographische Verteilung
der Erdölreserven der
Erde 1992 (ohne Antarktis)

in den USA und Kanada, in der GUS und in China, da dort die Erkundung neuer Lagerstätten mit der Förderung nicht Schritt hielt. Die geographische Verteilung der Erdölreserven (Stand 1992) zeigt Abb. 29.

Weitere Möglichkeiten der Erkundung sind noch weltweit gegeben, wobei natürlich in erster Linie die höffigsten Gebiete erfaßt werden. Das sind die jungen Tafeln und deren angrenzende Vorgebirgssenken, die alten Tafeln und deren angrenzende Tafelrandbecken sowie Vorgebirgssenken, nach neueren Forschungen auch im Untergrund mächtiger vulkanischer Decken (Brasilien, Indien, Australien).

| Förderland | 1950 | 1960 | 1970 | 1980 | 1990 | 1994 |
|---|---|---|---|---|---|---|
| UdSSR/Rußland | 38 | 166 | 353 | 603 | 589 | 311 |
| USA | 270 | 348 | 475 | 485 | 418 | 393 |
| Saudi-Arabien | 27 | 61 | 175 | 495 | 327 | 403 |
| Mexiko | 10 | 14 | 22 | 110 | 145 | 157 |
| China | 0 | 5 | 28 | 106 | 135 | 146 |
| Großbritannien | – | – | – | 80 | 92 | 126 |
| Iran | 32 | 51 | 190 | 74 | 155 | 181 |
| Venezuela | 78 | 151 | 193 | 113 | 119 | 128 |
| Nigeria | – | 1 | 54 | 101 | 89 | 102 |
| Kanada | 4 | 26 | 62 | 82 | 93 | 105 |
| Irak | 6 | 47 | 76 | 138 | 98 | 28 |
| Indonesien | 6 | 19 | 45 | 78 | 70 | 75 |
| VAE | – | – | 37 | 84 | 108 | 108 |
| Norwegen | – | – | – | 24 | 82 | 131 |
| Libyen | – | 1 | 132 | 86 | 65 | 67 |
| Algerien | – | 16 | 36 | 47 | 55 | 56 |
| Kuwait | 17 | 81 | 150 | 86 | 52 | 102 |
| Insgesamt | 523 | 1054 | 2277 | 3066 | 3154 | 3203 |

*Tabelle 26
Entwicklung der Erdöl-
produktion in den 1994
führenden Förderländern
[Mio. t]
(Produktion >50 Mio. t
im Jahre 1994)*

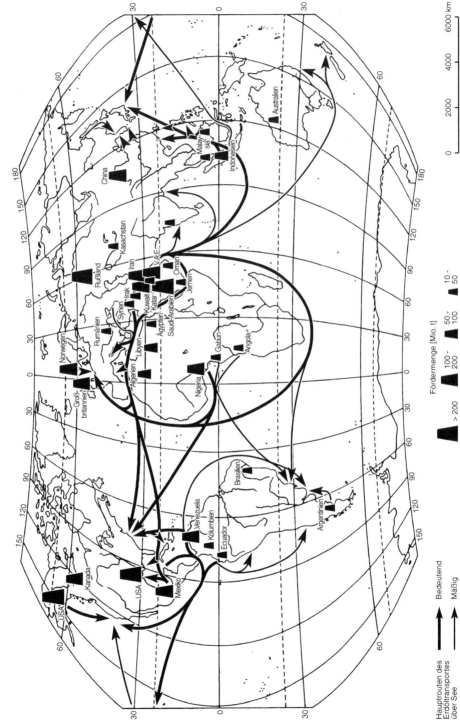

Abbildung 30
Erdölförderung 1994 und Haupttransportwege über See

Wenn es durch wissenschaftlich-technischen Fortschritt gelänge, statt der gegenwärtig 30 % Lagerstättenausbeutung 50–70 % zu erbringen, wäre die Situation noch günstiger. Fortschritten in dieser Beziehung kommt ebensolche Bedeutung zu wie der Neuerkundung.

Trotzdem ist Erdöl ein „sensibler" Rohstoff, der im kommenden Jahrhundert der natürlichen Erschöpfung entgegengeht. Die allmähliche Verknappung wird mit weiterem Preisanstieg verbunden sein, zumal die Förderung komplizierter wird. Das zwingt zunehmend zu sparsamstem Umgang mit diesem Rohstoff und effektivstem Einsatz, d. h. zunehmend für stoffwirtschaftliche Zwecke.

Die gegenwärtige regionale Entwicklung der Erdölförderung läßt eine Konzentration auf wenige große Zentren erkennen. Obwohl weltweit in den verschiedensten Regionen und auf allen Erdteilen (mit Ausnahme von Antarktika) Erdöl gefördert wird, heben sich als eindeutige Schwerpunkte heraus: Gebiet des Persischen Golfes, Rußland (mit den Zentren Westsibirien und Wolga-Ural-Gebiet), USA (mit den Zentren Golfgebiet und Kalifornien sowie Alaska), Karibikraum (mit Förderzentren Venezuela, Mexiko). Subzentren bilden die Nordsee-Region (mit den Hauptförderländern Großbritannien und Norwegen), Nordwestafrika (Algerien, Libyen), Südostasien (Indonesien, Malaysia, Brunei), Westafrika (Nigeria, Gabun) und China (Tab. 26).

Tab. 26 macht deutlich, daß sich im letzten Drittel des 20. Jh. beträchtliche regionale Veränderungen in der Förderentwicklung ergeben haben. Zu den „klassischen" Regionen der Erdölgewinnung (Golfregion USA–Mexiko, Westasien, Venezuela, Baku) sind neue hinzugekommen (nord- und westafrikanische Länder, Westsibirien in Rußland, China, Großbritannien und Norwegen als Nutzer des Nordsee-Öles u. a.). Aber auch der heutige Stand stellt nur eine historische Kategorie dar. Das Standortbild wird sich weiter dynamisch verändern, ohne seine augenblicklichen Konturen zu verlieren. Allgemein wird mit einem weiteren langsamen Anstieg des Erdölbedarfs, höheren Produktionsmengen und wieder steigenden Preisen gerechnet.

Abb. 30 informiert über die Standortverteilung der Erdölgewinnung und die Haupttransportwege von Erdöl über See um 1994.

## 2.4.1.5.
## Erdgas

Eine der jüngsten in die Kategorie der Massenrohstoffe aufgestiegenen Ressourcen ist das Erdgas. Erst im letzten Drittel des 20. Jh. erlangte es größere wirtschaftliche Bedeutung. Die unkomplizierte Förderung, der durch Pipelines effektive Transport, die günstigen Speichermöglichkeiten, die im Gas enthaltenen hochwertigen Nutzkomponenten und die guten und vielfältigen Verwertungsmöglichkeiten sowie nicht zuletzt der relativ niedrige Preis machen Erdgas zu einem geradezu idealen Rohstoff, der sowohl in der Energiewirtschaft als auch in der chemischen Industrie zunehmend gefragt ist.

Wie das Erdöl verdankt auch das Erdgas seine Entstehung Prozessen der Umwandlung abgestorbener Meeresorganismen durch biologisch-geochemische Vorgänge. Häufig tritt es verschwistert mit Erdöl, oft aber auch in selbständigen Lagerstätten auf. Die Vorkommen sind meist an ehemalige marine Sedimentationsdecken gebunden. Damit ist eine weltweite Verbreitung angedeutet. Wenn heute jedoch die Förderung auf wenige Regionen konzentriert ist und relativ wenige Länder daran beteiligt sind, so deshalb, weil die Erkundung des

Abbildung 31
Geographische Verteilung
der Erdgasreserven der
Erde 1992 (ohne Antarktis)

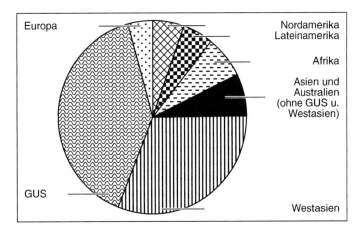

Erdgases in weniger entwickelten Ländern erst spät einsetzte bzw. noch gar nicht begonnen hat. So spiegelt die heutige Standortverteilung der Erdgasgewinnung nicht die reale Lagerstättensituation wider.

Die Erdgasreserven sind dank umfangreicher Erkundungen und trotz hoher Förderung ständig gestiegen. Betrugen sie um 1980 erst etwa 78 Bio. m³, so waren es 1985 bereits 100 Bio. m³ und 1993 142 Bio. m³. Das ist die bisher größte festgestellte Menge. Diese Reserven würden unter Beibehaltung der gegenwärtigen Förderung – und ohne Berücksichtigung neuer Funde – noch 68 Jahre reichen. Die Kapazität der gesamten Erdgasressourcen wird jedoch noch viel höher geschätzt und liegt bei 480 Bio. m³ (Angaben nach „The Future for World Nature Gas Supply 1985–2000"). Allerdings sind die Vorkommen ungleich über die Erde verteilt. Gegenwärtig verfügen die GUS-Staaten und die Länder Westasiens allein über 70 % der Weltreserven. Deren gesamte Verteilung (ohne Antarktis) spiegelt Abb. 31 wider.

In der Erdgasförderung lassen sich hinsichtlich des Produktionsumfanges vier Ländergruppen unterscheiden:

– Staaten mit einer Produktion über 500 Mia. m³:
  GUS-Staaten (808), USA (515);
– Staaten mit einer Produktion von 50–125 Mia. m³:
  Kanada (121), Niederlande (86), Algerien (56), Großbritannien (55);
– Staaten mit einer Produktion von 20–50 Mia. m³:
  Indonesien (49), Saudi-Arabien (33), Norwegen (28), Mexiko (27), Iran (27), VAE (27), Rumänien (23), Venezuela und Malaysia (je 22), Deutschland (21), Australien (21);
– Staaten mit einer Produktion bis 20 Mia. m³:
  etwa weitere 30 Staaten.

Über sehr unterschiedliche Förderentwicklungen in den führenden Ländern der Erdgasgewinnung informiert Tab. 27.

Der Außenhandel mit Erdgas erfolgt entweder als Flüssiggasexport mittels Tankern oder als direkter Erdgastransport durch Pipelines. Er ist aber auf längere Distanzen bisher nur auf wenige Transportströme begrenzt, so daß von der produzierten Gesamtmenge Erdgas im Jahre 1960 nur etwa 1 %, 1970 5 %, 1980 12,6 % und 1992 15 % Ferntransporte waren.

| Land | 1950 | 1960 | 1970 | 1980 | 1990 | 1993 |
|------|------|------|------|------|------|------|
| UdSSR/GUS | 6 | 45 | 198 | 435 | 815 | 743 |
| USA | 178 | 352 | 603 | 577 | 499 | 508 |
| Niederlande | – | 1 | 31 | 91 | 72 | 84 |
| Kanada | 2 | 14 | 57 | 87 | 107 | 128 |
| Großbritannien | – | – | 11 | 39 | 50 | 61 |
| Algerien | – | – | 3 | 18 | 51 | 57 |
| Erde | 191 | 460 | 1078 | 1600 | 2063 | 2103 |

*Tabelle 27*
*Führende Länder in der Erdgasförderung [Mia. m³]*

## 2.4.1.6
## Kernbrennstoffe

Von den radioaktiven Elementen Uran, Radium und Thorium haben als Kernbrennstoff Uran und Thorium Bedeutung. Seitdem unmittelbar vor dem Zweiten Weltkrieg durch HAHN und STRASSMANN die erste Kernspaltung gelang, setzten neben dem Bestreben, diese Entdeckung zur Entwicklung des unheilvollsten Massenvernichtungsmittels, der Atombombe, zu machen, auch die Bemühungen um die Entwicklung der Kernenergieproduktion ein, die schließlich zur Inbetriebnahme des ersten Kernkraftwerkes der Erde in Obninsk (UdSSR) im Jahre 1954 führten. In den inzwischen vergangenen vier Jahrzehnten nahm die Kernenergieproduktion einen enormen Aufschwung. Sie erfolgt bisher vorwiegend in den Kernreaktoren der ersten Generation, den Leichtwasserreaktoren, die aber einen sehr hohen Rohstoffverbrauch haben.

Als Brennstoff wird vorwiegend Uran benutzt. In hydrothermalen Diskordanzlagerstätten (wie in Kanada und Australien) oder in sedimentogenen Lagerstätten (wie in den USA und Südafrika) wurde bzw. wird das in etwa 70 verschiedenen Uranmineralen und in etwa 100 Mineralen mit nennenswerten U-Anteilen vorkommende Uran gewonnen. Das geschieht auf allen Erdteilen, aber in relativ wenigen Ländern. Eine Vorratsbilanzierung ist schwierig, da als Kriterium der Verfügbarkeit die anfallenden Förderkosten angesehen und dadurch nur die Vorkommen bilanziert werden, die eine bestimmte Kostenhöhe nicht überschreiten. So werden die Vorkommen an „rentablem Uran" (Förderkosten bis 80 $/kg) und an „abbaubarem Uran" (80–130 $/kg) gegenwärtig wie in Tab. 28 dargestellt bilanziert.

Werden als Vorräte die Vorkommen bilanziert, die die derzeitigen Gewinnungskosten bis zum Dreifachen übersteigen, dann können die Vorräte an den Kernbrennstoffen Uran und Thorium noch beträchtlich höher angesetzt werden.

| Klassifizierung | < 80 $/kg | 80–130 $/kg | Gesamtmenge |
|-----------------|-----------|-------------|-------------|
| Sichere Reserven | 1499 | 627 | 2126 |
| Wahrscheinliche Ressourcen | 914 | 610 | 1524 |
| Vorräte | 2413 | 1237 | 3650 |

*Tabelle 28*
*Uranressourcen und -reserven [1000 t]*

*Tabelle 29*
*Welturanförderung [t U₃O₈]**

| Land | 1980 | 1991 | 1993 |
|------|------|------|------|
| Kanada | 7150 | 8940 | 9076 |
| Australien | 1561 | 3530 | 2350 |
| USA | 16800 | 3500 | 1119 |
| Namibia | 4042 | 3000 | 1950 |
| Niger | 4128 | 2960 | 2950 |
| Frankreich | 2634 | 2508 | 2062 |
| Südafrika | 6146 | 1750 | 1694 |
| Gabun | 1033 | 700 | 600 |
| Erde | 45000 | 29124 | 23066 |

* ohne GUS und China

Über die größten Uranreserven verfügen gegenwärtig (1991/92):

- Australien 469 000 t
- Südafrika 248 000 t
- Niger 166 000 t
- Brasilien 162 000 t
- Kanada 146 000 t
- USA 102 000 t
- Namibia 85 000 t.

Auch die ehemaligen Ostblockländer besitzen beachtliche Reserven. Über deren Menge gibt es jedoch keine Angaben. Vermutet werden etwa 40 % der Weltvorräte. Deutschland verfügt über Lagerstätten im Erzgebirge, im Erzgebirgsvorland sowie im Schwarzwald.

Die Uranerzgewinnung konzentriert sich gegenwärtig auf 14 bedeutende Förderländer und weitere 18 mit einer geringen Produktion. Tab. 29 verdeutlicht, daß die Weltförderung aufgrund der politischen Entwicklung stark gedrosselt wurde. Das findet auch in der Standortverteilung des Uranbergbaus seinen Niederschlag. Beachtliche Standorteinschränkungen sind die Folge. Die Nutznießer dieser Entwicklung sind Australien und Kanada.

1992/93 wurde über die Hälfte der gesamten bergmännischen Uranproduktion (ohne GUS, China) von acht großen Minen erbracht (Tab. 30).

Neuerdings liegen auch Angaben über Standorte und Umfang der Uranproduktion in den GUS-Ländern vor. Uranminen und -gewinnungsanlagen konzentrieren sich in Rußland, in

*Tabelle 30*
*Die größten Uranminen der Erde*

| Mine | Land | Produktion 1992 [t U] |
|------|------|------|
| Key Lake | Kanada | 5461 |
| Rabbit Lake | Kanada | 2154 |
| Ahouta | Niger | 1977 |
| Rössing | Namibia | 1692 |
| Olympic Dam | Australien | 1145 |
| Ranger | Australien | 1145 |
| Vaal Reefs | Südafrika | 1070 |
| Arlit | Niger | 1000 |

| Land | Standort, Gebiet | Kapazität 1992 [t U/a] | Produktion 1992 | |
|---|---|---|---|---|
| Rußland | Krasnokamensk, Tschita-Region | 4000 | 2700 | *Tabelle 31* |
| Ukraine | Gebiet Kriwoi Rog | 2000 | 500 | *Die größten Uranminen in den GUS-Ländern* |
| Kasachstan | Stepnogorsk, Schewtschenko | | | |
| Kirgistan | Bischkek | 4000 | 2600 | |
| Usbekistan Tadschikistan | Nawoï, Chudschand | 4500 | 2700 | |
| Insgesamt | | 14500 | 8500 | |

der Ukraine, in Kasachstan und Usbekistan. Verfügen diese Staaten insgesamt über Gewinnungsanlagen (Minen) und Aufbereitungsanlagen mit einer Gesamtkapazität von 14 500 t U/a, so wurden diese Anlagen im Jahre 1992 nur zu knapp 60 % (8 500 t) ausgelastet. Einen Überblick über die wichtigsten Standorte vermittelt Tab. 31.

Prognosen über die zukünftige Höhe der Uranproduktion sind schwierig, da zur Zeit keine sicheren Aussagen über die weltweite Entwicklung der Kernenergie gemacht werden können. Vor allem erschwert die nach parteipolitischen und taktischen Gesichtspunkten ausgerichtete Energiepolitik vieler Länder (siehe Kapitel 2.5.1.) genauere Angaben über die zukünftige Entwicklung der Kernenergieproduktion, welche auch zukünftig wichtigster Ab-

| Land | 1990 | 1995** | 2000** | 2010** | |
|---|---|---|---|---|---|
| USA | 11400 | 16000 | 16200 | 16400 | |
| GUS, baltische Länder | 7000 | 8800 | 11500 | 15680 | |
| Japan | 6900 | 8000 | 9200 | 13140 | |
| Frankreich | 7200 | 7900 | 8600 | 9400 | |
| Deutschland | 3300 | 3300 | 3700 | 3700 | |
| Kanada | 1158 | 2157 | 2098 | 2098 | |
| Indien | 220 | 400 | 920 | 1650 | |
| Brasilien | 110 | 540 | 1280 | 1620 | |
| Spanien | 1124 | 1498 | 1243 | 1243 | |
| Tschechien/ Slowakei | 730 | 1476 | 1476 | 1326 | |
| Schweden | 1400 | 1500 | 1500 | 1230 | |
| Erde | 49294 | 60919 | 67819 | 77669 | *Tabelle 32* *Uranbedarf der größten Uranverbraucher bis 2010 [t]** |

\* Es wurden nur die Länder erfaßt, deren Bedarf im Jahre 2010 größer als 1000 t sein wird.
\*\* Schätzung

Abbildung 32
Brennstoff-
kreislauf der
Leichtwasser-
und Brut-
reaktoren
(nach „Jahr-
buch der
Atomwirt-
schaft" 1994)

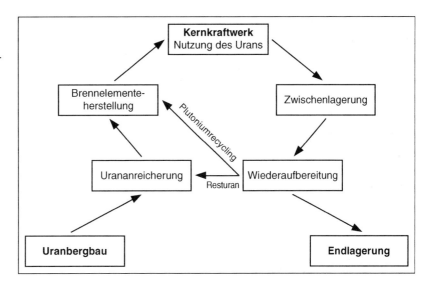

nehmer der gewonnenen Uranproduktion sein wird. Schätzungen gehen hierbei von einer in Tab. 32 dargestellten Entwicklung des Uranbedarfs aus.

Es sei darauf hingewiesen, daß auch in Deutschland bis 1995 Uran gefördert wurde. Bis zur Flutung der Uranmine Königstein bei Pirna fielen bei der Sanierung derselben sowie bei der Reinigung der Flutwässer noch 2300 t nutzbaren Urans an. Mit der Flutung endete ein etwa vierzigjähriger Uranerzbergbau im Erzgebirge (Aue, Schneeberg) und in dessen Vorland (Ronneburg).

Weltweit muß nur ein Teil des Uranbedarfs durch Bergbau gewonnen werden. Größere Mengen stehen der Wirtschaft, insbesondere den KKW, durch Recycling zur Verfügung. Der Brennstoffkreislauf der Leicht- und Brutreaktoren verläuft hierbei so, wie in Abb. 32 dargestellt.

## 2.4.2.
## Metallische Ressourcen und Rohstoffe

### 2.4.2.1.
### Überblick

Erze sind metallhaltige Gesteine und Mineralgemenge, aus denen wirtschaftlich nutzbare Metalle oder deren Verbindungen gewonnen werden können (POHL 1992). Bis vor kurzem war man der Auffassung, daß magmatischen Prozessen die Hauptrolle bei der Erzbildung zukommt. Heute weiß man, daß die Metallogenese oftmals auch ohne jede magmatische Aktivität erfolgt. Dennoch ist der Anteil magmatogener Vorkommen an den bekannten Erzlagerstätten erheblich. Die auftretenden Erze sind nach BAUMANN, NIKOLSKIJ u. WOLF (1982) Mineralparagenesen, welche sich durch einen über dem Durchschnitt liegenden nutzbaren Metallgehalt auszeichnen. Das Erz besteht zudem meist aus mehreren Mineralarten, und zwar aus Mineralen, deren Metallgehalt den Charakter des Erzes bestimmt (Erzminerale), sowie aus Begleitmineralen (Gangminerale oder Gangarten). Erze treten in unterschiedlichen Qualitäten (Anreicherungen) und Quantitäten in der Erdkruste, auf dem Meeresgrund und in Form gelöster Minerale im Wasser auf. Ist eine natürliche Häufung anzutreffen, die in der Gegenwart oder in einem zu prognostizierenden Zeitraum zum Bergbau führen kann, wird von Erzlagerstätten gesprochen. Sie lassen sich nach verschiedenen Gesichtspunkten gliedern, u. a. auch nach der industriellen und konsumtiven Verwertung. Dabei sind folgende Metallgruppen auszuweisen:

– Schwarzmetalle: Eisen- und Stahlveredlungsmetalle, wie Fe, Mn, Cr, Ti, Ni, Co, W, Mo, V;
– Buntmetalle: Cu, Pb, Zn, Sn;
– Leichtmetalle: Al, Mg, Li, Be;
– Edelmetalle: Au, Ag, Pt;
– seltene Metalle: Bi, Sb, Hg;
– radioaktive Metalle: U, Ra, Th.

Ein wesentliches Merkmal der geographischen Verteilung der Lagerstätten auf der Erde ist die Disproportionalität. Aufgrund ihrer natürlichen Entstehungsprozesse ergeben sich sowohl kontinental als auch regional beträchtliche Unterschiede. Obwohl der Aussagewert

*Tabelle 33*
*Weltmetallreserven 1992 (ohne Antarktika)\**

| Reserve | Europa | Nord- u. Mittel- amerika | GUS | Australi- en/Ozea- nien | Afrika | Asien | Süd- amerika | Erde |
|---|---|---|---|---|---|---|---|---|
| | [%] | [%] | [%] | [%] | [%] | [%] | [%] | [Mio. t] |
| *Buntmetalle (Metallinhalt)* | | | | | | | | |
| Kupfer | 7,2 | 25,2 | 11,5 | 4,4 | 13,1 | 9,3 | 29,3 | 321,000 |
| Blei | 13,7 | 30,4 | 12,8 | 19,9 | 5,7 | 13,6 | 3,9 | 70,440 |
| Zinn | 2,6 | 1,3 | 5,0 | 3,3 | 2,5 | 61,8 | 23,5 | 5,930 |
| Zink | 17,3 | 31,3 | 6,7 | 12,6 | 6,0 | 15,3 | 10,8 | 150,000 |
| *Eisenerz und Stahlveredler (Metallinhalt)* | | | | | | | | |
| Eisenerz | 5,0 | 13,3 | 36,3 | 16,3 | 5,3 | 11,1 | 12,7 | 64648,000 |
| Mangan | 0,0 | 0,4 | 36,3 | 4,9 | 52,0 | 3,8 | 2,6 | 812,000 |
| Nickel | 1,8 | 55,2 | 13,6 | 11,9 | 6,1 | 8,9 | 2,5 | 48,660 |
| Chrom | 2,7 | 0,2 | 9,5 | 0,0 | 81,4 | 5,7 | 0,5 | 418,000 |
| Kobalt | 0,6 | 32,9 | 4,2 | 7,6 | 53,8 | 0,6 | 0,3 | 3,310 |
| Molybdän | 0,0 | 59,0 | 8,2 | 0,0 | 0,0 | 9,8 | 23,0 | 6,100 |
| Wolfram | 3,8 | 17,9 | 11,9 | 2,6 | 0,8 | 59,2 | 3,8 | 2,350 |
| Vanadium | 0,0 | 3,3 | 61,7 | 0,3 | 20,3 | 14,4 | 0,0 | 4,270 |
| *Leichtmetalle (Erz insgesamt)* | | | | | | | | |
| Bauxit | 6,2 | 10,0 | 1,4 | 20,8 | 31,9 | 9,1 | 20,6 | 21559,000 |
| Titan | 11,6 | 12,2 | 2,9 | 10,1 | 15,6 | 24,2 | 23,4 | 288,600 |
| Lithium | 0,0 | 24,5 | 0,0 | 16,8 | 0,9 | 0,0 | 57,8 | 2,210 |

\* berechnet nach „Welt-Ressourcen" (1993) und US-Bureau of Mines (1993)

Abbildung 33
Anteile der Erdteile und der
GUS an den Weltmetall-
reserven ausgewählter Erze
(ohne Antarktis)

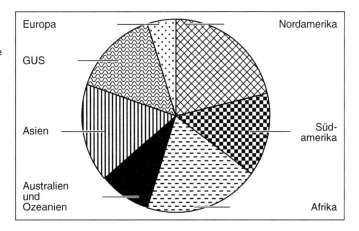

diesbezüglicher Hochrechnungen umstritten ist, sei der Versuch einer Erfassung der Verteilung der Erzreserven der Erde nach Kontinenten einschließlich GUS in Tab. 33 gewagt.
Erfaßt werden 15 wichtige Erzarten (ohne Edelmetalle).

Es wird deutlich, daß die Anteile der Kontinente bzw. der GUS an den Erzreserven der
Erde sehr unterschiedlich sind und daß bei mehreren Erzarten eine deutliche Konzentration
auf einen oder einige Kontinente erkennbar ist, so z. B. bei Chrom auf Afrika, Molybdän
auf Nord- und Mittelamerika, Vanadium auf die GUS, Wolfram auf Asien. Andererseits
fehlen einzelne Erzarten auf einigen Kontinenten völlig.

Eine aussagekräftige Kennziffer über die Ausstattung eines Gebietes (Erdteil, Land, Groß-
region) mit Erzreserven ist der Erzreservenindex. Er ist das Mittel seiner 15 globalen Anteile, das für jedes der im Index angegebenen Erze errechnet wurde.

Beispiel: Ein Land mit 10 % der Bauxit- und 20 % der Zinnreserven der Erde und keinen
weiteren Erzreserven hat einen diesbezüglichen Index von

$$\frac{10\ \% + 20\ \%}{15} = 2\ \%\ \text{der Welterzreserven.}$$

Für die Erdteile einschließlich GUS ergibt sich gegenwärtig ein Erzreservenindex, wie ihn
Abb. 33 zeigt. Tab. 33 weist die Anteile der Kontinente und der GUS an den 15 im Index
erfaßten Metallreserven sowie den absoluten Umfang der Metallreserven aus.

Die höchsten Werte (mehr als jeweils 5 %) im Metallreservenindex erreichen folgende
Länder (Weltanteile):

|  |  |
|---|---|
| – GUS 14,82 | – Australien 7,57 |
| – Südafrika 11,10 | – Chile 6,99 |
| – USA 8,74 | – Kanada 6,08 |
| – China 8,39 | – Brasilien 5,00 |

Da die Weltreserven nur diejenigen Vorkommen umfassen, die zur Zeit der Bemessung ge-
winnbringend gewonnen werden könnten, sind die tatsächlich vorhandenen Erzressourcen
bedeutend größer. Beispiele hierfür werden bei der folgenden Darstellung einzelner Erzarten angeführt.

2.4.2.2.
Eisenerz

Eisenerz ist nicht nur einer der schon seit der Frühzeit der Menschheitsgeschichte genutzten Rohstoffe, sondern auch einer der bedeutendsten Massenrohstoffe der Gegenwart. Die
Gewinnung und Verarbeitung von Eisenerz begleitete und begleitet den Menschen nunmehr
über 5000 Jahre, gehen doch die ältesten Funde von Eisen in Ägypten auf 3200 v. u. Z.
zurück. Für die moderne Entwicklung der Produktion wurde der Rohstoff Eisenerz zu einer
elementaren Voraussetzung für einen der grundlegenden Industriezweige entwickelter Volkswirtschaften, für die metallurgische Produktion. Mit Sicherheit wird auch zukünftig Eisenerz für die Eisen- und Stahlproduktion noch Jahrhunderte gebraucht, also nicht voll durch
Substitute ersetzt werden können. Die Bemühungen der Entwicklungsländer um den Aufbau entsprechender eigener Kapazitäten sind ein Ausdruck dieser Perspektive.

Unter den die Erdkruste aufbauenden Elementen steht Eisen nach Sauerstoff, Silizium
und Aluminium an vierter Stelle. Es umfaßt etwa 5 % des Krustenmaterials. Eisen tritt
hierbei in verschiedenen Mineralarten auf, und zwar als Magnetit (Magneteisenstein $Fe_3O_4$),
Hämatit (Roteisenstein, Eisenglanz $Fe_2O_3$), Limonit (Brauneisenstein $Fe_2O_3 \cdot H_2O$), Siderit
(Spateisenstein $Fe_2CO_3$), Ilmenit (Titaneisen $FeTiO_3$) sowie in Form von Mischungen dieser Minerale. Der Eisengehalt dieser Eisenerze ist sehr unterschiedlich und reicht von maximal 72 % bis auf minimal 20 %. Eisenhaltiges Gestein mit Eisenanteilen bis 20 % wird
gegenwärtig noch gesondert ausgewiesen. Bei den klassifizierten Erzen werden drei Gruppen hinsichtlich des Eisengehaltes unterschieden:

– Reicherze mit einem Eisengehalt von mehr als 55 %;
– Erze mittlerer Güte mit 40–55 % Fe-Gehalt;
– Armerze mit Gehalten zwischen 20 und 40 %.

Obwohl Eisenerz seit vielen Jahrhunderten abgebaut wird, besteht kein Mangel an Vorrä-
ten. Die geologische Verfügbarkeit ist über einen längeren Zeitraum gegeben. Wenn die
Weltreserven an Eisenerz – wie in Tab. 33 ausgewiesen – mit 65 Mia. t (Eiseninhalt) bilanziert werden, so reichen allein diese Reserven etwa 130 Jahre.

Nicht wenige Prognosen weisen die Eisenerzvorkommen als „riesig", „noch zunehmend",
„fast unerschöpflich" aus. Sie unterlassen genauere Zahlenangaben, da gegenwärtig aus
verschiedenen Gründen keine genügenden Kenntnisse über den Umfang der Ressourcen
vorliegen. Es wird darauf verwiesen, daß die Erkundung in vielen Gebieten der Erde erst
am Anfang steht, daß größere Tiefen so gut wie überhaupt nicht erforscht sind, daß die
Größe der Rohstofflager auf dem Grund des Meeres und im Meeresuntergrund weitgehend
unbekannt ist, daß nicht zu ermessen ist, welche Ergebnisse der wissenschaftliche Fortschritt im Hinblick auf die Nutzung minderwertiger Erze und eisenhaltiger Gesteine erreicht,
wodurch deren Einbeziehung in die Bilanzen notwendig wird. Andererseits kann angenommen werden, daß auf der Grundlage der heutigen Bilanzierungskriterien Eisenerz in einem
Umfang von mehreren hundert Milliarden Tonnen einmal zur Verfügung stehen wird. Im
Prinzip gibt es mehr Eisen in der Kruste der Erde als Kohle zur Reduktion dieser Erze!

Eisenerz tritt entsprechend seiner Häufigkeit in der Erdkruste in allen Regionen der Erde,
allerdings in unterschiedlichen Konzentrationen und Zusammensetzungen, in magmatogenen,
sedimentogenen und metamorphen Lagerstätten auf. Aufgrund der erst beginnenden Erkundung in gering erschlossenen Gebieten, z. B. der tropischen Regenwälder und der Wü-

Abbildung 34
Eisenerzförderung 1992 (effektiv) und Haupttransportwege über See sowie Reicherzlagerstätten

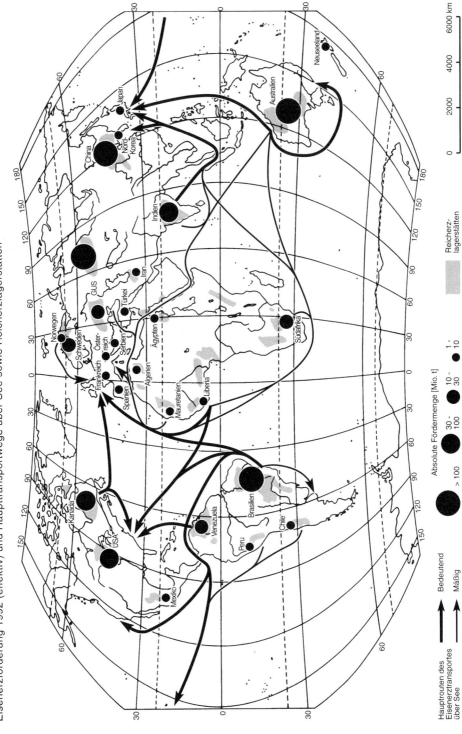

| Jahr | 1900 | 1910 | 1920 | 1930 | 1940 | 1950 | 1960 | 1970 | 1980 | 1990 | 1993 |
|------|------|------|------|------|------|------|------|------|------|------|------|
| Menge | 92 | 145 | 121 | 72 | 94 | 116 | 240 | 418 | 511 | 587 | 561 |

*Tabelle 34*
*Weltförderung von Eisenerz [Mio. t Metallinhalt]*

sten, der Kältegebiete und Gebirgsregionen, ergibt sich noch ein deutliches Übergewicht der Lagerstätten in gut erschlossenen Räumen. Nordamerika und Europa einschließlich der GUS liegen noch an der Spitze. Durch beachtliche Neuerkundungen sind jedoch die Groß-regionen Südamerika, Westafrika, Südasien und Australien stärker „im Kommen".

Entsprechende Veränderungen ergeben sich auch im Bereich der Eisenerzförderung. Noch Anfang der fünfziger Jahre wurde Erz vorwiegend in der Nähe der großen Hüttenzentren gefördert, also in Nordamerika und Europa. Durch den stark angestiegenen Erzbedarf in diesen Zentren, durch Verbesserung der Transporttechnologien (Einsatz großer Frachtschiffe) und das Bestreben vieler Entwicklungsländer, den Rohstoff Eisenerz zu einer wichtigen Quelle der Mittelerwirtschaftung zu machen bzw. eigene Werke der Metallurgie aufzubau-en, verschoben sich die Förderrelationen zugunsten von Südamerika, Afrika, Südasien und Australien. Auch die Entwicklung der metallurgischen Basis in der ehemaligen UdSSR trug zur Aufwertung dieses Territoriums in der Eisenproduktion bei (Abb. 34, Tab. 34).

Oft wird in Statistiken auch die absolute Höhe der Eisenerzförderung erfaßt. Solche Wer-te liegen im Durchschnitt etwa um 40 % höher.

Insgesamt fördern gegenwärtig etwa 60 Länder Eisenerz. Auch die Förderentwicklung auf Länderbasis spiegelt die oben angedeutete Tendenz der Produktionsverlagerung wider (Tab. 35).

Trotz zeitweilig auftretender Krisen der Metallurgie, die sich auch in geringerer Eisenerz-nachfrage und damit Eisenerzförderung widerspiegeln, ist – weltweit gesehen – durch die Entwicklung der Metallurgie in Entwicklungsländern (Indien, Brasilien, Nigeria, Ägypten, Algerien, Iran usw.) mit einem Anstieg der Eisen- und Stahlgewinnung zu rechnen. Dem-entsprechend wird auch der Bedarf an Eisenerzen steigen. Verschiedene Quellen bilanzie-ren den Weltbedarf mit etwa 650 Mio. t (Eiseninhalt) um das Jahr 2000.

| Förderland | 1960 | 1970 | 1980 | 1990 | 1993 |
|------------|------|------|------|------|------|
| UdSSR/GUS | 61,8 | 110,1 | 132,2 | 133,6 | 91,5 |
| Brasilien | 6,4 | 22,1 | 69,2 | 90,0 | 99,5 |
| Australien | 2,9 | 40,0 | 60,1 | 70,3 | 75,3 |
| China | 16,5 | 22,0 | 40,3 | 86,1 | 139,3 |
| USA | 45,1 | 48,4 | 42,9 | 34,9 | 34,1 |
| Indien | 6,4 | 20,7 | 25,8 | 34,9 | 35,2 |
| Kanada | 10,8 | 27,0 | 30,6 | 23,7 | 20,7 |
| Südafrika | 2,0 | 6,7 | 16,6 | 17,0 | 18,8 |
| Schweden | 13,1 | 20,8 | 16,9 | 12,4 | 12,0 |
| Erde | 240,3 | 418,8 | 511,2 | 587,0 | 561,0 |

*Tabelle 35*
*Entwicklung und Stand der Eisenerzgewinnung in den 1993 führenden Förderländern [Mio. t Metallinhalt]*

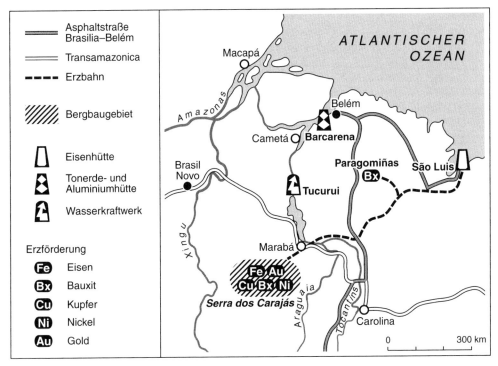

**Abbildung 35**
Lage des Eisenerzreviers Serra dos Carajás

Gegenüber der Produktion um 1990 wäre das ein Anstieg um etwa 10 %. Eine solche Förderentwicklung setzt modernste Fördertechnologien, eine entwickelte Infrastruktur (insbesondere der Verkehrswege), qualifizierte Arbeiter usw. voraus. In diesem Zusammenhang ist mit einer Erhöhung des Anteils des im Tagebau geförderten Erzes – gegenwärtig 75–80 % – zu rechnen. Besonders günstige Abbaubedingungen weisen die Erze in proterozoischen Sedimentserien auf, die banded iron formations (BIF: Fe-Jaspilit- bzw. itabiritischen Lagerstätten) von Kursk (Rußland), Kriwoi Rog (Ukraine), Duluth (USA), der Halbinsel Labrador (Kanada), der Reviere Minais Gerais und Serra dos Carajás (Brasilien), der Distrikte Pretoria (Südafrika), der Staaten Mauretanien und Liberia sowie indischer und west- bzw. südaustralischer Fördergebiete, die alle zu den großen Fe-Lagerstätten der Erde gehören.

Ein Beispiel für den raschen Aufschwung einer Region zu einem der führenden Erzabbaugebiete der Erde ist das Gebiet der *Serra dos Carajás* in Brasilien. Nachdem dieses Land bereits durch den Aufbau des weltbedeutenden Erzreviers Minais Gerais zu einem wichtigen Förderland geworden war (um 1960 wurde selbst in Deutschland noch mehr Eisenerz als in Brasilien gefördert), kam es nach der Entdeckung neuer Lagerstätten im Jahre 1967 im Gebiet der Serra dos Carajás im Nordosten Brasiliens zu einer raschen Entwicklung der bergbaulichen Produktion in diesem tropischen Regenwaldgebiet. Der Gebirgszug selbst erstreckt sich vom Rio Tocantins bis zum Rio Xingu. Er liegt etwa 600 km südlich der Amazonasmündung und ebensoweit von der Atlantikküste entfernt. Wichtige Straßen, wie die Transamazonica oder deren Querverbindung Brasilia–Belém, berühren das Gebiet. Die Serra dos Carajás verfügt über Eisenerzlagerstätten, die zu den größten der Erde zählen. Neben 53 großen Lagerstätten mit hochwertigen Erzvorkommen, im Tagebau abbaubar, wurden auch Nickel-, Kupfer-, Bauxit- und Goldvorkommen entdeckt. Der Aufschluß und die Förderentwicklung in den siebziger und achtziger Jahren erfolgten im Rahmen eines staatlichen Entwicklungsprogrammes „Polamazonica", zu dem auch der Auf- und Ausbau der Bauxitförderung bei Paragomiñas, der Aluminiumhütten bei Barcarena/Belém, des Wasserkraftwerkes von Tucurui, der Eisenhütten von São Luis und der Erzbahn Carajás–São Luis einschließlich Erzhafen gehören. So entstand in Ansätzen ein riesiges Industriedreieck im Nordosten Brasiliens, das besonders entlang der Eisenbahnlinie weiter ausgebaut werden soll.

Bereits 1992 umfaßte die Eisenerzproduktion der Serra dos Carajás 35 Mio. t. Die Produktion soll noch in diesem Jahrzehnt auf 45 Mio. t gesteigert werden. Die günstigere Lage zu den Hauptabnehmerländern Japan, USA und Deutschland gegenüber dem „alten" Zentrum Minais Gerais wird als Standortvorteil der amazonischen Erzförderung angesehen.

Die Entwicklung der Region ist jedoch nicht unproblematisch. Eine umfangreiche Zerstörung des tropischen Regenwaldes, die Vernichtung indianischer Siedlungs-, Wirtschafts- und Sozialstrukturen, die große ökologische Belastung der Serra durch den Bergbau, die sehr hohen Investitionskosten und die Krisenanfälligkeit der bisher nur einseitig strukturierten Wirtschaft sind die wesentlichsten negativen Merkmale. Abb. 35 vermittelt einen Überblick über dieses neue und große Zentrum des Erzabbaues.

Im Rahmen dieser Darstellung werden die zur Erzgruppe der Schwarzmetalle gehörenden Stahlveredlungsmetalle nicht näher charakterisiert, obwohl sie große Bedeutung haben und unabdingbare stoffliche Grundlage im metallurgischen Prozeß sind, so z. B. Mangan, Chrom, Nickel, Wolfram, Molybdän, Vanadium u. a.

Es sei jedoch kurz am Beispiel der häufig als „Sondermetalle" bezeichneten Stoffe ein Trend angedeutet: Beim Einsatz metallischer Rohstoffe steigen unter den Bedingungen des wissenschaftlich-technischen Fortschrittes die Ansprüche an deren Qualität und Zuverlässigkeit. Viele bisher eingesetzte Materialien entsprechen nicht mehr den Anforderungen, so daß neue an Bedeutung gewinnen und zur Diversifizierung des Rohstoffeinsatzes beitragen. Zu den wichtigsten gehören – neben weiteren Stahlveredlern – Titan, Niob und Tantal. Diese Stoffe werden besonders im Flugzeugbau und in der Raketentechnik sowie in der Raumfahrt, im Anlagenbau, in der Elektronik und Chemotechnik benötigt; ihr strategischer Charakter ist offensichtlich.

Die strategischen Sondermetalle kommen sowohl in magmatogenen Lagerstätten als auch in sedimentogenen Bildungen, insbesondere in marinen Seifen vor, wobei Titan- und Tantalvorkommen auf allen Erdteilen, Nioblagerstätten bisher fast ausschließlich in Lateinamerika und Europa nachgewiesen sind (siehe auch Kapitel 2.1.2.). Titan wird gegenwärtig – oft als Begleitkomponente – in skandinavischen Ländern, in Rußland, in Südafrika und Ägypten, in den USA und Kanada, in Indien und Sri Lanka, in Australien abgebaut. Malaysia und Thailand sowie Brasilien sind wichtige Tantal-Förderländer, während Niob vor allem in Brasilien gewonnen wird. Die Vorkommen sind beachtlich, insbesondere in marinen Seifenlagerstätten. Allein die Metallreserven (Metallinhalt) betragen bei Titan 288 Mio. t, bei Niob 4 Mio. t und bei Tantal 100 000 t (nach „Welt-Ressourcen" und EU-Rohstoffbilanzen 1993).

## 2.4.2.3.
## Buntmetalle

Der Begriff „Buntmetall" ist eine Sammelbezeichnung für eine Gruppe von Nichteisenmetallen, sein Name wird von der Farbe dieser Metalle bzw. ihrer Verwitterungsprodukte abgeleitet. Je nach Klassifizierungs- und Systematisierungsabsichten wird eine unterschiedliche Zahl von Mineralen dieser Gruppe zugeordnet. Während Quecksilber, Nickel, Kobalt, Cadmium, Antimon und Bismut nur von einigen Autoren dieser Gruppe zugeordnet werden (bei anderen in den Gruppen der Stahlveredler bzw. der seltenen Metalle angesiedelt sind), stellen die vier Buntmetalle Kupfer, Blei, Zink und Zinn den „klassischen Teil" der Buntmetalle dar.

Diese Buntmetalle Cu, Pb, Zn, Sn sind volkswirtschaftlich sehr wichtige Metalle. Ihre vielseitigen Einsatzmöglichkeiten machen sie sowohl in der Gegenwart als auch zukünftig zu unentbehrlichen Rohstoffen in vielen Zweigen. Daran ändert auch die Tatsache nichts, daß bei bestimmten Produkten diese Buntmetalle durch andere Metalle bzw. synthetische Stoffe der chemischen Industrie ersetzt werden. Andererseits werden Buntmetallen so viele neue Einsatzmöglichkeiten erschlossen, daß wieder mit einem ansteigenden Bedarf zu rechnen ist. Die Bedeutung der vier Buntmetalle für die Volkswirtschaften ist unterschiedlich. Das weist allein schon die bergbauliche Produktion aus (Tab. 36).

In der geographischen Verteilung der Förderung ergeben sich Unterschiede, die zum Teil aus den geologischen und tektonischen Gegebenheiten, zum Teil aus gesellschaftlichen Bedingungen resultieren. Während Kupfer und Zinn vorwiegend in den Entwicklungsländern erkundet sind (dort befinden sich nach dem gegenwärtigen Stand der Kenntnisse über Lagerstätten 51,7 % der Kupferreserven und 87,8 % der Zinnreserven), liegen die Blei- und Zinkreserven vorwiegend in den entwickelten Ländern einschließlich GUS (76,8 % bzw. 67,9 %).

Einige Buntmetalle gehören in die Gruppe der „sensiblen" Rohstoffe. Sie stehen also nur noch einen sehr begrenzten Zeitraum (maximal bis in die zweite Hälfte des kommenden Jahrhunderts) zur Verfügung. Allerdings bestehen bei Buntmetallen noch große Möglichkeiten eines verstärkten Recyclings sowie der Erschließung von Vorkommen sehr niedriger Mineralkonzentration. Gelingt es, mittels des wissenschaftlich-technischen Fortschritts die Abbauwürdigkeit weiter herabzusetzen, könnten die Reserven beträchtlich erweitert werden.

Es sei auch darauf verwiesen, daß viele Lagerstätten erst dadurch abbauwürdig werden bzw. die Abbauwürdigkeit verbessert wird, weil dank der Trägereigenschaften sulfidischer Erze (Bleiglanz, Zinkblende, Kupferkies u. a.) neben den Hauptkomponenten auch Edelmetalle und andere wichtige Minerale als Nebenkomponenten gewonnen werden können.

*Tabelle 36*
*Förderung von Buntmetallen*
*[Mio. t Metallinhalt]*

| Buntmetall | 1950 | 1960 | 1970 | 1980 | 1990 | 1994 |
|---|---|---|---|---|---|---|
| Kupfer | 2,525 | 4,170 | 6,500 | 7,815 | 10,712 | 8,925 |
| Blei | 1,684 | 1,900 | 3,420 | 3,603 | 5,480 | 4,430 |
| Zink | 2,206 | 2,820 | 5,530 | 6,247 | 6,877 | 5,440 |
| Zinn | 0,177 | 0,163 | 0,185 | 0,235 | 0,161 | 0,117 |

*Kupfer*

Bedeutendstes Buntmetall ist Kupfer. Hinter Eisenerz, Bauxit, Manganerz, Magnesit und Chrom nimmt es die sechste Position unter den metallischen Rohstoffen ein (1994).

Es ist das älteste technische Gebrauchsmetall (seit 4500 v. u. Z.) und gab einer ganzen Epoche der Menschheitsgeschichte den Namen (Kupferzeit 3000–2000 v. u. Z.). Trotz Substitution wird Kupfer auch zukünftig ein außerordentlich wichtiger Rohstoff sein. In einer Bedarfsprognose für das Jahr 2000 wird von 16,8 Mio. t Kupfer ausgegangen.

Da die augenblicklichen Kupferreserven schon Metallinhalte um 320 Mio. t aufweisen, wäre auch über mehrere Jahrzehnte eine Bedarfsdeckung möglich, da die Gesamtressource bedeutend größer ist. Wird zudem der Schwellenwert der Erze niedriger angesetzt und werden auch größere Abbautiefen einbezogen (etwa bis 1600 m), so kann mit einer Menge von weit über 1 Mia. t Kupfer gerechnet werden. Zuzüglich können große Mengen Kupfer durch Recycling den Volkswirtschaften zur Verfügung gestellt werden. Es sei auch darauf verwiesen, daß riesige Kupfervorräte in den auf dem Boden der Tiefsee liegenden Manganknollen enthalten sind. Eine umfassende Förderung könnte zu völlig neuen Konstellationen in der Bilanzierung des Rohstoffes Kupfer führen (siehe auch Kapitel 2.4.4.4.).

In der regionalen Verteilung der Vorräte heben sich nach dem gegenwärtigen Stand der Erkundung heraus:

> Länder Amerikas: Chile, USA, Kanada, Peru, Mexiko;
> Länder Afrikas: Sambia, Zaïre, Südafrika;
> Länder Asiens: China, Indonesien, Philippinen;
> Länder Australiens/Ozeaniens: Australien, Papua-Neuguinea;
> Länder Europas/GUS: GUS, Polen, Portugal.

Über die Anteile an den Weltreserven der Kontinente informiert Tab. 33.

Die gegenwärtige *Kupferproduktion* spiegelt die Vorratssituation im wesentlichen wider. Obwohl fast 60 Länder Kupferbergbau betreiben, fördern nur wenige Länder jeweils über 100 000 t. Allein die führenden Abbauländer Chile, USA, GUS und Kanada erbringen gegenwärtig (1992) 56,8 % der Weltproduktion. Ein Problem ist, daß sich bisher, von Ausnahmen abgesehen, die Kapazitäten zur Verhüttung von Kupfererzen in entwickelten Industrieländern befinden und die Entwicklungsländer bloße Rohstofflieferanten sind. Diese Situation wird sich auch nur allmählich ändern, da die am Kupfergeschäft beteiligten großen Konzerne Anaconda, Newmont, Kennecott u. a. nur ungern Positionen aufgeben. Verstaat-

| Förderland | 1950 | 1960 | 1970 | 1980 | 1990 | 1993 |
|---|---|---|---|---|---|---|
| Chile | 363 | 690 | 692 | 1068 | 1588 | 2055 |
| USA | 825 | 980 | 1560 | 1181 | 1587 | 1783 |
| UdSSR/GUS | 218 | 500 | 925 | 1130 | 900 | 885 |
| Kanada | 210 | 398 | 610 | 717 | 802 | 734 |
| Sambia | 298 | 576 | 684 | 610 | 496 | 432 |
| Australien | 15 | 111 | 158 | 244 | 327 | 402 |
| Peru | 30 | 209 | 220 | 367 | 318 | 375 |
| Polen | 1 | 10 | 83 | 343 | 329 | 383 |
| China | 4 | 70 | 120 | 165 | 360 | 325 |

*Tabelle 37*
*Entwicklung der Kupfer-*
*förderung in den 1993*
*führenden Ländern*
*[1000 t]*

lichungen des Kupferbergbaues in Sambia, Peru, Zaïre und anderen Ländern stellen jedoch einen wichtigen Schritt zur Erhöhung der eigenen Verfügbarkeit über diesen Rohstoff dar.

Eine Übersicht über die Entwicklung der Kupferförderung in den führenden Abbauländern vermittelt Tab. 37.

Weitere wichtige Förderländer mit einer Produktion von mehr als 100 000 t (1993) sind: Indonesien (310), Mexiko (301), Papua-Neuguinea (204), Südafrika (187), Portugal (150), die Philippinen (136) und Zaïre (135).

## 2.4.2.4.
## Leichtmetalle

Unter den vielen Leichtmetallen (Aluminium, Magnesium, Beryllium, Lithium, Kalium, Natrium, Rubidium, Barium, Strontium, Calcium, Zirkon u. a.) nehmen volkswirtschaftlich heute besonders Aluminium und Magnesium wichtigere Positionen ein. Im Jahre 1993 betrug die Weltproduktion von Aluminium 23,8 Mio. t, die von Magnesium 309 000 t. Nach der Eisen- und Stahlproduktion nimmt heute Aluminium die dritte Stelle in der Metallgewinnung ein.

Wichtigstes Aluminiummineral ist Bauxit. Magmatogene Bauxitlagerstätten spielen gegenwärtig im Abbau noch keine große Rolle. Jener erfolgt vorwiegend in sedimentogenen Lagerstätten, die sich unter den Bedingungen der tropisch-ariden Verwitterung in Gebieten mit tropischem Wechselklima bildeten und je nach Ausgangsgesteinen in Silikat- und Kalkbauxite zu untergliedern sind.

Hinsichtlich der geologischen Vorräte gehört Bauxit zu den auf der Erde reichlich vorhandenen Rohstoffen. Nach dem jetzigen Erkundungsstand könnten etwa 22 Mia. t Bauxitreserven (Durchschnittsgehalt 21 % Aluminium) gewonnen werden. Das übrige erwartete, zur Zeit noch unbekannte Potential ist mindestens noch zehnmal größer, so daß eine Aluminiumproduktion über viele Jahrhunderte möglich ist. In der globalen Verteilung der geologischen Reserven werden ähnliche Disproportionen deutlich wie in der gegenwärtigen Bauxitförderung (Tab. 33). Ähnlich wie bei anderen Rohstoffen besteht auch bei Bauxit nicht das Problem der natürlichen Rohstofferschöpfung. Wohl aber ist mit zunehmender Komplizierung des Abbaues und deshalb mit Verteuerungen des Rohstoffes zu rechnen.

Da Leichtmetalle als die Metalle der Zukunft angesehen werden, stiegen die Aluminiumproduktion und auch die Bauxitförderung ständig. Tab. 38 verdeutlicht diese Tendenz.

| Jahr | Bauxitförderung | Aluminiumproduktion (Hüttenaluminium) |
|------|-----------------|----------------------------------------|
| 1950 | 7,7 | 1,300* |
| 1960 | 27,7 | 3,780* |
| 1970 | 59,0 | 6,320 |
| 1980 | 91,1 | 16,068 |
| 1990 | 109,1 | 23,690 |
| 1993 | 114,0 | 23,800 |

*Tabelle 38*
*Bauxitförderung und Aluminiumproduktion*
*[Mio. t]*

* ohne UdSSR und China

| Land | 1950 | 1960 | 1970 | 1980 | 1990 | 1993 |
|------|------|------|------|------|------|------|
| Australien | 0,0 | 0,1 | 8,3 | 27,2 | 41,4 | 41,3 |
| Guinea | 1,7 | 1,4 | 2,5 | 11,8 | 17,5 | 17,0 |
| Jamaika | – | 5,8 | 12,1 | 12,1 | 10,9 | 11,2 |
| Brasilien | 0,0 | 0,1 | 0,5 | – | 9,9 | 9,4 |
| UdSSR/GUS | – | 3,5 | 4,3 | 6,4 | 5,3 | 7,3 |
| China | – | 0,4 | 0,5 | – | 4,2 | 6,5 |
| Indien | – | 0,4 | 1,4 | 1,7 | 4,3 | 5,3 |
| Suriname | 2,0 | 3,5 | 6,0 | 4,9 | 3,3 | 3,2 |
| Guyana | 1,7 | 3,4 | 4,1 | 3,1 | 1,4 | 2,1 |
| Griechenland | 0,1 | 0,9 | 2,3 | 3,3 | 2,5 | 2,2 |

*Tabelle 39*
*Führende Länder in der*
*Bauxitproduktion [Mio. t]*

In der *Bauxitproduktion* heben sich vier Länder mit besonders hoher Produktion heraus: Australien, Guinea, Jamaika und Brasilien. Sie erbringen allein, bezogen auf 1993, 60 % der Weltproduktion. Eine überragende Position konnte Australien erlangen, das nach Aufbau entsprechender weltweiter Transportmöglichkeiten über ein Drittel der Weltproduktion erbringt. Aber auch für Jamaika, Guinea, Suriname, Guyana und Papua-Neuguinea ist die Bauxitgewinnung ein bedeutender Faktor der wirtschaftlichen Entwicklung geworden. Der einst dominierende Bauxitbergbau Europas (Frankreich, Ungarn, ehemaliges Jugoslawien, Griechenland) ist dagegen heute fast bedeutungslos.

## 2.4.2.5.
## Edelmetalle

Gold bildet mit Silber und Platin die Gruppe der Edelmetalle. Während Gold neben Kupfer zu den ältesten von Menschen genutzten Metallen gehört, Silber schon im Altertum genutzt wurde, ist Platin wohl erstmals in der Zeit der Inkas verwendet worden. Alle Edelmetalle fanden zunächst als Schmuck Verwendung. Verstärkt seit der Feudalzeit wurden Gold und Silber auch als Währung genutzt. Seit dem 19. Jh. gingen Gold- und Silberbestände in steigenden Anteilen als Währungsgrundlage in die Banktresore und entwickelte sich die Nutzung aller drei Edelmetalle für industrielle Zwecke. Die in der Gegenwart erreichten Nutzungsproportionen bei Gold betragen nach BAUMANN, NIKIOLSKIJ u. WOLF (1982) 20 % für die Schmuckherstellung, 30 % für industrielle Verwertung und 50 % für Nutzungen im Währungsbereich.

Im Gegensatz zur Entwicklung der Produktion in anderen Bereichen der Erzgewinnung ist die Produktion von Edelmetallen relativ konstant. Selbst in jüngster Zeit (Anfang der

| Edelmetall | 1950 | 1960 | 1970 | 1980 | 1990 | 1992 |
|------------|------|------|------|------|------|------|
| Gold | 1760 | 1044 | 1288 | 1255 | 1987 | 2134 |
| Silber | – | 6900 | 9400 | 10743 | 14692 | 13819 |
| Platin | – | – | – | 212 | 287 | 289 |

*Tabelle 40*
*Weltproduktion an*
*Edelmetallen*
*[t Metallinhalt]*

siebziger Jahre war vom Club of Rome die Erschöpfung der natürlichen Edelmetallagerstätten für Anfang der achtziger Jahre prognostiziert worden) ist kein Rückgang der Edelmetallproduktion erkennbar. Eher das Gegenteil ist der Fall (Tab. 40).

*Gold* ist im Hinblick auf den Produktionswert das bedeutendste Edelmetall. Es kommt in der Natur in

– magmatogenen Ganglagerstätten, so u. a. in alten Förderstandorten Mitteleuropas, in Osttransbaikalien, im Aldan, im Kusnez-Alatau, im Ural (Rußland), im Kolar-Distrikt (Indien), in Kalifornien (USA), in Kalgoorlie (Australien), in Golddistrikten Indonesiens, der Philippinen, Taiwans usw.;
– metamorphen Gold-Quarz-Ganglagerstätten, so u. a. in Sibirien (Rußland), in Kalifornien und Alaska (USA);
– sedimentären Lagerstätten, so u. a. in den fossilen Seifenlagerstätten am Witwatersrand in Südafrika, in Ghana, Brasilien und Kanada vor.

An jungen Vulkaniten tritt Gold verschwistert mit anderen Metallen, z. B. mit Silber oder Kupfer, auf. Der Goldbergbau konzentrierte sich bisher auf die oben angegebenen Gebiete. Allerdings hängt die Abbauwürdigkeit von verschiedenen Faktoren ab, besonders von den geologischen und technischen Möglichkeiten der Gewinnung, vom Wert und Umfang der Begleitmetalle und der Edelmetallkonzentration. Letztere schwankt zwischen den Lagerstätten außerordentlich (von maximal 500 g Au/t bis minimal 5 g Au/t, bei Seifenabbau sogar bis 0,2 g Au/t). Besonders reiche Goldfunde führten im Verlauf der historischen Entwicklung zu einem oft schnellen, zeitlich aber begrenzten Aufblühen des Goldbergbaus („Goldfieber"), wie z. B. in Kalifornien, Australien und Alaska.

Die derzeit bekannten Weltvorräte (Reserven) werden mit 50 000 t angegeben. Fast 50 % der Lagerstätten befinden sich im südlichen Afrika.

In der Goldförderung nimmt seit vielen Jahren Südafrika eine absolut dominierende Position ein. Die dortige Goldförderung bewegte sich jährlich zwischen 500 und 600 t. Weitere bedeutende Förderländer sind mit jeweils über 100 t Jahresproduktion (1993): USA (296), GUS (242), Australien (244), Kanada (158) und China (118). Durch Erschließung neuer Vorkommen in Australien, Brasilien, China und den USA dürften sich die Schwerpunkte der Goldförderung in den nächsten Jahren weiter verlagern, ohne die dominierende Rolle Südafrikas gefährden zu können. Von einer baldigen Erschöpfung der Lagerstätten kann keine Rede mehr sein.

## 2.4.3.
## Ressourcen und Rohstoffe aus der Hauptgruppe der nutzbaren Gesteine und Industrieminerale

Die Hauptgruppe der nutzbaren Gesteine und Industrieminerale ist im Hinblick auf den Produktionsumfang die bedeutendste. Etwa 64 % der mineralischen Rohstoffproduktion werden von ihr erbracht. Der Wertanteil ist dagegen relativ niedrig und liegt bei 14 %.

Rohstoffe dieser Hauptgruppe sind in vielen Zweigen der Volkswirtschaft außerordentlich gefragt, so in der Metallurgie (metallurgische Hilfsstoffe), in der chemischen Industrie (chemische Mineralstoffe), in der Landwirtschaft (agrochemische Mineralstoffe), in der Bauindustrie (Baumaterialrohstoffe), in der Glas- und Keramikindustrie (Glas-, Keramik-

und Feuerfestrohstoffe), in der Schmuckindustrie (Halbedelsteine, Edelsteine, Ziersteine usw.) und in weiteren Zweigen. In Anlehnung an die in Kapitel 2.4. dargestellte Gliederung dieser Hauptgruppe erfolgt aus zweckmäßigen Gründen hier eine Gruppierung in

– bau- und silikatkeramische Rohstoffe
  (Fest- und Lockergesteine, wenig verfestigte Sedimente);
– anorganisch-chemische Rohstoffe
  (Carbonate, Sulfate, Phosphatgesteine, Schwefel);
– Salze (Steinsalz, Kalisalz);
– Industrieminerale
  (Quarze, Glimmer, Fluorit, Baryt, Graphit, Borrohstoffe, Halbedel- und Edelsteine, wie Diamant, Achat, Lapislazuli, Rubin, Saphir, Smaragd, Aquamarin u. a.).

Aus der Vielzahl der Rohstoffe dieser Hauptgruppe sollen drei Gruppen näher vorgestellt werden: die bau- und silikatkeramischen Rohstoffe, die Salze und die anorganisch-chemischen Rohstoffe (speziell Phosphate).

## 2.4.3.1.
## Bau- und silikatkeramische Rohstoffe

Bau- und silikatkeramische Rohstoffe fußen auf der in der Erde am häufigsten vorkommenden Stoffgruppe. Feldspate, Glimmer und andere Minerale sind Hauptbestandteile aller silikatischen magmatischen Gesteine und der diesbezüglichen Verwitterungsprodukte Sand, Kies und Ton. Nach mineralogischer Systematik müssen auch die Minerale Beryll, Lasurit, Olivin, Topas, Granate u. a. zu den Silikaten gerechnet werden. Silikate sind als Hart- und Lockergesteine vielseitig einsetzbare Rohstoffe und deshalb von großer volkswirtschaftlicher Bedeutung.

Hinsichtlich des Produktionsumfanges (Produktionsmenge) nehmen sie die führende Position ein. Weltweit werden gegenwärtig etwa 8 Mia. t Hartgesteine und 9 Mia. t Sande und Kiese jährlich gewonnen, insgesamt etwa 16–17 Mia. t silikatische Rohstoffe gefördert und verarbeitet.

Mit einem weiteren Anstieg des Bedarfs – vorwiegend an silikatischen Baurohstoffen – muß gerechnet werden. Für das Jahr 2000 werden folgende Bedarfsgrößen angenommen: Festgesteine in Blöcken (160 Mio. t), Festgesteine gebrochen (12 000 Mio. t), Sande und Kiese (14 000 Mio. t), Ton und Kaolinit (635 Mio. t), Asbest (5 Mio. t), Bor (1 Mio. t).

Die geologische Verfügbarkeit ist fast unbegrenzt gegeben, obwohl noch bei weitem nicht alle Lagerstätten bekannt sind. Silikatische Rohstoffe sind weltweit verbreitet. Da sie jedoch keinen großen Wert verkörpern und sich deshalb der Transport über weite Strecken nicht lohnt (einige Silikate ausgenommen), konzentriert sich die Gewinnung möglichst in Gebieten des Verbrauches oder in deren unmittelbarer Nähe sowie in verkehrsmäßig gut erschlossenen Standortbereichen (z. B. an Eisenbahnlinien, Schiffahrtsstraßen).

Die regionale Konzentration der Gewinnung bestimmter silikatischer Baustoffe (Granite, Schiefer, Basalte usw.) führte dazu, daß die Bausubstanz dieser Gebiete unverwechselbar durch solche Rohstoffe geprägt ist. Die einheitliche Dachbedeckung und Wandverkleidung der Häuser im Thüringischen Schiefergebirge sind hierfür ein Beispiel. Die wichtigsten bau- und silikatkeramischen Rohstoffe sind:

– Hartgesteine
Sie umfassen wirtschaftlich verwertbare Magmatite, verfestigte Sedimente und Metamorphite. Dazu gehören Basalt, Diabas, Granit, Rhyolith, Gneis, Grauwacke, Schiefer,
Diorit u. a. Der größte Teil dieser Steine wird zur Produktion von Schotter und Splitt
benutzt; daneben entstehen aus ihnen Werksteine, Pflaster, Bausteine, Borden usw.

– Kies und Sand
Sie umfassen fluviatile Kiese und Sande (Schotterkegel im Gebirgsvorland, Tal- und Schot-
terterrassen, periglazial-fluviatile Schotter), glazial-fluviatile Sande und Kiese (Endmorä-
nen, Sander) und Litoralsande. Vorwiegend wird das Material für die Herstellung von
Betonkies- und Betonkiessand verwendet. Darüber hinaus haben Spezialsande, wie Quarz-
sande für die Glasindustrie oder Formsande, größere Bedeutung.

– Tone
Volkswirtschaftlich wichtig sind alle sedimentären Verwitterungsprodukte mit bindigen
Eigenschaften und kleinen Korngrößen, wie Tone, Lehme, Lettenlöß und Mergel. Der
Einsatz erfolgt sowohl in der Grobkeramikindustrie als auch in der Baustoffindustrie so-
wie in weiteren Industrien, z. B. als Gleit- und Entfärbemittel (Bentonite).

– Kaolinit
Kaolinite sind autochthone Verwitterungsbildungen im Bereich der Böden unter tropisch-
humidem Klima. Vielseitige Einsatzmöglichkeiten – entsprechend der Qualität des Rohstoffes – ergeben sich in der Feinkeramik, in der chemischen Industrie, in der Papierher-
stellung und in der Bauwirtschaft.

– Bauxit
Bauxit ist in erster Linie Rohstoff für die Aluminiumgewinnung (siehe Kapitel 2.4.2.4.).
Aber auch für die Herstellung von Feuerfesterzeugnissen und Elektrokorund wird Bauxit
genutzt.

Bau- und silikatkeramische Rohstoffe sind weltweit verbreitet und verfügen über die zahl-
reichsten Abbaustandorte.


2.4.3.2.
Salze


Salze gehören zu den ersten von Menschen gewonnenen mineralischen Rohstoffen, da sie
für die menschliche Ernährung unentbehrlich sind. Deshalb lassen sich die Salzgewinnung
aus dem Meerwasser, die Gewinnung von Siedesalz aus Solquellen und Salzseen sowie die
bergmännische Salzgewinnung in allen Epochen der Entwicklung der Menschheit nachweisen. Mit Beginn der Nutzung von Salzen als Massenrohstoff für die chemische Industrie,
insbesondere der Kalisalze zur Düngemittelproduktion, stieg die Salzproduktion stark an.
Das Jahr 1865, in dem der industriemäßige Abbau der Kalisalze dank der wissenschaftlichen Erkenntnisse JUSTUS VON LIEBIGS begann (auf dem Gebiet der Agrikulturchemie), war
hierbei ein entscheidender Eckpunkt.
Im Salzbergbau wird in jüngerer Zeit verstärkt zur komplexen Nutzung der Lagerstätten,
zur Gewinnung auch der Nebenkomponenten und Begleitrohstoffe, übergegangen. Im Salz-

und Spatbergbau Deutschlands erfolgt die Gewinnung und Aufbereitung aller wesentlichen Elemente (Kalium, Natrium, Magnesium, Calcium, Schwefel, Chlor, Brom, Fluor und Barium) dergestalt, daß daraus eine breite Palette von Düngemitteln, Grundchemikalien, Salz- und Spatprodukten hergestellt werden kann.

*Steinsalz-* und *Kalisalzlagerstätten* entstanden einheitlich durch solare Eindunstung von Meerwasser. Das geschah in unterschiedlichen geologischen Zeiträumen, besonders durch Eindunstung des Zechsteinmeeres. So entstanden riesige Lager, u. a. in Deutschland, in Weißrußland und in Rußland, in den USA, in Kanada, in den EU-Ländern Italien und Frankreich, ferner in China, in einigen afrikanischen Ländern und in Australien. Die Gewinnung, also der Abbau der Mineralsalzlagerstätten, erfolgt vorwiegend durch Tief- bzw. Stollenbau, durch Tagebau und durch Solung.

*Steinsalz* ist geologisch fast unbegrenzt verfügbar. Neben den riesigen Festlandslagerstätten können Salze aus natürlichen Lösungen des Meerwassers (Vorrat 38 Mia. t) gewonnen werden. Das geschieht gegenwärtig in großem Umfang, denn etwa die Hälfte der NaCl-Weltproduktion erfolgt aus Meerwasser.

NaCl ist heute in erster Linie Grundrohstoff für die chemische Industrie, aus dem wichtige Stoffe ($Na_2CO_3$, $Na_2SO_4$, NaOH, Cl, HCl usw.) für den Einsatz in der Glas-, Textil-, Papier-, Zellstoffindustrie usw. gewonnen werden. Nur noch etwa 10 % werden direkt für die menschliche Ernährung benötigt. Mit der Weiterentwicklung der chemischen Industrie, besonders der Salzchemie, ist mit einem Anstieg des Bedarfs zu rechnen. Gegenwärtig werden etwa 190 Mio. t/a produziert. Im Welthandel ist Steinsalz ohne Bedeutung.

*Kalisalze* werden vorwiegend aus Lagerstätten des Festlandes, aber auch über natürliche Lösungen gewonnen. Volkswirtschaftlich stellen sie heute die wichtigste Gruppe von Salzen dar. Die weltweite Produktion stieg kontinuierlich an (Tab. 41) und erreichte 1994 30 Mio. t.

Mit einem weiteren Anstieg der Produktion ist zu rechnen. Nach Hochrechnungen in „Global 2000" wird der Weltbedarf von 26 Mio. t um 1975 auf 60 Mio. t im Jahr 2000 ansteigen. In neueren Prognosen wird von 30–40 Mio. t ausgegangen. Die geologische Verfügbarkeit ist gewährleistet. Für viele Länder besteht jedoch das Problem der volkswirtschaftlichen Verfügbarkeit, da sich bisher die Produktion nur auf wenige Länder konzentriert.

Deutschland ist mit Steinsalz- und Kalisalzlagerstätten gut ausgestattet. Während der Abbau von Steinsalzen viele Jahrhunderte zurückverfolgt werden kann (Halle, Berchtesgaden u. a. Standorte), begann der Kalibergbau erst im letzten Drittel des 19. Jh. Deutschland

| Förderland | 1950 | 1960 | 1970 | 1980 | 1990 | 1993 |
|---|---|---|---|---|---|---|
| UdSSR/Rußland | 0,312 | 1,084 | 4,087 | 8,064 | 10,000 | 3,454 |
| Kanada | – | – | 3,566 | 7,063 | 7,500 | 7,298 |
| DDR | 1,336 | 1,666 | 2,420 | 3,422 | – | – |
| BRD | 0,912 | 1,978 | 2,293 | 2,737 | 5,400 | 3,525 |
| Frankreich | 0,834 | 1,522 | 1,775 | 1,915 | 1,200 | 1,141 |
| USA | 0,992 | 2,303 | 2,205 | 2,245 | 1,600 | 0,938 |
| Erde | 4,100 | 8,600 | 16,884 | 25,852 | 28,000 | 23,510 |

*Tabelle 41*
*Entwicklung der Kali-*
*produktion [Mio. t]*

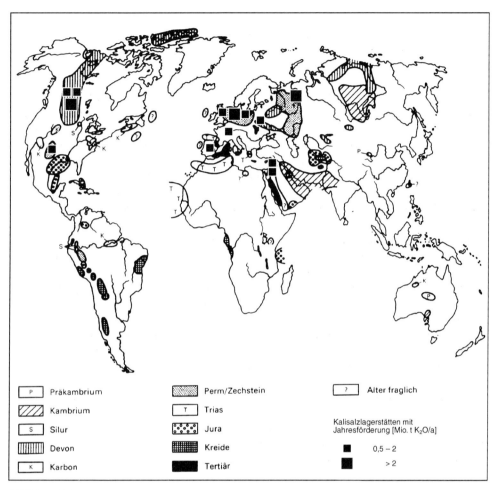

**Abbildung 36**
Regionale und stratigraphische Verteilung der Salzlagerstätten auf der Erde und Schwerpunkte der Förderung (nach BAUMANN 1982)

gehörte immer zu den führenden Förderländern. Gleiches trifft für die GUS zu, die über die größten Salz- und Kalilagerstätten der Erde verfügt, so u. a. bei Soligorsk (Weißrußland), in der Dnepr-Donez-Senke (Ukraine), in der Vorkarpatensenke (Ukraine, Moldawien), im Angara-Lena-Becken (Rußland) und im Gebiet einiger Salzseen in Kasachstan. Abb. 36 gibt einen Überblick über die regionale Verteilung der Salzlagerstätten der Erde.

## 2.4.3.3.
## Anorganisch-chemisch nutzbare Minerale (speziell Phosphate)

In der Gruppe der anorganisch-chemischen (einschließlich agrochemischen) Mineralstoffe kommt neben den Carbonatgesteinen (vor allem Kalkstein), Sulfaten und Schwefel besonders den Phosphaten große volkswirtschaftliche Bedeutung zu. Phosphate werden vorwiegend in der Landwirtschaft als Düngemittel benötigt und dort auch (etwa 80 % des Phosphataufkommens) eingesetzt. Andere Verwendungsmöglichkeiten sind in der chemischen Industrie gegeben.

Die wichtigsten Phosphatrohstoffe sind Apatitgesteine, Phosphorite und Vogelguano (steinharte phosphor- und stickstoffreiche Ablagerungen aus Exkrementen und Kadavern fischfressender Seevögel). Während letzterer jahrzehntelang vor allem auf Inseln des Pazifiks und des Atlantiks gefördert wurde und die daran beteiligten Länder ein Weltmonopol in der Bereitstellung von Rohphosphaten besaßen, ist heute die Produktion infolge langsamer Erschöpfung der Lagerstätten weniger bedeutend. Die eindeutig führende Position in der Rohphosphatproduktion haben die Naturphosphate übernommen. Diese werden durch einen chemischen Aufbereitungsprozeß aus Apatitgestein (nephelinreiche Vulkanite), vor allem aber aus Phosphoriten (phosphathaltige marine Sedimente oder Verwitterungsprodukte) gewonnen.

Obwohl Phosphate auf allen Erdteilen vorkommen, konzentrieren sich die Lagerstätten in Afrika, wo etwa zwei Drittel der gegenwärtig mit etwa 70–80 Mia. t bezifferten Weltvorräte anzutreffen sind, ganz besonders in den Maghrebländern Marokko, Algerien und Tunesien sowie im westlichen und südlichen Afrika. Außerordentlich wertvolle Großlagerstätten befinden sich darüber hinaus in Rußland, wo sich auf der Kola-Halbinsel in den Chibiny auch die größte Apatitlagerstätte der Erde befindet, und in den USA, wo Naturphosphate vor allem im Bundesstaat Florida lagern. In zahlreichen weiteren Ländern sind inzwischen kleinere Lagerstätten entdeckt worden, insbesondere auch im Off-Shore-Bereich. Insgesamt konnte die Weltproduktion an Naturphosphaten (ohne Guano) beträchtlich gesteigert werden (Tab. 42).

Der Abbau konzentriert sich gegenwärtig auf drei Länder und die GUS, die im Jahre 1992 zusammen 113 Mio. t (78,1 % der Weltproduktion) produzierten: USA (47 Mio. t), GUS (21 Mio. t), China (26 Mio. t), Marokko (19 Mio. t). Weitere Förderzentren sind Länder im Mittelmeerbereich (Tunesien, Israel, Jordanien), ferner Brasilien, Südafrika und Togo sowie im Pazifikbereich Nauru, die Weihnachtsinsel und die Marshallinseln mit Guanophosphaten.

| Jahr  | 1950   | 1960   | 1970   | 1980    | 1990    | 1992    |
|-------|--------|--------|--------|---------|---------|---------|
| Menge | 29,700 | 41,525 | 82,000 | 135,855 | 157,226 | 145,000 |

*Tabelle 42*
*Weltförderung von*
*Naturphosphaten*
*[Mio. t]*

# 2.5.
# Ökologische Probleme der Nutzung mineralischer Ressourcen

## 2.5.1.
## *Kernenergie und ihre Alternativen*

Eine der kompliziertesten und umstrittensten Fragen zukünftiger Gewinnung von Elektroenergie ist die Frage nach der Kernenergieproduktion. Bis um 1970 war eine Stromerzeugung aus Kernenergie absolut unbedeutend. Danach konnte diese aber ihre Anteile ständig erhöhen. In Jahre 1995 umfaßte sie, gemessen an der gesamten Elektroenergieproduktion der Erde, 16–17 %. Der bisherige Verlauf und die weitere mittelfristige Entwicklung werden so bilanziert und prognostiziert, wie es in Tab. 43 dargestellt ist.

Tab. 43 weist aus, daß vor allem im Zeitraum von 1970 bis 1990 ein rascher Anstieg der Kernenergiegewinnung – verbunden mit dem Bau zahlreicher KKW – erfolgte. Angesichts der angespannten wirtschaftlichen Entwicklung in vielen Ländern, oft auch fehlender politischer Voraussetzungen bzw. auch zunehmender Ängste und wachsenden Unbehagens weiter Kreise der Bevölkerung vor den Gefahren der Kernkraftproduktion macht sich eine Stagnation in der Entwicklung bemerkbar, die auch Anfang des kommenden Jahrhunderts noch spürbar sein wird. Die Hauptgründe des gegenwärtig gebremsten Wachstums der Kernenergiegewinnung liegen also vor allem

– in der nach parteipolitischen und taktischen Gesichtspunkten ausgerichteten Energiepolitik vieler Länder;
– im Mangel an Mitteln zum Bau von KKW;
– in einem Überangebot an fossilen Brennstoffen und dem damit verbundenen Bau von Kraftwerken auf der Basis dieser Stoffe;
– in einer Hochspannungsvernetzung großer Teile Europas, Nordamerikas und z. T. auch Asiens, was den Bau zusätzlicher Kraftwerkskapazitäten zur Abdeckung von Spitzenstrom regional, saisonal und tageszeitlich überflüssig macht;
– in einer oft fehlenden Akzeptanz der Kernenergiegewinnung durch die Bevölkerung.

Fachleute gehen jedoch davon aus, daß angesichts der begrenzten Potentiale und Möglichkeiten an erneuerbarer Energie im ersten Viertel des kommenden Jahrhunderts die Kern-

| Jahr | TWh | Anteil an der Weltstromerzeugung [%] |
|---|---|---|
| 1970 | 78,7 | 1,6 |
| 1975 | 351,7 | 5,5 |
| 1980 | 681,4 | 8,4 |
| 1985 | 1448,5 | 15,3 |
| 1990 | 2009,1 | 16,6 |
| 2000* | 2310,0 | 16,1 |
| 2005* | 2340,0 | 15,2 |

*Tabelle 43*
*Anteil der Kernenergie an der Weltstromerzeugung*

\* Schätzung

kraftgewinnung wieder deutlich wachsen wird und auch wachsen muß, wenn ein akzeptabler Lebensstandard gewährleistet und Klimafürsorge erreicht werden soll.

In der Gegenwart gibt es über keine Art der Energiegewinnung so unterschiedliche Meinungen wie über die Kernenergieproduktion.

Die Befürworter weisen auf den hohen Sicherheitsstandard und das geringe „Restrisiko", auf die kostengünstige und auch fast emissionsfreie Art der Energiegewinnung hin. Hinzu kommen die Versorgungssicherheit durch den Einsatz sehr geringer Mengen von Kernbrennstoffen und die Schonung anderer Ressourcen, insbesondere der fossilen Energieträger Steinkohle, Braunkohle, Erdöl und Erdgas. Es wird eine Nutzung empfohlen, solange andere vergleichbar versorgungssichere, umweltfreundliche und preisgünstige Energieträger nicht zur Verfügung stehen.

Hier sei nur auf die Bedeutung der Kernkraftgewinnung für die Reduzierung der Treibhausgase hingewiesen und durch folgende Fakten belegt: Die Weltbevölkerung ist seit 1900 etwa um das 2,5fache angestiegen, die Weltenergiegewinnung um mehr als das 10fache. Da derzeit um 90 % der Weltprimärenergieproduktion fossilen Ursprunges sind, wird in großen Mengen – und immer mehr – Kohlendioxid ($CO_2$) in die Atmosphäre emittiert. Die Klimaprognosen der ersten UN-Weltklimakonferenz 1979, der Weltkonferenz „The Changing Atmosphere" 1988, des UN-Umweltgipfels in Rio de Janeiro und der UN-Klimakonferenz 1995 in Berlin haben deutlich die Gefahren einer weiter zunehmenden Belastung der Atmosphäre mit $CO_2$ aufgezeigt. Im „Jahrbuch der Atomwirtschaft 1994" (S. 12) heißt es dazu: „Die Schutzbehauptung mancher Entscheidungsträger, es sei bei Klimaprognosen zu vieles noch unsicher, und es könne noch gewartet werden, ist falsch. Auch das Argument, die BRD trage nur mit 5 % zur globalen $CO_2$-Emission bei, ist nur die halbe Wahrheit, denn damit nimmt sie immerhin Rang 4 der nationalen Emittenten nach USA, GUS und China ein. Viel wäre gewonnen, wenn auch Nordamerika, GUS, China und EG zu einem ‚Klimaschutzpakt' zusammenfinden würden, da allein diese Länder für ca. zwei Drittel der globalen $CO_2$-Emissionen verantwortlich sind."

Da Kernkraftwerke fast $CO_2$-emissionsfrei arbeiten, können diese bei entsprechendem Anteil an der gesamten Stromerzeugung eines Landes den Ausstoß beträchtlich senken. In

| Land | Emissionswerte [g $CO_2$/kWh] | Anteil $CO_2$-emissionsfreier Energieträger an der Stromerzeugung [%] | | |
|---|---|---|---|---|
| | | Wasser | Kernenergie | gesamt |
| Deutschland (alte Bundesländer) | 550 | 4,9 | 31,2 | 36,1 |
| USA | 610 | 9,6 | 17,7 | 27,3 |
| Japan | 370 | 11,5 | 26,1 | 37,6 |
| Frankreich | 90 | 19,3 | 70,2 | 89,5 |
| Großbritannien | 690 | 2,1 | 18,3 | 20,4 |
| Italien | 530 | 22,6 | 0,1 | 22,7 |
| Spanien | 420 | 21,1 | 30,9 | 52,0 |
| Schweden | 50 | 49,4 | 46,0 | 95,4 |
| Dänemark | 890 | 0,2 | – | 0,2 |

*Tabelle 44 Spezifische $CO_2$-Emissionen im Ländervergleich*

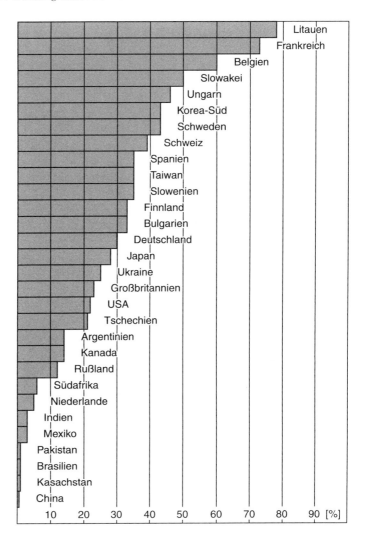

Abbildung 37
Nuklearer Anteil an der
Stromerzeugung mit
Kernkraftwerken in 30
Ländern (1992)

Litauen
Frankreich
Belgien
Slowakei
Ungarn
Korea-Süd
Schweden
Schweiz
Spanien
Taiwan
Slowenien
Finnland
Bulgarien
Deutschland
Japan
Ukraine
Großbritannien
USA
Tschechien
Argentinien
Kanada
Rußland
Südafrika
Niederlande
Indien
Mexiko
Pakistan
Brasilien
Kasachstan
China

10  20  30  40  50  60  70  80  90 [%]

Tab. 44 werden die Anteile $CO_2$-emissionsfreier Energieträger an der Stromerzeugung einzelner Länder erfaßt, wobei allerdings das Gesamtvolumen des Ausstoßes unberücksichtigt bleibt.

Auch am Einzelbeispiel werden die Einsparungen an $CO_2$-Emissionen deutlich. So würde z. B. das KKW Mülheim-Kärlich in Deutschland den Ausstoß von $CO_2$-Emissionen gegenüber der Stromerzeugung in herkömmlichen Steinkohlenkraftwerken um jährlich 8 Mio. t verringern.

Die Befürworter einer Kernkraftnutzung verweisen auf diesen Vorteil, der angesichts des steigenden Weltenergieverbrauchs besonders ins Gewicht fällt. Sie heben hervor, daß das Ziel, bis zum Jahre 2005 etwa 25–30 % der $CO_2$-Emissionen einzusparen, ohne Kernenergienutzung nicht zu erreichen ist. Aber auch die Gegner der Kernenergienutzung haben zwingende Argumente. Sie sehen vor allem folgende Gefahren:

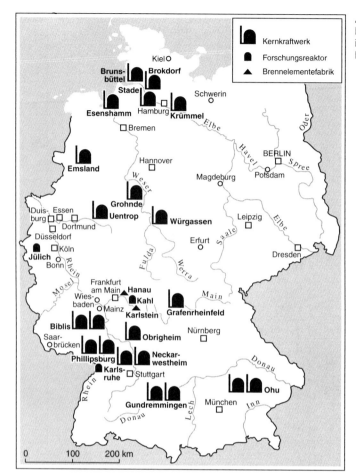

Abbildung 38
Betriebene Kernkraftwerke
in der Bundesrepublik
Deutschland 1994

Auftretende Havarien können verheerende Folgen für Menschen und Natur haben. Besonders gefürchtet sind Supergaus, wie der von Tschernobyl. Nicht nur die Augenblicks-, sondern auch die Langzeitwirkungen können irreparable Folgen für größere Gebiete und Millionen von Menschen haben. Vorliegende Szenarien halten vor allem Kernkraftwerke in dichter besiedelten Gebieten für einen Risikofaktor großen Ausmaßes.

Das Problem der Zwischen- und Endlagerung radioaktiver Rückstände aller Art ist häufig nicht geklärt und ein großer Unsicherheitsfaktor.

Die notwendige Steigerung der Energieproduktion muß nicht zwangsläufig mit einer Erhöhung der Kernkraftproduktion und damit mit der Entwicklung neuer Kernkraftwerke verbunden sein. Es sollten vielmehr die regenerativen Energiequellen genutzt werden, insbesondere in den Entwicklungsländern, wo die Kernkraft – von einigen Ausnahmen abgesehen – bisher noch keine Rolle spielt. In den entwickelten Ländern müßte das Hauptaugenmerk auf Energieeinsparungen und eine verstärkte Nutzung erneuerbarer Energiequellen gelegt werden.

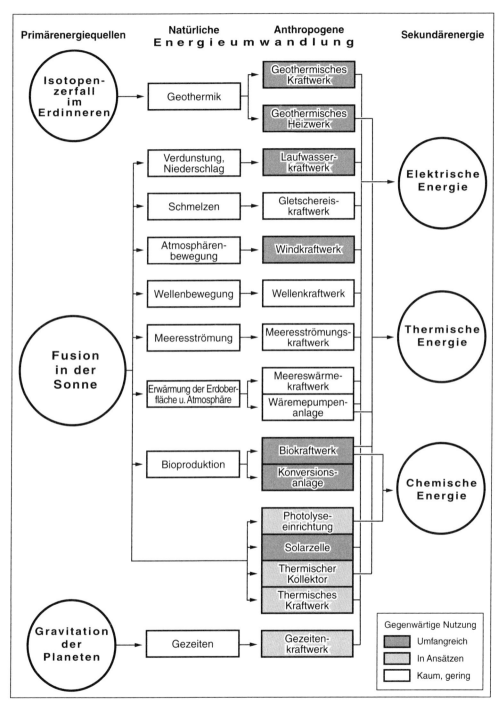

Abbildung 39
Regenerative Energiequellen (nach KLEEMANN u. MELISS)

Die Kernenergiegewinnung ruft in breiten Kreisen der Bevölkerung Angst und Unbehagen hervor, weil sie als „technisch nicht beherrschbar" und „sozial unverträglich" gilt und auch für eine erhöhte Erkrankungsrate in unmittelbarer Nachbarschaft der KKW verantwortlich gemacht wird.

Aus diesen Meinungsverschiedenheiten resultieren die sehr unterschiedlichen Energiestrategien der einzelnen Länder. Während z. B. Frankreich, Belgien, Schweden, Ungarn und Litauen sowie die Slowakei über 40 % ihrer Energieproduktion in KKW betreiben, haben sich andere Länder Europas – wie Norwegen, Polen, Portugal, Irland – dem Aufbau von KKW widersetzt. Auch Australien und Neuseeland betreiben keine Kernkraftwerke. Abb. 37 vermittelt einen Überblick über den nuklearen Anteil an der Stromerzeugung in den Ländern der Erde.

In der *Standortverteilung* der KKW ergibt sich – global gesehen – ein sehr ungleiches Bild. Von den gegenwärtig 30 Ländern mit Kernenergieproduktion befinden sich 17 in Europa, 5 in Amerika, 7 in Asien und 1 in Afrika. Länder wie die USA (109 Kernkraftwerksblöcke), Frankreich (56), Japan (48), Großbritannien (35), Rußland (29), Kanada (22) und Deutschland (20) zeichnen sich durch eine hohe absolute Menge an erzeugter Kernenergie aus (Stand 1994).

Deutschland verfügt über außerordentlich leistungsfähige und auch zuverlässige Kernkraftwerke. Sie sind ausschließlich in den alten Bundesländern stationiert, da die KKW der neuen Bundesländer (Lubmin bei Greifswald, Rheinsberg) schon 1990 aus sicherheitstechnischen Gründen abgeschaltet wurden. Auch im Gebiet der alten Bundesländer konnte die Zahl der KKW reduziert werden (Mülheim, Borken) bzw. wurden geplante oder bereits errichtete nie in Betrieb genommen, wie Pfaffenhofen, Kalkar, Lingen, Hamm. Einen Überblick über die Standortverteilung der produzierenden KKW vermittelt Abb 38.

Allgemein wird in Deutschland mit einer energiepolitischen Entscheidung gerechnet, die auf der Basis eines parteiübergreifenden Konsenses eine mittelfristige Nutzung der Kernenergie in sicheren KKW, der Kohle in Anlagen mit hohen Wirkungsgraden und regenerativer Energiequellen in stark erweitertem Umfang beinhaltet.

Langfristig gesehen, werden sich weltweit aufgrund knapper werdender fossiler Brennstoffe und zunehmender ökologischer Ansprüche umweltfreundliche Energien bei gleichzeitigem Rückgang des Anteiles auch der Kernenergiegewinnung verstärkt durchsetzen. Über die vielseitigen Möglichkeiten und den bereits in der Gegenwart erreichten Stand der Nutzung solcher regenerativer Energiequellen informiert Abb. 39. Auch sei auf diesbezügliche Hinweise im Kapitel 2.4.1.1. verwiesen.


## 2.5.2.
## *Erschließung oder Recycling*

### 2.5.2.1.
### Erhöhung der Reserven durch Erkundung

Die Erkundung neuer Lagerstätten war seit Jahrhunderten die naheliegendste Methode zur Vergrößerung des bekannten Rohstoffpotentials und zur Sicherung des Rohstoffbedarfes. Auf der Grundlage der Erkenntnisse der Plattentektonik über den Bau der Erdkruste und die damit verbundene Verteilung von mineralischen Rohstoffen haben sich neben den klassi-

| Nachweisverfahren | Arbeitsmethoden | | |
|---|---|---|---|
| | geologisch | geochemisch | geophysikalisch |
| a) direkt | – geologische Kartierung<br>– Bohrung<br>– Aerophotogeologie<br>– Satelliten-photogeologie | – petrochemische Analyse<br>– hydrogeochemische Analyse<br>– biogeochemische Analyse | – petrophysikalische Messungen<br>– geophysikalische Bohrlochmessungen |
| b) indirekt | – geologische Analogien<br>– geologische Extrapolationen (geologische Gesetz-mäßigkeiten)<br>– Satelliten-photogeologie | – Deduktion des Tiefenbaus aus Stoffmigrationen | – geophysikalische Oberflächen-messungen<br>– physikalische Felder<br>– physikalische Modelle |

*Tabelle 45*
*Gegenwärtige Arbeitsmethoden der geologischen Forschung*

schen geologischen Arbeitsweisen immer stärker auch geochemische und geophysikalische Erkundungsmethoden durchgesetzt (Tab. 45).

Die in Tab. 45 unter a) angeführten Arbeitsmethoden beinhalten bis zu maximal 12 000 m (bei Bohrungen), bis zu 4000 m (im Bergbau) und bis zu 800 m (bei geochemischen Analysen) direkte Nachweisverfahren. Die unter b) angegebenen Verfahren sind indirekte. Die Satellitenphotogeologie ist sowohl a) als auch b) zuzuordnen. Die Anwendung aller drei Methoden und die Nutzung der erworbenen Kenntnisse sind heute Voraussetzung und Ausgangspunkt einer effektiven Erkundung mineralischer Rohstoffe.

Überall auf der Erde, selbst in den bisher am besten erkundeten Ländern und Regionen, kann man aufgrund der neuen Erkenntnisse über die gesetzmäßigen Zusammenhänge zwi-

| Land/Region | Bohrlöcher/Quadratmeile |
|---|---|
| USA | 0,98 |
| UdSSR | 0,15 |
| Kanada | 0,053 |
| Westeuropa | 0,019 |
| Australien/ Neuseeland | 0,0016 |
| Süd- und Südostasien | 0,0067 |
| Lateinamerika | 0,0021 |
| Mittlerer Osten | 0,0083 |
| Afrika | 0,0031 |

*Tabelle 46*
*Dichte der Erdölbohrungen nach Ländern bzw. Regionen*
*(nach GROSSLING 1977 in „Global 2000" 1980)*

| Jahr | Bohrlochtiefe [m] |
|------|-------------------|
| 600 v. u. Z. | 500 (China) |
| 1800 | 300 (Europa) |
| 1840 | 540 |
| 1870 | 1200 |
| 1895 | 2000 |
| 1925 | 2350 |
| 1938 | 4500 |
| 1960 | 7700 |
| 1985 | 13000 |
| 1995 | 13000 |
|      | **Abbautiefe [m]** |
| 1873 | 1000 (Böhmen) |
| 1870 | 2200 (Südafrika) |
| 1985 | 3900 (Südafrika) |
| 1995 | 4000 (Südafrika) |

*Tabelle 47*
*Entwicklung der Bohrlochtiefen und der Abbautiefen*

schen geotektonischem Bau und Rohstoffpotential Lagerstätten erwarten, an deren Erkundung die geologischen Industrien arbeiten. Selbst in Ländern mit großen Traditionen im Bergbau kommt es noch zu Entdeckungen. Insgesamt konzentriert sich jedoch die geologische Erkundung besonders auf bisher vernachlässigte Gebiete. Das sind – von Ausnahmen abgesehen – weite Territorien der Entwicklungsländer, ganz besonders die weniger zugänglichen Gebiete der tropischen Regionen, ferner die Trockengebiete sowie die küstenfernen Räume, darüber hinaus aber auch die Kälteregionen der Erde und die Schelfgebiete. Es muß damit gerechnet werden, daß in diesen Regionen die Erde noch über bedeutende unentdeckte, potentielle Vorräte verfügt.

Welche Felder der Erkundung noch bestehen, sei an der Dichte der Erdölbohrungen demonstriert, die in vielen Gebieten der Erde noch relativ gering ist (Tab. 46). Obwohl die Tabelle den Stand von 1975 aufweist und inzwischen erhebliche Verdichtungen im Abstand der Bohrlöcher in einzelnen Gebieten erreicht werden konnten, zeigt sie doch den sehr unterschiedlichen Stand der regionalen Erschließung.

Durch das Vordringen in bisher kaum erschlossene Gebiete und durch wissenschaftlich-technische Höchstleistungen, was insbesondere Abbautiefen und Bohrlochtiefen angeht (Tab. 47), werden von der geologischen Industrie Ressourcen erschlossen und zu Reserven gemacht.

Die geologische Industrie erfaßt die kompliziertesten geologischen Strukturen, sie befaßt sich auch zunehmend mit Lagerstätten geringer und geringster Nutzkomponentengehalte. Sie hat großen Anteil daran, daß heute die geologische Verfügbarkeit aller benötigten mineralischen Rohstoffe (weltweit gesehen) gegeben ist. Diese Leistungen konnten nur vollbracht werden, weil auf der Grundlage plattentektonischer Vorstellungen die „Treffsicherheit" im Nachweis von Lagerstätten und die Ermittlung von industriell nutzbaren mineralischen Rohstoffvorräten wesentlich verbessert und damit die Effektivität der geologischen Suche vergrößert wurde.

In den vorangegangenen Kapiteln wurde mehrfach darauf hingewiesen, wie durch welt-weite Erkundungen die Vorhaltedauer vieler Rohstoffe trotz steigenden Abbaues beträcht-lich vergrößert werden konnte. Damit ist auch in der Zukunft bei zahlreichen Rohstoffen zu rechnen. Aber trotzdem darf nicht vergessen werden: Mineralische Ressourcen stehen nur in einem begrenzten Umfang zur Verfügung. Es kann kein unendliches Wachstum der Ge-winnung geben!

## 2.5.2.2.
## Vergrößerung der Reserven durch bessere Nutzung der mineralischen Nutzkomponentengehalte

Große Möglichkeiten der Vergrößerung des Rohstoffpotentials ergeben sich durch die bes-sere Ausnutzung der Nutzkomponenten der Rohstoffe.

Durch Effektivierung des Förder- und Aufbereitungsprozesses muß zunehmend ermög-licht werden, auch minderwertige Rohstoffe in den Produktionsprozeß einzubeziehen. KEIL (1980) sagt darüber: „Deshalb gewinnen Lagerstätten, die bisher wegen zu geringer Nutz-komponentengehalte nach dem gegenwärtigen Stand der Technik als nicht verwertbar gel-ten, in Zukunft immer mehr an Bedeutung." Er und andere Autoren weisen den Trend der Entwicklung an der Möglichkeit der Förderung von Erzen mit Mindestgehalten nach (Tab. 48).

Mit der Ausweitung des Bergbaus auf minderwertige Erze sind in vielen Fällen eine Er-weiterung der bilanzierten Lagerstättenvorräte und eine Vergrößerung des Potentials ver-bunden. Bei einigen Erztypen beobachten wir sogar bei arithmetisch abnehmenden Gehal-ten eine Vergrößerung der Vorräte in geometrischen Progressionen. In den USA wurden z. B. um 1900 Kupfererze mit einem Metallgehalt von 4 % rentabel abgebaut. Die Lagerstättenkapazität war gering. Um 1940 erfolgte der Abbau von Kupfererzen mit einem Metallgehalt von 1,2 %; die Vorräte waren bereits relativ groß. Heute kommen Erze mit Metallgehalten von 0,4 % und auch schon solche von 0,3 % zum Abbau. Die Vorräte sind groß. Sie betragen zur Zeit 55 Mio. t, was 17,1 % der Weltreserven entspricht.

Groß sind beim Eisenerz die Vorräte an mittleren Qualitäten und an Armerzen. Sie stel-len riesige Reserven dar, deren Abbau dann forciert werden muß, wenn die Reicherze der Er-schöpfung entgegengehen. Auch hierbei kommt der Entwicklung neuer Extraktionstech-nologien große Bedeutung zu. Das Problem ist, daß in großem Umfang Abprodukte anfal-len, die es zu entsorgen gilt (vgl. Kapitel 2.5.3.). Ihre umweltschonende Deponie muß gesi-chert werden, ehe man an den Abbau solcher Lagerstätten denken kann.

| Metall | 1948 | 1967 | 1980 | 1995 |
|---|---|---|---|---|
| Kupfer | 1,60 | 0,96 | 0,50 | 0,30 |
| Blei | 2,80 | 1,70 | 1,30 | 1,10 |
| Zink | 5,60 | 2,00 | 1,50 | 1,20 |
| Molybdän | 0,09 | 0,04 | 0,02 | 0,02 |
| Zinn | 3,00 | 0,50 | 0,30 | 0,20 |

*Tabelle 48*
*Metallgehalt im Fördererz (Mindestgehalte) [%]*

## 2.5.2.3.
## Komplexe Nutzung von Lagerstätten

Eine umweltschonende Verfahrensweise ist die Mehrfachnutzung bergbaulicher Rohstoffe. Viele Lagerstätten enthalten meist verschiedenartige mineralische Stoffe. Kommt es zum Abbau, dann stellt ein Stoff die Hauptkomponente dar (nämlich der, der den wichtigsten Teil der bergbaulichen Produktion im bestehenden Objekt bildet). Alle anderen Stoffe sind Nebenkomponenten, Begleitrohstoffe oder Abprodukte, die unter entsprechenden Bedingungen ebenfalls volkswirtschaftliche Bedeutung haben und in den Reproduktionsprozeß einbezogen werden können.

Als Nebenkomponenten werden nutzbare Stoffbestandteile eines Lagerstättenvorrates (im Hauptmineral gebunden oder mit ihm vergesellschaftet auftretend), als Begleitrohstoffe nutzbare Minerale innerhalb einer Lagerstätte (aber in getrennter und deshalb in getrennt gewinnbarer Form gegenüber der Hauptkomponente), als Abfallrohstoffe Abraum, taubes Material, Aufbereitungsabfall usw. verstanden.

Im Bergbau spielte im Verlauf der historischen Entwicklung oft nur die bergbauliche Gewinnung der Hauptkomponente eine Rolle. Erst in jüngerer Zeit werden, ermöglicht durch den wissenschaftlich-technischen Fortschritt, verstärkt auch die Nebenkomponenten, Begleitrohstoffe und Abfallprodukte in den Gewinnungsprozeß einbezogen, was zu einer verstärkten komplexen Nutzung und damit zur Effektivierung des Bergbaus beiträgt. Die Vorteile können so groß sein, daß sie – in Einzelfällen – den Aufschluß spezieller Lagerstätten und damit auch die Durchführung infrastruktureller Maßnahmen ersparen, daß die bergbauliche Flächennutzung in Grenzen gehalten werden kann. Auf alle Fälle wird die Rentabilität des Bergbaubetriebes erhöht. BACHMANN (1995) führt als Beispiele komplexer Lagerstättennutzung an:

– Gewinnung von Nebenkomponenten:
  Edelmetalle im Bleiglanz und Kupferschiefer, Brom im Carnallit, Arsen und Bismut in Blei- und Zinkerzen, Wolfram in Zinnerzen, Schwefel im Erdöl, Schwerspat und Sulfite in Flußspaten, Helium in brennbarem Erdgas usw.;

– Gewinnung von Begleitrohstoffen:
  Steine und Erden im Deckgebirge von Braunkohlenlagerstätten, Grundwasser in Lockergesteinlagerstätten usw.;

– Nutzung von Abprodukten:
  taubes Gestein aus bergmännischen Auffahrungen, Salzlaugen, Schlacken aus Hüttenprozessen.

Wirtschaftlich lohnenswert sind diese Verfahren vielfach noch nicht. Der Druck einer ökologisch interessierten Öffentlichkeit fördert aber den Trend einer verstärkten komplexen Nutzung von Lagerstätten. Auch in Deutschland wird diese Form der bergbaulichen Produktion betrieben. So werden z. B. durch den Braunkohlenbergbau aus dem Deckgebirge Betonkies, Glassande und Tone gewonnen.

## 2.5.2.4.
## Nutzung der mineralischen Meeresressourcen

Die marinen Räume stellen ein „dreistöckiges Reservoir" für mineralische Rohstoffe dar, denn sowohl in der obersten Etage, dem Meerwasser selbst, als auch auf dem Meeresboden und im Meeresuntergrund sind mineralische Ressourcen vorhanden, wobei jede der drei Etagen ganz spezifische Komplexe von Bodenschätzen enthält. Damit stellen die Meeresressourcen eine gewaltige Rohstoffquelle dar, die vor allem für die Zukunft der Menschheit wichtig sein wird.

Im *Meerwasser* sind offensichtlich fast alle auf der Erde vorkommenden chemischen Elemente vorhanden. Oft wird das Meer deshalb als „Lagerraum" vieler lebenswichtiger Minerale bezeichnet (Tab. 49). Das ist zweifellos richtig, obwohl der Gehalt des Meerwassers an metallischen Verbindungen gering ist. Es wird jedoch die Zeit kommen, in der viele Minerale aus dem Meerwasser gewonnen werden, weil die reicheren Konzentrationen auf dem Festland dann abgebaut sind bzw. der Abbau (die Gewinnung) aus dem Meerwasser technisch einfacher zu bewältigen ist.

Die auf dem *Meeresgrund* lagernden Rohstoffe lassen sich in zwei Gruppen gliedern: in solche echt ozeanischen Charakters und solche der Schelfmeere. Zu denen echt ozeanischen Charakters gehören die ausgedehnten Manganknollenanreicherungen, die seit 1965 in den Tiefen der Weltmeere zwischen 4000 und 5000 m nachgewiesen wurden. Großflächige Manganknollennester mit Gehalten von 23–28 % Mangan, 2 % Kupfer, 1 % Nickel sowie Kobalt und Spurenelementen weiterer Metalle sind inzwischen lokalisiert worden. Allein ihr Kupfergehalt entspricht einer Metallmenge, die beim gegenwärtigen Weltverbrauch an Kupfer (8 Mio. t) einen Versorgungszeitraum von mehreren hundert Jahren abdecken könnte und damit die bisherigen Bilanzierungen wertlos macht. Sie gehören zu den überhaupt reichsten industriell verwertbaren Rohstoffvorräten (300–350 Mia. t, davon 200 Mia. t im Stillen Ozean).

Im Hinblick auf die Förderung ergeben sich jedoch vielfältige Probleme. Viele Länder, vor allem Entwicklungsländer, weisen mit Recht darauf hin, daß die Ressourcen in und unter den Weltmeeren „gemeinsames Erbe der Menschheit" sind und demzufolge auch von allen Interessenten bei gerechter Verteilung genutzt werden sollten. Diese Länder sind nicht in der Lage, die kostspieligen Schürf- und Verarbeitungstechnologien zu finanzieren, so

| Rohstoff | Menge [t] |
|---|---|
| Chlor | $29 \cdot 10^{15}$ |
| Natrium | $16 \cdot 10^{15}$ |
| Calcium | $600 \cdot 10^{12}$ |
| Brom | $90 \cdot 10^{12}$ |
| Kalium | $600 \cdot 10^{12}$ |
| Phosphor | $110 \cdot 10^{9}$ |
| Jod | $93 \cdot 10^{9}$ |
| Silber | $164 \cdot 10^{6}$ |
| Gold | $8 \cdot 10^{6}$ |
| Molybdän | $800 \cdot 10^{6}$ |

*Tabelle 49*
*Im Meerwasser enthaltene Vorkommen an Rohstoffen (Auswahl)*

Lagerstätten und Gewinnungsorte
im Schelfgebiet

Schwerminerale (SM)

o     Im Abbau

Δ     In der Erkundung

Au    Gold

D     Diamanten

Fe    Eisenerz

Pt    Platin

S.E.  Seltene Erden

Sn    Zinn

Ti    Titan

Zr    Zirkon

☐     Erdöl- und Erdgaslagerstätten

Lagerstätten im Tiefseebereich

▨     Manganknollen mit
       Abbauhöffigkeit

■     Rote Tiefseetone

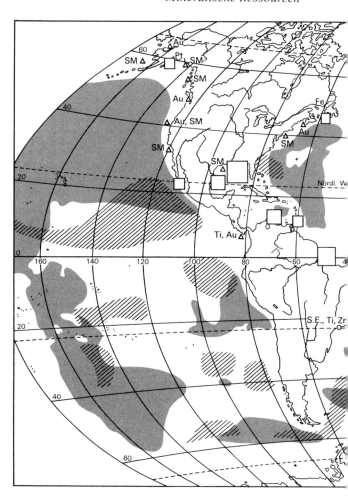

Abbildung 40
Vorkommen und Nutzung
mineralischer Lagerstätten im Meer
(ohne Antarktis; aus ULRICH 1979)

daß gegenwärtig in nur wenige Staaten (USA, Japan) dieser Bergbau technologisch vorbereitet wird. Die Erkundungsfortschritte auf dem Festland haben die Entwicklung solcher Technologien überdies zu keiner vordringlichen Aufgabe werden lassen. Der auf der Seerechtskonferenz der UNO 1982 gemachte Vorschlag, eine internationale Meeresbergbaubehörde zu schaffen und den Abbau der „Knollen" über eine *International Seabed Resource Authority* zu betreiben, ist dennoch berechtigt. Er ist jedoch bisher nicht realisiert worden.

Die roten Tiefseetone gehören ebenfalls zu den potentiellen Rohstoffressourcen echt ozeanischen Charakters. Sie wurden in Tiefen des Ozeans abgelagert und umfassen nach SPRINGIS (1971) etwa 1 Mio. km³. In den Tonen sind 25 % Aluminiumoxid, 13 % Eisenoxid, 0,2 % Kupfer, 0,08 % Nickel, 0,04 % Vanadium sowie Spurenelemente weiterer Metalle enthalten, so daß sie ein sehr großes Potential darstellen, die das des Festlandes – zusammengenommen – um ein Vielfaches übertrifft.

Ökonomisch wie ökologisch von besonderem Interesse sind die Ressourcen der Schelfmeere. Da die Schelfmeerbereiche aus geologischer Sicht zum kontinentalen Raum gehören, sind auch ihre Lagerstätten genetisch den Kontinentalräumen zuzuordnen. Von ent-

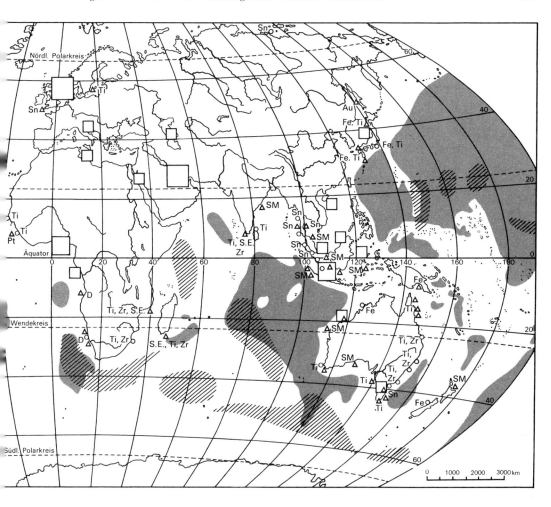

scheidender Bedeutung für die wirtschaftliche (auch meeresbergbauliche) Nutzung der Schelfzone ist die „Konvention über den Festlandssockel" (1982), die den Küstenstaaten souveräne Rechte über die Nutzung des Meeresbodens und des Meeresuntergrundes innerhalb der Hoheitszone (12 sm), der „Ausschließlichen Wirtschaftszone" (200 sm; Abb. 5) und im Kontinentalschelfbereich (bis 350 sm) einräumt. Nicht geregelt sind die Verantwortlichkeiten für die Abprodukte des Schelfbergbaues. Die Randmeere und Binnenmeere, auf denen sich dieser Abbau vollzieht, gehören zu den am stärksten verschmutzten Bereichen im Weltmeer. Eine verlustfreie Förderung ist nur mit einem hohem Aufwand an Sicherungsmaßnahmen zu betreiben. Das würde den Abbauaufwand erhöhen und unterbleibt deshalb weitgehend.

Dennoch befinden sich zahlreiche Ressourcen im Abbau. Neben dem keineswegs unbedenklichen Abbau von Sanden und Kiesen an den deutschen Küsten sei auf die Nutzung mariner Seifenlagerstätten von Diamanten (Westküste des südlichen Afrikas) und anderer Minerale, wie Titan, Ilmenit, Rutil, Zirkon (Ostküste Australiens, Indiens, Sri Lankas), Chromit, Eisenerz (Ost- und Westküste der USA, Kanadas), Zinn (Schelfbereich vor Malaysia, Thailand, Indonesien), Manganerze (Küstenbereiche Japans und der Philippinen), Gold und Platin (vor Alaska und Australien, Abb. 40), hingewiesen. Außerordentlich hohe Erwartungen werden für eine fernere Zukunft an den Abbau von Phosphoriten (25–35 % Phosphorgehalt) am Kontinentalabhang in 300–600 m Meerestiefe geknüpft. Sie sind an den Küsten Kaliforniens und Floridas (USA), Chiles, Indiens, Australiens und Neuseelands sowie um Afrika nachgewiesen und vor allem in Gebieten mit kaltem, nährstoffreichem Auftriebswasser zu finden.

Auch im Meeresuntergrund befinden sich Lagerstätten. Im Tiefseebereich sind sie bisher kaum erkundet. Dagegen führten vor allem Erdöl- und Erdgasnachweise zu einer beachtlichen „Off-Shore-Produktion". Es sind jedoch noch nicht alle Schelfgebiete mit Erdöl- bzw. Erdgashöffigkeit, besonders die an Gebirge angrenzenden Vorgebirgssenken, erkundet, so daß dort mit der Entdeckung weiterer Lagerstätten gerechnet werden kann. Das betrifft ganz besonders die Schelfgebiete am Südrand Südamerikas, den Mittelmeerraum, die Küstengebiete Westafrikas sowie die Schelfgebiete Südostasiens. Es wird angenommen, daß sich etwa 50 % der Erdöl- und Erdgaslagerstätten unter dem Meeresboden befinden. Zur Zeit werden von fast 100 Staaten insgesamt 800 Lagerstätten im marinen Bereich abgebaut. Vor der Golfküste der USA sind allein über 2000 Plattformen zur Erdölförderung installiert (CLARK 1986). Hinzu kommen hier die Off-Shore-Förderstellen vor Mexiko, Venezuela, Trinidad und Tobago. Sie stellen die größte Quelle für die Verschmutzung der Karibik dar, in der die zumeist geringen Satteltiefen zwischen den Inseln den Austausch verölten Oberflächenwassers mit sauerstoffreichem und ölzehrendem atlantischem Tiefenwasser behindern (KELLERSOHN 1990).

Im unmittelbaren Küstengebiet, aber „untermeerisch" kommen darüber hinaus auch zahlreiche andere mineralische Ressourcen zum Abbau, so u. a. Steinkohle (Kanada, Großbritannien), Eisenerz (Kanada, Australien), Schwefel (USA), Nickel- und Kupfererze (China, Taiwan). Probleme der Wasserhaltung treten dabei ebenso auf wie Probleme der Küstenverschmutzung. Die Umweltverträglichkeit dieser Bergbaugebiete ist heute nur zum Teil gegeben.

## 2.5.2.5.
## Mineralische Ressourcen der Antarktis

Auch der Siebte Kontinent ist reich an mineralischen Ressourcen. Unter den gewaltigen Inlandeismassen erstrecken sich in einem breiten Gürtel vom Victorialand bis zur Antarktischen Halbinsel quer durch den Kontinent große Lagerstätten. Ein zweiter Gürtel ist vom Wilkesland bis zum Königin-Maud-Land entlang des Küstengürtels anzutreffen. Die Ressourcen umfassen vor allem fossile Energieträger und Erze. Unter den antarktischen Gewässern befinden sich große Erdöl- und Erdgaslagerstätten.

Bergbau gibt es gegenwärtig in der Antarktis noch nicht. Weil von einem solchen große ökologische Gefahren ausgehen würden, wurde in der „Convention on the Regulation of Antarctic Mineral Resource Activities" festgelegt, bis ins kommende Jahrhundert auf jeglichen Bergbau in der Antarktis zu verzichten, der dort in hochempfindliche Ökosysteme eingreifen würde. Die Ressourcen bleiben zunächst unangetastet. Sie sind also nur eine theoretische Größe wirtschaftlicher Verfügbarkeit und sollten es auch bleiben. Abb. 41 zeigt die Lagerstättensituation in der Antarktis.

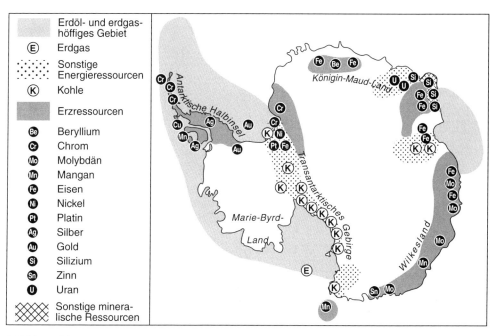

Abbildung 41
Vermutete Lagerstätten in der Antarktis

## 2.5.2.6.
## Nutzung neuer Rohstoffe (Substitution)

Mit Sicherheit werden durch weitere Fortschritte in Wissenschaft und Technik zukünftig auch Minerale in Vorratsbilanzierungen eingehen, die bisher kaum oder nur einseitig eingesetzt wurden. Hier sei besonders auf die Nutzung sogenannter Eigenschaftsrohstoffe, vor allem auf die Gruppe der Industrieminerale, verwiesen, deren äußerst vielseitige Einsatzmöglichkeiten erst in Ansätzen zum Tragen kommen. So werden z. B. durch die Herstellung künstlicher Diamanten aus Graphit hervorragende Schneide- und Bohrwerkzeuge geschaffen, durch künstlich gezüchtete Quarzkristalle können spezielle Schneidewerkzeuge und Elemente der Radioelektronik hergestellt werden, aus künstlich gewonnenen Rubinen entstehen Elemente für die Lasertechnik, aus Siliziumkristallen Elemente der Halbleitertechnik. Aber auch eine so wichtige Aufgabe wie die Nutzbarmachung der in den Bundesländern Sachsen und Sachsen-Anhalt vorkommenden Salzkohle führt dazu, das Angebot an mineralischen Stoffen zu erweitern und damit die bilanzierten Rohstoffressourcen zu strecken.

Diese wenigen Hinweise deuten darauf hin, daß gegenwärtig und in Zukunft dem Problem der Steuerung der Materialeigenschaften große Aufmerksamkeit zu schenken ist, besonders den Problemen der Verbesserung der Materialfestigkeit, Wärmefestigkeit und Elastizität. Durch die „Züchtung" völlig neuer Stoffe wird es nicht nur möglich sein, in der Natur vorhandene primäre Stoffe einzusparen bzw. effektiver einzusetzen, sondern auch

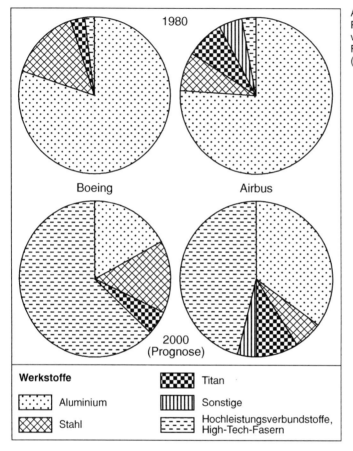

Abbildung 42
Prognosen der Veränderung
von Werkstoffeinheiten beim
Flugzeugbau 1980 und 2000
(nach BOESLER 1989)

neue Stoffqualitäten zu erhalten. Der Weg des „Ersatzes" einer Naturressource durch einen „neuen" Werkstoff gewinnt zunehmend an Bedeutung. So werden z. B. Keramikerzeugnisse im Maschinen- und Fahrzeugbau, Glas und Glasfasern in der Elektroindustrie, Spanplatten in der Möbelindustrie usw. eingesetzt. Welche Veränderungen sich durch die Substitution auf dem Gebiet des Flugzeugbaues in nur 20 Jahren ergeben können, zeigt eine Studie über den Einsatz von Hochleistungsverbundstoffen und High-Tech-Fasern in der Flugzeugindustrie (Abb. 42).

## 2.5.2.7.
## Nutzung von Sekundärrohstoffen

Neben der Primärrohstoffgewinnung kommt der Entwicklung von Verfahren zur weitestgehenden Einbeziehung der Produkte in den weiteren Produktionsprozeß, die bereits einen Verbrauchszyklus hinter sich haben bzw. bei der Herstellung anderer Zielprodukte anfallen, wachsende Bedeutung zu. Es geht um die Gewinnung von Sekundärrohstoffen und die Nutzung der Abprodukte. Wesentliches Anliegen ist hierbei der Übergang von der einfachen

Nutzung der Ressourcen über die Stufen Rohstoff–Produkt–Abfall zu einem Nutzungszyklus über die Stufen Rohstoff–Produkt–Abfall–Sekundärrohstoff, der zu einer Verwertung der Abfälle von Produktion und Konsumtion und damit zur Effektivitätserhöhung in der Nutzung der natürlichen Ressourcen führt. Die Vorteile liegen hierbei nicht nur in der Einsparung von Primärrohstoffen und damit in der Erhöhung ihrer Verfügbarkeitsdauer, sondern auch im ökonomischen Bereich (Einsparung von Mitteln für die bergbauliche Produktion) und im Schutz der Umwelt, da die Bereitstellung von Sekundärrohstoffen viel umweltfreundlicher als der Bergbau ist.

Den Möglichkeiten der Gewinnung von mineralischen Sekundärrohstoffen wird heute weltweit große Aufmerksamkeit geschenkt. Recycling (Wiederverwendung von Rohstoffen in einem Kreislauf) ist nicht Ausdruck von Armut, sondern höchster volkswirtschaftlicher Klugheit. Da mineralische Rohstoffe bei ihrer Verarbeitung erhalten bleiben – ein Zinnatom bleibt ein Zinnatom – und potentiell einer Wiedernutzbarmachung und Neuverwendung fähig sind, spielt Recycling in der Rohstoffpolitik vieler Länder eine zunehmende Rolle.

Die Bedeutung von Sekundärrohstoffen für den Verbrauch metallischer Rohstoffe in Deutschland ist groß, wird doch der Bedarf bei Gold zu 35 %, bei Silber zu 40 %, bei Kupfer zu 45 %, bei Aluminium zu 26 %, bei Eisen und Stahl zu 36 % aus recycelten Stoffen erbracht.

Nach dem gegenwärtigen Stand können unter optimalen Bedingungen eines Stoffkreislaufes die in Tab. 50 aufgeführten Wiederverwertungsraten erreicht werden.

Zweifellos kann der wissenschaftlich-technische Fortschritt dazu beitragen, den Recycling-Prozeß weiter auszubauen. Stoffe, die bisher weitgehend ausgeschlossen waren, z. B. die Wegwerfverpackungen, die Einwegbehälter, weitere Produkte aus schwer- oder nichttrennbaren mineralischen Bestandteilen, sollten durch andere, dem Recycling nicht verlorengehende ersetzt, bessere Sammel- und Aufkaufmethoden entwickelt, günstige Möglichkeiten der Wiederverwertung geschaffen werden. Wenn erreicht wird, daß die Abfälle des einen Produktes zum Rohstoff eines anderen werden, würde allmählich ein geschlossenes System entstehen, welches einem Modell der Vollkommenheit von Austauschprozessen und höchster Effektivität der Ressourcennutzung entspricht. In dieses sind freilich nicht nur mineralische, sondern auch biologische Ressourcen einzubeziehen.

Die Aufgabe höchsteffektiver Ressourcennutzung durch Recycling ist jedoch nicht nur eine Frage der Technik. Sie stellt gleichermaßen hohe Anforderungen an das Denken und Handeln der Menschen in allen Sphären des gesellschaftlichen Lebens.

| Stoff | Gegenwart (um 1995) | Mittelfristige Prognose |
|---|---|---|
| Kupfer | 30–45 | 75–80 |
| Zinn | 50–55 | 65–70 |
| Blei | 50–55 | 60–70 |
| Aluminium | ca. 35 | 50–60 |
| Eisen | ca. 40 | 45–50 |
| Glas | ca. 35 | 50–55 |
| Papier | ca. 50 | 60–70 |

*Tabelle 50*
*Wiederverwertungsraten [%]*

## 2.5.3.
# Landschaftsverbrauch und Rekultivierung

Bergbau führt zu erheblichen Eingriffen in das Landschaftsbild und in den Landschaftshaushalt. Das ist vor allem dort der Fall, wo im wirtschaftlich effektiven Tagebau gearbeitet
wird. Durch Tagebau zerstörte Landschaften findet man deshalb überall auf der Erde vor,
nicht nur in den Braunkohlenrevieren der neuen Bundesländer Deutschlands. Auf deva-
stierte Wälder trifft man beispielsweise in Kanada (im Gebiet der Nickel- und Platingruben
des Sudbury-Komplexes) und in Sibirien (an den Kupferkiesvorkommen von Norilsk) ebenso
wie in den Zinnbergbaugebieten Boliviens und Brasiliens. Savannen sind am Bushveld-
Komplex in Südafrika beim Abbau von Eisen, Titan oder Nickel oder in Sambia und Zaïre
durch den Kupferbergbau  vernichtet worden. Ackerbaulandschaften wurden großflächig
im Kursker Eisenerzrevier südlich von Moskau zerschnitten. Oftmals sind damit einschnei-
dende Veränderungen in der Sozialstruktur verbunden. Im Erzgebirge hat der Uranbergbau
nach 1945 nicht nur das Landschaftsbild verändert, sondern auch die Lebensverhältnisse
der Bevölkerung. Gleiches gilt für die sibirischen oder kanadischen Bergbaugebiete, denen
alte Siedlungs- und Lebensformen weichen mußten. Die Nenzen, Jakuten und Burjat-Mon-
golen haben sich wie die Indianer nur schwer darauf einstellen können. Der Uranbergbau in
Nordaustralien bedrängt die Ureinwohner (POHL 1992).
   Darüber hinaus belastet der Bergbau den Wasserhaushalt und den Gewässerchemismus.
Die Grubenentwässerung führt zur Grundwasserabsenkung. Abbauprodukte werden als Wasserinhaltsstoffe abgeführt. Durch die Touristenmetropole Salzburg fließt eine hohe Salz-
frachten führende Salzach. Ölhaltige Abwässer vergiften die Flußnetze Westsibiriens, so
daß dort der Edelfischfang nur ein Viertel der Erträge bringt, die in den fünfziger Jahren
vor Beginn der Erdöl- und Erdgasförderung erreicht worden sind. Erdölraffinerien können
ebenso wie metallurgische Betriebe Quellen der Luftbelastung darstellen. Im boreal-konti-
nentalen Klima führen winterliche Inversionslagen dann dazu, daß der Emissionskegel deformiert wird und sich die Schadstoffe in der Nachbarschaft der Emittenten absetzen. Diese
Schadstoffe werden durch die Schneedecke zunächst vom Boden abgepuffert, dringen aber
bei Schneeschmelze konzentriert in den Boden ein. Dieser Summationseffekt macht ungereinigte Abgase in der borealen Nadelwaldzone besonders umweltgefährlich (BARSCH u.
WEISSE 1979).
   Die durch den Bergbau ausgelösten Umweltschäden haben bereits seit dem vorigen Jahrhundert verantwortungsbewußte Bergbauingenieure veranlaßt, nach Wegen zur Minderung
der bergbaubedingten Umweltgefährdung und zur Rekultivierung der vom Bergbau hinter-
lassenen devastierten Landschaften zu suchen. Eine kritische Öffentlichkeit hat heute erreicht, daß in einer ganzen Reihe von Industrieländern strenge Auflagen des Umweltschutzes durch den Bergbau eingehalten werden müssen. Das Problem ist dabei, daß der größte
Teil der mineralischen Rohstoffe außerhalb von Ländern mit einem modernen Umweltrecht
gefördert wird und daß dort Auflagen des Umweltschutzes entweder nicht existieren oder
ihre Einhaltung von der Bergaufsichtsbehörde aus wirtschaftlichen Gründen nicht durchgesetzt wird.
   Von den rund 10 Mia. t Abfällen, die nach groben Schätzungen gegenwärtig pro Jahr auf
der Erde entstehen, entfallen etwa 2 Mia. t auf Bergbauabraum bzw. Klärschlämme der
Aufbereitungsanlagen. Sie müssen so deponiert werden, daß von ihnen keine Schadwir-
kungen ausgehen. Abraum wird verkippt. In Tagebaubetrieben ist dies in den bereits ausge-

räumten Bereichen möglich. Je nach ihrer Lage zur Umgebung entstehen dabei Flur-, Überflur- oder Unterflurkippen. Tiefbaubetriebe müssen ihren Abraum (und die nicht abgesetzten Rohstoffe) auf Halden verbringen.

Im Gegensatz zu Kippen werden die Halden auf unverritztem Gelände angelegt. Ihre Abdeckung ist Voraussetzung für ihre Rekultivierung. Klärschlämme bedürfen abgedichteter Absetzbecken. Ihre Entwässerung kann durch Koagulationsmittel beschleunigt werden. Dabei müssen die Inhaltsstoffe der Abwässer ständig kontrolliert werden. Erforderlichenfalls können durch Veränderung des pH-Wertes die Lösungsbedingungen für Inhaltsstoffe gesteuert werden. Nach ihrer Entwässerung sind sie abzudecken. Ziel der Behandlung ist gegenwärtig die völlige Isolierung der Restschlämme. Der umfassende Schadstoffabbau in den Klärbecken ist trotz großer Fortschritte in der mikrobiellen Altlastensanierung gegenwärtig technisch nicht in jedem Fall lösbar.

Ein Sonderproblem stellt die Behandlung von Rückständen des Uranbergbaues dar. Diese Rückstände enthalten die langlebigen α-Strahler Thorium-232, Uran-238 und Uran-235. Unter deren Zerfallsprodukten tritt jeweils ein Gas auf. Für Uran-238 ist es das Radon-222, für Thorium das Thoron-220. Diese kurzlebigen α-Strahler sind durch Diffusion relativ mobil. Radon und radioaktive Sickerwässer gefährden die Gesundheit der Bevölkerung in der Umgebung dieser Deponien erheblich. Das heißt, es muß der Gasaustritt verhindert und der Wasseraustritt streng kontrolliert werden. Mit diesem Problem setzt sich gegenwärtig die Sanierung der über 1000 Halden und rund 20 Absetzbecken des Uranbergbaues in Sachsen und Thüringen auseinander (GATZWEILER 1993). Es stellt sich aber in gleicher Weise für alle anderen Uranbergbaugebiete der Erde, in Usbekistan und Kasachstan ebenso wie in Australien, Kanada, den USA, Namibia, Niger und Südafrika. In den Entwicklungsländern ist eine geordnete Deponie des Uranabraumes noch nicht Realität.

Die Rekultivierung von Bergbaulandschaften erfordert insbesondere in Tagebaugebieten erhebliche Aufwendungen. Es kann sich dabei nicht um die Herstellung des Ursprungszustandes handeln. Insbesondere in Tagebaugebieten ist durch die Auskofferung der Lagerstätte und die Verkippung ihres Abraumes eine völlig neue Landschaftsstruktur entstanden. Rekultivierung bedeutet deshalb Neugestaltung einer Bergbaufolgelandschaft. Dieses Rekultivierungsziel muß bereits beim Abbau beachtet werden, beispielsweise durch das getrennte Absetzen von Oberboden („Mutterboden") und Unterboden- bzw. Untergrundmaterial und durch die Einhaltung standsicherer Böschungswerte an der Kippe.

Nach dem Abschluß des Bergbaues wird die Grubenentwässerung schrittweise eingestellt. Mit dem Anstieg des Grundwasserspiegels erhöht sich jedoch das Risiko des Setzungsfließens. Dann hat sich die Standfestigkeit der Kippen zu beweisen. Ist das der Fall, kann der Oberboden aufgetragen werden. Ein großer Teil des Tagebaugebietes läßt sich nunmehr einer land- oder forstwirtschaftlichen Nutzung zuführen. Übrig bleiben die Restlöcher, die geflutet werden, und Extremstandorte, die auf kleinem Raum wechselnde Standortbedingungen (Steilhang oder Flachhang, lehmig oder sandig, trocken oder feucht) aufweisen. Die Tagebaurestseen lassen sich zur Erholung nutzen. Die Extremstandorte können durch Hecken- und Gehölzgruppen strukturiert und so in die Lage versetzt werden, für die durch Land- oder Forstwirtschaft verdrängten Arten als Fluchträume zu dienen. Protektivstandorte stehen damit neben Produktivstandorten. Nach diesen Gesichtspunkten sind beispielsweise die Sanierungspläne für die in der Niederlausitz nach 1990 aufgelassenen Tagebaue entwickelt worden. Sie wurden 1993 durch den Braunkohlenausschuß des Landes Brandenburg bestätigt.

Refugien für seltene Pflanzen ergeben sich auf natürliche Weise in aufgelassenen Steinbrüchen, Tonstichen und Sandgruben. Vielfach stehen sie deshalb unter Naturschutz. Die unterirdischen Hohlräume, die der Bergbau geschaffen hat, bieten sich als Deponiestandorte an, wenn sie standfest genug sind und sich von ihrer Umgebung isolieren lassen. Die besten Voraussetzungen dafür weisen Salzstöcke auf, deren Deckschichten intakt sind. Diese dichten die Schächte nach außen ab und eignen sich auch zur Aufnahme toxischer Stoffe. Diese werden damit dem Stoffkreislauf in der Biosphäre dauerhaft entzogen. Ob dies auch bei der Endlagerung radioaktiver Abprodukte der Fall ist, bleibt umstritten. Davon zeugen die Auseinandersetzungen um das Endlager Gorleben bei Wendland in Niedersachsen.

# 3.
# Biologische Ressourcen

## 3.1.
## Energiebilanz und atmosphärische sowie ozeanische Zirkulation

### 3.1.1.
### Energiebilanz

Hauptenergiequelle aller natürlichen Prozesse in der Landschaftssphäre ist die Sonnenstrahlung. Ihre Energie entsteht durch Kernfusion im Inneren der Sonne. Jeweils vier Wasserstoffatome werden dabei zu einem Heliumatom vereinigt, dessen Masse etwas geringer ist als die der Wasserstoffatome zusammen ($4\,^1_1$H: 4 · 1,008 und $^2_4$He: 4,003; Massendifferenz 0,029). Dadurch wird – nach EINSTEIN durch E = m · c$^2$ (E: Energie; m: Masse; c: Lichtgeschwindigkeit) – Energie frei, die von der Sonne in Form von Lichtquanten (Photonen) abgestrahlt wird. Man nimmt an, daß im Sonneninneren etwa 120 Mio. t Materie pro Minute in Energie umgewandelt werden, um die Menge von ca. 2,285 · $10^{25}$ kJ (546 · $10^{25}$ kcal) erklären zu können, die pro Minute von der Sonne abgestrahlt werden müssen, wenn der Obergrenze der Erdatmosphäre – wie Satellitenmessungen gezeigt haben – pro Minute rund $10^{19}$ kJ Sonnenenergie zugeführt werden (ZIEGLER 1978).[1]

Die Energiemengen, die durch endogene Vorgänge der Landschaftssphäre zugeführt werden (Abb. 43), sind im Vergleich zum exogenen Energiegewinn durch die solare Einstrahlung sehr gering (BLOOM 1978). Sie äußern sich lediglich in der Gezeitenwirkung und im geothermischen Wärmefluß, wenn man von der Energieausbeute aus der Erdkruste durch fossile Brennstoffe, wie Kohle und Erdöl, absieht. Sie stellen gespeicherte Sonnenenergie dar, weil sie bei der Photosynthese von Pflanzen gebildet worden sind. Dabei ist die Energieausbeute der solaren Einstrahlung bei der Photosynthese außerordentlich niedrig. Fossile Brennstoffe brauchen deshalb eine lange Bildungsdauer. Wesentlich höher ist dagegen der Anteil von Strahlungsenergie, der in den hydrologischen Zyklus überführt wird, als latente Wärme, die bei der Verdunstung von Wasser gebunden wird. Zu beachten ist darüber hinaus, daß sich zwar in der Atmosphäre die kinetische Energie von Bewegungsvorgängen allein aus dem strahlungsbedingten Energieumsatz ableiten läßt, daß aber in der Hydrosphäre in Bewegungsvorgänge auch die mit der Erdrotation zusammenhängende Gezeiten-

---

[1] Da bei Energiebilanzierungen aus relativ wenigen Einzelmessungen extrapoliert werden muß, gibt es Abweichungen zwischen den Werten verschiedener Autoren. Ihre absoluten Größen sind deshalb in erster Linie als Grundlage für die Beurteilung ihrer Relationen untereinander zu betrachten.

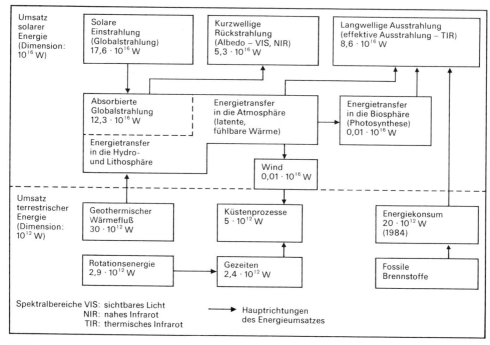

Abbildung 43
Energiebilanz der Erde (ergänzt nach Bloom 1978)

Abbildung 44
Mittlerer Strahlungs- und Energiehaushalt an der Erdoberfläche und in der Atmosphäre (aus Dyck 1983)

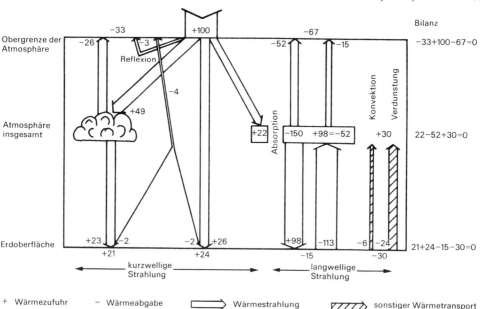

Abbildung 45
Nettostrahlungseinnahme der Erde (aus BUDYKO 1980)

wirkung eingeht (vgl. Kapitel 4.4.4.). Das mindert aber nicht die überragende Bedeutung der solaren Strahlung für den Energiehaushalt der Erde. Ihr Umsatz (Abb. 44 und 45) in der Atmosphäre und an der Oberfläche ist die Basis des natürlichen Stoffwechsels in der Landschaftssphäre.

## 3.1.2.
## Atmosphärische Zirkulation

### 3.1.2.1.
### Die Höhenströmung – Energietransfer unter Einfluß von Gradientkraft und Coriolisbeschleunigung

Die hohen Einstrahlungsmengen in den Tropen bewirken einen hohen Wärmeinhalt tropischer Luftmassen. Ihre innere Energie ist beträchtlich. Tropikluft dehnt sich aus. Damit wächst auch ihre potentielle Energie, denn diese wird durch die Arbeit bestimmt, die erforderlich ist, um einen Körper vom Meeresspiegel auf sein jetziges Niveau zu heben. Der Massenschwerpunkt tropischer Warmluft liegt höher über der Erdoberfläche als der Schwerpunkt polarer Kaltluft. Das ermöglicht die Umwandlung eines Teiles der potentiellen Energie tropischer Luftmassen in kinetische Energie, d. h. den Luftmassentransport über große Entfernungen und somit die planetarische Zirkulation in der Atmosphäre. Dieser Prozeß verläuft unstetig. Wirbel- und Wellenbildungen sind dafür charakteristisch. Kinetische Energie wird dabei durch Reibung wieder in Wärme zurückverwandelt. So entsteht ein Energiekreislauf in der Atmosphäre, der mit der Einstrahlung der Sonne beginnt, mit der Ausstrahlung der Erde endet und zwischendurch die Luftmassen der Erde bewegt (vgl. Ahlheim 1989).

Mit der planetarischen Zirkulation der Atmosphäre wird Wärme aus den Tropen in die Außertropen transportiert. Dabei kann man drei Hauptglieder unterscheiden (Abb. 46), die ineinander übergreifen: die Passatzirkulation, die verwirbelte Westwindzirkulation (vgl. Hendl 1983) und die Polarzirkulation. Direkt thermisch angeregte Zirkulationsformen um eine horizontale Achse (Hadley-Zellen) stellen die Passat- und die Polarzirkulation dar. Bei der Westwindzirkulation handelt es sich um eine indirekt dynamisch angeregte Zirkulation mit vertikaler Achse (Ferrel-Zelle).

Die thermisch angeregten Hadley-Zellen ergeben sich daraus, daß einem Höhenhoch über dem thermischen Äquator ein Höhentief an den Polen gegenübersteht. Die polare Kaltluft ist viel dichter als die warme Tropikluft. Hier nimmt der Luftdruck mit steigender Höhe viel stärker ab als am thermischen Äquator. In 10 000 m Höhe sind an den Polen Drücke um 250 hPa (mb) während des ganzen Jahres die Regel. Die Druckdifferenz und damit auch die Gradientkraft sind auf der Winterhalbkugel größer als auf der Sommerhalbkugel. Meridionale Luftströmungen, die in den Außertropen vor allem Abweichungen vom langjährigen Temperaturmittel verursachen, können sich also im Winter stärker ausprägen als im Sommer.

Die Dynamik der Ferrel-Zellen kommt zustande, weil sich die Luftmassen der Erde in einem rotierenden System bewegen. In einem rotierenden System tritt zusätzlich zur Gradientkraft die Zentrifugalkraft auf. Diese ist von der Winkelgeschwindigkeit der Erde (ωdurch die Erdrotation bedingt) sowie von der Bahngeschwindigkeit des Luftteilchens abhängig (ω · r; je größer der Abstand von der Erdachse ist, desto höher ist die Bahngeschwindigkeit). Die Anziehungskraft der Erde kompensiert zunächst die Zentrifugalkraft. Wenn sich aber ein Luftteilchen bewegt, erhält die Zentrifugalkraft eine Trägheitskomponente: die Corioliskraft. Je größer die Unterschiede in der Bahngeschwindigkeit von Abgangs- und Zielort sind, desto stärker wird eine durch die Corioliskraft ausgelöste Beschleunigung positiv oder negativ wirksam.

Die Coriolisbeschleunigung ergibt sich aus der Winkelgeschwindigkeit der rotierenden Erde (ω), der geographischen Breite (φ : bestimmt die Bahngeschwindigkeit) und der Geschwindigkeit des bewegten Luftteilchens (v: durch die Gradientkraft bedingt) entsprechend der Formel $a_c = 2\omega \cdot \sin\phi \cdot v$ (vgl. MALBERG 1994). Am Äquator beträgt $\sin\phi = 0$, an den Wendekreisen 0,4, an den Polarkreisen jedoch 0,9 und am Pol 1,0. In den hohen Werten für $\sin\phi$ und damit für die Coriolisbeschleunigung in den Außertropen spiegelt sich die Tatsache wider, daß hier infolge der Kugelgestalt der Erde die Abnahme des Umfangs der Breitenkreise wesentlich rascher erfolgt als in den Tropen, daß polwärts die Unterschiede in der Bahngeschwindigkeit der Luftmassen (die Lufthülle rotiert wie die gesamte Erde einmal am Tag um die Erdachse) von Breitenkreis zu Breitenkreis immer größer werden.

Generell läßt sich sagen: Bedingen Luftdruckunterschiede äquatorial-polare Luftbewegungen, so wird die Wirkung der vom Äquator zum Pol gerichteten Gradientkraft in höheren Breiten zunehmend durch die Coriolisbeschleunigung überlagert und die strömende Luft nach Osten abgelenkt. Erreicht die Coriolisbeschleunigung die Größe der Gradientkraft, wird die Gradientkraft kompensiert. Im Kräftegleichgewicht weht der Wind parallel zu den Isobaren. Diese unbeschleunigte Gleichgewichtsströmung heißt geostrophischer Wind. Aus Südwinden (auf der Nordhalbkugel) und Nordwinden (auf der Südhalbkugel) werden geostrophische Westwinde. Umgekehrt werden äquatorwärts wehende Winde bei negativer Coriolisbeschleunigung westwärts abgelenkt, also zu Ostwinden. Schaut man dem Wind nach, liegt das Höhenhoch auf der Nordhalbkugel zur Rechten, auf der Südhalbkugel zur Linken. Das Höhentief befindet sich jeweils auf der gegenüberliegenden Seite.

## 3.1.2.2.
## Passatzirkulation

Betrachtet man nunmehr die Glieder der planetarischen Zirkulation der Atmosphäre genauer, so kann man zunächst feststellen, daß bei der Passatzirkulation (Abb. 46) in der Höhe ein polwärts gerichtetes Druckgefälle besteht, das zu polwärts gerichteten Höhenströmungen führt. Die Kugelgestalt der Erde schließt jedoch ein ungehindertes Abströmen der tropischen Luftmassen vom Äquator zu den Polen nicht nur wegen des Einflusses der Corioliskraft aus, sondern auch deshalb, weil Reibungseffekte in der Höhe absteigende Luftbewegungen auslösen, die Ostwinde in der Höhe (easterly jets) verstärken können. Die absteigende Luft erwärmt sich trockenadiabatisch (durch Reibung bei Kompression) um ca. 1 K/100 m. Sie ist an der Obergrenze der Grundschicht, also in etwa 2 km Höhe, wärmer als die bis dahin aufgestiegene und trockenadiabatisch (durch Expansion) abgekühlte Luft. Es bildet sich eine stabile Schichtung mit Inversion heraus.

Unterhalb der Passatinversion strömt Luft zu den Bodentiefs der inneren Tropen. Dieser Passatwind unterliegt dem Einfluß einer negativen Coriolisbeschleunigung. Deshalb ist er als Nordost- oder Südostpassat bekannt. Er weht außerordentlich beständig von den äußeren zu den inneren Tropen. Im Kern und an den Westküsten der Kontinente ist er trocken. Ostküsten bringt er auch länger andauernden Regen, weil sich hier an Küstengebirgen die Passatinversion auflöst (Steigungsregen). Wenn allerdings Kaltlufttropfen aus der Westwindzirkulation in die tropischen HADLEY-Zellen eingedrungen sind, wird deren Beständigkeit gebrochen (WARNECKE 1991). Die Hochtroposphäre kühlt sich ab. Es kommt zu labilen Schichtungen mit Sturmböen, Gewittern, Regenfällen, die von Ost nach West wandern. Ähnliche Auswirkungen können regionale Luftdruckschwankungen in der Äquatorialzirkulation haben (MALBERG 1994). Auch dadurch entstehen in den benachbarten Passatzellen „easterly waves" und deren von Osten kommende Niederschlagsgebiete.

## 3.1.2.3.
## Äquatorialzirkulation und Monsunzirkulation
## (als Teil der Passatzirkulation)

Zu den inneren Tropen hin nimmt die Höhe der Passatinversion zu. Dennoch bleibt zunächst die stabile Schichtung erhalten. Die Passatinversion kann erst dann auf breiter Front durchbrochen werden, wenn vom Boden genügend feuchte Luftmassen aufsteigen, die sich beständig feuchtadiabatisch abkühlen, also lediglich um 0,5 K/100 m. Hier wird der Wärmeverlust durch Expansion beim Aufsteigen dadurch gemindert, daß bei der abkühlungsbedingten Kondensation des Wasserdampfes in der Luft Wärme frei wird. Die feuchten Luftmassen, die dazu erforderlich sind, werden durch die über See streichenden Nordost- und Südostpassate herangeführt, die in der innertropischen Konvergenzzone (ITC) aufeinandertreffen. Die ITC liegt im Mittel bei 5° nördlicher Breite. Dem Sonnenstand folgend, verlagert sie sich nach Nord und Süd. Innerhalb der ITC spielt die Coriolisbeschleunigung keine Rolle. So bildet sich hier eine rein thermisch bedingte Meer-Land-Zirkulation aus, die für die inneren Tropen charakteristisch ist. Sie folgt dem Druckunterschied zwischen der dichteren Luft über dem weniger aufgeheizten Ozean (höherer Druck) und der weniger dichten Luft über dem stärker erhitzten Festland (tieferer Druck). Man bezeichnet diese Sonderform der Passatzirkulation als Äquatorialzirkulation (im Pazifik als WALKER-Zirkulation, Abb. 46).

Die Monsunzirkulation ist ebenfalls eine Sonderform der Passatzirkulation. Im Winterhalbjahr herrscht stabile Schichtung. Die Nordostmonsune (Wintermonsune) Indiens stellen Nordostpassate dar. Im Sommer stellt sich die ITC über Indien ein. Wie bei der Äquatorzirkulation herrscht labile Schichtung, allerdings mit stärkerem Einfluß der Coriolisbeschleunigung. Der Meer-Land-Wind kommt aus dem Südwesten als Südwestmonsun (Sommermonsun). Er führt feuchte Luftmassen heran, die auf dem Festland aufsteigen, sich feuchtadiabatisch abkühlen und Starkregen bringen. Es herrscht labile Schichtung vor.

Besonders deutlich wird hier der Einfluß von Hochflächen auf die Erwärmung der bodennahen Luftschicht. Hochflächen weisen ein höheres Strahlungsumsatzniveau als Tiefländer auf. Hier wird in großer Höhe die Luft am Boden tagsüber stark erwärmt. Dann weist die Hochgebirgsluft eine viel geringere Dichte auf als die Luft, die aus dem entfernteren Tiefland in vergleichbare Höhen aufgestiegen ist und sich dabei abgekühlt hat. Das heißt, erwärmte Hochländer saugen innerhalb der Passatzirkulation in der Grundschicht Luft an. An ihrem Rand bilden sich Hitzetiefs aus. Bodennahe Hitzetiefs am Rand der Anden vermitteln so die Zufuhr von Meeresluft in das Amazonastiefland, bodennahe Hitzetiefs am Rand von

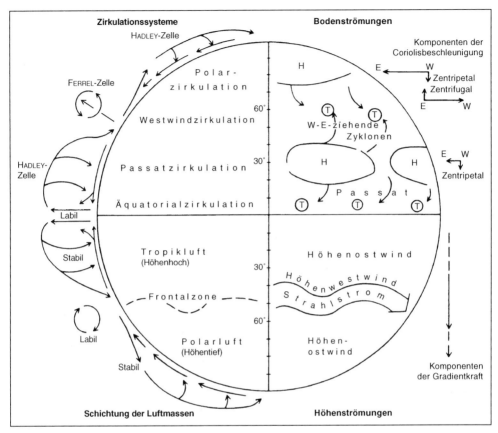

Abbildung 46
Atmosphärische Zirkulation

Ostafrika die Zufuhr von Meeresluft in das Kongobecken. Das stärkste Hitzetief in der Grund-schicht entwickelt sich jedoch im Sommer am Südrand des Himalaja. Im Juni ist über dem Himalaja die Einstrahlung um 30 % größer als am Äquator (MALBERG 1994). So bewirkt das Monsuntief über Nordindien die Zufuhr von Meeresluft nach Südasien, es ist verantwort-lich für die Ausbildung des Sommermonsuns.

Das zu dieser Zeit im 300-hPa- und 200-hPa-Niveau der Höhenwetterkarten, also in 10–15 km Höhe, erkennbare Höhenhoch über Südasien markiert dann die aus dem Monsun-tief der Grundschicht in die obere Troposphäre aufsteigende Luft. Von diesem Hoch aus stellt sich eine kräftige, nach Westen gerichtete Höhenströmung ein. Diese „easterly jets" verstärken die Passatzellen in Vorderasien und Nordafrika. Ausgeprägte stabile Schichtun-gen und extreme Niederschlagsarmut sind die Folge. Die Wüsten beginnen hier schon an den Ostküsten. In vergleichbaren Breitenlagen Mittelamerikas und Südostasiens (Philippi-nen, Vietnam, Karibik) wird dagegen die Passatinversion durchbrochen. Dort ist im Som-mer Regenzeit. Regengrüner Feuchtwald und Feuchtsavanne sind anzutreffen.

## 3.1.2.4.
## Westwindzirkulation

Die Westwindzirkulation der Außertropen wird beherrscht von der planetarischen Frontalzone, in der tropische Warmluft und polare Kaltluft am Boden aufeinandertreffen und die in der Höhe mit dem vom Äquator kommenden Wärmestrom zum Pol drückende Tropikluft stark abgekühlt wird. Hier ist in der Höhe das Druckgefälle zwischen dem Äquator und den Polen besonders stark. Hier ist aber auch in der Höhe der Wirkung die Coriolisbeschleunigung besonders groß. Im Gleichgewicht zwischen Gradientkraft und Coriolisbeschleunigung haben sich geostrophische Winde ausgebildet. Dabei handelt es sich um Westwinde, die sich in der Regel in einem nur wenige hundert Kilometer breiten Band mit Windgeschwindigkeiten um 50 m/s und mehr bündeln, dem Strahlstrom (jet stream). Geringfügige Abweichungen vom Gleichgewichtszustand, beispielsweise durch Reibungskräfte ausgelöst, führen zu Wellenbildungen im Strahlstrom. Wenn der meridionale Temperaturgradient 3,5–6 K/1000 km beträgt (WARNECKE 1991), mäandriert das Strahlstromband in 50–120 Längengraden mit langen Wellen (Abb. 46). Bei einem größeren Druck- und Temperaturgefälle zwischen Äquator und Pol werden sie kürzer, bei einem geringeren länger. Die hemisphärische Wellenzahl schwankt zwischen 3 und 7 (vgl. Kapitel 3.5.3.).

Mit der Auslenkung zum Pol sind zumeist Verengungen (Konvergenzen) des Strahlstroms verbunden, mit der Rücklenkung Erweiterungen (Divergenzen). Höhenkonvergenzen verursachen am Boden Luftzufuhr und Druckanstieg, Höhendivergenzen Luftaufstieg und die Bildung von Tiefdruckgebieten. So liegen östlich der Kontinente (im Lee der Kontinente) bekannte Bildungsgebiete von Tiefdruckgebieten: das Gebiet von Island und das der Aleuten. Allerdings handelt es sich nicht um stationäre Tiefdruckgebiete; insofern sind die Bezeichnungen Island-Tief und Aleuten-Tief irreführend.

Die am Boden unter dem Strahlstrom der Westwindzirkulation entstandenen Tiefdruckgebiete wandern mit der Höhenströmung mit. Am Boden gleitet dabei warme Tropikluft auf die kalte Polarluft auf und wird von ihr verdrängt. Es bildet sich eine labile Schichtung aus, mit dem typischen Vorderseiten- (Dauerregen) und Rückseitenwetter (Schauer) der außertropischen Zyklonen.

## 3.1.2.5.
## Polarzirkulation

In der oberen Troposphäre herrschen im 300-hPa-Niveau Temperaturen um -60 °C im Winter und -45 °C im Sommer. Absinkende Luftbewegungen in der Höhe und fehlende Erwärmung am Boden bewirken im Winter eine stabile Schichtung mit dichter Kaltluft am Boden. Trotz des kurzzeitig hohen Strahlungsgenusses im Sommer (hier wird am Polartag das Einstrahlungsmaximum der Erde erreicht), bleiben die Schichtungsverhältnisse der Polarluft ganzjährig stabil. In der Bodenwetterkarte zeichnet sich ein Hoch über den Polen ab, in der Höhenwetterkarte ein Tief. Ausbrüche bodennaher Kaltluft aus der Arktis sind mit Nordostwind verbunden. Über den Meeren ausfließende Polarluft wird dabei labilisiert, weil sie erwärmt und mit Feuchtigkeit angereichert wird. Sie erreicht auf der Rückseite von wandernden Tiefdruckgebieten der Westwindzone oftmals die Subtropen. Das ist mit ergiebigen Niederschlägen an den Luftmassengrenzen verbunden. Auf der Südhalbkugel fallen

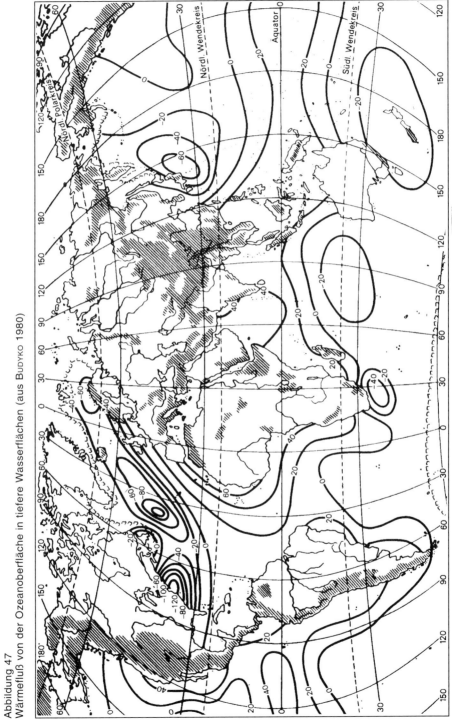

Abbildung 47
Wärmefluß von der Ozeanoberfläche in tiefere Wasserflächen (aus Budyko 1980)

Wärmefluß von der Meeresoberfläche in tiefere Wasserschichten [kcal/cm² · a, wobei 1 kcal = 4186,8 J]

Mittel- und Hochgebirge

derartige Niederschläge in der Regel auf dem Meer. Hier besteht in Bodennähe ein erhebliches Druckgefälle zwischen den Luftmassen über dem antarktischen Kontinent und den Luftmassen über den benachbarten Ozeanen. Das äußert sich in starken Südostwinden am Rande der Antarktis, die, ohne abzuflauen, Tag für Tag wehen.

## 3.1.3.
## Ozeanische Zirkulation

### 3.1.3.1.
### Wärmehaushalt im Weltmeer

Die miteinander verbundenen horizontalen und vertikalen Strömungen in den Ozeanen, als ozeanische Zirkulation bezeichnet (vgl. SCHARNOW u. a. 1978), vermitteln großräumige Wärmetransporte von den Tropen zu den Außertropen. Die Karte des Wärmeflusses von der Ozeanoberfläche zu den tieferen Wasserschichten zeigt, daß dieser in den Tropen überwiegend positive Werte annimmt, in den Außertropen jedoch fast ausschließlich negative Werte (BUDYKO 1980). Randbereiche der Kontinente sind dadurch in den Außertropen wärmer als das Innere der Kontinente (vgl. hier und im folgenden ROSENKRANZ 1980), in den Tropen jedoch kühler.

Dennoch ist der Wärmegewinn der Ozeanoberfläche vor allem in den Tropen hoch (Abb. 47). Die durch Absorption der Sonnenstrahlung gewonnene Wärme bleibt auch dem Oberflächenwasser weitgehend erhalten. Ein Transport von Wärme nach unten schließt sich prinzipiell dadurch aus, daß das kalte Tiefenwasser dichter ist als das warme Oberflächenwasser. Es stellt sich also in den Ozeanen bei Erwärmung (im Gegensatz zur Luft) eine stabile Schichtung ein. Durchbrochen wird sie in den Tropen in flachen Buchten oder Randmeeren, wo der Salzgehalt der oberen Wasserschichten durch die Wirkung der Verdunstung so steigt, daß diese dichter werden und absinken. Für das offene Weltmeer hat dieser Effekt keine Bedeutung. Wesentlich wichtiger ist jedoch in den Ozeanen die Labilisierung der Schichtung, die dann eintritt, wenn warmes Oberflächenwasser permanent abgeführt und nicht ersetzt wird. Dann steigt kaltes Tiefenwasser auf. An den Westküsten der Kontinente ist das im Bereich der Passate der Fall. Ausnahmen davon sind mit erheblichen Witterungsanomalien verbunden (vgl. Kapitel 3.1.3.3.).

### 3.1.3.2.
### Meeresströmungen

Die Oberflächenströmungen der Ozeane werden primär durch den Windschub ausgelöst. Im Passatgebiet bewirkt er innerhalb des Atlantiks und des Pazifiks sowie im Südindik kontinuierliche Strömungen aus nordöstlicher und südöstlicher Richtung, denn die Passate wehen außerordentlich beständig (etwa 90 % der Regel entsprechend aus Nordost oder Südost). Die nach Südwest und Nordwest setzenden Strömungen (Abb. 48) münden am Äquator in den Äquatorialstrom ein, einen nach Westen gerichteten Strom. Er wird geteilt durch den äquatorialen Gegenstrom und unterlagert durch den äquatorialen Unterstrom. Beide stellen nach Osten setzende Ströme dar. Ihr Verlauf zeigt, daß neben dem Windschub –

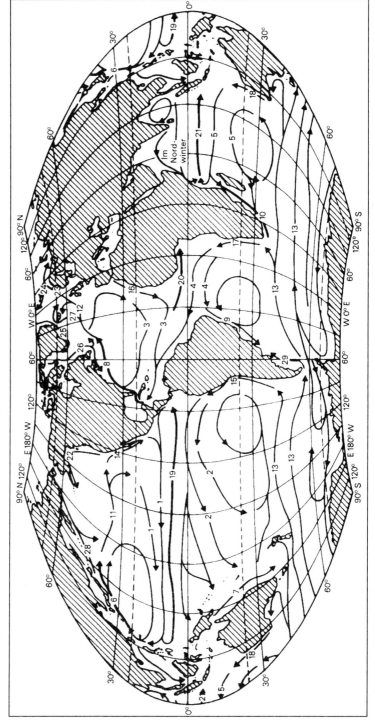

Abbildung 48
Meeresströmungen (aus SCHARNOW 1978)

dessen Richtung und Größe bekanntlich (siehe Kapitel 3.1.2.1.) durch Gradientkraft und Coriolisbeschleunigung in der Atmosphäre bestimmt werden – auch im Weltmeer selbst Gradientkraft und Coriolisbeschleunigung wirksam werden. Der äquatoriale Unterstrom wird durch den Wasserstau am Ostrand der Kontinente hervorgerufen, den der Äquatorialstrom auslöst. Der Unterstrom fließt deshalb nach Osten, aus einem Gebiet mit relativ hohem Niveau des Meeresspiegels[2], zu einem Gebiet mit niedrigem Niveau des Meeresspiegels.

Windschub, Gradientkraft und Coriolisbeschleunigung bestimmen auch den Verlauf der anderen Oberflächenströmungen im Weltmeer. Hier sind auf der Nordhalbkugel vor allem die nach Nordosten setzenden warmen Ströme zu nennen, die einen Wärmetransport (etwa $6,3 \cdot 10^{12}$ kcal oder $26,5 \cdot 10^{12}$ kJ pro Jahr) leisten, der für das Klima der Nordkontinente sehr wesentlich ist. Es handelt sich um den Golfstrom und um den Kuroschiustrom. Beide entwickeln sich an Ostküsten der Kontinente im Bereich des nördlichen Wendekreises. Sie leiten das von den Äquatorialströmen zugeführte Oberflächenwasser – dem Druckgefälle folgend – polwärts ab. Unter dem Einfluß der Coriolisbeschleunigung und der Schubwirkung der außertropischen Westwinde werden sie dabei nach Osten abgelenkt. Sie bevorteilen zunächst die Ostküsten von Nordamerika und Asien thermisch, dann aber (ab 40° N) die Westküsten von Europa und Nordamerika. Ihr Gegenstück auf der Südhalbkugel sind die warmen Strömungen an den Ostküsten von Südamerika, Afrika und Australien. Ihre Ablenkung nach Osten, von den Küsten weg, führte ab 40° S zur Ausbildung der die ganze Südhalbkugel umspannenden Westwinddrift.

Alle Strömungen sind turbulent, also verwirbelt. So verändert sich ihre Lage ständig. Dennoch bleibt die Grundrichtung der Strömung erhalten. Das gilt auch für die Stromringe, die sich am Rand von Golfstrom, Kuroschiustrom und Westwinddrift entwickelt haben und die relativ langsam fließen. Äquatorwärts bilden sich damit, unterhalb 40° nördlicher und südlicher Breite, kalte Strömungen an den Westküsten der Kontinente aus, polwärts von 50° N kalte Strömungen an den Ostküsten der Kontinente. Sie führen zu einer thermischen Benachteiligung dieser Küsten. Andererseits wird dabei sowohl in den Tropen als auch in den Außertropen der Aufstieg von Tiefenwasser möglich, in dem sich die Nährstoffe befinden, die beim Abbau abgesunkener toter Organismen freigesetzt wurden. Sie kehren nur in solchen labil geschichteten Bereichen in Oberflächennähe zurück. Bei stabiler Schichtung, die für warme Strömungen typisch ist, gehen sie der Entwicklung des Planktons verloren. So steht der thermischen Benachteiligung der tropischen Westküsten und der außertropischen Ostküsten die Tatsache gegenüber, daß vor diesen Küsten die biotische Produktion hoch ist, daß dort mit Nährstoffen gut versorgte Fischgründe liegen.

Selbstverständlich wird die globale Oberflächenwasserzirkulation in den Ozeanen durch eine Tiefenwasserzirkulation weltweit ergänzt, nicht nur an den Küsten, an denen das Tiefenwasser aufsteigt. Im Gegensatz zur Oberflächenwasserzirkulation, die primär eine Warmwasserzirkulation vom Äquator zu den polaren Breiten darstellt, ist die Tiefenwasserzirkulation eine Kaltwasserzirkulation, die aus höheren und in niedere Breiten führt. Sie gleicht die Verdunstungsverluste der tropischen und subtropischen Meere aus, auch die der in diesen Breiten von Verdunstungsverlusten besonders stark betroffenen Rand- und Nebenmeere. Die Strömungsgeschwindigkeiten sind bei der Tiefenwasserzirkulation wesentlich geringer als bei den Oberflächenströmungen. Dennoch sind auch hier schon Werte über 10 cm/s gemessen worden, so daß sich nicht nur Risiken für den untermeerischen Bergbau (vgl.

---

[2] bezogen auf die „ideale Meeresoberfläche". Sie entspricht der Oberfläche des Geoids.

Kapitel 2.5.2.4.), sondern auch für jede Art der Deponie von Abprodukten ergeben. Insbesondere die Ablagerung radioaktiver Abfallstoffe auf dem Meeresgrund verbietet sich damit.

### 3.1.3.3.
### Wechselwirkungen zwischen atmosphärischer und ozeanischer Zirkulation (El-Niño-Phänomen)

An den Kontaktflächen zwischen Wasser und Luft findet ein ständiger Austausch von Energie (in Form von Strahlung, von Bewegungsimpulsen, von latenter sowie fühlbarer Wärme), Wasser, Gasen und Feststoffen (Salzen, Metallen, Mineralen, organischen Verbindungen) statt. Die größte Bedeutung für die atmosphärische und ozeanische Zirkulation hat dabei der Energieaustausch, insbesondere die Energieeinspeisung vom Ozean in die Atmosphäre sowie die Übertragung von Bewegungsimpulsen aus der Atmosphäre an die Meeresoberfläche (vgl. HUPFER 1984).

Effekt der Wärmeabgabe des Ozeans an die Atmosphäre ist eine diabatische (durch Wärmeaustausch hervorgerufene) Erwärmung der über dem Wasser liegenden Luftschicht. Bei der Beobachtung von Temperaturanomalien der Meeresoberfläche und nachfolgenden Witterungsabläufen (WEBSTER 1982) läßt sich feststellen, daß dieser Effekt sowohl jahreszeiten- als auch breitenabhängige Unterschiede aufweist. In mittleren Breiten ist während des Winters bei einer – infolge der hohen Druck- und Temperaturunterschiede zwischen Tropik- und Polarluft – kräftig entwickelten Westwindzirkulation mit raschen Luftmassentransporten die lokale Reaktion der Atmosphäre auf die Änderung der Meerestemperaturen nur schwach ausgebildet. Deutlicher wird sie im Sommer bei der Abschwächung der Westwindzirkulation und der damit längeren lokalen Verweildauer von Luftmassen. Noch enger aber ist die Kopplung zwischen Ozean und Atmosphäre in den Tropen. Im Pazifik hat sich ein großräumiges ozeanisch-atmosphärisches Rückkopplungssystem ausgebildet, das von WALKER (1924) als „Southern Oscillation" bezeichnet wurde.

Der Windschub der Passate baut hier, wie in den anderen Ozeanen, einen von Ost nach West setzenden Äquatorialstrom auf. Da er Oberflächenwasser von der Westküste Südamerikas abzieht, kann dort kaltes Tiefenwasser aufsteigen. Dadurch stellt sich im Äquatorialstrom ein Temperaturgefälle ein, das sich auf die äquatorialen Luftmassen überträgt. Die kälteren und dichteren Luftmassen liegen im Osten des zentralen Pazifiks, die wärmeren und weniger dichten im Westen. Relativ hoher Druck herrscht im Osten, relativ niedriger Druck im Westen. Es bildet sich die klassische WALKER-Zirkulation heraus, deren aufsteigender Ast (mit Tiefdruck am Boden und hohem Druck in der oberen Troposphäre) über den Malaiischen Inseln und Neuguinea liegt und deren absteigender Ast (mit umgekehrten Druckverhältnissen) sich vor der Westküste von Mittel- und Südamerika befindet (Abb. 49). Dort herrscht Trockenheit. Die Wüste auf den Galápagosinseln zeigt dies an. Niederschläge von mehr als 2000 mm/a fallen auf den Malaiischen Inseln und Neuguinea. Ostwind dominiert in der Grundschicht der Troposphäre. Polwärts und nach Osten strömt die Luft in der oberen Troposphäre ab.

Je mehr Tiefenwasser aufsteigt, desto kälter bleibt über lange Strecken der pazifische Äquatorialstrom, desto schwächer wird der aufsteigende Ast der WALKER-Zirkulation und desto geringer ist in der oberen Troposphäre die Druckdifferenz zwischen Äquator und den

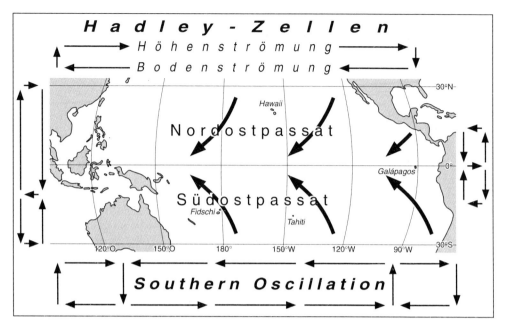

Abbildung 49
Southern Oscillation (ergänzt nach WARNECKE 1991)

Passathochdruckzellen. Den Passatzellen wird in der Höhe nur wenig Luft zugeführt. Sie werden geschwächt. Dadurch erlahmen in der Grundschicht die auf den Äquator gerichteten Passatwinde. Ihr Windschub verringert sich beträchtlich. Es wird nur noch wenig Oberflächenwasser von der Westküste Südamerikas abgezogen. Das El-Niño-Phänomen tritt ein (span.: el Niño Jesus – das Christkind). Fischer haben es so benannt, weil sie zunächst erkannt hatten, daß mit dem Auftreten wärmeren Wassers an den Küsten von Ecuador und Peru um die Weihnachtszeit die Fische ausblieben, die den planktonreichen kalten Strömen folgen. Hinzu kommen über dem warmen Äquatorialstrom starke Regenfälle. Das Maximum der Niederschläge verlagert sich in den zentralen Pazifik.

Ein wärmeres Äquatorialgebiet belebt die Äquatorialzirkulation erneut. Die Passathochdruckzellen werden gestärkt. Der Windschub der Südost- und Nordostpassate treibt die Äquatorialströmung wieder an. Tiefenwasser steigt an der Westküste Südamerikas erneut auf. „La Niña", die kalte Phase der Southern Oscillation, ist erreicht. Die WALKER-Zirkulation befindet sich am Ausgangspunkt der Rückkopplungsschleife (vgl. WARNECKE 1991). Alle sieben bis elf Jahre wurden in diesem Jahrhundert El-Niño-Phänomene beobachtet. Ähnliche Witterungsanomalien durch Southern Oscillation konnten am Rande des tropischen Indiks und des tropischen Atlantiks beobachtet werden. Die Aufklärung ihrer gegenseitigen Verknüpfung ist heute Gegenstand des Weltklimaforschungsprogramms.

## 3.1.4.
## Landschaftshaushalt der geographischen Zonen

### 3.1.4.1.
### Geographischer Formenwandel

Geographische Zonen, auch als Ökozonen (SCHULTZ 1989), Landschaftszonen oder Landschaftsgürtel bezeichnet, werden durch Merkmale ihrer natürlichen Vegetation, ihrer Böden, ihres Formenschatzes und ihrer Hydrographie, vor allem aber durch ihr Klima gekennzeichnet. Darin bildet sich eine globale Gliederung der Landschaftssphäre ab, die durch die weltweite Differenzierung der Strahlungsbilanz der Erde und die davon ausgelösten Zirkulationsvorgänge in der Luft- und Wasserhülle bestimmt wird. So läßt sich sowohl ein polar-äquatorialer Formenwandel als auch ein maritim-kontinentaler und ein vertikaler Formenwandel erkennen (vgl. BRAMER 1982). Die Ausstattung der geographischen Zonen verändert sich also einmal in Nord-Süd-Richtung, zum anderen auch von den Küsten zum Inneren der Kontinente und mit zunehmender Höhe über dem Meeresspiegel (vgl. auch SCHULTZ 1988). Die Grenzen zwischen den geographischen Zonen ergeben sich dort, wo neue Merkmalkombinationen von Klima, Hydrogeographie, natürlicher Vegetation, Boden und Relief auftreten. Allerdings handelt es sich in den meisten Fällen um breite Grenzsäume, deren Verlauf in intensiv genutzten Regionen der Erde schwer zu rekonstruieren ist. Dennoch sind auch in diesen Regionen zonenspezifische Formen des Landschaftshaushalts der Erde ausgeprägt. Sie gilt es bei der gegenwärtigen und bei der zukünftigen Nutzung des Naturdargebots zu beachten.

### 3.1.4.2.
### Kennzeichnung des Landschaftshaushalts durch Trockenheitsindex und Nettostrahlung

Der Landschaftshaushalt wird vor allem durch den Energie- und Stoffumsatz (Wasser und darin gelöste Substanzen, Luft und andere Gasgemische) sowie die damit verbundene Produktion organischer Substanz charakterisiert. Im Hinblick auf die genauere räumliche Zuordnung der dabei auftretenden Beziehungen sind besonders Untersuchungen über den Normhaushalt (vgl. RICHTER 1978) der geographischen Zonen wichtig. BUDYKO (1980) hat deshalb, ausgehend von Jahresmittelwerten, das Verhältnis zwischen der Nettostrahlung oder Strahlungsbilanz (R) einerseits, dem latenten Verdunstungswärmestrom (L) und der Niederschlagsmenge (N) andererseits für über 1600 Orte der Erde berechnet. Diese Relation bezeichnet er als Strahlungsindex der Trockenheit oder kürzer: Trockenheitsindex. Sein Wert steigt mit zunehmender Trockenheit und beschreibt damit numerisch das Verhältnis zwischen Grundgrößen des Wärme- und Wasserhaushalts der Erde (Abb. 50).

Eine graphische Darstellung, in der der Trockenheitsindex (R/LN) der Nettostrahlung (R: kcal/cm² · Jahr) gegenübergestellt wird, verdeutlicht Zusammenhänge zwischen beiden Größen (Abb. 51). Es wird erkennbar, daß bei einer Nettostrahlung unter 210 kJ/cm² der Wechsel von kalten und warmen Jahreszeiten den jahreszeitlichen Rhythmus des Naturhaushalts beherrscht, denn in diesem Bereich liegen alle von Sommer und Winter, also thermisch geprägten Klimate der Außertropen. Die noch thermisch beeinflußten Jahreszeitab-

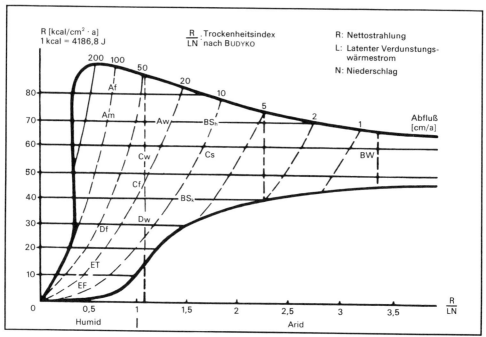

Abbildung 50
Normhaushalt der geographischen Zonen und Klima (nach KOEPPEN)

Abbildung 51
Normhaushalt der geographischen Zonen (nach BUDYKO) und saisonaler Rhythmus

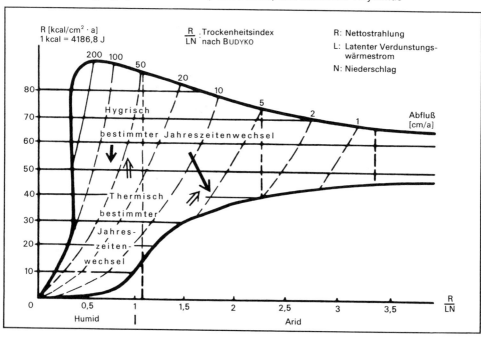

läufe in den subtropischen Klimaten werden durch Werte der Nettostrahlung zwischen jährlich 210 und 252 kJ/cm² ausgewiesen. Bei höheren Werten wird der Gang der Jahreszeiten nicht mehr thermisch bestimmt. Dagegen kommt hier der hygrische, von Regen- und Trockenzeiten bestimmte Jahresablauf voll zur Geltung. Tropisch humide Klimate weisen sich wiederum durch Trockenheitsindizes unter 1 aus, semihumide Klimate durch Indizes zwischen 1 und 2, semiaride durch Werte um 2,5 bis 3, aride durch Indexziffern über 3. Die gleichen Werte kennzeichnen auch die hygrische Prägung der subtropischen Klimate und die hygrische Beeinflussung der außertropischen Klimate. Generell ist zu sagen, daß die Außertropen durch einen jahreszeitlichen Rhythmus des Landschaftshaushalts charakterisiert werden können, der von dem Wechsel kalter und warmer Perioden, also von Sommer und Winter bestimmt wird, die Tropen sich hingegen durch einen Landschaftshaushalt kennzeichnen lassen, der der Abfolge von Regen- und Trockenzeiten unterliegt. Die Subtropen nehmen im saisonalen Gang des Landschaftshaushalts eine vermittelnde Stellung ein. Hier sind sowohl Regen- und Trockenzeiten als auch kalte und warme Perioden im Landschaftshaushalt spürbar.

## 3.1.4.3.
## Landschaftshaushalt und natürliche Vegetation

BUDYKO (1980) hat die Zuordnung der Vegetationszonen der Erde zum Trockenheitsindex und zur Strahlungsbilanz (Nettostrahlung) ebenfalls graphisch dargestellt (Abb. 52). Wälder treten bei Strahlungsindizes unter 2 und einer Nettostrahlung von mehr als 84 kJ/cm² im Jahr auf. Damit werden Grenzwerte für die Energie- und Wasserversorgung gekennzeichnet, die für die Ausbildung großer Gehölze erforderlich sind. Innerhalb dieser Grenzen ist jedoch deren Anpassungsfähigkeit an die klimatischen Bedingungen hoch. Lediglich die Konkurrenz zwischen den Pflanzenarten führt in natürlichen Beständen zu einer eindeutigen Dominanz der Arten, für die die Standortbedingungen optimal sind. So dominieren bei kurzen Sommern, im Diagramm durch geringe Werte der Nettostrahlung ausgewiesen, Nadelwälder. Sie sind mit Beginn der Vegetationsperiode sofort in der Lage, Energie zu absorbieren. Bei Laubbäumen muß erst die Blattentfaltung eintreten, ehe die Chlorophyllabsorption (Abb. 52) in den Blättern wirksam wird. Lediglich in Gebieten mit sehr langen Wintern und sehr langen Perioden physiologischer Trockenheit (Ostsibirien) sind Nadelbäume, die im Winter ihre Blätter verlieren und damit ihre Oberfläche verkleinern (Lärchen), am konkurrenzstärksten. Bei einer Nettostrahlung von mehr als 126 kJ/cm² im Jahr werden sie jedoch zunehmend von Laubbäumen durchsetzt, die die angebotene Energie besser umsetzen können. Zunächst treten kleinblättrige, dann auch großblättrige Laubbäume in den Vordergrund. Ihr Verbreitungsgebiet wird bei Trockenheitsindizes über 1 durch die immer höheren Verdunstungsverluste begrenzt. In solchen Bereichen werden die Blätter kleiner. Hartlaub und andere Formen des Verdunstungsschutzes treten auf. Die größte Vielfalt von Wuchsformen besitzt der tropische Regenwald. Hier stehen während des ganzen Jahres genügend Wärme und Feuchtigkeit zur Verfügung. Der Rhythmus der Pflanzenentwicklung ist autonom, die phänologischen Phasen laufen bei jeder Pflanze anders ab und sind nicht von der Jahreszeit abhängig.

Grasländer bilden sich bei Trockenheitsindizes zwischen 1,5 und 2,5 aus. Das ist insbesondere in den Außertropen der Fall, wo bei relativ langen Wintern sich während der kur-

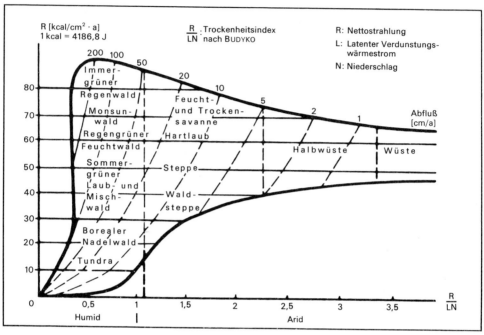

Abbildung 52
Normhaushalt der geographischen Zonen (nach BUDYKO) und Vegetationszonen

zen Sommer in trockenen Gebieten keine Gehölze entwickeln können. Außertropische Grasländer, Steppen, weisen winterharte Gräser auf, die ausgedehnte unterirdische Wurzelsysteme besitzen und damit in der Lage sind, einen großen Teil der geringen Niederschläge aufzunehmen. Je trockener die Steppe ist, desto geringere Flächen können die Gräser decken. In den Tropen sind die thermischen Voraussetzungen für das Wachstum von Gehölzen gegeben. Deswegen sind die tropischen Grasfluren, Savannen, mit Gehölzen verknüpft. Auch hier nimmt die Bestandesdichte mit zunehmender Trockenheit ab, Formen des Verdunstungsschutzes (Dornbuschsavanne) werden immer deutlicher. Die Gräser können zwar Nachtfröste überstehen, sind aber im Gegensatz zu den Steppengräsern nicht winterhart. Pflanzenökologische Grenzbedingungen verdeutlichen auch die Tundren und Kältewüsten, die bei einer Nettostrahlung von weniger als 84 kJ/cm$^2$ im Jahre auftreten. Sich generativ (über Samen) fortpflanzende Sträucher werden zu den Polen hin, bei weiterer Verkürzung der Vegetationsperiode, durch Moose und Flechten abgelöst, die sich vegetativ vermehren. Die Länge der Winter verhindert hier die Entwicklung höherer Pflanzen. Ähnliche Grenzbedingungen des Pflanzenwuchses zeichnen sich in den Hochgebirgen ab.

## 3.1.4.4.
## Klimaökologischer Wert, Klimapotential und meteorologisches Risiko im Landschaftshaushalt

Die globale Erwärmung verstärkt den meridionalen Luftmassenaustausch (vgl. Kapitel 3.5.3.) und erhöht die Eintrittswahrscheinlichkeit meteorologischer Anomalien oder Extrema. Der ökologische Wert vieler Klimate sinkt dadurch. Das macht sich insbesondere dort bemerkbar, wo die unterschiedlichsten Luftmassen ungehindert einströmen können: an den Westküsten im Bereich der Westwindzirkulation und an den Ostküsten im Bereich der Passatzirkulation. Das meteorologische Risiko ist dort entsprechend hoch. Dennoch sind diese Gebiete nicht zugleich Regionen mit geringem Klimapotential, denn das Klimapotential wird (vgl. Kapitel 1.4.1.) durch das Vermögen der in einer Landschaft dominierenden Luftmassen charakterisiert, die Zufuhr von Energie und Wasser für den Landschaftshaushalt zu gewährleisten.[3]

Die kontinuierliche Wasserversorgung ist bei einem Trockenheitsindex unter 1 weitgehend gesichert. Er macht bei höheren Nettostrahlungswerten das häufige Auftreten labil geschichteter, feuchter Luftmassen deutlich. Unter dieser Voraussetzung ergeben sich als untere Schwellenwerte für ein hohes Luftpotential 126 kJ/cm[2] im Jahr, für ein sehr hohes Luftpotential 252 kJ/cm[2] im Jahr. Das entspricht den meisten warmgemäßigten (Cf, Cw) und den tropischen Regenklimaten (Af, Aw, Am). Die natürliche Vegetation der außertropischen Laub- und Mischwälder spiegelt diese Bedingungen ebenso wider wie die des tropischen Regenwaldes. Das meteorologische Risiko ist hier weniger durch Trockenperioden, sondern mehr durch besonders hohe Niederschläge und ihre regionale Konzentration bedingt.

Wenn das Energieangebot durch die Nettostrahlung lediglich Werte zwischen 84 und 126 kJ/cm[2] im Jahr erreicht oder der Trockenheitsindex zwischen 1 und 2 liegt, kann man das Luftpotential nicht mehr als hoch einschätzen. Es ist als mäßig zu bezeichnen, sowohl Kälte- als auch Trockenperioden schränken die Vegetationsentwicklung ein. Die borealen Schneewaldklimate (Df, Dw) und der borealer Nadelwald zeigen das ebenso an wie die sommerlich trockene Variante des warmgemäßigten Regenklimas (Cs) mit Hartlaub und das Trockenklima (BS) mit Steppe (in den Außertropen) oder Savanne (in den Tropen). In diesen Gebieten treten über längere Zeiträume hinweg stabil geschichtete Luftmassen auf. Damit ist in jedem Fall, auch in den subpolaren Gebieten, das meteorologische Risiko der Trockenheit verbunden. Hinzu kommt in den subpolaren Breiten das nunmehr schon hohe Frostrisiko.

Stabile Schichtungen verringern darüber hinaus auch den klimaökologischen Wert der Region. Sie können zu konzentrierten Schadstoffeinträgen (Immissionen) in den Boden führen. Durch die Inversionsschicht wird der ansonsten kegelförmige Schadstoffauswurf von Emissionsquellen (Schornsteinen) deformiert, die in der Luft enthaltenen Schadstoffe verbleiben in der Grundschicht der Atmosphäre. Ruß oder Staub bilden Kondensationskerne und führen zu Nebeln, schließlich fallen die Schadstoffe mit dem Niederschlag relativ dicht aus. In subpolaren Breiten tritt dann zusätzlich ein Summationseffekt ein: Während der Frostperiode werden die Schadstoffe nicht wirksam, da sie, von der Schneedecke aufgefan-

---

[3] Bezieht man dieses Vermögen allein auf die Pflanzenproduktion, dann ist das unter diesem Aspekt gekennzeichnete Luftpotential mit der Klimafruchtbarkeit (BRUNNER 1981) identisch.

gen, während der kalten Jahreszeit nicht mit Boden oder Pflanzen in Reaktion treten. Erst mit Ende der Frostperiode werden die Schadstoffe Boden und Pflanzen zugeführt, allerdings nunmehr in einem Umfang, der durch die Summe der winterlichen Immissionen vorgegeben wird. Hier, aber auch in den Subtropen und Tropen, sind Tal- und Beckenlagen, die die Erhaltung der stabilen Schichtung begünstigen, besonders immissionsgefährdet und von Smog betroffen, wenn in ihnen Siedlungs- und Industriestandorte mit Schadstoffemittenten liegen.

Bei einem Trockenheitsindex über 2 ist die Wasserversorgung von Boden und Pflanzen aus der Atmosphäre zumeist nur durch episodische Niederschläge gewährleistet. Das hier relativ hohe Energieangebot über 126 kJ/cm² im Jahr kann deshalb nur dort ausgenutzt werden, wo Grundwasser erschlossen wird. Das Klimapotential ist in diesem Teil der Tropen ebenso gering wie in den Polargebieten, wo das Energieangebot von weniger als 84 kJ/cm² im Jahr sich in den Schneeklimaten (ET, EF) auf ein oder zwei Monate konzentriert. Tundren und polare Kältewüsten verdeutlichen die dadurch gegebenen Grenzbedingungen für die Vegetationsentwicklung. Alle mit stabilen Schichtungen verbundenen meteorologischen Risiken sind sowohl in den Polargebieten als auch in den extrem trockenen Tropen voll wirksam. In der Antarktis kommt über große Teile des Jahres die Sturmgefahr dazu, da der Kaltluftabfluß von den antarktischen Hochflächen zu den Ozeanen (vor allem im Winter) bei einem beträchtlichen Druckgefälle, also bei hoher Gradientkraft, und bei großer Coriolisbeschleunigung erfolgt.

## 3.2.
# Biologisches Rohstoffpotential

### 3.2.1.
### *Landschaftshaushalt und Bodenbildung in den geographischen Zonen*

#### 3.2.1.1.
#### Allgemeine Bedingungen der Bodenbildung

Energie- und Stoffumsatz in der Landschaftssphäre erfolgen vor allem an und unmittelbar unter der Erdoberfläche, mithin in der Bodendecke der Erde, der Pedosphäre. Sie hat sich – wenn man von völlig vegetationsfreien Gebieten absieht – weltweit im Grenzbereich von Atmo-, Hydro- und Lithosphäre durch Verwitterungs- und Humifizierungsprozesse sowie durch die Verlagerung von Verwitterungs- und Humifizierungsprodukten ausgebildet. Bei ihrer räumlichen Differenzierung sind zonale Effekte zu beachten, bedingt durch die klimatisch gesteuerten Unterschiede im Normhaushalt der geographischen Zonen, die im Verhältnis von Nettostrahlung zum Trockenheitsindex nach Budyko (vgl. Kapitel 3.1.4.2.) zum Ausdruck kommen. Ebenso sind intrazonale Effekte vorhanden, bei denen die Einflüsse des Klimas auf den Normhaushalt der geographischen Zonen durch die Eigenschaften des Substrates und die Besonderheiten des Reliefs (insbesondere durch die mit Tal- und Beckenlagen verbundene Oberflächennähe des Grundwassers) überprägt werden. Man unterscheidet deshalb auch nach den für die Bodenbildung jeweils entscheidenden Effekten intrazonale (Auen-, Niederungs- und Moorböden, Kalk- und Salzböden) und zonale (Podsole, Braunerden, Schwarzerden usw.) Böden.

Betrachtet man die Prozesse der Bodenentwicklung (SCHEFFER u. SCHACHTSCHABEL 1982) unter zonalem Aspekt, so zeigt sich, daß Tempo, Umfang und Intensität der Bodenbildung mit steigenden Bodentemperaturen und der Zunahme der Bodendurchfeuchtung wachsen – unter Beibehaltung des Wechsels von Feuchtphasen und Trockenphasen. Bezieht man diese Aussage auf das Strahlungs-Trockenheits-Diagramm nach BUDYKO (Abb. 50), dann läßt sich feststellen, daß die Bodenbildungsprozesse bei einem Trockenheitsindex unter 1 und bei Nettostrahlungswerten über 210 kJ/cm² im Jahr, also in den feuchten Tropen ganz besonders rasch, vielfältig und intensiv verlaufen, sehr langsam und schwach dagegen bei Nettostrahlungswerten unter 84 kJ/cm² im Jahr, d. h. in den polaren und subpolaren Zonen sowie bei Trockenheitsindizes über 3, also in den Halbwüsten und Wüsten.

Bedingt ist das vor allem dadurch, daß die wichtigsten Bodenbildungsprozesse mit chemischen Reaktionen verbunden sind, deren Tempo sowie Umfang von den Bodentemperaturen maßgeblich beeinflußt werden. Vor allem handelt es sich hierbei um hydrolytische Reaktionen, deren Träger das Bodenwasser ist. Dafür ist eine ausreichende Bodendurchfeuchtung Voraussetzung. Die Hydrolyseprozesse gehen jedoch oftmals mit in Oxidationsvorgänge über, die von der Bodendurchlüftung abhängig sind. Ein ausgeglichenes Verhältnis von Bodensubstanz, Bodenwasser und Bodenluft begünstigt die chemische Verwitterung.

## 3.2.1.2.
## Humifizierung

Zusammenhänge zwischen Temperatur, Luft und Wasser im Boden werden besonders deutlich bei der Humifizierung, denn der Abbau organischer Substanz ist in seiner Endphase ein Oxidationsprozeß. So wird in den Tropen der aus Laubstreu entstandene Humus in der Regel rasch und vollständig abgebaut. An besonders feuchten Standorten bleibt er aber länger erhalten und nur dort längere Zeit für die Nährstoffversorgung der Pflanzen von Bedeutung. In den wärmeren Außertropen bildet sich, vornehmlich aus Laub und Gräsern, die stickstoffreiche Humusform Mull. Diese kompliziert strukturierte Humusform bildet mit dem Mineralboden Kolloide, die eine große Oberfläche mit beachtlichem, zumeist negativem Ladungsüberschuß aufweisen und so in der Lage sind, viele Kationen der im Bodenwasser enthaltenen Lösungen zu binden. Die Kationen stellen in ihrer Mehrheit Nährstoffe dar, so daß – hier wie in anderen Fällen auch – eine hohe Kationenumtauschkapazität (KUK) das Vermögen anzeigt, viele Nährstoffe zu speichern.

## 3.2.1.3.
## Hydrolytische Verwitterung

Bei der Hydrolyse (oder Protolyse) werden durch die Einwirkung von $H^+$-Ionen, die dem Bodenwasser und den darin enthaltenen Lösungen entstammen, die Sauerstoffbrücken zwischen den darin vertretenen Metallen (Fe, Al, Mg u. a.) und Nichtmetallen gesprengt. Dabei handelt es sich um ionogene Reaktionen, die bei ständiger Durchfeuchtung des Bodens bis zur Neubildung relativ komplizierter Metall-Nichtmetall-Verbindungen weitergeführt werden. Es entstehen Tonminerale durch diese Form der hydrolytischen Verwitterung, die auch als siallitische Verwitterung bezeichnet wird. Allerdings kann die Ausbildung der Tone bei starker Auswaschung der Verwitterungsprodukte beeinträchtigt werden. So entwickeln sich in den sehr niederschlagsreichen feuchten Tropen Kaolinite, lediglich aus zwei Schichten aufgebaute Tonminerale. Ihre äußere Oberfläche, ihr negativer Ladungsüberschuß und damit auch ihre Kationenumtauschkapazität sind geringer als die der Dreischicht-Tonminerale, die in den niederschlagsärmeren feuchten Außertropen überwiegen. Diese Smectite (beispielsweise Montmorillonit) können im Mineralboden die meisten Nährstoffe binden. Die Verlagerung von Tonmineralen in den Unterboden ist in den Außertropen im Auftaubereich über ehemaligen und heutigen Dauerfrostböden häufig zu beobachten. Sie tritt dort auch, wie in den Tropen, bei zweischichtigen Substraten (mit dem Wechsel von grober zu feiner Körnung) auf und wird in beiden Gebieten als Lessivierung bezeichnet.

Kommt es im Boden zu längeren Trockenphasen, die die Ionenreaktionen zum Erliegen bringen, so werden aus den Hydrolyseprodukten weniger Tonminerale und dafür mehr relativ einfach strukturierte Verbindungen aufgebaut. Neben Kieselsäure entstehen hier vor allem Metallhydroxide. Diese Form der hydrolytischen Verwitterung nennt man auch allitische Verwitterung. Die Anreicherung der Metallhydroxide kann bis zur Bildung von Lagerstätten führen, bei Aluminiumhydroxiden beispielsweise zur Entstehung von Bauxit (siehe Kapitel 2.2.2.2.). Für die Bodenfruchtbarkeit ist die Bedeutung der Metallhydroxide weitaus geringer als die der Tonminerale. Sie haben eine kleinere Oberfläche und damit auch eine geringere Kationenumtauschkapazität als die Tonminerale. Die braunen Eisenhydroxide bestimmen jedoch die Bodenfarbe in den Außertropen. Wenn man hier vom Prozeß der Verbraunung spricht, meint man allerdings, daß diese Eisenhydroxide zusammen mit Dreischichttonen auftreten, also Böden mit einer zumindest mäßigen, oft aber hohen Kationenumtauschkapazität kennzeichnen.

Eine geringe Kationenumtauschkapazität wird dagegen durch Carbonatisierung bewirkt. Bei hoher Trockenheit scheidet sich der durch episodische Niederschläge gelöste Kalk sofort wieder ab und bildet dichte Lagen von Calciumcarbonat. Mit der Länge der Trockenphasen und der Zunahme ihrer Intensität steigt auch der Anteil der Metalloxide im Boden. Eisenoxide rufen die rote Farbe der tropischen Böden hervor. Eisen reichert sich dort zusammen mit Aluminium im Boden an. Silicium wird dagegen mit dem Bodenwasser nach unten abgeführt. Man nennt die dadurch charakterisierte Form der Bodenbildung deswegen Roterdebildung, Desilifizierung (Scheffer u. Schachtschabel 1982) oder Ferrallitisierung. Die dabei entstehenden Oxide binden keine Nährstoffionen, da sie selbst keine ionogenen Verbindungen darstellen. Ferallitische Böden können nur deshalb Nährstoffe aufnehmen, weil in den Tropen auch Metallhydroxide und Zweischicht-Tonminerale gebildet werden. Allerdings ist deren Kationenumtauschkapazität nicht hoch, die Nährstoffspeicherung in tropischen Ferralliten wird dadurch auch nicht wesentlich gefördert. Darüber hinaus neigen tonige Böden in den extrem trockenen Tropen zur Versalzung, zur Bildung intrazonaler Salzböden.

Ausnahmen von der Nährstoffarmut tropischer Böden sind an das Auftreten von basaltischen Verwitterungsdecken und ihren Umlagerungsprodukten gebunden. Bei hohem Gehalt an Metallkationen im Ausgangsgestein bilden sich dann auch in den Tropen vornehmlich Dreischicht-Tonminerale. Manganoxide färben den Boden schwarz. Trotz Humusarmut ist er fruchtbar. Dieser ebenfalls intrazonale (an ein bestimmtes Substrat gebundene und durch die starke Quellung der Tonminerale geprägte) Bodenbildungsprozeß wird Vertisolierung (Tirsifizierung) genannt.

### 3.2.1.4.
### Normhaushalt und Bodenbildung in den Landschaftszonen

Bleibt man bei den zonalen Bodenbildungsprozessen und ordnet sie dem gegenwärtigen Normhaushalt der geographischen Zonen zu, wie ihn das Strahlungs-Trockenheits-Diagramm nach BUDYKO widerspiegelt (Abb. 53), so setzen die hier beschriebenen, durch Humifizierung sowie chemische Verwitterung verursachten Vorgänge der Bildung von sorptionsfähiger und damit nährstoffspeichernder Bodensubstanz einen Trockenheitsindex unter 3 und eine Nettostrahlung von mehr als 42 kJ/cm² im Jahr voraus. Podsolierung, verbunden mit der Bildung von Rohhumus- und Moderauflagen, erfolgt vor allem bei Nettostrahlungswerten zwischen 42 und 84 kJ/cm² im Jahr, Verbraunung, verknüpft mit der Bildung von Mull als Humusform, bei 84–252 kJ/cm² im Jahr. Bei zweischichtigen Substraten gehen Verbraunungsvorgänge in Prozesse der Lessivierung über.

Bei Trockenheitsindizes zwischen 1 und 2 sowie einer Nettostrahlung von weniger als 167 kJ/cm² im Jahr kann Schwarzerdebildung einsetzen. Höhere Nettostrahlungswerte, die kürzere Winter verdeutlichen, und Trockenheitsindizes zwischen 2 und 2,5, die eine geringere Dichte der Vegetationsdecke anzeigen, weisen darauf hin, daß die klimatischen Bedingungen für die Schwarzerdebildung nunmehr nicht gegeben sind. Bei Humusarmut dominieren hier die von Eisenhydroxiden sowie Eisenoxiden gemeinsam gefärbten rotbraunen (kastanienfarbenen) bis gelben Böden. Es entsteht zwar noch Mull, aber der Anteil organischer Substanz im Oberboden ist gering. Als Kastanosemierung und Gelberdebildung las-

Abbildung 53
Normhaushalt der geographischen Zonen (nach BUDYKO) und zonale Böden (Auswahl)

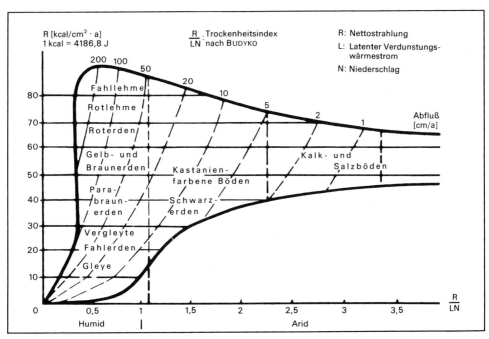

sen sich diese Bodenbildungsprozesse bezeichnen. Bei noch größerer Trockenheit setzt dann die Erscheinung der Carbonatisierung (Serosemierung) ein. Humus ist hier im Boden praktisch nicht mehr vorhanden. Humusarm sind darüber hinaus alle Böden mit Nettostrahlungswerten über 252 kJ/cm$^2$ im Jahr. Diese Nettostrahlungswerte kennzeichnen tropische Bedingungen. Bei Trockenheitsindizes zwischen 2 und 2,5 trifft man dann wiederum auf Carbonatisierungsprozesse. Trockenheitsindizes unter 2 weisen dagegen die verbreiteten und örtlich sehr unterschiedlichen Vorgänge der Ferrallitisierung aus.

Alle zonalen Prozesse der Bodenbildung werden intrazonal differenziert. Vorgänge der Vergleyung sind dabei vor allem bei Trockenheitsindizes unter 1 von Bedeutung. Bei niedrigen Nettostrahlungswerten gehen sie vielfach in Vermoorung über. Bei Trockenheitsindizes über 1,5 treten in zunehmendem Maße Erscheinungen der Versalzung auf. Schließlich trifft man bei Nettostrahlungswerten über 252 kJ/cm$^2$ im Jahr und Trockenheitsindizes unter 1,5 auf Vertisolierung. Darüber hinaus bestimmt auf Kalkgesteinen stets die Lösungsverwitterung die Bodenbildung. Dadurch entstehen flachgründige, aber sorptionsfähige Böden mit hohen pH-Werten. Ihr Bildungsprozeß wird als Rendzinierung bezeichnet.

## 3.2.1.5.
## Zonentypische Bodengesellschaften

Mit dem Landschaftshaushalt jeder geographischen Zone sind spezifische Kombinationen von Bodenbildungsprozessen verknüpft, wobei die zonal determinierte Bodenentwicklung durch intrazonale Bildungen ergänzt und variiert wird. Dadurch entsteht eine zonentypische Vergesellschaftung zonaler und intrazonaler Böden, deren Fruchtbarkeitseigenschaften durch die vom Normhaushalt der geographischen Zonen gesteuerten Formen der Verwitterung und Humifizierung einschließlich ihrer gesteins- und reliefbedingten Varianten bestimmt werden. Eine Betrachtung der zonentypischen Bodengesellschaften und ihrer Fruchtbarkeitseigenschaften verdeutlicht diese Beziehungen. Dabei sollen – um Mißverständnisse auszuschließen – den deutschsprachigen Bodenbezeichnungen die der Weltbodenkarte der FAO (Food Agriculture Organization – Ernährungs- und Landwirtschaftsorganisation der Vereinten Nationen) hinzugefügt werden.

Wie in den polaren Kältezonen wird auch in der subpolaren Tundra der Landschaftshaushalt durch eine sehr niedrige Nettostrahlung bestimmt. Nur in wenigen Sommerwochen taut der Oberboden über dem dauernd gefrorenen Untergrund auf. Es bilden sich in Senken Gleyböden und Moore über Dauerfrostboden aus (Gelic Gleysols, Gelic Histosols). Ihre Rohhumusauflagen sind stickstoffarm. Deshalb und aufgrund der starken Vernässung ist die Fruchtbarkeit dieser Böden als gering zu bezeichnen. In der borealen Waldzone (Taiga) ist ebenfalls Dauerfrostboden anzutreffen. Die Tatsache, daß er nur im Osten der Nordkontinente seit dem Pleistozän erhalten geblieben ist, weist darauf hin, daß dort arktische Luftmassen auch heute eine hohe Verweildauer haben und das Wärme- und Niederschlagsangebot relativ niedrig sind. Im Gegensatz dazu unterliegt die westliche Taiga stärker dem Einfluß maritimer Luftmassen. Dazu kommt, daß vor den Westküsten der Kontinente in diesen Breiten warme Meeresströmungen verlaufen. Mehr Wärme und mehr Niederschläge stehen damit der Bodenbildung zur Verfügung. Zur Verbraunung treten hier Lessivierung und Podsolierung. So überlagert eine westöstliche Differenzierung die durch Unterschiede in der Nettostrahlung bedingte nordsüdliche Gliederung der Böden in der borealen Waldzone. Im

Norden und Osten der Taiga überwiegen schwach entwickelte Braunerden (Cambisols), im Süden und Westen die in Senken vergleyten Fahlerden (Dystric und Gleyic Podzoluvisols), die auf sandigen Substraten – bei starker Auswaschung – durch Podsole (Podzols) ergänzt werden. Neben Rohhumus und Moder findet man als Humusform in den Oberböden der südlichen Taiga auch Mull. Die insgesamt mäßige Bodenfruchtbarkeit ist am höchsten auf lehmigen, aber trockenen Standorten. Sie nimmt mit steigender Stauvergleyung und Auswaschung, also Podsolierung, ab. Bei den Auenböden (Fluvisols), Grundwassergleyen und Mooren, die in der Taiga ebenso wie in der benachbarten gemäßigten Waldzone die Täler und Senken vielfach überdecken, lassen die lange Dauer und die Intensität der Naßphasen die hohe Kationenumtauschkapazität der Auentone und der organischen Substanz in den Niederungen vielfach nicht zur Geltung kommen. Ihre – bei stärkerer Durchlüftung hohe – Fruchtbarkeit ist um so geringer, desto mehr die Vernässung zunimmt.

In der gemäßigten Waldzone, die sich an den West- und Ostküsten der Kontinente zum Äquator hin an die boreale Waldzone anschließt, werden die Bodenbildungsprozesse intensiver. Höhere Nettostrahlungseinnahmen und ein beständigeres Niederschlagsangebot durch maritime Luftmassen sind nun vorhanden. Mull überwiegt als Humusform. Die Lessivierung dominiert. Man trifft auf Parabraunerden (Luvisols) und Fahlerden (Podzoluvisols). Lediglich bei geringeren Niederschlägen und auf tonarmen Böden mit längeren Trockenphasen breiten sich Braunerden (Cambisols) aus. Bei allgemein hoher Bodenfruchtbarkeit sind die tonreicheren, aber nicht stauvergleyten Böden am besten zu bewerten, also die Parabraunerden. Die periodisch feuchten Teile der Subtropen, die – ebenfalls an den West- und Osträndern der Kontinente – in Richtung Äquator auf die gemäßigte Waldzone folgen, zeigen bei weiterhin steigenden Nettostrahlungswerten, aber auch wachsenden Trockenheitsindizes eine Abnahme der Intensität der Bodenbildungsprozesse. Wasser als Träger der Ionenreaktionen steht hier nur zeitweise zur Verfügung. Viele Bodenbildungsprozesse bleiben auf die nun kürzeren Feuchtphasen beschränkt, so daß hier in der Regel die Kationenumtauschkapazität der Böden niedriger ist als in der gemäßigten Waldzone. Humusarmut und das Auftreten von Eisenoxiden läßt farbstarke Böden entstehen. Es handelt sich um gelbrote Braun- und Parabraunerden (Chromic Cambisols, Chromic Luvisols) von mäßiger Fruchtbarkeit. Auf Kalkstein werden auch die Rendzinen rot gefärbt (Terra rossa). Die ersten Salzböden treten auf.

Der kontinentale Bereich wird in diesen Breitenlagen durch die außertropischen sowie subtropischen Steppen und Wüsten charakterisiert. Mäßige und hohe (aber nicht sehr hohe) Nettostrahlungswerte, aber hohe sowie sehr hohe Trockenheitsindizes charakterisieren ein Klima, das sowohl vom Wechsel heißer und kalter Jahreszeiten als auch von der Abfolge der Regen- und Trockenzeiten beherrscht wird. Bei sehr kalten Wintern und noch beachtlichen Feuchtphasen im Boden haben sich am Nordrand dieses Gebietes vor allem auf Löß Schwarzerden (Chernozems) mit sehr hoher Bodenfruchtbarkeit ausgebildet. Höhere Trockenheit bewirkt eine Lockerung der Vegetationsdecke, einen rascheren Humusabbau und damit eine Abnahme der organischen Substanz im Boden. Die Bodenfruchtbarkeit nimmt ab. Zunächst trifft man auf kastanienfarbene Böden (Castanozems), dann – in den Halbwüsten und Wüsten – auf Böden mit Kalk- oder Salzanreicherungen (Yermosols, Solontschaks) von äußerst geringer Fruchtbarkeit.

Carbonat- und Salzböden findet man auch in den tropischen Wüsten. In der Zone der periodisch-feuchten Tropen gehen sie auf tonreichen Substraten, insbesondere auf Basaltverwitterungsdecken (Andosols) oder deren Umlagerungsprodukten, in tropische (humusarme) Schwarzerden (Vertisols) über, deren hoher Tongehalt eine hohe Kationenumtauschkapazität und damit eine hohe Bodenfruchtbarkeit zur Folge hat. Auf anderen Substraten erscheinen bereits hier die auch in den immerfeuchten Tropen vertretenen tropischen Roterden und -lehme. Sie zeigen hohe Werte der Nettostrahlung bei niedrigen bis mäßigen Trockenheitsindizes an, die mit einem schnellen und vollständigen Humusabbau sowie der Abführung von Silikaten und Metallen aus dem Oberboden einhergehen und lediglich die Bildung von Zweischicht-Tonmineralen in beachtenswertem Umfang zulassen. Der negative Ladungsüberschuß ist in diesen Böden nicht hoch. In Abhängigkeit vom pH-Wert können auch positive Ladungsüberschüsse auftreten. Dabei sind diese Böden tiefgründig verwittert, sie haben viel Substanz verloren und sind deshalb auch leicht und reich an Feinporen. Ihre Fruchtbarkeit ist jedoch gering.

Höhere Kationenumtauschkapazitäten weisen die Rotlehme über tonreichem Substrat (Ferralsols) auf, mit denen zusammen auch Böden auftreten, die Erscheinungen der Verfestigung (Plinthic Ferralsols) und der Lessivierung (Nitosols) aufweisen. Die tonärmeren Roterden (Acrisols) haben ein niedrigeres Nährstoffaufnahmevermögen. In den Tälern und Senken werden alle Böden der feuchten Tropen wiederum ergänzt durch Auenböden (Fluvisols), Gleye und Moore. Deren Fruchtbarkeit ist am Rand der vernäßten Bereiche weitaus weniger als in den kühlen Außertropen durch lang andauernde Vernässung eingeschränkt. Auch die in allen Zonen vertretenen Gebirgsböden verwittern bei gleicher Höhenlage in den Tropen intensiver als in den Außertropen. Hier sind also zumindest mäßig fruchtbare Böden auch in den Tropen vorhanden. So zeigt ein zonaler Überblick über Bodengesellschaften der Erde nicht nur Erscheinungen des polar-äquatorialen, sondern auch Phänomene des westöstlichen und vertikalen Formenwandels an.

## 3.2.2.
## *Pflanzenproduktion und Ertragspotential der Erde*

### 3.2.2.1.
### Energieumsatz und Pflanzenwachstum

Die planetarischen Formenwandelkategorien spiegeln sich auch in der weltweiten Verteilung der Organismen auf der Erde und in der globalen Differenzierung ihrer Entwicklung wider. Das ist vor allem dadurch bedingt, daß das Wachstum der pflanzlichen Organismen, die den Hauptanteil an Biomasse auf der Erde ausmachen, von dem planetarischen Wandel

| Biomasse | Kontinente | | Ozeane | | Summe | |
|---|---|---|---|---|---|---|
| | [Mia. t] | [%] | [Mia. t] | [%] | [Mia. t] | [%] |
| Phytomasse | 1837 | 99,677 | 3,9 | 0,212 | 1840,9 | 98,889 |
| Zoomasse | 1,06 | 0,057 | 1,0 | 0,054 | 2,06 | 0,111 |
| Insgesamt | 1838,06 | 99,734 | 4,9 | 0,266 | 1842,96 | 100 |

*Tabelle 51*
*Anteil der Phyto-*
*und der Zoomasse*
*an der Biomasse*
*der Erde*

der Naturbedingungen direkt beeinflußt wird. Sie entwickeln sich durch Assimilation aus anorganischen Substanzen und verwerten dabei die Energie der Sonnenstrahlung autotroph (von wenigen Ausnahmen abgesehen).

Tiere und Menschen beschaffen sich dagegen die zum Leben notwendige Energie heterotroph, d. h. über ihre pflanzliche und tierische Nahrung. Die Nahrungskette verläuft von der Pflanze zum Tier und zum Menschen. In welchem Maße dazu die Voraussetzungen dafür gegeben sind, zeigt ein Vergleich (Tab. 51) der auf der Erde vorhandenen Phytomasse (pflanzliche Biomasse) mit der Zoomasse (tierische Biomasse) nach LIETH und WHITTAKER (aus ZIEGLER 1978).

Die Assimilation der pflanzlichen Substanz erfolgt fast ausschließlich durch Photosynthese. Dieser Prozeß kann in vereinfachter Form durch

$$n\,H_2O + n\,CO_2 \Leftrightarrow (CH_2O)\,n + n\,O_2$$

gekennzeichnet werden. Wie man sieht, werden dabei einfache Kohlenwasserstoffverbindungen durch die Reduktion des Kohlendioxids der Luft mit Wasser als Reduktionsmittel gebildet. Wasser ist hierbei trotz höherem Redoxpotential als $CO_2$ der Elektronenspender. Das erfordert Energiezufuhr von außen durch die Sonnenstrahlung. Sie wird von den Chloroplasten der Pflanzen absorbiert, insbesondere durch die Pigmente von Chlorophyll a und b. Deren Absorptionsmaximum liegt im langwelligen (roten) Bereich des sichtbaren Lichtes bei Wellenlängen um 600–680 nm. Kurzwelliges (blaugrünes) Licht verwerten beispielsweise in Wasserpflanzen Karotinpigmente. Allerdings ist ihre Energieausbeute nur halb so groß wie die des Chlorophylls. In den Blättern der Pflanzen ist Chlorophyll so stark konzentriert, daß Wuchsschäden durch Mangel an Chloroplasten bei gesunden Pflanzen praktisch ausgeschlossen bleiben. Dunkelgrüne Schattenblätter enthalten wesentlich mehr Chlorophyll als die hellgrünen Lichtblätter vergleichbarer Größe.

Der Grad der Verwertung der Sonnenstrahlung für das Pflanzenwachstum ist wesentlich von der Wasser- und Kohlendioxidversorgung der Pflanze abhängig. Wasser und $CO_2$ sind die Grundsubstanzen der Photosynthese. Darüber hinaus ist Wasser notwendig als Träger der ionogenen chemischen Reaktionen in den Zellen (das Plasma muß einen hinreichenden Quellungszustand aufweisen) und als Transportmittel von chemischen Verbindungen in der Pflanze. Das Vorhandensein von Wasser ist damit eine Voraussetzung dafür, daß die Photosynthese-Primärprodukte, die einfach strukturierte Kohlenhydrate darstellen, die Chloroplasten verlassen und mit komplizierten Strukturen in andere, nicht zur Photosynthese befähigte Zellen eingebaut werden können.

Eine andere Voraussetzung für das Funktionieren der Photosynthese ist ein ausreichender Anteil von Kohlendioxid in der Luft. Bei stabiler Schichtung und ruhender Luft tritt leicht $CO_2$-Mangel ein, wenn das verbrauchte Kohlendioxid in Pflanzennähe nur langsam ersetzt wird. Deshalb haben einige Pflanzen das Vermögen entwickelt, in den Blättern $CO_2$ zu konzentrieren. Sie bilden dabei Kohlenhydrate mit vier C-Atomen. Man spricht dann vom $C_4$-Photosynthesetyp (beispielsweise bei Mais, Zuckerrohr) im Gegensatz zum $C_3$-Photosynthesetyp (z. B. bei Weizen, Zuckerrüben), wo drei C-Atome in den Photosynthese-Primärprodukten vertreten sind. $C_4$-Pflanzen können hohe Lichtintensitäten in den trockenen Tropen oder in den Subtropen (in der stabil geschichteten Passatzirkulation) voll verwerten. Generell gilt: Wenn das Strahlungs-, Wasser- und Kohlendioxidangebot ausreicht, dann sind in den Tropen Umfang und Geschwindigkeit von Assimilation und Dissimilation weit höher als in den Außertropen.

3.2.2.2.
Ökologischer Wert und Nährstoffangebot des Bodens

Böden sind Naturkörper, die den Pflanzen Wurzelraum, Wasser, Luft und Nährstoffe bieten und den Lebensraum der Bodentiere darstellen. Auf Grund ihres Speichervermögens regulieren sie den Landschaftswasserhaushalt. Durch Filterung, Bindung und Abbau von Abfällen und Abprodukten vermögen sie das Grundwasser vor Fremdstoffen zu schützen. Indem sie Stäube und Spurengase aufnehmen, dienen sie der Luftreinhaltung (BLUME 1992). Darin liegt ihr ökologischer Wert. Bei relativ hohen oder relativ niedrigen Temperaturen wird dieser dadurch gemindert, daß der Stoffumsatz im Boden entweder sehr rasch oder sehr langsam vonstatten geht, so daß einige dieser Ver- und Entsorgungsfunktionen des Bodens nicht mehr voll gewährleistet sind. Schadstoffe werden entweder sofort abgeführt oder nicht freigegeben. Dieser Sachverhalt gilt für die Böden der Tropen ebenso wie für die der Polargebiete.

Ein ausreichendes Filter-, Puffer- und Transformationsvermögen des Bodens ist ebenso Voraussetzung für eine hohe Bodenfruchtbarkeit. Sie ergibt sich aus den Volumenverhältnissen und dem Nährstoffgehalt des Bodens. Die meisten Pflanzennährstoffe des Bodens fördern die Enzymaktivität. Hier sind vor allem Kalium, Calcium und Magnesium zu nennen, aber auch Spurenelemente, wie Mangan, Zink, Kupfer und Molybdän. Andere Pflanzennährstoffe, wie Stickstoff, Phosphor und Schwefel, werden direkt in die pflanzliche Substanz eingebaut. Sie sind Bestandteil der Proteine, der Eiweißverbindungen, die nicht nur als Zellbausteine in der Pflanze notwendig sind, sondern auch als Enzyme die pflanzlichen Stoffwechselvorgänge steuern. Bei einem extremen Stickstoffmangel werden beispielsweise die Chloroplasten funktionsuntüchtig, und die Photosynthese kommt deshalb zum Erliegen.

Alle Nährstoffe werden als Ionen durch die Pflanzenwurzeln aufgenommen, die Metalle – wie Kalium, Calcium, Magnesium, Mangan, Zink, Kupfer und Molybdän – als Kationen (mit positivem Ladungsüberschuß), die Nichtmetalle – wie Schwefel und Phosphor – als Anionen (mit negativem Ladungsüberschuß). Stickstoff kann sowohl als Kation als auch als Anion aufgenommen werden. Das alles geschieht vor allem durch Austauschabsorption, denn bei der Dissimilation wird durch die Wurzeln Kohlendioxid abgegeben, das mit Bodenwasser in eine Ionenreaktion eintritt:

$$CO_2 + H_2O = H^+ + HCO_3^-.$$

Damit können die an sorptionsfähige Bodenteilchen (Humus, Tonminerale) gebundenen Nährstoffkationen und -anionen freigesetzt und pflanzenverfügbar gemacht werden. Der pH-Wert des Bodens beeinflußt diesen Vorgang dadurch, daß bei einem hohen Anteil freier $H^+$-Ionen im Boden (niedrigem pH-Wert) der Abtausch von Nährstoffkationen erschwert wird, bei einem geringen Anteil (hohem pH-Wert) der Abtausch von Nährstoffanionen. Neutrale Bodenreaktionen stellen deshalb für die Versorgung vieler Pflanzen die günstigsten Bedingungen dar.

Dennoch sind die artspezifischen Ansprüche an die Anionen- und Kationenversorgung sehr unterschiedlich, so daß es auch viele Pflanzen gibt, deren Wachstumsoptimum bei niedrigen pH-Werten gegeben ist, und einige wenige (Salzpflanzen), die sich bei hohen pH-Werten am besten entwickeln.

## 3.2.2.3.
### Pflanzliche Nettoprimärproduktion

In erster Linie ist jedoch die pflanzliche Bioproduktion von der für die Photosynthese verwertbaren Strahlungsenergie der Sonne und von der Menge des pflanzenverfügbaren Wassers abhängig. Das haben viele Analysen der jährlichen Nettoprimärproduktion der Biosphäre gezeigt. Unter Nettoprimärproduktion versteht man dabei den Zuwachs an pflanzlicher Substanz durch Assimilation (Bruttoprimärproduktion) unter Abzug der Dissimilationsverluste. Die Dissimilationsverluste sind von dem Tempo der biochemischen Reaktionen in der Pflanze abhängig und deshalb in den tropischen Gebieten beträchtlich, so daß hier die Bruttoprimärproduktion oftmals doppelt so hoch ist wie die Nettoprimärproduktion. Im Gegensatz dazu treten geringe Dissimilationsverluste in den subpolaren Gebieten auf. Sie betragen dort vielfach nur ein Viertel bis ein Drittel des Assimilationsgewinnes. Aus der Tatsache, daß die pflanzlichen Lebensvorgänge in den Außertropen langsamer ablaufen als in den Tropen, folgt, daß die borealen Nadelwälder langsamer wachsen als die regengrünen und immergrünen Laubwälder der Tropen. So sind auch die Werte für die jährliche Nettoprimärproduktion in den Tropen höher als in den Außertropen, allerdings nur, wenn genügend Feuchtigkeit zur Verfügung steht.

Die Beziehungen zwischen Nettoprimärproduktion, Strahlungs- und Wasserangebot hat BUDYKO (1980) in allgemeiner Form dargestellt (Abb. 54). Dabei zeigt sich, daß bei einem Trockenheitsindex unter 1, also in Feuchtklimaten, die Nettoprimärproduktion mit zuneh-

Abbildung 54
Normhaushalt der geographischen Zonen (nach BUDYKO) und Nettoprimärproduktivität [dt/ha]

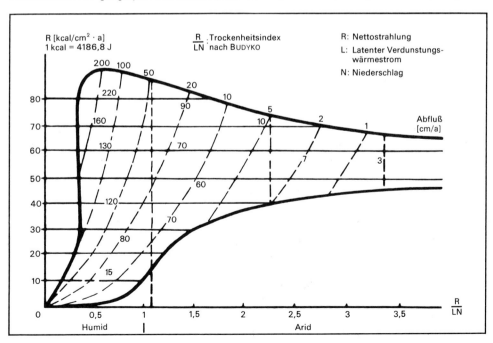

mender Nettostrahlung immer rascher wächst. Besonders hoch ist die Nettoprimärproduktion bei Nettostrahlungswerten über 210 kJ/cm² im Jahr, also in den subtropischen und tropischen Feuchtklimaten. Trockenheitsindizes über 1, wie sie in Trockenklimaten auftreten, machen die progressive Erhöhung der Nettoprimärproduktion jedoch völlig zunichte. Bei Trockenheit werden die Zuwachsraten mit steigender Nettostrahlung immer geringer. Das Fehlen von Wasser beeinträchtigt dann mehr und mehr die Photosynthese.

## 3.2.2.4.
## Nettoprimärproduktion innerhalb der geographischen Zonen

Eine Übersicht über die Produktivität der natürlichen Vegetationsformationen in den geographischen Zonen der Erde (Bezeichnungen in Anlehnung an BRAMER 1982; vgl. Tab. 52) ergibt ein Bild (auf der Grundlage von WHITTAKER u. LIKENS aus EHRENDORFER 1978), das diese Aussagen detaillierter untermauert. Kennzeichnet man die durch Strahlungs- und Wasserbilanz sowie den zirkulationsabhängigen Wärmefluß (vgl. Kapitel 3.1.2.1.) bedingte biologische Produktivität der geographischen Zonen mit dem Begriff der Klimafruchtbarkeit (BRUNNER 1981), dann läßt sich feststellen, daß die feuchten Tropen die höchste Klimafruchtbarkeit aufweisen, gefolgt von den feuchtgemäßigten, den feucht-kühlen und den trocken-winterkalten Außertropen sowie den wechselfeuchten Tropen und Subtropen. Äquatorial- und Westwindzirkulation mit einer großen Andauer von labilen Schichtungsverhältnissen, mit beachtlichen Niederschlägen bei Warmlufteinfluß, fördern die Klimafruchtbarkeit. Am Ende der Reihe stehen die trockenen Tropen und Subtropen sowie die subpolare und polare Zone. Sie werden von Zirkulationssystemen mit vorwiegend stabiler Schichtung beherrscht, der Passat- und der Polarzirkulation. Hier ist die Verweildauer trockener, aber sehr heißer oder sehr kalter Luftmassen groß.

## 3.2.2.5.
## Ertragspotential und Biotopwert der geographischen Zonen

Ein Blick auf die Werte der Nettoprimärproduktion zeigt ihre große Schwankungsbreite. Sie ergibt sich zunächst aus der relativ großen Varianz der meteorologischen Faktoren in den Klimazonen, die als Bezugsbasis dienen. Sie weist aber auch auf den Einfluß der Unterschiede in der Bodenfruchtbarkeit hin. Gerade dort, wo vom Klima gegebene Grenzbedingungen das Pflanzenwachstum zu hemmen drohen, können eine hohe Bodenfruchtbarkeit und die dadurch mögliche Anregung der Enzymtätigkeit in der Pflanze die Wachstumsschranken verlagern. Für eine Gesamtbeurteilung der Biomasseproduktion und eine davon abgeleitete Bewertung des Ertragspotentials (Tab. 53) der geographischen Zonen sind deshalb sowohl die Klimafruchtbarkeit als auch die Bodenfruchtbarkeit heranzuziehen. Die Übersicht in Tab. 53 soll dies verdeutlichen. Dabei wird die Klimafruchtbarkeit als die bestimmende Größe für das Ertragspotential entsprechend den Mittelwerten der Nettoproduktivität nach WHITTAKER u. LIKENS als hoch (über 90 dt/ha · a), mäßig (51–90 dt/ ha · a), gering (21–50 dt/ ha · a) und sehr gering (unter 11 dt/ ha · a) klassifiziert. Die unterschiedliche Klassenbreite berücksichtigt dabei den progressiven Anstieg der Wuchsleistungen bei höheren Nettostrahlungswerten in Feuchtklimaten, die das BUDYKO-Diagramm (Abb. 54) zum

| Geographische Zone (Klima) | Vegetations-formation (Fläche in $10^6$ km²) | Nettoprimärproduktivität [dt/ha·Jahr] | | Nettoprimär-produktion an Trockensubstanz [$10^9$ t/Jahr] |
|---|---|---|---|---|
| | | Variationsbreite | Durchschnitt | |
| Subpolare Zone (ET) | Tundra (8,0) | 1–40 | 14 | 1,1 |
| Boreale Waldzone (Df, Dw) | Borealer Nadel-wald/Taiga (12,0) | 40–200 | 80 | 9,6 |
| Steppenzone (Df-, Cf-konti-nental, BSk) | Waldsteppe (6,5), Steppe (9,0) | 25–120 20–150 | 70 60 | 6,0 5,4 |
| Gemäßigte Wald-zone (Cf-maritim), feuchte subtro-pische Zone (Cw) | Sommergrüner Laub- und Mischwald (7,0) | 60–250 | 120 | 8,4 |
| Winterfeuchte subtropische Zone (Cs) | Hartlaub (2,0) | 25–120 | 70 | 6,0 |
| Subtropische und tropische Trocken-zone (BW) | Wüste (12,0) | 0–10 | 3 | 0,07 |
| Trockengebiete der periodisch feuchten Tropen-zone (BSh) | Trockensavanne (18,0) | 1–25 | 9 | 1,6 |
| Periodisch feuchte Tropenzone (Aw, Am) | Feuchtsavanne (15,0), Regengrüner Feuchtwald (5,0), Monsunwald (7,5) | 20–200 60–250 100–250 | 90 130 160 | 13,5 6,5 12,0 |
| Immerfeuchte Tropenzone (Af) | Immergrüner Regenwald (17,0) | 100–350 | 220 | 37,4 |

*Tabelle 52*
*Übersicht über die Produktivität der natürlichen Vegetationsformationen*
*(nach* WHITTAKER *u.* LIKENS *in Anlehnung an* EHRENDORFER *1978)*

Ausdruck bringt. Positive (+) und negative (–) Einflüsse der Bodenfruchtbarkeit auf das Ertragspotential werden dann an Hand zonentypischer Böden berücksichtigt. Sind sie sehr stark (++, ––), dann weicht die Gesamteinschätzung des Ertragspotentials jeweils um eine Stufe nach oben oder unten von der Bewertung der Klimafruchtbarkeit ab. Wie man sieht, erhöht sich das Ertragspotential der Steppenzone, die nur eine mäßige Klimafruchtbarkeit aufweist, durch die hohe Bodenfruchtbarkeit der Schwarzerde. Andererseits wird die sehr

| Geographische Zone (Klima) | Ertrags-potential | Klima-fruchtbarkeit | Bodenfruchtbarkeit Zonale Leitbodentypen | |
|---|---|---|---|---|
| Subpolare Zone (ET) | sehr gering | sehr gering | (–) | Gleyböden/Gelic Gleysols |
| Boreale Waldzone (Df, Dw) | gering | gering | (–) | Podsole/Podzols, (z. T. vergleyte) Fahlerden/(Gleyic) Podzoluvisols |
| Steppenzone (Df-, Cf-kontinental, BSk) | mäßig bis hoch | mäßig | (++) (–) | Schwarzerden/Chernozems, Kasta-nienfarbene Böden/Castanozems |
| Gemäßigte Waldzone (Cf-maritim), feuchte subtropische Zone (Cw) | hoch | hoch | (+) (–) | Parabraunerden/Luvisols, Chromic Luvisols, pseudovergleyte Parabraunerden/ Gleyic Luvisols, Podsole/Podzols |
| Winterfeuchte sub-tropische Zone (Cs) | mäßig | mäßig | (+) | Parabraunerden/Chromic Luvisols, Braunerden/Chromic Cambisols |
| Subtropische und tropische Trocken-zone (BW) | sehr gering | sehr gering | (——) | Carbonatböden/Yermosols, Salzböden/Solontschaks |
| Trockengebiete der periodisch feuchten Tropenzone (BSh) | sehr gering | sehr gering | (–) | Carbonatböden/Yermosols, Braunerden/Chromic Cambisols |
| Periodisch feuchte Tropenzone (Aw, Am) | mäßig bis hoch | hoch | (+) (–) | Schwarzlehme/Vertisols, Rotlehme/Ferralsols, Fahllehme/Nitosols |
| Immerfeuchte Tropenzone (Af) | mäßig bis hoch | hoch | (——) | Roterden/Acrisols, Laterite/Plinthic Ferralsols |

*Tabelle 53*
*Ertragspotential der geographischen Zonen*

hohe Klimafruchtbarkeit der feuchten Tropen durch die geringe Fruchtbarkeit der meisten Böden dieser Zonen erheblich gemindert.

So bleibt festzuhalten, daß eine hohe Bodenfruchtbarkeit in Gebieten mit niedriger oder mäßiger Klimafruchtbarkeit nur dann genutzt werden kann, wenn die klimatisch bedingten Ertragsrisiken (Trockenheit, Kälte) im jährlichen Witterungsablauf in abgeschwächter Form auftreten oder ihre Auswirkungen durch meliorative Maßnahmen nachhaltig gemindert wurden. Sinngemäß das gleiche ist für Gebiete mit hoher Klimafruchtbarkeit, aber geringer Bodenfruchtbarkeit zu sagen. Die forst- und landwirtschaftliche Nutzung muß hier darauf achten, daß die ohnehin schwachen Fruchtbarkeitseigenschaften der Böden durch nutzungs-bedingte Eingriffe nicht auf lange Frist hin gemindert werden, daß also das mit der Boden-bearbeitung verbundene Ertragsrisiko minimiert wird. Maßnahmen zur Erhaltung und Stei-gerung der Bodenfruchtbarkeit sind hier von besonderer Bedeutung. Der ökologische Wert der Biotope in den Zonen mit hohem Ertragspotential ist oftmals sehr gering, denn Land-

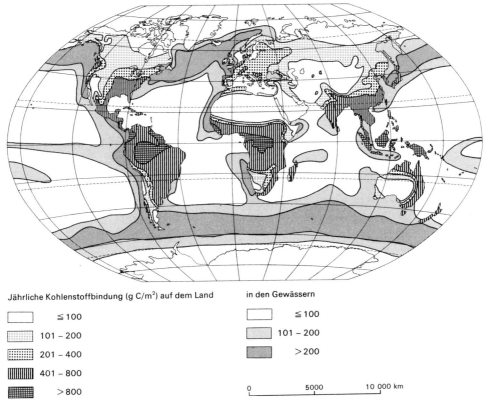

Jährliche Kohlenstoffbindung (g C/m²) auf dem Land    in den Gewässern

| | | | |
|---|---|---|---|
| ☐ | ≤ 100 | ☐ | ≤ 100 |
| ▨ | 101 – 200 | ▨ | 101 – 200 |
| ▦ | 201 – 400 | ▪ | > 200 |
| ▥ | 401 – 800 | | |
| ▦ | > 800 | | |

0          5000          10 000 km

Abbildung 55
Primärproduktivität der Biosphäre. Jährliche Kohlenstoffbindung auf dem Land
und in den Gewässern (nach LIETH u. WHITTAKER 1975)

und Forstwirtschaft haben die reich strukturierten Bestände zerstört und monotone Ersatz-
gesellschaften geschaffen. Eine Kopplung des Biotopwertes an natürliche Fruchtbarkeitseigenschaften erscheint daher unangebracht.

Noch mehr als die Nettoprimärproduktion auf dem Festland wird die Entwicklung der
pflanzlichen Substanz in den Ozeanen von der Nährstoffversorgung bestimmt. Das zeigt
ein Überblick über die gesamte Nettoprimärproduktion der Erde (Abb. 55). Hier ist deutlich zu sehen, daß dort, wo kaltes Tiefenwasser aufsteigt, das Nährstoffe nach oben trägt,
die Nettoprimärproduktion am höchsten ist (vgl. ROSENKRANZ 1980). Aus der ozeanischen
Zirkulation (vgl. Kapitel 3.1.3.) ergeben sich solche Bereiche mit hohem Ertragspotential
vor allem an den Westküsten der Kontinente in der Nähe der Wendekreise, an den Ostküsten der Nordkontinente in der Nähe des Polarkreises und vor Antarktika. Vergleicht man
die ozeanische Nettoprimärproduktion in den Bereichen des aufsteigenden Tiefenwassers
mit den geographischen Zonen auf dem Festland, so ergeben sich Werte, die etwa den jährlichen Zuwachsraten in den winterkalten Steppen gleichkommen. Die Größe der Ozeane
erlaubt aber damit eine Nettoprimärproduktion, die insgesamt fast halb so groß ist wie die
der Kontinente insgesamt (vgl. EHRENDORFER 1978).

## 3.2.3.
## Die „Grüne Revolution" in den Entwicklungsländern

Der in der zweiten Hälfte des 20. Jh. sprunghafte Anstieg der Weltbevölkerung verlangte zwingend eine Vergrößerung der Nahrungsmittelproduktion. Das war insbesondere in den Gebieten der Erde notwendig, in denen sich das Bevölkerungswachstum am stärksten vollzog, in den Entwicklungsländern.

Eine Möglichkeit dazu wurde durch die „Grüne Revolution" geschaffen, die in den sechziger Jahren begann und schon nach relativ kurzer Zeit hervorragende Erfolge in der Produktion von Nahrungsmitteln brachte. Unter „Grüner Revolution" ist ein Prozeß der Intensivierung der Landwirtschaft auf der Basis entsprechender Produktionstechnologien, insbesondere der Einsatz von Hochertragssaatgut, Düngemitteln, Pflanzenschutz- und Schädlingsbekämpfungsmitteln sowie von Bewässerungsmaßnahmen und vergrößertem Maschineneinsatz zu verstehen. Diese Maßnahmen wurden vor allem in Süd-, Südost- und Ostasien, zum Teil auch in Afrika und Lateinamerika angewandt und führten dazu, daß in zahlreichen Entwicklungsländern die Nahrungsmittelproduktion sogar einen Vorsprung gegenüber dem Bevölkerungswachstum erreichte.

Das Hauptziel der „Grünen Revolution" war also die Ertragssteigerung. Durch komplexe – allerdings kapitalaufwendige – Maßnahmen gelang es beispielsweise, die Erträge im Reisanbau in Süd- und Südostasien innerhalb eines Zeitraumes von 30 Jahren (1950 bis 1980) fast zu verdoppeln. Für so volkreiche Länder wie Indien oder Indonesien war das ein herausragender Erfolg im Kampf gegen den Hunger und gegen Unterernährung. Neben der Vergrößerung der Bewässerungsflächen und dem Einsatz von Düngemitteln trug vor allem durch Züchtung entwickeltes Hochleistungssaatgut zu diesem Erfolg bei. Dabei sollte man ökologische Probleme nicht übersehen. Je höher der Ertragsanteil der Fruchtarten ist, desto geringer ist der Anteil an Pflanzenmasse, der in den Boden zurückgeführt wird und damit im natürlichen Stoffkreislauf verbleibt. Das sollte bei der Gestaltung der Fruchtfolgen nicht vergessen werden.

Im *Reisanbau* wurden durch 27 neue Reisvarietäten, vom International Rice Research Institute (IRRI) auf den Philippinen entwickelt, beträchtliche Produktionssteigerungen erreicht. Bereits auf 50 Mio. ha in vielen Reisanbaugebieten der Welt werden diese Varietäten angebaut, und es wurde von 1960 bis 1990 weltweit eine Steigerung der Reisproduktion von ca. 55 % erreicht (Tab. 54).

Am Beispiel weiterer Hauptgetreidearten sowie tropischer Wurzelfrüchte kann gezeigt werden, welche Möglichkeiten der Einsatz von Hochertragssaatgut eröffnete, wobei diese Früchte auch für andere Großregionen der Erde, insbesondere für Afrika und Lateinamerika, von Bedeutung sind:

| Land | 1950 | 1960 | 1970 | 1980 | 1990 | 1993 |
|---|---|---|---|---|---|---|
| Indien | 10,1 | 15,3 | 16,9 | 20,1 | 26,9 | 28,0 |
| Vietnam | 13,0 | 16,0 | 18,2 | 20,1 | 31,0 | 34,5 |
| Philippinen | 12,1 | 11,6 | 17,2 | 22,4 | 28,1 | 27,6 |
| Japan | 41,0 | 48,6 | 56,3 | 51,3 | 50,0 | 45,8 |

*Tabelle 54*
*Steigerung der Hektarerträge im Reisanbau [dt]*

Im Bereich des *Weizenanbaus* wurde eine Kreuzung aus Weizen und Roggen entwickelt. Sie wird Tritikal genannt. Diese neue Sorte vereinigt in sich die besten Eigenschaften beider Getreidearten. Unter maximalen Bedingungen übertreffen die Ernteerträge von Tritikal die Weizenerträge um 20–30 %. Bereits Anfang der neunziger Jahre wurden in 32 Ländern insgesamt 1,5 Mio. ha mit dieser Sorte bebaut, so u. a. in Australien, Frankreich, Rußland und Polen sowie zahlreichen Entwicklungsländern. Es wird prognostiziert, daß Tritikal einen wichtigen Beitrag gegen Unterernährung und Tod in Afrika, Asien und Lateinamerika leisten kann.

Im *Maisanbau* gelang dem Internationalen Zentrum für Getreidezüchtung (CIMMYT) in Mexiko die Züchtung einer neuen Maissorte „Quality-Protein Maize" mit hervorragenden Verzehrqualitäten und hohen Erträgen. Über 200 Mio. Menschen könnten von dieser Entwicklung profitieren.

In Afrika konnte das International Institute of Tropical Agriculture (IITA) in Nigeria ein Hackfruchtprogramm entwickeln, in dem der *Maniokanbau* eine Steigerung von 50–300 % erbringen kann. Die Varianten sind ohne Aufwand, ohne Kunstdünger anbaubar und zusätzlich auch gegen Krankheiten resistent. Sie reifen in acht anstatt bisher in zwölf Monaten und können als Reserve für Zeiten des Nahrungsmittelmangels im Boden belassen werden. Das IITA arbeitet gegenwärtig an der Züchtung neuer Süßkartoffelsorten mit massiven Erträgen von 14–18 t/ha.

Solche hervorragenden Züchtungsleistungen haben in zahlreichen Entwicklungsländern, allen voran Indien und Indonesien, die Nahrungsmittelproduktion in kurzer Zeit wesentlich verbessert. Noch erreichte aber die „Grüne Revolution" nicht jedes Gebiet der Erde und jedermann. Ihre Auswirkungen sind nicht überall gleich positiv. So profitierten von der Entwicklung aufgrund der Kostenaufwendigkeit des Anbaus vor allem Groß- und Mittelbetriebe. Die Bedürfnisse der Kleinbauern wurden zum Teil in den Forschungsprogrammen übersehen, so z. B. hinsichtlich der Nutzungsmöglichkeiten schlechter, nicht bewässerbarer Böden.

Der Erfolg der „Grünen Revolution" beruht deshalb vorwiegend auf dem Vorhandensein geeigneten Landes, ausreichender Wasservorkommen, günstiger Klimabedingungen und der notwendigen Investitionsmittel. Zur Steigerung der globalen Nahrungsmittelproduktion in marginalen Bereichen sind erst Ansätze vorhanden. Ein weiteres Problem der „Grünen Revolution" ist, daß durch den verstärkten Einsatz von Düngemitteln und Pestiziden auch ökologische Probleme zunahmen.

Inzwischen sind die Fehler erkannt, die bei der Realisierung der „Grünen Revolution" gemacht wurden. In einer zweiten Welle sollen nunmehr besonders die Großregionen gefördert werden, die bisher kaum Nutznießer gewesen sind. Der afrikanische Raum steht hierbei im Vordergrund. Wichtig ist vor allem, daß auch die Kleinbauern in den Prozeß einbezogen werden. Das ist nur möglich, wenn Fortschritte auch bei minimalerem Kapitaleinsatz erzielt werden können. So sind in vielen Gebieten sorgfältig ausgewählte Methoden der Boden- und Wasserkonservierung anzuwenden, um Ertragssteigerungen unter Ausschaltung später eintretender Nachteile der Bewirtschaftung (Verlust an Nährstoffen usw.) erreichen zu können. Deshalb müssen die vorgeschlagenen Techniken und Methoden nicht nur national, sondern auch lokal den jeweiligen Erfordernissen angepaßt werden. Experten schlagen immer wieder vor, landwirtschaftliche Entwicklungssysteme mit der Verbreitung von Techniken zu beginnen, die wenig (oder nichts) kosten und den größten Gewinn bei kleinsten Risiken bringen.

Inzwischen gibt es zahlreiche Szenarien zur „Grünen Revolution" in bisher kaum davon betroffenen Gebieten. HARRISON (1988) beschreibt eine „Grüne Revolution für Afrika":

*Grundlagen:*
- Verbesserung der Produzentenpreise für Früchte und Exportprodukte,
- Sicherung von Besitz und Nutzung von Land,
- funktionelle Integration der Landwirtschaft.

*Stufe 1:*
Verbreitung von Techniken, die nichts oder ganz wenig kosten, mit hohen Gegenleistungen aus Arbeit und Land:
- Konservierung von Boden, Wasser und Nährstoffen,
- Verbesserung der Bodenfruchtbarkeit und -struktur,
- Forstwirtschaft durch örtliches Management, lebende Zäune usw.,
- Bewässerung in kleinem Umfang,
- Maßnahmen für Vieh,
- Verbesserung der Bereitstellung von Arbeitskraft und verbesserte Produktivität.

*Stufe 2:*
Billige Techniken, die in einem gewissen Ausmaß landesweit Versorgungsdienste, minimale Importe und geringe Geldinvestitionen erfordern:
- verbesserte Fruchtarten, z. T. selbst gezogen, um unter lokalen Bedingungen zu bestehen (Resistenz gegen Krankheiten, Tolerierung magerer Böden, trockener Zeitabschnitte usw.),
- verbesserter Kunstdünger als Treibstoff für Leguminosen,
- eingeführte Baumarten,
- Kreuzung von Rindern,
- billige Brunnen, handbetriebene Pumpen, Schöpfteiche,
- verbesserte Geräte, besonders zur Erleichterung der Frauenarbeit.

*Stufe 3:*
Techniken zu mäßigen Kosten, mit einigen Importen, höheren Geldinvestitionen durch die Bauern und landesweiten Systemen für Lieferung und Wartung:
- verbessertes Saatgut,
- mäßige Dosen sorgfältig ausgewählter Düngemittel,
- ausgewählte Mechanisierung,
- motorgetriebene Pumpen,
- Biogas.

Jede Stufe soll auf den vorausgegangenen aufbauen. Jede Stufe schafft den Überschuß und das Kapital für die folgende Stufe. Experten erwarten, daß bei Realisierung solcher Szenarien rasch eine Zunahme der Feldfrucht- bzw. der Holzproduktion in Größenordnungen um 20 % bei größerer Stabilität möglich ist. Als Voraussetzung sehen sie, daß die örtliche Bevölkerung in jede Stufe der Entwicklungsarbeit – von der Forschungsarbeit bis zur Festlegung lokaler Prioritäten – einbezogen werden muß, insbesondere für die Bereitstellung von Land, Arbeitskräften, Materialien und Geldmitteln. Der Aufbau eines landesweiten Netzes von landwirtschaftlichen Entwicklungshelfern – jeweils ein Experte für 500–1000 Kleinbauern – sowie die Schaffung eines Ausbildungssystems für die Bauern wären weitere wichtige Maßnahmen, um einer „Grünen Revolution" in Afrika zum Erfolg zu verhelfen.

Auch für die speziellen Anbauformen der Landwirtschaft in Lateinamerika wird nach Wegen gesucht, um zu verbesserten Erträgen bei weitgehender Erhaltung der natürlichen Voraussetzungen zu kommen. Zur Zeit steht die Wahl der günstigsten Anbaupraktiken und hierbei die Wahl zwischen traditioneller, konventioneller und alternativer Landwirtschaft im Vordergrund. So entwickelt z. B. das International Center of Tropical Agriculture (CIAT) in Cali, Kolumbien, eine Form der konventionellen Landwirtschaft für die ausgedehnten tropischen Savannen Südamerikas, in die nicht nur verschiedene Sorten Anbaugut, sondern auch das Vieh einbezogen ist.

Das Zuchtziel ist heute nicht nur in der Ertragssteigerung, sondern auch in der Erhöhung der Qualität des Erntegutes und der Widerstandsfähigkeit der Kulturpflanzen gegenüber Schädlingen zu sehen. Dabei sind die meisten Züchtungen noch in den traditionellen Instituten für Pflanzenzüchtung vorgenommen worden. Je mehr Züchtungen in den Entwicklungsländern selbst erfolgen, desto besser können die dort in der Natur reichlich vorhandenen genetischen Reserven in diesen Prozeß einbezogen werden. Die (wechselfeuchten) Tropen und Subtropen stellen die Heimat der meisten für unsere Ernährung bedeutsamen Kulturpflanzen dar, hier befinden sich die primären Genzentren dieser Pflanzen. Starke Temperatur- und Feuchtigkeitsunterschiede zwischen den verschiedenen Standorten der Wildart haben dort zu einer Formenvielfalt geführt, in den Gebirgslagen mit erhöhter ultravioletter Strahlung wahrscheinlich auch zu einer erhöhten Mutationsrate. Hier sind Erbvarianten erhalten, von denen bisher bei weitem noch nicht alle genutzt worden sind, die sich aber mit großer Wahrscheinlichkeit für künftige Züchtungen einsetzen lassen, mit denen das biotische Ertragspotential in den Entwicklungsländern weitaus besser als bisher zur Geltung gebracht werden kann.

# 3.3.
# Bilanzen und Prognosen der Nutzung

## *3.3.1.*
## *Bilanzen*

Biologische Ressourcen sind für die menschliche Nutzung direkt oder indirekt verfügbare oder verfügbar gemachte pflanzliche und tierische Stoffe. Sie sind in der Hierarchie der Naturressourcen das Pendant zu den mineralischen Ressourcen und wie diese unverzichtbare Voraussetzung für die Existenz menschlichen Lebens. Um biologische Ressourcen bilanzieren zu können, soll zunächst eine Bestandsaufnahme gemacht werden. Hierfür ist es notwendig, diese Ressourcen zu gliedern. Vier solcher Möglichkeiten seien angeführt:

1. Gliederung nach der biologischen Substanz in ihren beiden Hauptformen:
   – pflanzliche Ressourcen,
   – tierische Ressourcen;
2. Gliederung nach den Hauptproduktionsrichtungen:
   – landwirtschaftliche Ressourcen,
   – forstwirtschaftliche Ressourcen,
   – Fischereiressourcen;

3. Gliederung nach dem Verwertungszweck der Ressourcen:
   – Nahrungsmittelressourcen,
   – Genußmittelressourcen,
   – Futtermittelressourcen,
   – technische biologische Ressourcen;
4. Gliederung nach handelspolitischen Gesichtspunkten:
   – Weltwirtschaftsressourcen,
   – Lokal- und Regionalressourcen.

Für geographische Untersuchungen reichen diese Gliederungen nicht aus. Aus der Vielzahl möglicher Gruppierungen pflanzlicher und tierischer Ressourcen werden im vorliegenden Buch folgende Hauptgruppen und Gruppen ausgewiesen:

1. Pflanzliche Ressourcen
   – Nahrungsmittelpflanzen
     · Stärkepflanzen:
       Getreide bzw. landwirtschaftlich kultivierte Süßgräser (Weizen, Roggen, Gerste, Hafer, Mais, Reis, Hirse u. a.),
       Gräser anderer Familien (Buchweizen, Reismelde, Fuchsschwanzarten),
       Knollenfrüchte (Kartoffel, Maniok, Batate, Yams, Taro, Tobinambur);
     · Zuckerpflanzen:
       Zuckerrohr, Zuckerrübe, Zuckerpalme, Palmyrapalme, Zuckerahorn, Zuckerhirse;
     · Eiweißpflanzen:
       alle Bohnenarten,
       alle Erbsenarten;
     · Öl- und Fettpflanzen:
       Sojabohne, Erdnuß, Kokospalme, Ölpalme, Sonnenblume, Lein, Sesam, Olive, Raps, Senf usw.;
     · Obstpflanzen:
       Obst der gemäßigten Breiten,
       Südfrüchte;
     · Gemüsepflanzen:
       Kohlarten, Blattgemüsepflanzen, Wurzelgemüse, Zwiebelarten, Spargel und Bambus, Nachtschattengewächse, Gurken und Kürbisgewächse usw.;
   – Genußmittelpflanzen
     · Kakao, Kaffee, Tee, Tabak, Betel, Colabäume, Schlafmohn;
     · Gewürze;
   – Technische Pflanzen
     · Faserpflanzen:
       Baumwolle, Sisal, Jute u. a.;
     · Latex liefernde Pflanzen:
       Kautschukbaum u. a.;
     · Arzneimittelpflanzen:
       Fenchel, Baldrian, Pfefferminze, Salbei, Chinarindenbaum, Ginseng;
     · sonstige Pflanzen:
       Hopfen u. a.;
     · Holz;

– Sonstige pflanzliche Ressourcen
· sonstige Gräser (verschiedene Futterressourcen);
· Pilze;
· Zierpflanzen, Blumen usw.;
· Tang, Algen usw.;

2. Tierische Ressourcen
– Fleischressourcen: fleischliefernde Tiere des Festlandes aller Art;
– Fischressourcen: Fische aller Art, Meeressäuger, weitere tierische Lebewesen
(Krill usw);
– Weitere tierische Ressourcen: Vögel, Insekten, Raubtiere usw.;
– Tierische Produkte als technische Ressourcen: Felle, Häute, Knochen, Wolle, Haare, Federn usw.;
– Weitere Produkte tierischer Ressourcen zur Ernährung: Milch, Eier, Honig usw.

Aber auch diese vorwiegend nach wirtschaftlichen Gesichtspunkten getroffene Gliederung ist nicht unumstritten. Einige der angeführten Kulturpflanzen können auch anderen Hauptgruppen zugeordnet werden. So wäre z. B. eine Zuordnung der Sojabohnen und der Erdnüsse zu den Eiweißpflanzen, von Kakao zu den Fett- bzw. Eiweißpflanzen, von Hopfen und von einzelnen Arzneimittelpflanzen zu den Genußmittelpflanzen, von Pilzen zu den Gemüsepflanzen denkbar.

Alle biologischen Ressourcen benötigen zu ihrer Produktion bzw. Entwicklung Flächen. Flächengröße und Flächenzustand sind ein wichtiger Gradmesser für die Möglichkeiten der Ressourcennutzung. Deswegen sind Flächenbilanzen für nachfolgende Berechnungen von beträchtlicher Relevanz.

### Globale Flächenberechnungen

Die Oberfläche der Erde umfaßt 510 Mio. km$^2$. Etwa 360 Mio. km$^2$ davon sind Meeresfläche. An der verbleibenden 150 Mio. km$^2$ umfassenden Weltbodenfläche des festen Landes haben Anteil:

| | |
|---|---|
| – Gewässer des festen Landes | 15 Mio. km$^2$ |
| – Antarktis und arktisches Festland | 14 Mio. km$^2$ |
| – Subpolare Tundren | 5 Mio. km$^2$ |
| – Hochländer über der Kältegrenze | 5 Mio. km$^2$ |
| – Nördliche Waldzone | 10 Mio. km$^2$ |
| – Trocken- und Wüstengebiete | 32 Mio. km$^2$ |
| – Tropische Regenwälder | 22 Mio. km$^2$ |
| – Versiegelte Flächen | 2 Mio. km$^2$ |
| – Ackerland | 15 Mio. km$^2$ |
| – Wiesen- und Weideland | 30 Mio. km$^2$. |

Für die landwirtschaftliche Nutzung stehen also nur etwa 45 Mio. km$^2$ (4,5 Mia. ha) Acker-, Wiesen- und Weideland und in geringem Umfang die Waldgebiete zur Verfügung. 105 Mio. km$^2$ fallen völlig oder weitgehend als landwirtschaftliche Nutzfläche aus, weil die Böden zu trocken oder zu naß, zu steil oder zu flachgründig, zu kalt oder durch Bauten versiegelt sind bzw. Wälder tragen. Abb. 56 macht die angegebenen Proportionen nochmals deutlich sichtbar.

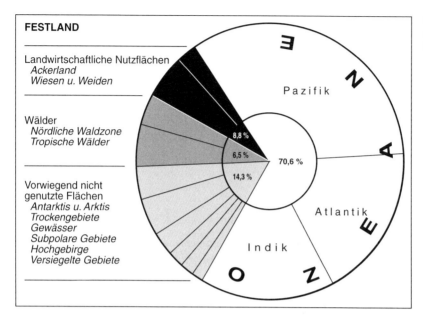

**FESTLAND**

Landwirtschaftliche Nutzflächen
*Ackerland*
*Wiesen u. Weiden*

Wälder
*Nördliche Waldzone*
*Tropische Wälder*

Vorwiegend nicht
genutzte Flächen
*Antarktis u. Arktis*
*Trockengebiete*
*Gewässer*
*Subpolare Gebiete*
*Hochgebirge*
*Versiegelte Gebiete*

Pazifik

Atlantik

Indik

8,8 %

6,5 %

14,3 %

70,6 %

Abbildung 56
Aufteilung der
Erdoberfläche

Als landwirtschaftliche Nutzfläche stehen gegenwärtig etwas weniger als 9 % der gesamten Erdoberfläche oder 30 % der Oberfläche des Festlandes zur Verfügung. Allerdings sind die räumlichen Möglichkeiten der Vergrößerung der landwirtschaftlichen Nutzfläche noch nicht erschöpft. In fast allen Großregionen der Erde bestehen noch Flächenreserven. Es handelt sich jedoch fast überall nur noch um Gebiete mit erhöhtem Anbaurisiko, weil sie eben zu trocken, zu naß, zu kalt, zu steil, zu flachgründig sind. Wissenschaft und Technik können zur Entwicklung einer rentablen Nutzung auch solcher Böden beitragen.

Im Hinblick auf die Erweiterung der landwirtschaftlichen Nutzfläche – insbesondere für die Produktion von Nahrungsmitteln – bestehen neben der Neulandgewinnung auf dem Festland auch Möglichkeiten der Landgewinnung aus dem Meer. Der Mensch hat im Verlauf der Geschichte im Kampf gegen das Meer bedeutende Landgewinne erzielen können, insbesondere in den Niederlanden, in Südostasien, in Südasien und in Japan. Im Bereich vieler Flachküsten wäre das auch zukünftig möglich.

Besonders eindrucksvoll verlief dieser Prozeß in den Niederlanden, wo bereits seit dem 9. Jh. Polder errichtet und bis zum 18. Jh. ca. 260 000 ha nutzbares Land gewonnen werden konnten. In der Mitte des 19. Jh. wurde das Haarlemer Meer (19 000 ha) trockengelegt. Seit den zwanziger Jahren unseres Jahrhunderts erfolgt die Einpolderung der Zuidersee (ca. 220 000 ha). Seit 1953 trug die Umgestaltung der Scheldemündung durch den Deltaplan zur Gewinnung von Land bei. Insgesamt wurde die Hälfte der Landfläche der heutigen Niederlande dem Meer abgerungen. Abb. 57 zeigt den Umfang und die Etappen der Landgewinnung durch das Zuiderseeprojekt. Dabei dürfen allerdings die Nebenwirkungen dieser Vorhaben nicht übersehen werden. Küstenbereiche sind ökologisch besonders wertvoll und hochempfindlich (vgl. Kapitel 4.5.3.). Aus diesem Grund ist in den Niederlanden von der Trockenlegung des Markerwaardpolders Abstand genommen worden.

Erweiterungen der landwirtschaftlichen Nutzfläche sind auch durch „Umwidmung" bisher anders genutzter Flächen zu erwarten, so u. a. durch Wälder. Langfristig wäre die Um-

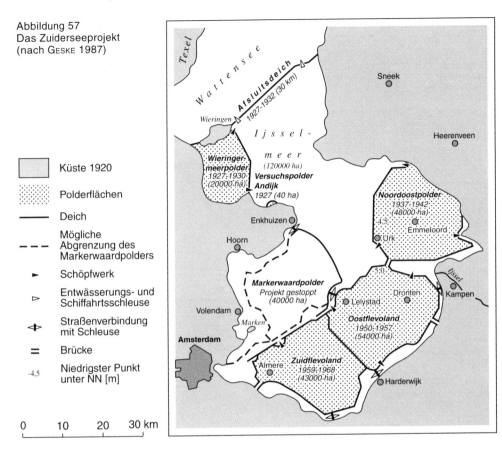

Abbildung 57
Das Zuiderseeprojekt
(nach GESKE 1987)

Küste 1920

Polderflächen

Deich

Mögliche
Abgrenzung des
Markerwaardpolders

Schöpfwerk

Entwässerungs- und
Schiffahrtsschleuse

Straßenverbindung
mit Schleuse

Brücke

-4,5   Niedrigster Punkt
       unter NN [m]

0    10    20    30 km

widmung von Wiesen- und Weideland in Ackerland auch eine Möglichkeit intensiverer Nutzung der Böden für die landwirtschaftliche Produktion. Experten halten eine maximale Flächennutzung von 30 Mio. km² Ackerland und 15 Mio. km² Wiesen- und Weideland für möglich.

Insgesamt darf jedoch nicht übersehen werden, daß neben der extensiven Erweiterung der landwirtschaftlichen Nutzfläche auch größere Verluste an Flächen durch Erosion, totale Versalzung oder Verlaugung, Ausdehnung der Wüsten, Siedlungs- und Straßenbau oder Umwidmungen von Ackerland in andere Zweckbestimmungen eintreten.

Besonders gravierend sind die Verluste an landwirtschaftlicher Nutzfläche durch die Desertifikation (Wüstenbildung). Die Klimaentwicklung und die Ausdehnung traditioneller Wirtschaftsformen bei starker Bevölkerungsentwicklung sind hierfür die wichtigsten Faktoren (vgl. Kapitel 3.5.2.2.). Nach der Weltkonferenz der UNO zur Desertifikation (1977) beträgt der jährliche Flächenzuwachs der Wüsten durch Desertifikation etwa 50 000 km², wobei der größte Teil auf die Sahelzone entfällt. In anderen Quellen werden die jährlichen Nutzflächenverluste nicht so hoch beziffert, sie bewegen sich dort jedoch zwischen 10 000 und 20 000 km².

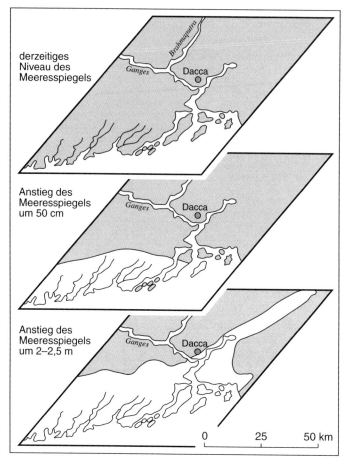

Abbildung 58
Auswirkungen eines
Anstieges des Meeres-
spiegels auf die Küsten
Bangladeschs
(nach „Welt-Ressourcen"
1993)

In der zukünftigen Entwicklung könnte für die Menschheit ein schwerwiegendes Problem, weil mit riesigen Flächenverlusten verbunden, die Dauerüberflutung fruchtbarer Gebiete werden (vgl. Kapitel 3.5.3.). Es muß davon ausgegangen werden, daß bei einem Anstieg der Durchschnittstemperaturen um 1,5–4,5 °C der Meeresspiegel um 20–140 cm ansteigen würde. Ein mittlerer Wert aus diesem Bereich hätte einen Anstieg um 80 cm zur Folge, was ausreicht, um riesige Flächen in ungeschützten Küstengebieten zu überfluten. Immerhin lebt beinahe ein Drittel der Menschheit in Regionen, die maximal bis 60 km von der Küste landeinwärts reichen. In Ägypten genügen 50 cm Meeresanstieg, um 16 % der Bevölkerung zu vertreiben. Besonders gravierend wären die Folgen in Bangladesch, wie Abb. 58 zeigt.

Insgesamt gesehen, wird die Verfügbarkeit von Flächen zunehmend problematisch, insbesondere für die landwirtschaftliche Produktion. Lange Zeit lagen Flächengewinne weit über den Flächenverlusten. In unserem Jahrhundert ergab sich zunächst ein Gleichgewicht zwischen Flächengewinnen und -verlusten. In jüngerer Zeit überwiegen die Verluste. Somit ist die extensive Erweiterung der landwirtschaftlichen Produktion nicht mehr der entscheidende Faktor zur Verbesserung der Welternährungslage.

## Regionale Flächenberechnungen

Außerordentlich unterschiedlich ist die regionale Ausstattung der einzelnen geographischen Zonen mit biologischen Ressourcen und damit auch deren Verfügbarkeit. Tab. 55 vermittelt einen groben Überblick.

Neben der dort dargestellten horizontalen Gliederung kann für alle Gebirgsregionen der Erde auch eine gesetzmäßige vertikale Zonengliederung beobachtet werden. Diese ist dadurch gekennzeichnet, daß – klimatisch gesehen – in bestimmten Höhen Grenzen des Auftretens bestimmter Pflanzen und damit auch des Anbaus gegeben sind. Solche Vegetationsgrenzen, Waldgrenzen, Anbaugrenzen usw. variieren jedoch je nach geographischer Breitenlage des Gebirges, der Exposition, dem geologischen Aufbau bzw. der meerfernen oder meernahen Lage des Gebirges beträchtlich.

## Bilanzen der landwirtschaftlichen Produktion

Neben Flächenbilanzen sind im Hinblick auf Prognosen einer Sicherung der Ernährung der Menschheit auch Produktionsbilanzen von Interesse. Mitte der neunziger Jahre können wir davon ausgehen, daß die Weltproduktion von Nahrungsmitteln für den Menschen etwa 4,5 Mia. t umfaßt. Dazu gehörten 1993 (in Mio. t):

| | | | |
|---|---|---|---|
| Getreide | 1872 | Wurzelfrüchte | 600 |
| Gemüse | 471 | Früchte | 368 |
| Ölfrüchte | 79 | Hülsenfrüchte | 58 |
| Zucker | 116 | Honig | 1 |
| Wein | 31 | Zwiebeln | 29 |
| Eier | 36 | Milch | 516 |
| Fleisch | 186 | Fische | 97 |

Insgesamt ergibt das eine Nahrungsmittelmenge von ca. 4460 Mio. t. Einem Erdenbürger standen somit – theoretisch – im Jahre 1993

$$\frac{4\,460\,000\,000 \text{ t}}{5\,500\,000\,000} = 0{,}811 \text{ t} = 811 \text{ kg}$$

Lebensmittel zur Verfügung. Diese Aussage soll lediglich Auskunft über die Höhe der Produktion und eine theoretische Pro-Kopf-Aufschlüsselung geben. Sie sagt nichts über die wirkliche Verteilung der produzierten Lebensmittel aus.

## 3.3.2.
## Prognosen

Während in Prognosen über mineralische Ressourcen vor allem der Ermittlung der Vorhaltedauer (Reichweite) nachgegangen wird, stehen bei Prognosen über biologische Ressourcen Fragen der Sicherung der Welternährung der Menschen, und zwar räumlich (global, regional, lokal) und zeitlich (Gegenwart und mittel- und langfristige Zeiträume) gesehen, im Vordergrund.

Zahlreiche Prognosen befassen sich mit dem „theoretischen Potential" der Nahrungsmittelproduktion um das Jahr 2000 und im 21. Jh. Die zentrale Frage ist hierbei, ob für 6 Mia. Menschen, später auch für 8 bzw. 10 Mia. die Ernährung gesichert werden kann. Die Aussa-

| Geographische Zone | Pflanzenwelt | | Tierwelt | |
|---|---|---|---|---|
| | natürliche Vegetation* (Mittelwert) | Kulturpflanzen | Wildtiere | domestizierte Tiere |
| Subpolare Zone | Moose, Flechten, mehrjährige Gräser, Zwergsträucher; Flachmoorvegetation (Tundravegetation) (6 t/ha) | beschränkt Gemüsebau unter Glas | Polarfüchse, Schneehasen, Lemminge, Zugvogelarten; im Meer: Wale, Robben, Eisbären, viele Fischarten | Rentiere, Zug- und Hirtenhunde |
| Boreale Waldzone, Waldtundra | lichte Gehölzformation mit Birken und Weiden, regional Zirbel, Lärche in Eurasien, Fichte und Tanne in Nordamerika; auch Strauch- und Tundragesellschaften (50 t/ha) | stellenweise Kartoffeln und Gemüse, auf Kola auch Gerste | alle Tundrenbewohner, dazu einige Vertreter der nördlichen Waldzone | zeitweilig Rentiere, Schafe |
| Taiga | überwiegend Nadelwaldgesellschaften, regional unterschiedlich, aber überall Birke, Espe, Pappel, Weide; Niedermoor und Waldsumpfvegetation (200 t/ha) | vorwiegend Wald mit geringen Ackerbauanteilen, nach Süden zunehmend; Hafer, Gerste, Kartoffel, Gemüse; Grünlandnutzung; bedeutende Holznutzung | reiche Waldfauna, wie Bär, Wolf, Fuchs, Edelpelztiere, Waldvögel; viele Süßwasserfische; Insektenreichtum | lokal Rinder und Schweine, Geflügel, Pelztiere, zeitweilig Rentiere |
| Gemäßigte Waldzone (Mischwaldzone) | vielfältige Waldgesellschaften, wie sommergrüne Laub und Nadelmischwälder, sommergrüne Laubwälder (300 t/ha) | vorwiegend Kulturland mit Getreide, Hackfrüchten, Gemüse, Obst, Futterpflanzen (jedoch regional stark differenziert) | wie südliche Taiga, dazu Hirsch Reh, Wildschwein, Elch; Reichtum an Waldvögeln und Süßwasserfischen | bedeutende Rinder- und Schweinezucht, Pferde, Schafe, Geflügel, Bienen |
| Trockengebiete der periodischfeuchten Tropenzone (Trokkensavanne) | Wechsel zwischen Gehölz- und Grasfluren, Anpassung an Trockenheit (Dornwald, Trockenwald) (9–15 t/ha) | Anbau von Getreide, Baumwolle, Kaffee, Sisal in Regenzeitfeldbau oder Bewässerungswirtschaft; Brandrodung | sehr viel Großwild (Antilopen, Giraffen, Gazellen, Elefanten u. a. Dickhäuter, Raubtiere); großer Vogelreichtum, Termiten, Ameisen | Weideviehhaltung, besonders Rinder, Schafe, Ziegen |

| Geographische Zone | Pflanzenwelt | | Tierwelt | |
|---|---|---|---|---|
| | natürliche Vegeta-tion* (Mittelwert) | Kulturpflanzen | Wildtiere | domestizierte Tiere |
| Periodisch-feuchte Tropen-zone (Feucht-savanne, Regengrüner Feuchtwald, Monsunwald) | vielfältig differen-zierte Waldgesell-schaften, wie ozea-nischer Regenwald, tropischer Berg-wald oder feuchter Monsunwald (60–350 t/ha) | weitgehend gero-detes und bebautes Kulturland (Reis, Zuckerrohr, Kakao, Tee, Jute), Holznutzung | Großwild wie in Trockensavanne, Affen, zahlreiche Vogelarten, Insekten | geringe Vieh-haltung; Nutzung von Elefanten und Wasserbüffeln als Arbeitstiere |
| Waldsteppe | Wechsel von krautreichen Wiesensteppen, mit Laubwäldern und Auenwäldern (60 t/ha) | vorwiegend Getreide- und Hackfruchtanbau, Feldfutterpflanzen, Obst, Leguminosen | Wald- und Steppenfauna | Rinder, Schweine, Pferde, Schafe, Geflügel, Bienen |
| Steppe | kräuterreiche Grassteppe (Langgrassteppe), Trockensteppe (Kurzgrassteppe, Prärie, Pampa) (16 t/ha) | vorwiegend Getrei-de-, Hackfrucht-, Sonnenblumen-, Baumwollanbau (z. T. mit Bewässerung) | „Bodenwühler", Bodenkriecher; viele Vogelarten; Großwild (Anti-lopen, Büffel, Bi-son); Heuschrek-ken, Ameisen | Herdenhaltung von Rindern, Schafen, Ziegen; Geflügel |
| Halbwüste | schüttere Vege-tationsarten der Trockensteppe und der Wüste, Zwiebelgewächse (7 t/ha) | lokal Trocken-feldbau (Getreide), Bewässerungskul-turen für Gemüse, Obst | Steppen- und Wüstenfauna | Weideviehzucht, besonders Schafe, Ziegen, Kamele, lokal auch Rinder |
| Winterkalte Wüste | vorwiegend unbe-deckter Boden; lokal Salzsträucher, Saxaul; im Frühjahr Ephemerenteppich (0,5 t/ha) | Feldbau nur bei Bewässerung; vielseitige Oasen-kulturen für Ge-müse, Obst, Baum-wolle, Getreide | Kriechtiere, Vögel, Wander-heuschrecken; nur geringe Mengen an Großwild | Kamele und Esel als Lasttiere; Schafe, Ziegen; Yaks in Inner-asien, Pferde als Reittiere |

\* Phytomasse bzw. pflanzliche Biomasse

Tabelle 55
*Biologische Ressourcen der geographischen Zonen*

| Geographische Zone | Pflanzenwelt | | Tierwelt | |
|---|---|---|---|---|
| | natürliche Vegetation* (Mittelwert) | Kulturpflanzen | Wildtiere | domestizierte Tiere |
| Winterfeuchte subtropische Zone | immergrüne Vegetation, besonders Hartlaubgewächse und Laubmischwälder mit Strauchunterwuchs; starke Differenzierung nach Exposition (60 t/ha) | Oliven, Wein, Agrumen, Nüsse, Maulbeeren, Edelkastanien, Korkeiche; Reis, Tee, Zuckerrohr, Bambus, Palmen | Bär, Wildschwein; reiche Vogelfauna; Halbaffen | Schafe, Ziegen, Esel, Geflügel, Seidenraupenzucht |
| Subtropische und tropische Trockenzone (tropische Wüsten und Halbwüsten) | von schütterer Vegetation bis vegetationsloser Kernwüste; extrem xerophile Pflanzen mit tiefreichenden Wurzeln (0,2–1 t/ha) | Kulturpflanzenanbau nur in Bewässerungswirtschaft (meist in Oasen) | Großwild nur in Randgebieten; Kriech- und Nagetiere | Kamele; Schafe, Ziegen; lokal Pferde |
| Immerfeuchte Tropenzone (Äquatorialzone) | immergrüner, artenreicher, üppiger Regenwald mit deutlichem Stockwerksaufbau; regional durch Sekundärwälder verdrängt; versumpfte Auen und Niederungen; Sumpfwald, Waldmoore, Mangrovenküsten (450 t/ha) | Brandrodung mit Hackbau (besonders Knollenfrüchte, Mais); Gewürze, Edelhölzer, Bambus, Kautschuk | reiche und vielfältige Tierwelt (besonders Affen, Vögel, Insekten, Fische); aber wenig Großwild | keine oder nur geringe Viehhaltung |

* Phytomasse bzw. pflanzliche Biomasse

*Fortsetzung Tabelle 55*

gen dazu fallen in den Prognosen sehr unterschiedlich aus. In pessimistischen Darstellungen wird darauf verwiesen, daß schon in der Gegenwart etwa 1 Mia. Menschen ständig oder sporadisch Hunger leiden und daß jährlich viele Millionen verhungern. Neben dem Tod als ständiger Erscheinung von Unter- und Mangelernährung sterben auch noch massenhaft Menschen im Zusammenhang mit Hungersnöten, Überschwemmungen, Seuchen. So verhungerten z. B. in der Trockenperiode 1973/74 in der Sahelzone etwa 250 000 Menschen, in Bangladesch 330 000 und in Kambodscha 1979 450 000 Menschen. In der Sahelzone wiederholte sich eine Hungerkatastrophe 1983/84. Zehntausende Hungertote sind das Ergebnis kriegerischer Auseinandersetzungen in Ruanda/Burundi, Angola, Äthiopien, Mosambik allein in den letzten 30 Jahren.

In der Mehrzahl der Prognosen werden jedoch vorsichtig optimistische Perspektiven aufgezeichnet.

In einer gemeinsamen Studie der FAO und des „Institutes für Systemanalyse" wird von einer möglichen bewirtschafteten Fläche für die Nahrungsmittelproduktion von 1,5 Mia. ha und von einer Steigerung der Durchschittserträge von gegenwärtig 2 t auf 5 t Getreideäquivalente ausgegangen. Berücksichtigt man eine erhöhte Produktion im Bereich des Weidelandes und des Meeres, dann wäre ein Gesamtpotential von 8 Mia. t Getreideeinheiten möglich. Unter diesen Bedingungen wäre die Menschheit bis weit ins kommende Jahrhundert – theoretisch gesehen – ernährbar. In der UN-Studie „Unsere gemeinsame Zukunft" (BRUNDTLAND-Bericht) wird festgestellt, daß 1980 mehr Lebensmittel pro Kopf zur Verfügung standen als je zuvor in der menschlichen Geschichte, nämlich nahezu 500 kg Getreide bzw. Hackfrüchte als wichtige Grundnahrungsquellen. Bei einer real möglichen Steigerung der Nahrungsmittelproduktion um 3–4 % jährlich sei die Menschheit auch zukünftig ernährbar. Es werden aber auch Grenzen aufgezeigt. Im selben Bericht (S. 126) heißt es: „Der gegenwärtige globale Durchschnittsverbrauch an pflanzlicher Energie für Nahrungsmittel, Saatgut und Viehfutter liegt etwa bei 6000 Kalorien täglich ... Auf dieser Grundlage könnte die mögliche Produktion etwas mehr als 11 Mrd. Menschen ernähren. Wenn aber der durchschnittliche Verbrauch wesentlich ansteigt – angenommen auf 9000 Kalorien – geht die Zahl der Bevölkerung, die die Erde tragen kann, auf 7,5 Mrd. zurück. Allerdings können diese Zahlen noch wesentlich erhöht werden, wenn die für die Nahrungsmittelproduktion genutzte Fläche und die Produktivität von 3 Mrd. ha Weidelandes auf einer stabilen Grundlage erhöht werden könnte."

In der Studie „Global 2000" (1980, S. 253) heißt es: „Die Welt besitzt sowohl physikalisch als auch ökonomisch die Kapazität, genügend Nahrungsmittel zu produzieren, um wesentlichen Bedarfssteigerungen bis zum Jahr 2000 begegnen zu können." Auch die oben angegebenen Zahlen der Nahrungsmittelproduktion 1993 lassen eine vorsichtig optimistische Prognose zu. Unabdingbare Voraussetzung einer langfristigen Sicherung der Ernährung der Weltbevölkerung ist jedoch, daß die letztlich begrenzten Möglichkeiten der Erde nicht überfordert werden, sondern ein Gleichgewicht zwischen diesen Möglichkeiten und dem Bevölkerungswachstum hergestellt wird. Ein unbegrenztes Wachstum der Bevölkerung und der Nahrungsmittelproduktion ist nicht möglich.

In allen angeführten Prognosen wird von der Notwendigkeit der Steigerung der agraren Produktion ausgegangen. Eine solche kann aber nur noch bedingt durch extensive Erweiterung der Anbauflächen, durch Neulandgewinnung oder Umwidmung, erreicht werden. Folglich muß ein Großteil der erweiterten Nahrungsmittelproduktion über *Intensivierungsmaßnahmen* erbracht werden.

Die Erhöhung der Erträge pro Flächeneinheit ist somit ein wichtiges Ziel agrarer Bodenbewirtschaftung. Schon in der Gegenwart wird der Zuwachs in der Nahrungsmittelproduktion vorwiegend durch Intensivierung erbracht. Sie ergibt sich vor allem

– durch Fortschritte in der Saatgutzüchtung zur Erhöhung der Ertragsleistung, in der Viehzucht, in der Verbesserung der Krankheitsresistenz und bei der Erzielung von Mehrfachernten. Züchtungen werden heute als effektivste Form der Intensivierung angesehen;
– aus der Schädlingsbekämpfung und der Bodendüngung;

| Getreide | 1950 | 1960 | 1970 | 1980 | 1990 | 1993 |
|----------|------|------|------|------|------|------|
| Weizen | 10,2 | 12,1 | 14,8 | 19,1 | 25,7 | 25,5 |
| Körnermais | 15,6 | 20,4 | 24,4 | 30,6 | 36,8 | 36,9 |
| Reis | 16,0 | 22,6 | 23,0 | 27,7 | 35,6 | 35,8 |

*Tabelle 56*
*Durchschnittliche weltweite*
*Hektarerträge [dt]*

– aus einer besseren Bodenbearbeitung, aus optimalen Fruchtfolgen, modernen Technologien, aus verlustarmer Ernteeinbringung und aus Vorratsschutz;
– aus Be- und Entwässerungsmaßnahmen.

Tabelle 56 zeigt an ausgewählten Beispielen des Getreideanbaus, welche Ergebnisse – vorwiegend durch Intensivierungsmaßnahmen – erreicht werden konnten.

Das mittlere Ertragsniveau weicht jedoch regional außerordentlich stark voneinander ab. Die niedrigsten Erträge pro Hektar werden in Afrika erreicht. Dafür gibt es nicht nur natürliche Gründe. Um aber die sichere Ernährung der Menschen aller Regionen erreichen zu können, müssen über agrare Anbaumethoden hinaus wirtschaftliche, wissenschaftliche, technische und politische Maßnahmen eingeleitet und realisiert werden. Dazu gehören: ständige Bemühungen um die schrittweise Überwindung der Unterentwicklung (Bodenreformen, Strategien zur Ernährung der ärmeren Bevölkerung, international abgestimmte Entwicklungsprogramme mit langer Laufdauer, Schulung der ländlichen Bevölkerung, stärkere Beachtung des Sektors Landwirtschaft in den Entwicklungsplänen), Neuordnung der Struktur des Weltmarktes für Nahrungsgüter, weltweite Bemühungen um eine optimale Verteilung der Lebensmittel, Durchsetzung einer gesunden Ernährung u. a. Ein wichtiger Schlüssel zur Sicherung der Ernährung liegt auch in der Begrenzung des Bevölkerungswachstums.

# 3.4.
# Charakteristik ausgewählter biologischer Ressourcen und ihrer Nutzung

## 3.4.1.
## *Pflanzliche Nahrungsressourcen*

### 3.4.1.1.
### Getreide

Von allen landwirtschaftlichen Erzeugnissen hat für die menschliche Ernährung das Getreide die größte Bedeutung. Außerdem dient es den Tieren als wichtiges Futter und findet technische Verwertungen. Aus der Vielzahl von Getreidearten heben sich sieben hervor, die den größten Teil der Ackerfläche der Erde einnehmen und die Grundnahrung der Menschen, zumindest der meisten Völker, darstellen: Weizen, Reis, Mais, Roggen, Gerste, Hafer und Hirse.

Die Vorteile des Getreideanbaus gegenüber dem Anbau anderer Früchte liegen in einem relativ geringen Arbeitsaufwand für Bestell-, Pflege- und Erntearbeiten, in den Möglich-

*Tabelle 57*
*Weltgetreide-*
*produktion [Mio. t]*

| Getreide | 1950 | 1960 | 1970 | 1980 | 1990 | 1994 |
|---|---|---|---|---|---|---|
| Weizen | 145,8 | 229,5 | 316,5 | 444,6 | 598,7 | 534,3 |
| Reis | 152,6 | 239,7 | 316,4 | 397,6 | 525,7 | 531,3 |
| Körnermais | 138,4 | 222,9 | 266,4 | 394,1 | 478,5 | 551,2 |
| Gerste | 45,9 | 85,9 | 122,0 | 159,6 | 182,6 | 161,8 |
| Hirse |  |  | 55,6 | 55,8 | 85,5 | 85,6 |
| Hafer | 49,3 | 61,9 | 53,8 | 42,9 | 43,0 | 35,5 |
| Roggen | 38,0 | 37,2 | 27,7 | 27,4 | 40,0 | 24,3 |
| Getreide insgesamt (einschließlich anderer Sorten) | 680,0 | 978,0 | 1 204,0 | 1 561,0 | 1 970,7 | 1 940,0 |

keiten einer umfassenden Mechanisierung der Getreideproduktion, in der guten Transportierbarkeit und Lagerungsfähigkeit des Getreides sowie in einigen biologischen Vorzügen hinsichtlich der Nährstoffansprüche usw.

Die Nachteile des Getreideanbaus bestehen im Unkrautproblem (in lichten Beständen gelangt so viel Licht zum Boden, daß Unkräuter zur Wasser- und Nährstoffkonkurrenz werden und den Ertrag mindern); nachteilig kann sich der Anbau auf eine Verschlechterung der Bodenstrukturen (Einwirkungen von Wind, Temperatur, Niederschlag auf den Boden) auswirken, so daß Getreide zu den schlechtesten Vorfrüchten für nachfolgende Kulturpflanzen gehört. Zwischen guten und schlechten Ernten bestehen beträchtliche Ertragsunterschiede.

Für die menschliche und tierische Ernährung besitzt Getreide hervorragende Voraussetzungen. Die beachtlichen Anteile an Rohprotein, Fett und Kohlenhydraten sind hierbei entscheidende Kennziffern.

Unterschiede zwischen den Getreidearten bestehen auch hinsichtlich des Umfangs ihres Anbaus, der sich wiederum sehr eng an den Bedarf, an Ernährungsgewohnheiten und kommerzielle Erwägungen (Gewinne aus dem Verkauf) anlehnt, aber auch physisch-geographisch determiniert ist. Die Tab. 57 macht deutlich, daß trotz auftretender Produktionsschwankungen in den letzten Jahrzehnten drei Getreidearten alle anderen im Anbau weit überragten und demzufolge für die menschliche und tierische Ernährung entscheidende Bedeutung besitzen.

In der regionalen Verbreitung des Anbaus ergeben sich zwischen den einzelnen Getreidearten beträchtliche Unterschiede. Auffallend ist der hohe Anteil der entwickelten Länder, die 1994 etwa 40 % der Weltgetreideproduktion brachten, aber nur einen relativ kleinen Anteil an der Weltbevölkerung (< 20 %) haben. Andererseits wurden in den Entwicklungsländern (einschließlich China) nur 60 % der Weltproduktion erzeugt, obwohl dort über 80 % aller Menschen leben. Weil Getreide aber Hauptnahrungsmittel fast aller Völker der Erde ist, wird aus diesen ungünstigen Proportionen schon das Hauptproblem der Sicherung der Ernährung deutlich: die ausreichende Versorgung der in Entwicklungsländern lebenden Menschen mit Grundnahrungsmitteln. Verschärft tritt das Problem in Afrika auf, weil die dort produzierte Getreidemenge außerordentlich gering ist und nur etwa 5,5 % der Weltproduktion umfaßt.

## Weizen

Weizen nimmt hinsichtlich des Produktionsumfangs und der Stellung im Welthandel unter den Getreidearten die erste Position ein. Sie ergibt sich daraus, daß Weizen von vielen Völkern der Erde und praktisch auf allen Erdteilen als wichtiges Brotgetreide sowie als Rohstoff für andere Nahrungsmittel angesehen wird, was wiederum auf gute Geschmacks- und Verarbeitungseigenschaften (vor allem beim Backen) zurückzuführen ist.

Weizen ist nicht nur eine der wichtigsten Kulturpflanzen, sondern auch eine der ältesten. Der Anbau erfolgte bereits im 4. Jahrtausend v. u. Z. in Ägypten, wie Funde in Pyramiden beweisen. Auch in Vorder- und Zentralasien sowie in China wurde er bereits im 3. Jahrtausend v. u. Z. nachgewiesen. Nach Europa drang der Anbau einerseits über das pontische Gebiet, andererseits über Nordafrika zur Iberischen Halbinsel vor und eroberte sich immer größere Gebiete bis nach Skandinavien. Nach Amerika und Australien kam der Weizen mit den europäischen Einwanderern und damit relativ spät, dehnte sich aber auch dort im Zuge der Besiedlung immer weiter aus. Wir müssen davon ausgehen, daß auch die jetzige regionale Verteilung des Weizenanbaus keine endgültige Grenze darstellt, sondern durch die systematische Anwendung der Erkenntnisse der Agrarwissenschaft eine weitere Ausdehnung erfolgen kann. Die Erschließung von Neulandgebieten in Kasachstan sowie gewisse Erweiterungen des Anbaus in Afrika bestätigen das deutlich.

Schon heute kann von einer „planetaren Verbreitung" des Weizenanbaus gesprochen werden, denn dieses Getreide wird auf allen Kontinenten angebaut (mit Ausnahme von Antarktika) und zu jeder Jahreszeit irgendwo auf der Erde geerntet. Das wiederum hängt damit zusammen, daß als Kulturform für die kälteren Regionen der Sommerweizen entwickelt wurde, in allen anderen Regionen auch Winterweizen angebaut werden kann (Anbaugrenze bei Temperaturen von etwa –22 °C).

In der *Weizenproduktion* haben sich seit 1980 beträchtliche Veränderungen der regionalen Schwerpunkte des Anbaus ergeben (Tab. 58). China entwickelte sich zum führenden Weizenanbauland, und auch Indien konnte 1994 die dritte Position erreichen. Die Produktion beider Länder diente jedoch in erster Linie der Versorgung der eigenen Bevölkerung, während Länder wie die USA, Kanada, mehrere EU-Länder (darunter auch Deutschland), Australien und Argentinien die wichtigsten Exportländer blieben. Als größte Importländer erwiesen sich die GUS-Staaten sowie Länder Lateinamerikas, Nordafrikas und Westasiens

| Land | Menge |
|---|---|
| China | 102,0 |
| USA | 63,1 |
| Rußland | 37,0 |
| Indien | 57,8 |
| Frankreich | 29,9 |
| Kanada | 23,2 |
| Türkei | 18,0 |
| Ukraine | 18,0 |
| Deutschland | 16,1 |
| Großbritannien | 12,5 |
| Iran | 10,0 |
| Argentinien | 9,2 |

*Tabelle 58*
*Führende Länder im Weizenanbau 1994 [Mio. t]*

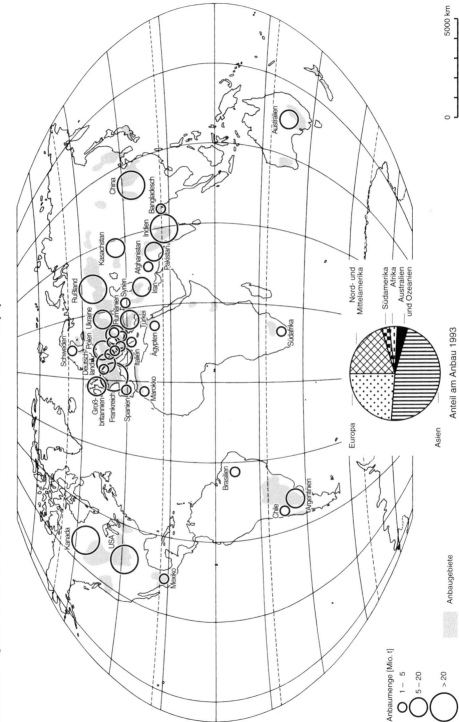

Abbildung 59
Weizenanbaugebiete, führende Anbauländer 1994 sowie Anteile der Kontinente [%]

(Abb. 59). Die großen Produktionssteigerungen sind z. T. auf Ergebnisse der seit den sechziger Jahren wirksamen „Grünen Revolution" (siehe Kapitel 3.2.) zurückzuführen.

## Reis

Reis nahm 1994 im Hinblick auf Produktion und Getreide-Welthandel die dritte bzw. vierte Position ein. Ebenso wie Weizen dient auch Reis vielen Völkern der Erde als wichtigstes Grundnahrungsmittel, obwohl er nicht backfähig ist und deshalb in breiiger oder gekochter Form der Ernährung dient. Im Gegensatz zum Weizen beschränkt sich sein Anbau jedoch auf tropische, subtropische und wenige klimatisch begünstigte Gebiete der gemäßigten Breiten.

Auch Reis gehört zu den seit mehreren tausend Jahren kultivierten Pflanzen. In Südostasien erfolgte bereits vor 5000 Jahren die Nutzung dieser Getreideart, und von dort breitete sich der Anbau immer weiter über das südliche Asien und schließlich im 16. Jh. nach Europa und Afrika aus. In Amerika fand der Reisanbau erst im 17. Jh. Eingang.

Die natürlichen Ansprüche der Reispflanze sind hoch: Sie beziehen sich vor allem auf die Temperaturen (gleichmäßig warme, frostfreie Tage mit Durchschnittstemperaturen von 20–37 °C während der Vegetationszeit), hohe Sonnenscheindauer und genügend Wasserzufuhr in der Wachstumszeit. Da Luftfeuchtigkeit und Nährstoffgehalt des Bodens eine untergeordnete Rolle spielen, ist ein Anbau auch in semiariden Gebieten möglich.

Insgesamt besteht die Möglichkeit des Reisanbaus zwischen 40° S und 45° N. Die günstigsten physisch-geographischen Voraussetzungen sind jedoch zwischen 30° S und 40° N gegeben. Je nach Anbaumethoden werden zwei Arten des Anbaus unterschieden: der nur gelegentlich bewässerte, meist niedrige Erträge liefernde, insgesamt weniger bedeutende Trocken- oder Bergreis und der bei stehender Nässe angebaute Sumpf-, Naß- oder Wasserreis.

Reisanbau wird gegenwärtig in etwa 100 Ländern und auf allen Erdteilen (mit Ausnahme von Antarktika) betrieben. Es wird eine Welternte erbracht, die der der Weizenernte nahekommt und 27 % der Getreideernte der Erde umfaßt (1993). Einige Länder heben sich mit großen Produktionsmengen heraus (Tab. 59), allen voran China, das 1994 33 %, und Indien, das 22 % der gesamten Welternte erbrachte. Beide Länder setzten die Produktion vor-

| Land | Menge |
|------|-------|
| China | 175,6 |
| Indien | 117,6 |
| Indonesien | 45,8 |
| Bangladesch | 27,0 |
| Vietnam | 22,5 |
| Thailand | 20,4 |
| Myanmar | 19,1 |
| Japan | 13,6 |
| Brasilien | 11,2 |
| Philippinen | 9,7 |
| Südkorea | 8,5 |
| USA | 8,5 |
| Nordkorea | 6,0 |
| Pakistan | 5,5 |

*Tabelle 59*
*Führende Länder (>5 Mio. t) in der Reisproduktion 1994 [Mio. t]*

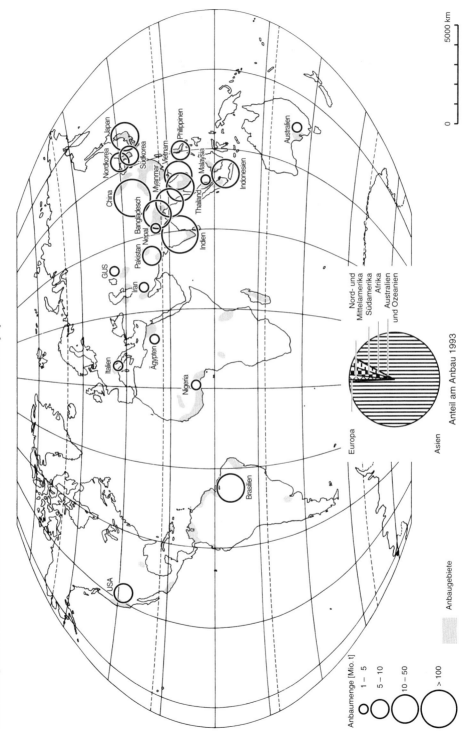

Abbildung 60
Reisanbaugebiete, führende Anbauländer 1994 sowie Anteile der Kontinente [%]

wiegend zur Versorgung der eigenen Bevölkerung mit diesem wichtigen Grundnahrungsmittel ein. Sieben weitere Länder produzierten jeweils über 10 Mio. t.

Reis ist mit weniger als 10 % der Produktion am Welthandel beteiligt. Er wird meist in den Ländern verbraucht, in denen er produziert wird. Die wachsenden Bevölkerungszahlen verlangen in den meisten Reisanbauländern eine Steigerung des Anbaus. Das kann jedoch nur bedingt durch Erweiterung der Anbauflächen erreicht werden. Die Intensivierung muß also im Vordergrund stehen.

Wenn man berücksichtigt, daß die durchschnittlichen Hektarerträge in vielen Ländern noch bei 15–30 dt/ha liegen, andererseits aber auch schon über 50 dt/ha erreicht (Japan, Südkorea, Ägypten, USA) und Ernten von 100 dt/ha für möglich gehalten werden und in Versuchsgebieten nachgewiesen wurden, bestehen noch beträchtliche Chancen der Produktionssteigerung.

Abb. 60 zeigt die regionalen Schwerpunkte des Reisanbaus und die Verteilung der Weltproduktion.

### Körnermais

Körnermais nahm 1994 die erste Position in der Weltgetreideproduktion und die zweite im Weltgetreidehandel ein. Im Gegensatz zu den beiden anderen führenden Getreidearten Weizen und Reis wird jedoch Mais nicht fast ausschließlich als direktes Nahrungsmittel, sondern auch (etwa zur Hälfte) als Futtermittel verwendet.

Hinsichtlich seiner hauptsächlichen Verwendung ergeben sich beträchtliche regionale Unterschiede. Während Mais in Lateinamerika, besonders in Mexiko, ferner im östlichen Afrika, in einigen südosteuropäischen Ländern und in China in Form von Fladen (Tortillas in Mexiko) oder als Brei oft direkt der menschlichen Ernährung dient, wird Maismehl in anderen Gebieten verschiedenen Mehlarten nur beigemengt oder vorwiegend als Futtergetreide verwendet.

Die Heimat des Maises ist Südamerika; dort wurde er bereits in der präkolumbianischen Zeit kultiviert. Und obwohl Amerika immer der Schwerpunkt des Anbaus von Mais blieb,

| Land | Menge |
|---|---|
| USA | 235,1 |
| China | 104,3 |
| Brasilien | 31,6 |
| Argentinien | 10,6 |
| Mexiko | 16,6 |
| Frankreich | 12,9 |
| Indien | 10,5 |
| Rumänien | 9,8 |
| Südafrika | 12,9 |
| Italien | 7,9 |
| Kanada | 6,2 |
| Indonesien | 7,0 |
| Ungarn | 5,5 |
| Ägypten | 5,4 |
| Philippinen | 5,4 |

*Tabelle 60*
*Führende Länder (>5 Mio. t) in der Körnermaisproduktion 1994*
*[Mio. t]*

Abbildung 61
Körnermais-Anbaugebiete, führende Anbauländer 1994 sowie Anteile der Kontinente [%]

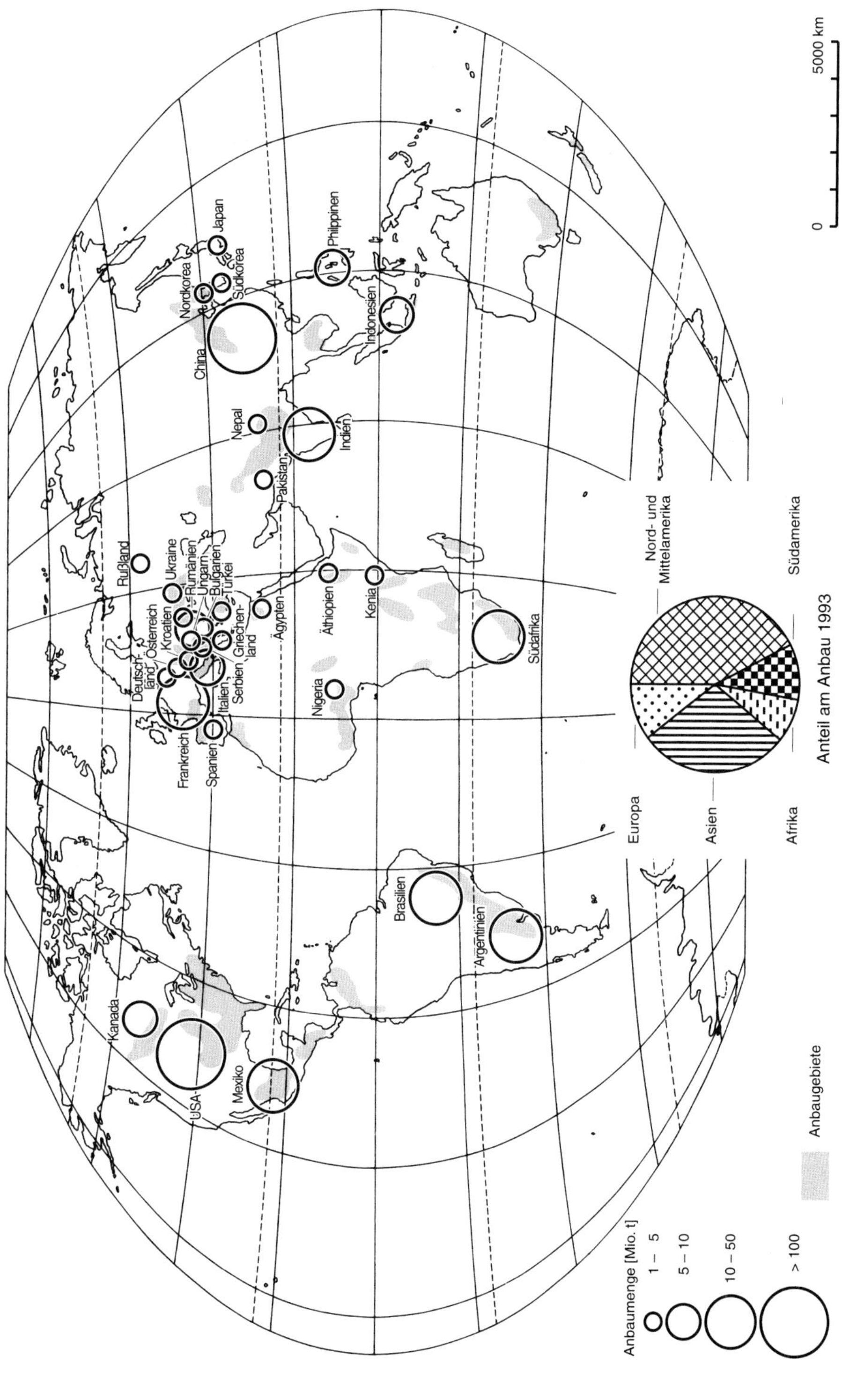

dehnte sich sein Anbau nicht zuletzt auch wegen der Anspruchslosigkeit der Pflanze an Klima und Boden über viele Gebiete der Erde aus, so daß heute Mais auf sechs Erdteilen kultiviert wird. So kann auch beim Mais von einer globalen Verbreitung gesprochen werden, wobei allerdings Gebiete mit einer niedrigeren Sommertemperatur als 19 °C und einer geringeren Niederschlagsmenge als 200 mm in der Vegetationsperiode (es sei denn, es wird bewässert) ausscheiden. Auch nasse und kalte Böden (besonders Tonböden) sind für den Anbau nicht geeignet. Bei Mais dürfte der jetzt erreichte Stand des Anbaus noch beträchtlich erweiterungsfähig sein. Ebenso ist aufgrund des agrarwissenschaftlichen Fortschritts (bei der Untersuchung des $C_H$-Photosynthesetyps – vgl. Kapitel 3.2.2.1.) mit einem weiteren Anstieg der Körnermaiserträge zu rechnen.

In der regionalen Verteilung (Abb. 61) ergibt sich in der Maisproduktion eine eindeutige Dominanz des amerikanischen Doppelkontinentes. Mehr als die Hälfte wird dort produziert, wobei die USA mit 235 Mio. t Körnermaisproduktion im Jahre 1994 etwa 43 % der Welternte einbrachten. Im „Corn-belt", dem oberen Mississippi-Gebiet, findet der dort in Monokultur angebaute Mais geradezu ideale Anbaubedingungen vor (sommerwarmes kontinentales Cf- bzw. Df-Klima, Löß-Schwarzerden). Die erzielten hohen Hektarerträge gehen jedoch auch auf Züchtungserfolge (Hybridmais) zurück. Etwa die Hälfte des gesamten Maisexportes entfällt auf die USA. Weitere führende Länder der Körnermaisproduktion weist Tab. 60 aus.

## 3.4.1.2.
## Kartoffeln

Neben den Getreidearten spielen auch andere Pflanzen wegen der Speicherung von Kohlenhydraten eine wichtige Rolle für die Ernährung von Mensch und Tier. Aus der Vielzahl solcher Pflanzen ragen einige sowohl wegen ihres Produktionsumfangs als auch ihrer ernährungsphysiologischen Vorzüge heraus. Sie lassen sich grob in zwei Gruppen gliedern:

– stärkespeichernde, knollenbildende Arten mit den typischsten Pflanzen: Kartoffel, Batate, Maniok, Yams, Taro;
– zuckerspeichernde Saccharum- und Beta-Arten mit den typischsten Pflanzen dieser Gruppe: Zuckerrohr, Zuckerrübe.

Zwischen diesen Pflanzen bestehen jedoch im Hinblick auf Bedarf, Anbau und Einbindung in den weltweiten Handel beträchtliche Unterschiede. Während einige vorwiegend für den Verbrauch in den Erzeugerländern und eventuell für Regionalmärkte produziert werden, besitzen andere für die Weltmärkte Bedeutung.

| Frucht | 1950 | 1960 | 1970 | 1980 | 1990 | 1994 |
|--------|------|------|------|------|------|------|
| Kartoffel | 260,1 | 283,6 | 312,2 | 225,7 | 271,5 | 283,3 |
| Batate und Yams | 55,0 | 118,3 | 142,1 | 145,0 | 258,0 | 280,0 |
| Maniok | 45,7 | 73,1 | 96,7 | 119,5 | 140,0* | 180,0* |

*Tabelle 61*
*Entwicklung und Stand der Weltproduktion von Kartoffel, Batate, Yams und Maniok [Mio. t]*

* Schätzung

Abbildung 62
Kartoffelanbaugebiete, führende Anbauländer 1994 sowie Anteile der Kontinente [%]

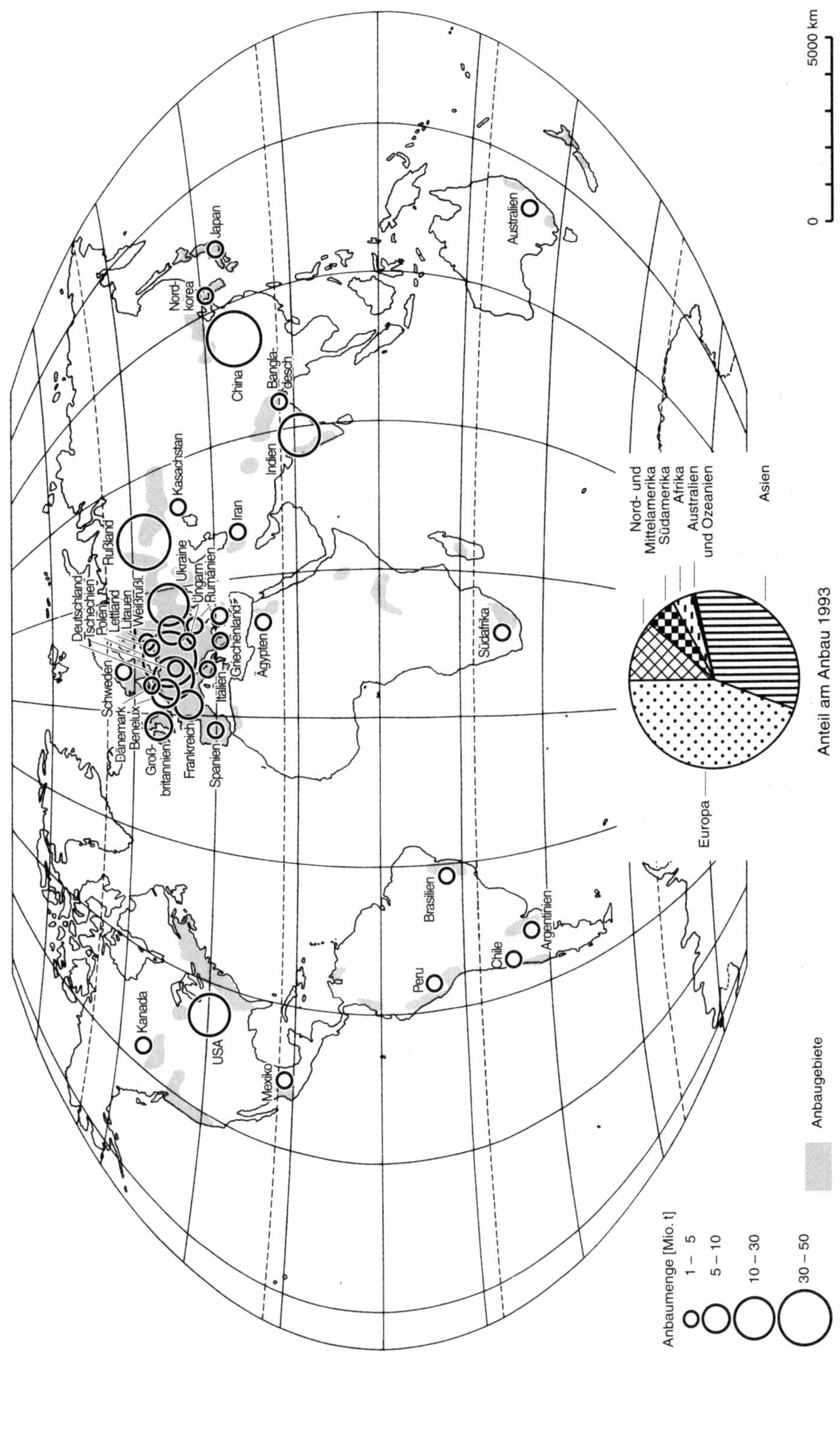

| Land | Menge |
|------|-------|
| Rußland | 37,8 |
| China | 36,2 |
| Polen | 30,0 |
| Ukraine | 21,5 |
| USA | 19,1 |
| Indien | 16,3 |
| Deutschland | 12,3 |
| Weißrußland | 11,0 |
| Großbritannien | 7,1 |
| Niederlande | 7,7 |
| Frankreich | 5,0 |

*Tabelle 62*
*Führende Länder (>5 Mio. t) in der Kartoffelproduktion 1994 [Mio. t]*

Zu den knollenbildenden, Kohlenhydrate speichernden Kulturpflanzen gehören Kartoffeln, Yams, Taro, Batate und Maniok. Von diesen besitzt aber lediglich die *Kartoffel*, und diese auch nur begrenzt, für die Weltmärkte Interesse, während Yams, Taro, Batate und Maniok in den jeweiligen Erzeugerländern bzw. auf begrenzten regionalen Märkten – das sind fast ausschließlich tropische und subtropische Gebiete Asiens, Afrikas und Lateinamerikas – Bedeutung haben. In diesen Regionen gehören sie dann allerdings zu den Grundnahrungsmitteln, so z. B. Maniok in Brasilien, Nigeria, Zaïre, Indien und Indonesien; Batate in Brasilien, Westafrika, Uganda, China, Indonesien, Ostafrika; Taro in Südostasien und in Ozeanien. Alle diese Knollenfrüchte werden jedoch in ihrer Bedeutung und im Produktionsumfang von der Kartoffel übertroffen, wie Tab. 61 belegt. Allerdings hat die Batate stark aufgeholt.

Dabei ist die Kartoffel eine relativ junge Kulturpflanze. Sie ist eine der aus der „Neuen Welt" mit nach Europa gebrachten Pflanzen (ihre Heimat sind die Hochanden), die aufgrund ihres Nährstoffreichtums (pro Flächeninhalt kann fast ebensoviel Eiweiß und doppelt so viel Kohlenhydrat produziert werden wie bei Getreide), ihrer Anbauvorzüge (geringe Ansprüche an Boden und Klima, an Verträglichkeit usw.) sowie ihrer vielseitigen Verwendbarkeit als direktes Nahrungsmittel, später auch als Futtermittel und als Lieferant von Stärke und Alkohol für die Industrie schnelle Verbreitung fand. Heute wird die Kartoffel in vielen Gebieten des gemäßigten Klimabereiches, in den Subtropen, praktisch auf allen Erdteilen angebaut (Abb. 62). Europa einschließlich GUS nimmt hierbei eindeutig die führende Position ein, denn hier werden über 50 % der Weltproduktion gewonnen (Tab. 62).

Der erreichte Produktionsumfang stellt jedoch kein Maximum dar. Weniger durch Ausdehnung der Anbaufläche als vielmehr durch Ertragssteigerung (Züchtung, Düngung, Schädlingsbekämpfung, Bewässerung) könnte die Produktion beträchtlich vergrößert werden, denn gegenwärtig schwanken die Anbauleistungen selbst in den Ländern Europas zwischen 100 und 450 dt/ha.

## 3.4.1.3.
## Zuckerrüben, Zuckerrohr, Zucker

*Zuckerrohr* und *Zuckerrübe* sind zwei völlig verschiedene Pflanzen; ihr Anbau, ihre Kultivierung, ihre Geschichte als Weltwirtschaftspflanzen, ihre Lebensvorgänge ($C_4$- bzw. $C_3$-

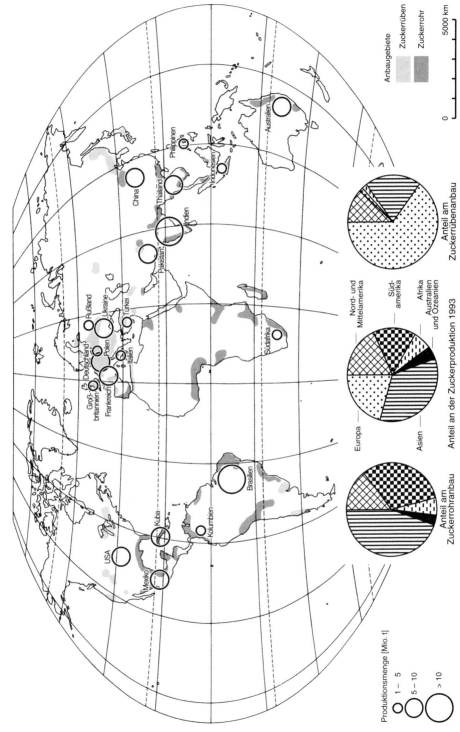

Abbildung 63
Zuckerrüben- und Zuckerrohranbaugebiete, Anteile der Kontinente an dieser Produktion und führende Länder in der Zuckerproduktion 1994

| Jahr | Zucker- produktion insgesamt [Mio. t] | Anteilige Produktion aus | |
|---|---|---|---|
| | | Zuckerrohr [%] | Zuckerrübe [%] |
| 1901/02 | 12,64 | 45,6 | 54,4 |
| 1910/11 | 16,82 | 48,5 | 51,5 |
| 1920/21 | 16,83 | 70,8 | 29,2 |
| 1930/31 | 27,85 | 57,2 | 42,8 |
| 1940/41 | 29,74 | 61,3 | 38,7 |
| 1950/51 | 36,09 | 63,2 | 36,8 |
| 1960/61 | 54,24 | 62,4 | 37,6 |
| 1970/71 | 72,73 | 62,0 | 38,0 |
| 1980/81 | 84,63 | 61,0 | 39,0 |
| 1990/91 | 112,70 | 62,5 | 37,5 |
| 1993/94 | 109,80 | 62,0 | 38,0 |

*Tabelle 63*
*Entwicklung der Weltproduktion von Zucker*

Photosynthese), ihre geographischen Standortanforderungen und damit auch ihre Standort-verteilung weisen nur wenig Ähnlichkeiten auf. Und doch besteht kein Unterschied in der chemischen Beschaffenheit, in den physiologischen Wirkungen, im Geschmack und in den Einsatzmöglichkeiten des gewonnenen Rohstoffes Zucker.

Zuckerrohr als eine Pflanze der Tropen und der Subtropen wurde schon vor Tausenden von Jahren in Südostasien und auf den melanesischen Inseln genutzt, breitete sich von dort über Indien bis nach Nordafrika und Spanien aus und wurde nach der Entdeckung der „Neuen Welt" auch in Amerika kultiviert (Abb. 63).

Der Anbau und die Nutzung der Zuckerrübe als Hackfrucht der gemäßigten Klimabereiche entwickelten sich erst im Verlauf der letzten 150 Jahre durch Züchtung zu der – nach Schütt (1972) – „Nutzpflanze mit der höchsten Nährstofferzeugung je Flächeneinheit".

Während noch im 19. Jh. das Zuckerrohr eindeutig die Dominanz in der Zuckerversorgung der Erde besaß und die kolonialen Mutterländer aus den Zuckeranbaugebieten große Ge-winne erwirtschafteten, errang zu Beginn des 20. Jh. die Zuckerproduktion aus Rüben – und zwar bis zu Beginn des Ersten Weltkrieges – zeitweilig ein Übergewicht. Danach verlor

| Land | 1950 | 1960 | 1970 | 1980 | 1990 | 1994 |
|---|---|---|---|---|---|---|
| Indien | 1,2 | 2,8 | 4,6 | 4,3 | 11,2 | 10,5 |
| Brasilien | 1,9 | 3,3 | 5,0 | 8,3 | 7,8 | 10,7 |
| China | 0,2 | 1,3 | 2,9 | 3,7 | 6,4 | 6,6 |
| Rußland/GUS | 2,5 | 6,4 | 10,2 | 10,1 | 9,1 | 8,0 |
| Kuba | 5,8 | 5,4 | 7,0 | 6,3 | 8,2 | 4,0 |
| USA | 3,2 | 3,6 | 5,3 | 5,2 | 5,9 | 7,1 |
| Thailand | 0,1 | 0,2 | 0,5 | 1,1 | 3,5 | 4,0 |
| Frankreich | 1,4 | 2,3 | 2,6 | 4,2 | 4,7 | 4,5 |
| Deutschland | 1,2 | 2,0 | 1,9 | 2,6 | 3,4 | 4,0 |
| Australien | 1,0 | 1,4 | 2,5 | 3,3 | 3,6 | 4,6 |
| Mexiko | 0,7 | 1,5 | 2,4 | 2,9 | 3,1 | 4,0 |

*Tabelle 64*
*Entwicklung und Stand der Zuckerproduktion in den 1994 führenden Ländern (>4 Mio. t) [Mio. t]*

aufgrund von Kriegen und deren Auswirkungen die Zuckergewinnung aus Rüben die führende Position; sie konnte bisher nicht wieder zurückgewonnen werden, obwohl auch die Zuckerrohrproduktion größeren Schwankungen unterworfen war, die sich aus politischen Krisenerscheinungen (Kuba–USA), Schutzbestimmungen einzelner Zuckereinfuhrländer (Zölle), Subventionen für Rübenzucker usw., aber auch aus natürlichen Ertragsschwankungen ergeben. So kann festgestellt werden: Seit Ende des Ersten Weltkrieges sind die Anteile der Zuckergewinnung aus Rohr- bzw. Rübenzucker etwa gleich geblieben, nämlich 30–45 % Rübenzucker und 55–70 % Rohrzucker (Tab. 63).

In der Gegenwart wird in über 100 Ländern Zucker gewonnen, und in fast ebenso vielen werden Zuckerrohr oder Zuckerrüben – in einigen wenigen Ländern, wie Spanien, China u. a., erfolgt die Kultivierung beider Pflanzen – angebaut. Aber nur wenige haben sich mit besonders hoher Produktion herausgehoben (Tab. 64 und Abb. 63).

## 3.4.1.4.
## Ölpflanzen

Öle und Fette, aus Pflanzen gewonnen, spielen für die menschliche Ernährung eine wichtige Rolle. Sie übertreffen im Produktionsumfang und in ihrer Bedeutung die tierischen Fette.

Ölpflanzenanbau erfolgt in verschiedenen Klima- und Vegetationszonen der Erde. Ebenso unterschiedlich wie die natürlichen Ansprüche der Ölpflanzen sind auch die zur Ölgewinnung genutzten Samenträger oder Fruchtfleische, denn hier handelt es sich teilweise um Erdfrüchte (Erdnuß), Früchte aus Blütenkörben (Raps, Sonnenblume) oder um Baumfrüchte (Olivenbaum, Ölpalme, Kokospalme). Aber sie besitzen Ähnlichkeiten hinsichtlich ihrer Fähigkeit, Fette in den Samen bzw. im Fruchtfleisch zu speichern.

Aus der Vielzahl der bekannten Ölpflanzen haben sich jedoch nur einige zu Kulturpflanzen (Tab. 65) entwickelt, und zwar deshalb, weil diese Pflanzen sowohl über einen entsprechend hohen und auch relativ leicht erschließbaren Fettgehalt verfügen als auch ein wirtschaftlich vertretbarer Anbau hinsichtlich ackerbaulicher Eignung und Ertragsfähigkeit möglich ist.

Der Anbau dieser Kulturpflanzen unterlag zwar Schwankungen, insgesamt kann aber eine beachtliche Zunahme der Produktion von Ölsaaten und auch von daraus gewonnenen Ölen

| Ölpflanze | Ölgehalt [%] | Ölertrag [kg/ha] |
|---|---|---|
| Soja | 17 | 132 |
| Baumwolle | 20 | 149 |
| Ölpalme (Kern) | 49 | 165 |
| Ölpalme (Frucht) | 25 | 1401 |
| Sesam | 51 | 229 |
| Erdnuß | 48 | 377 |
| Raps | 42 | 413 |
| Sonnenblume | 50 | 448 |
| Olive | 30 | 673 |
| Kokosfrucht | 68 | 913 |

*Tabelle 65*
*Ölgehalt und -ertrag der wichtigsten Ölpflanzen*
*(nach* SCHÜTT *1972)*

| Saat | 1970 | 1980 | 1990 | 1994 |
|------|------|------|------|------|
| Soja | 43,7 | 80,9 | 107,3 | 128,3 |
| Baumwollsamen | 11,5 | 25,9 | 34,2 | 34,6 |
| Ölpalmöl/-kerne | 1,8 | 1,9 | 3,5 | 4,3 |
| Sesamsaat | 1,8 | 2,0 | 2,0 | 2,4 |
| Erdnuß | 18,0 | 17,1 | 22,5 | 25,3 |
| Rapssaat | 6,6 | 10,6 | 24,4 | 29,8 |
| Leinsamen | 1,9 | 2,2 | 2,6 | 2,1 |
| Sonnenblumensaat | 9,9 | 13,5 | 22,0 | 23,0 |
| Olive | 7,6 | 11,5 | 8,7 | 11,5 |
| Kokospalme/Kobra | 4,7 | 5,1 | 5,0 | 4,6 |

*Tabelle 66*
*Weltproduktion von Ölsaaten [Mio. t]*

*Tabelle 67*
*Regionale Verteilung des Ölpflanzenanbaus*

| Ölpflanze | Geographische Zone | Schwerpunkte des Anbaus nach Regionen und Ländern |
|-----------|--------------------|--------------------------------------------------|
| Raps | gemäßigte Waldzone, feuchte subtropische Zone | Europa, Nordamerika, Südasien (Indien, Pakistan), Ostasien (China) |
| Sonnenblume | gemäßigte und boreale Waldzone | Rußland, Ukraine, Südosteuropa, Amerika (Argentinien, USA), China |
| Soja | gemäßigte Waldzone, Steppenzone, feuchte subtropische Zone | Nordamerika (USA, Kanada), Südamerika (Brasilien, Argentinien), Ostasien und Südostasien (China, Japan, Indien, Indonesien) |
| Sesam | feuchte subtropische Zone, periodisch feuchte Tropenzone | Ost- und Südasien (China, Indien), West- und Ostafrika (Nigeria, Äthiopien), Lateinamerika (Mexiko, Venezuela) |
| Erdnuß | feuchte subtropische Zone, periodisch feuchte Tropenzone | Süd-, Ost- und Südostasien (Indien, China, Indonesien), Westafrika (Sahel-Länder), Amerika (USA, Brasilien, Argentinien) |
| Olivenbaum | winterfeuchte subtropische Zone | Länder des Mittelmeerraumes (führend Spanien, Italien), Nordamerika (USA) |
| Baumwollkerne | subtropische und tropische Trockenzone, periodisch feuchte Tropenzone | GUS-Länder Mittelasiens, Amerika (USA, Mexiko, Brasilien), Süd- und Ostasien (Indien, Pakistan, China), Afrika (Ägypten, Sudan), Australien |
| Ölpalme | periodisch feuchte und immerfeuchte Tropenzone | tropisches Afrika (Nigeria), Südostasien (Malaysia, Indonesien), Lateinamerika (Brasilien) |
| Kokospalme | periodisch feuchte und immerfeuchte Tropenzone | Südost- und Südasien (Philippinen, Malaysia, Indonesien, Sri Lanka), Ozeanien (Salomonen, Papua-Neuguinea), Ostafrika (Tansania), Lateinamerika (Mexiko) |

und Fetten festgestellt werden, was auf den zunehmenden Bedarf an preiswerten Produkten dieser Art, auf die Möglichkeit des Anbaus und der Öl- und Fettgewinnung in Entwicklungsländern sowie auf die mit der Öl- und Fettgewinnung verschwisterte Produktion von Ölkuchen und Kraftfutter, wofür auch zunehmender Bedarf besteht, zurückzuführen ist.

Die Weltproduktion von Ölsaaten und von Ölen und Fetten zeigt bei allen Ölpflanzen einen Anstieg (Tab. 66). In Trendberechnungen wird auch für den Zeitraum bis zum Jahre 2000 ein weiterer Anstieg in beiden Größen erwartet und davon ausgegangen, daß die zukünftige Bedarfsdeckung an Ölen und Fetten in noch stärkerem Maße durch Ölpflanzen, in geringerem Maße durch tierische Fette realisiert wird.

In der regionalen Verteilung des Ölpflanzenanbaus ergibt sich eine weite Streuung über die gemäßigten, subtropischen und tropischen Klimagebiete (Tab. 67). Das hat den Vorteil, daß in vielen Teilen der Erde, besonders auch in den bevölkerungsreichen Gebieten, Ölpflanzen angebaut und die daraus gewonnenen Produkte zur Versorgung der Bevölkerung eingesetzt werden können.

Die Tabelle macht die weite geographische Verbreitung des Ölsaatanbaus deutlich. Sie läßt erkennen, daß bestimmte Hauptanbaugebiete bzw. -länder auftreten. So dominieren im Sojaanbau eindeutig die USA, im Sonnenblumenanbau die GUS-Länder, im Erdnußanbau Indien, in der Palmenkernproduktion Malaysia, in der Olivenproduktion Spanien. In der Gewinnung von Baumwollsaat führen die mittelasiatischen GUS-Länder und die USA und in der Kopragewinnung die Philippinen.

Das Streben vieler Länder nach höherer Eigenversorgung mit Pflanzenfetten und die Tatsache, daß in den meisten Ländern die natürlichen Voraussetzungen für den Anbau bestimmter Ölpflanzen gegeben sind, werden sicher zu einer weiteren Ausdehnung bzw. zur Intensivierung des Ölsaatanbaus führen. Beides wird vor allem in den Entwicklungsländern notwendig sein, um die dort existierenden „Fettlücken" zu schließen oder zu verringern.

## 3.4.2.
## *Pflanzliche Ressourcen für technische Verwertungszwecke*

Pflanzliche Ressourcen sind sowohl für die Ernährung von Mensch und Tier als auch für die Produktion zahlreicher Erzeugnisse in Industrie und Handwerk unentbehrlich. Im wesentlichen lassen sich die pflanzlichen Ressourcen für technische Verwertungszwecke in fünf Gruppen einteilen:

– Faserpflanzen,
– Latex liefernde Pflanzen,
– Arzneimittel liefernde Pflanzen,
– sonstige Pflanzen,
– Holz.

Zu den Faserpflanzen mit größerer Bedeutung gehören Baumwolle, Jute, Sisal, Ramie, Flachs und Hanf. Latex liefernde Pflanzen sind der Kautschukbaum und weitere tropische, subtropische und Pflanzen der gemäßigten Zone, aus denen Milchsaft gewonnen werden kann. Pflanzen für die Arzneimittelproduktion sind außerordentlich vielfältig und in allen Vegetationszonen anzutreffen. Neben den bekannten einheimischen Heilkräutern und zahlreichen nur regional genutzten Arznei- und Heilpflanzen gehören auch inzwischen weltweit

| Pflanze | 1950 | 1960 | 1970 | 1980 | 1990 | 1994 |
|---------|------|------|------|------|------|------|
| Baumwolle (Fasern) | 6,6* | 10,8 | 11,7 | 14,4 | 18,4 | 18,6 |
| Jute | 1,4 | 2,6 | 3,3 | 4,1 | 3,7 | 3,0 |
| Sisal | 0,5 | 0,8 | 0,6 | 0,5 | 0,4 | 0,4 |
| Flachs | 0,5 | 0,5 | 0,7 | 0,6 | 0,8 | 0,7 |
| Hanf | 0,3 | 0,4 | 0,4 | 0,3 | 0,2 | 0,1 |
| Kautschuk | 1,9 | 2,0 | 3,1 | 3,8 | 5,1 | 5,6 |

*Tabelle 68*
*Weltproduktion der wichtigsten*
*Faserpflanzen und von Kautschuk*
*[Mio. t]*

* ohne UdSSR

eingesetzte in diese Kategorie, wie z. B. Ginseng, Chinarindenbaum (Chinin), Kampfer-
baum (Kampfer), Schlafmohn (Opium) u. a. In die Gruppe „Sonstige Pflanzen" muß u. a.
Hopfen eingestuft werden. Allerdings ist eine exakte Zuordnung einzelner Pflanzen in die
angeführten Kategorien problematisch, da sie – je nach technischer Verwertung – auch zu
anderen Zwecken genutzt werden können, Hopfen z. B. als Heilmittel. Andere stehen nicht
nur zur technischen Verwertung, sondern auch als Nahrungsmittelressource zur Verfügung.
Baumwolle, Flachs, Hanf werden z. B. auch zur Öl- und Fettgewinnung genutzt.

Hinsichtlich einer weltweiten Nutzung kommt – außer Holz – besonders den beiden zuerst angeführten Gruppen Bedeutung zu. Für beide ist typisch, daß jeweils eine Pflanze
(Baumwolle bzw. Kautschukbaum) innerhalb ihrer Gruppe absolut dominiert und daß nach
zeitweiligen Bedeutungsverlusten aufgrund rascher Produktionszunahmen äquivalenter chemischer Erzeugnisse (Kunstfasern, synthetischer Kautschuk) die natürlichen Pflanzen-
ressourcen inzwischen ihre Positionen wieder stabilisieren konnten (Tab. 68).

## 3.4.2.1.
## Baumwolle

*Baumwolle* ist nach Holz die mit Abstand wichtigste pflanzliche Ressource für technische
Verwertungszwecke. Sie übertrifft auch hinsichtlich ihrer Bedeutung als pflanzliche Faser
alle anderen Faserpflanzen bei weitem. Der Grund hierfür ist nicht nur in den langen An-
bautraditionen – Baumwolle wird seit etwa 5000 Jahren kultiviert – zu suchen, sondern
auch in den relativ günstigen natürlichen Anbaumöglichkeiten in Trockengebieten, in den
Kostenvorteilen der Produktion, in den hervorragenden Faserqualitäten und damit verbundenen vielseitigen Verwendungsmöglichkeiten. Im Gegensatz zu den meisten bisher beschriebenen Kulturpflanzen, für die ein Herkunftsgebiet lokalisiert werden konnte, muß bei
der Baumwolle angenommen werden, daß bestimmte Baumwollarten ihre Heimat in Asien
bzw. in Afrika, andere in Lateinamerika hatten und von dort weiter verbreitet wurden (so
z. B. auf dem amerikanischen Doppelkontinent bis in die Südstaaten der USA, den sogenannten „Cotton-belt").

Die Schwerpunktregionen des Baumwollanbaus (Abb. 64) zeigt Tab. 69. Trotz eines eindeutigen Übergewichtes Asiens kann von einem über alle Kontinente verbreiteten Anbau
gesprochen werden. Da die Pflanzen jedoch frostempfindlich, wärmeliebend und licht-
bedürftig sind und auch Wasser in größerem Umfang (1000–2000 mm) in bestimmten Wachs-

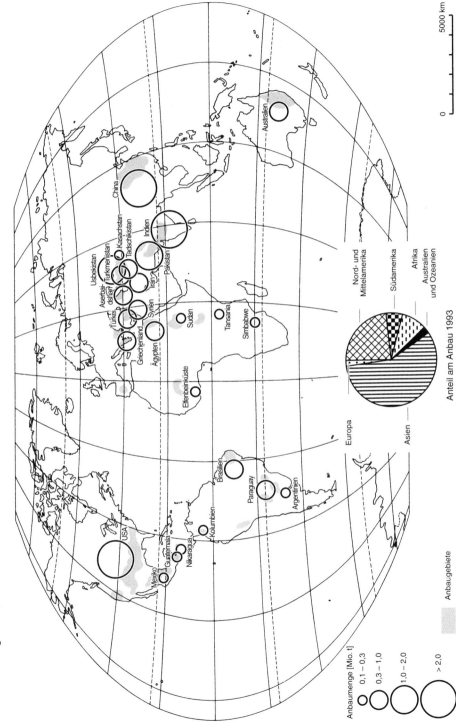

Abbildung 64
Baumwollanbaugebiete, führende Anbauländer 1994 sowie Anteile der Kontinente [%]

| Erdteil | Zentren des Anbaus | |
|---------|--------------------|--|
| Asien | mittelasiatische GUS-Länder (besonders Usbekistan), transkaukausische GUS-Länder (besonders Aserbaidschan), Indien (besonders Hochland von Dekan), Pakistan (besonders Indusgebiet), mittleres China (besonders mittleres Ostchina) | *Tabelle 69* *Schwerpunkte des* *Baumwollanbaus* |
| Amerika | USA (besonders Cotton-belt) Mexiko (äußerster Nordwesten), Brasilien (Nordosten), Argentinien (Norden) | |
| Afrika | Ägypten (Nildelta und Niltal), Sudan (Gezirah), Mali (Inneres Nigerdelta) | |
| Australien | Südostaustralien | |

tumsphasen benötigen, ist der Anbau nur in Gebieten zwischen 40°S und 45°N, die diese Bedingungen bieten, möglich. Dort kann er jedoch noch beträchtlich forciert werden, zumal auch der Weltbedarf in jüngerer Zeit ständig gestiegen ist. Es kann damit gerechnet werden, daß er von gegenwärtig etwa 18 Mio. t bis auf 20 Mio. t im Jahre 2000 wächst.

Mit einer Produktion von jeweils über 1 Mio. t Baumwollfasern standen 1994 an der Spitze der Produzenten: China (4,4 Mio. t), USA (4,0), Indien (2,3), Pakistan (1,6) und Usbekistan (1,3). Allein diese fünf Staaten erbrachten 1994 73,1 % der Weltproduktion.

## 3.4.2.2.
## Naturkautschuk

*Naturkautschuk* ist im Gegensatz zur Baumwolle eine pflanzliche Ressource, deren wirtschaftliche Verwertung in größerem Umfang erst im 19. Jh. einsetzte. Voraussetzung hierfür waren technische Neuerungen in der Bearbeitung und im Einsatz des Rohstoffes (Vulkanisieren, Formung). Der sprunghaft steigende Bedarf konnte nur über eine neue Produktionsform gedeckt werden: durch Plantagenwirtschaft, die die Sammelwirtschaft weitgehend ablöste.

| Land | 1960 | 1970 | 1980 | 1990 | 1994 |
|------|------|------|------|------|------|
| Malaysia | 0,785 | 1,269 | 1,552 | 1,420 | 1,074 |
| Indonesien | 0,620 | 0,815 | 1,020 | 1,246 | 1,258 |
| Thailand | 0,171 | 0,287 | 0,501 | 1,100 | 1,668 |
| China | – | – | 0,110 | 0,260 | 0,340 |
| Indien | 0,025 | 0,090 | 0,155 | 0,297 | 0,485 |

*Tabelle 70*
*Entwicklung und Stand der*
*Naturkautschukproduktion in den 1994*
*führenden Anbauländern [Mio. t]*

| Kautschukart | 1950 | 1960 | 1970 | 1980 | 1990 | 1994 |
|---|---|---|---|---|---|---|
| Naturkautschuk | 1,9 | 2,0 | 3,1 | 3,8 | 5,1 | 5,6 |
| Synthetischer Kautschuk | 1,2 | 2,0 | 5,1 | 6,2 | 9,4 | 10,4 |

*Tabelle 71
Weltproduktion von
synthetischem und
Naturkautschuk
[Mio. t Trockengewicht]*

Konzentrierte sich die Sammelwirtschaft bis ins 19. Jh. ausschließlich auf das südamerikanische tropische Regenwaldgebiet, besonders auf den Amazonasraum Brasiliens, so entwickelte sich die Plantagenwirtschaft fast ausschließlich in Südostasien. Schon um die Wende zum 20. Jh. war dieser Raum zum führenden Anbaugebiet der Erde geworden und hat diese Position bis in die Gegenwart gehalten. Als weiteres Anbauzentrum kam allerdings nach dem Zweiten Weltkrieg Westafrika hinzu, und inzwischen werden auch in Südamerika Anstrengungen unternommen, um das Monopol Südostasiens abzuschwächen.

Stärker als bei jeder anderen Kulturpflanze hat sich also beim Kautschukbaum eine Verlagerung der Produktionszentren ergeben. Sie wird besonders deutlich, wenn die heutigen führenden Produktionsländer erfaßt werden (Tab. 70).

Während in der Baumwollgewinnung fünf Länder die Weltproduktion beherrschen, sind es beim Naturkautschuk drei. Sie erbringen fast 72 % der gewonnenen Mengen. Das einst absolut dominierende Land Brasilien spielt nach wie vor eine völlig untergeordnete Rolle.

Insgesamt produzierten 1994 etwa 20 Länder Naturkautschuk. Der wieder ansteigende Bedarf ermutigt einige Länder, wieder verstärkt in das „Naturkautschukgeschäft" einzusteigen, obwohl die Produktion von synthetischem Kautschuk den Bedarf an Naturkautschuk abschwächt. Das Produktionsvolumen beider Kautschukarten zeigt Tab. 71.

## 3.4.2.3.
## Holz

Etwa ein Drittel der gesamten Landfläche unserer Erde ist mit Wald einschließlich „offener Waldbestände" bedeckt. Nach GELLERT (1982, S. 302) erstrecken sich, „abgegrenzt im Norden und Süden jeweils durch die polare Waldgrenze, in den Gebirgen durch die Höhengrenze und gegen die Zonen der extrem trockenen Steppen und Wüsten durch die Trockengrenze ..., drei Waldzonen über die Erde: der nördliche Nadel- und Laubmischwaldgürtel, der tropische Regenwaldgürtel und das durch das Auskeilen der Südkontinente nur schwach ausgeprägte und deshalb wirtschaftlich kaum ins Gewicht fallende südliche Waldgebiet". Eine nach Großregionen bzw. Erdteilen gegliederte Verteilung geschlossener Waldgebiete zeigt Tab. 72. Hinsichtlich der Waldnutzung ist zu beachten:

1. Die Nettoprimärproduktivität nach Standort und Baumart ist sehr verschieden. Während sie an der polaren Waldgrenze bei 10 dt/ha und im mittleren Europa zwischen 60 und 250 dt/ha liegt, erreicht sie in den tropischen Regenwäldern 100–350 dt/ha.

2. In Tab. 72 sind nicht die offenen Waldbestände erfaßt. Sie treten besonders als Buschwald oder Baumsavanne auf. Nach WHITTAKER nehmen diese offenen Wälder eine Fläche von 2 Mia. ha ein. Andere Autoren geben 1,0–1,4 Mia. ha an. In unseren Betrachtungen wollen wir 1,2 Mia. ha annehmen. Aufgrund einer relativ geringen Biomasseproduktion treten sie in ihrer Bedeutung in der Holznutzung gegenüber den geschlossenen Waldbe-

| Region | Geschlossener Wald (relativ dichte und ertragreiche Wälder) | | | | *Tabelle 72 Verteilung geschlossener Waldgebiete nach Groß-regionen bzw. Erdteilen 1978 und 2000 (bearbeitet nach Global 2000)* |
| | 1978 | | 2000 | | |
| | [Mio. ha] | [%] | [Mio. ha] | [%] | |
| UdSSR bzw. GUS | 785 | 30,6 | 775 | 36,6 | |
| Europa (ohne GUS) | 140 | 5,5 | 150 | 7,1 | |
| Nordamerika | 470 | 18,3 | 464 | 21,9 | |
| Australien, Neuseeland | 69 | 2,7 | 68 | 3,2 | |
| Lateinamerika | 550 | 21,5 | 329 | 15,5 | |
| Afrika | 188 | 7,3 | 150 | 7,1 | |
| Asien, pazifischer Raum  (ohne GUS) | 361 | 14,1 | 181 | 8,6 | |
| Erde | 2563 | 100,0 | 2117 | 100,0 | |

ständen weit zurück. Insgesamt vergrößern sie jedoch die gesamte Waldfläche der Erde beträchtlich. Es kann heute davon ausgegangen werden, daß die Weltbestände an offenem und geschlossenem Wald etwa 3,8 Mia. ha, davon 2,6 Mia. ha geschlossener und 1,2 Mia. ha offener Wald, ausmachen. Das ist beträchtlich weniger als im Jahre 1950. Damit ist ein Trend angedeutet, der außerordentlich problematisch ist, denn ein anhaltender Rückgang der Waldbestände würde schwerwiegende Folgen ökonomischer und ökologischer Art bewirken. Es muß damit gerechnet werden, daß der Trend eines zurückgehenden Bestandes an geschlossenem Wald weiter anhält und diese Bestände von 4,8 Mia. ha im Jahre 1950 auf 2,2 Mia. ha im Jahre 2000 reduziert werden.

3. Je nach geographischer Lage in und zu den Waldzonen und sehr unterschiedlichen Holznutzungen und Wiederaufforstungen haben die Länder in der Gegenwart sehr stark voneinander abweichende Waldanteile am Gesamtterritorium (bezogen auf Landflächen). Ländern mit sehr hohen Waldanteilen von über 60 % (u. a. Finnland, Schweden, Zaïre, Gabun, Brasilien, Indonesien) stehen Länder mit extrem niedrigen Anteilen von unter 10 % gegenüber (u. a. Großbritannien, Ägypten, viele Sahel-Länder und Länder der Arabischen Halbinsel, Pakistan).

Entsprechend unterschiedlich sind auch die Möglichkeiten der Waldnutzung. Besonders die zahlreichen Entwicklungsländer mit weniger als 10 % Waldanteil besitzen große Nachteile nicht nur ökonomischer Art durch das weitgehende Fehlen einer wichtigen Ressource, sondern auch Nachteile ökologischer Art, die sich im Bereich einiger Länder zunehmend negativ auswirken (z. B. in der Sahelzone). Hinzu kommt, daß die oben angedeuteten Rückgänge in den Waldbeständen, auch an offenem Wald, in Ländern mit geringem Waldanteil besonders groß sind, wodurch ökonomische und ökologische Probleme potenziert werden.

Innerhalb der oben angeführten zonalen und regionalen Gliederung kommt dem nördlichen Waldgürtel mit der borealen Waldzone und der gemäßigten Waldzone besondere Bedeutung zu. Er erstreckt sich in einer Breite von 1000–2000 km in Nordamerika, Europa und dem nördlichen Asien und wird im Norden von der Tundra, im Süden von der Steppenzone begrenzt. Vegetationsformen des borealen Nadelwaldes und des sommergrünen Laub- und Mischwaldes umfassen etwa 40 % der geschlossenen Waldbestände der Erde (wobei der Nadelwald wiederum einen Anteil von 60 % am Waldbestand des nördlichen Waldgürtels hat). In diesem nördlichen Waldgürtel beträgt die Phytomasse der Waldbestände 450 Mia. t. Das sind 26,5 % der gesamten Phytomasse geschlossener Waldbestände der Erde. Der gegenüber dem Flächenanteil geringere Anteil an Biomasse ergibt sich aus dem gegenüber tropischen und subtropischen Wäldern höheren Grad der Durchforstung und Nutzung der Bestände, aus der Öffnung der Bestände mit sinkender Nettostrahlung (die Pflanzen sind auf die größtmögliche Verwertung des flach einfallenden Lichtes angewiesen) sowie aus dem langsameren Wachstumsprozeß (siehe Kapitel 3.2.2.). Dabei bilden sich kleinere Zellen, die Jahresringe werden enger. Damit steigt aber auch die Holzqualität.

Von Wichtigkeit für die Holznutzung sind auch die Artenmischung des Holzes (in dieser Zone weite Verbreitung von Weichhölzern für Papier- und Zelluloseherstellung, die weite Verbreitung gleicher Baumarten), das Vorhandensein einer entsprechenden Infrastruktur für die Holznutzung und Holztransporte, ein entsprechender Markt (Bedarf) sowie günstige geographische Lagebeziehungen zu den Hauptabnehmern. Entsprechend der Größe ihrer Territorien und dem Anteil an der nördlichen gemäßigten bzw. borealen Waldzone haben Rußland, Finnland, Schweden, Polen, Rumänien, Frankreich, Kanada und die USA besonders gute Möglichkeiten der Holzproduktion.

Ein völlig anderes Erscheinungsbild bietet die Zone des tropischen Regenwaldes (immergrüne Regenwälder) und der tropischen und subtropischen Wechselgrünwälder (regengrüne Feucht- und Monsunwälder, Trockenwälder). Unter dem Einfluß großer Wärme und – teilweise – hoher Feuchtigkeit verfügt diese Zone über einen ungemein vielseitigen Artenreichtum. Über die Hälfte der geschlossenen Waldbestände und ein Großteil der offenen Waldflächen befinden sich in dieser Zone. Etwa 70 % der Phytomasse der geschlossenen Waldbestände, das sind 1200 Mia. t, entfallen auf die tropischen und subtropischen Wälder (davon 64 % auf die immergrünen tropischen Regenwälder). Die Phytomasse der offenen Waldbestände ist dagegen mit 50 Mia. t relativ gering. Die Wälder und offenen Waldbestände der Tropen stellen ein gewaltiges Rohstoffpotential dar.

In der konkreten *Holzproduktion* spielen neben den natürlichen jedoch weitere Faktoren eine Rolle, so u. a. politische, ökonomische, ökologische und soziale, welche ebenso in der Holzproduktion der einzelnen Länder ihren Ausdruck finden (Tab. 73).

Insgesamt kann festgestellt werden, daß etwa die Hälfte des jährlichen Holzeinschlages in der tropischen und subtropischen Waldzone erfolgt. Gravierende Unterschiede zwischen beiden Zonen liegen jedoch in der Verwertung des Holzes. Während in den Ländern der gemäßigten Zone Holz vorwiegend als Bauholz sowie zur weiteren Verarbeitung in verschiedenen Industrien (Papierindustrie, Möbelindustrie, chemische Industrie) genutzt wird, erfolgt in den Ländern der tropischen und subtropischen Zone die Holznutzung vorwiegend als Brennholz. Die oft nur in Ansätzen vorhandene oder in bestimmten Regionen gänzlich fehlende moderne Energiewirtschaft, der in vielen Ländern existierende Mangel an anderen Energieträgern und die große Armut der Bevölkerung zwangen bisher zu dieser einseitigen Nutzung, die häufig mit Holz- und Waldvernichtung verbunden ist. Der Anteil von Bauholz und Edelholz für den Export liegt in den meisten Ländern unter 10 % der gesamten Holzproduktion. Weltweit gesehen, umfaßten 1993 47 % des Holzeinschlages Nutzholz und 53 % Brennholz.

| Land      | 1960 | 1970 | 1980 | 1990 | 1993 |
|-----------|------|------|------|------|------|
| USA       | 293  | 328  | 345  | 533  | 496  |
| GUS       | 351  | 385  | 361  | 382  | 207* |
| China     | 58   | 171  | 212  | 275  | 301  |
| Indien    | 16   | 111  | 216  | 269  | 287  |
| Brasilien | 102  | 159  | 213  | 255  | 272  |
| Indonesien| 81   | 104  | 159  | 176  | 188  |
| Kanada    | 93   | 121  | 160  | 170  | 190  |
| Nigeria   | 14   | 57   | 93   | 100  | 120  |
|- - - - - -|- - - |- - - |- - - |- - - |- - - |
| Erde      | 1794 | 2622 | 3020 | 3467 | 3404 |

*Tabelle 73*
*Führende Länder (>100 Mio. m³) in der Holzproduktion 1993 [Mio. m³]*

* nur Rußland

# 3.4.3.
# Tierische Ressourcen

Wenn die Ressourcen insgesamt als Existenzmittel der menschlichen Gesellschaft definiert werden, dann müssen tierische Ressourcen alle jene Tiere und tierischen Stoffe umfassen, die direkt oder indirekt folgende Nutzungen ermöglichen:

– Produktion von Nahrungsmitteln,
– Erzeugung von Rohstoffen für technische Verwertungszwecke,
– Düngerproduktion,
– Nutzung als Arbeits- oder Zugtier oder für andere Zwecke der Domestikation,
– tierische „Leistungen" im ökologischen Bereich.

Die Abgrenzung der tierischen Ressourcen von der übrigen Tierwelt ist sehr kompliziert, da viele tierische Lebewesen nur indirekt auf das Dasein der menschlichen Gesellschaft, auf ökologische Prozesse und Gegebenheiten einwirken und diese beeinflussen, so z. B. die Mikroorganismen, Tiere niedriger Gattungen und Arten, nichtjagdbare Tiere in freier Wildbahn. Bei den tierischen Meeresressourcen spielen für die menschliche Ernährung nur relativ wenige Fischarten direkt eine Rolle. In die Nahrungskette solcher Speisefische ist jedoch eine Vielzahl von Lebewesen tierischer und pflanzlicher Art einbezogen.
    In den folgenden Ausführungen kann nur auf die Gruppe der tierischen Ressourcen eingegangen werden, die für die oben angeführten Aufgabenstellungen die größte Bedeutung haben. Das sind

– die wichtigsten domestizierten Tierressourcen des festen Landes, die in der Regel einer Viehzucht unterliegen,
– die tierischen Meeresressourcen.

## 3.4.3.1.
## Domestizierte Tierressourcen des festen Landes

Für das Hauptanliegen der Nutzung tierischer Ressourcen, nämlich die Versorgung der menschlichen Gesellschaft mit Nahrungsmitteln, ist die Haltung domestizierter Haustiere von entscheidender Bedeutung. Diese Haltung oder auch Viehzucht ist deshalb so wichtig, weil tierische Produkte durch das tierische Eiweiß für die menschliche Ernährung einen hohen ernährungsphysiologischen Wert besitzen. Deshalb haben sich die Menschen im Verlauf ihrer Geschichte immer stärker bemüht, sich dieser Ressource zu bedienen, was jedoch nicht problemlos verlief und auch zu schwerwiegenden Eingriffen in das ökologische Gleichgewicht führte. Gerade in der Gegenwart gibt es hierfür mahnende Beispiele.

Im Rahmen oben angeführter Aufgabenstellungen kommt folgenden domestizierten Haustieren eine besondere Bedeutung zu:

– wiederkäuende Tiere: Rinder, Schafe, Ziegen, Büffel, Kamele, Dromedare, Lamas;
– Pferde, Esel, Maultiere;
– Schweine;
– Geflügel: Gänse, Enten, Truthühner, Hühner, Tauben.

Ihre Haltungen sind heute weltweit verbreitet, jedoch bestehen beträchtliche regionale Unterschiede. Auch hinsichtlich der Art der Tierhaltung ergibt sich ein differenziertes Bild. Zumindest sind zwei Hauptformen zu unterscheiden: die intensive und die extensive Viehzucht.

*Intensive Viehzucht* ist eine mit hohem Arbeitsaufwand je Großvieheinheit (GVE) betriebene Produktion mit dem Ziel höchster Produktivität pro Flächeneinheit. Nur über den Einsatz hochwertiger Futtermittel, die oft über spezialisierte Betriebe bzw. Importe bezogen werden, ist eine Produktion zu realisieren. Beispiele einer solchen Haltung sind die für viele Länder Mitteleuropas typischen beträchtlichen Nutzviehbestände je 100 ha LN (Tab. 74). Auch die teilweise bis ins Extrem gesteigerte Intensivhaltung in der Geflügelzucht und -mast ist hierfür ein Beispiel.

*Extensive Viehzucht* ist eine mit geringem Arbeitsaufwand je GVE betriebene Produktion, in der nicht auf den Bezug zusätzlicher Futtermittel zurückgegriffen werden kann, da in der Regel weder Mittel noch entsprechende organisatorische Voraussetzungen (Handels-

| Land | Rinderbesatz |
|---|---|
| Niederlande | 233 |
| Deutschland | 93 |
| Irland | 105 |
| Nigeria | 23 |
| Simbabwe | 52 |
| Tansania | 34 |
| Brasilien | 62 |
| Mexiko | 31 |
| Pakistan | 68 |
| Indonesien | 32 |

*Tabelle 74*
*Rinderbesatz in ausgewählten Ländern je 100 ha LN 1993*

| Haustiere | 1970 | 1980 | 1990 | 1993 |
|-----------|------|------|------|------|
| Pferde | 66,9 | 60,9 | 60,9 | 60,9 |
| Rinder | 1118,2 | 1226,6 | 1279,3 | 1279,5 |
| Büffel | | 133,2 | 140,1 | 149,3 |
| Maultiere | | 11,5 | 14,8 | 15,0 |
| Esel | | 42,5 | 43,6 | 44,3 |
| Schweine | 627,6 | 797,3 | 856,8 | 873,1 |
| Schafe | 1079,6 | 1118,3 | 1190,5 | 1103,0 |
| Ziegen | 384,4 | 454,2 | 557,0 | 573,9 |
| Hühner | | 6498,0 | 10 740,0 | 12 107,0 |

*Tabelle 75*
*Entwicklung der Tierhaltung*
*domestizierter Haustiere [Mio. Stück]*

einrichtungen, Transportwege und -mittel) vorhanden sind. Diese Haltung ist zwar noch in allen Gebieten der Erde, in denen tierische Produktion betrieben wird, anzutreffen, besonders aber in semiariden und ariden Regionen. Extensive Viehzucht wird sowohl als standortgebundene als auch als standortwechselnde Viehzucht (Transhumanz) betrieben. Typisch für diese Art der Viehzucht ist der relativ niedrige Nutzviehbestand ja 100 ha LN (Tab. 74).

Die in ariden und semiariden Gebieten betriebene extensive Viehwirtschaft, wie etwa in der Sahelzone, in der Sudanregion, in einigen Mittelmeeranliegerstaaten und im Nahen Osten, ist auf Weidegebiete angewiesen, in denen sich häufig Prozesse der Zerstörung der Weidegründe durch Bodenerosion, Rückgang der Vegetation, negative Veränderung des Wasserhaushaltes usw. vollziehen und damit die Ressourcenbasis verändert wird. In vielen extensiv genutzten Savannen, Steppen und anderen Grasländern ist die Verringerung der Produktivität des Ökosystems zu einer ernsthaften Gefahr zukünftiger Nutzung geworden.

Zwischen intensiv und extensiv gestalteter Viehzucht gibt es zahlreiche Übergangsformen, die sich u. a. im Arbeitsaufwand, in der Organisation und im Ergebnis der Viehzucht zeigen. Als Beispiel sei hier die Viehzucht Argentiniens, speziell die der Pampas, angeführt. In dieser vorwiegend subtropischen und warm-gemäßigten Grasvegetationslandschaft erfolgte in den letzten 100 Jahren eine immer deutlichere Hinwendung der Viehzucht von einer rein extensiven Form zu einer intensiveren Nutzung, wozu die Entwicklung von Produktionskombinationen (Züchtung von Hochleistungsvieh, Viehhaltung auf Mastweiden, Futtermittelanbau auf den Pampas, Intensivhaltestationen) beitrug und Argentinien zu einem der führenden Rinderproduzenten und Fleischexporteure machte. Mit ca. 45 Rindern pro 100 ha LN (aber nur 2,0 Milchkühen!) wird diese „Zwischenstellung" unterstrichen.

Weltweit gesehen, ist in quantitativer Hinsicht ein fast ständiger Anstieg der Vieh- und damit der Fleischproduktion festzustellen. Über Entwicklungstrends bei den domestizierten Tierarten und den GVE insgesamt informiert Tab. 75. Unter GVE ist ein Umrechnungsschlüssel zu verstehen, mit dem Tierarten und Altersklassen derselben auf die Einheit von 1 Stück Großvieh mit einem Lebendgewicht von 500 kg umgerechnet werden. Der Umrechnungsschlüssel ist im Glossar aufgeführt.

Obwohl in der Aufstellung nicht alle domestizierten Tiere erfaßt sind (es fehlen Enten, Gänse, Truthühner, Tauben, Kamele, Dromedare, Strauße), spiegelt die Tabelle folgendes wider: In der Viehwirtschaft ist weiterhin eine Zunahme der Produktion zu erwarten; allein im Zeitraum zwischen 1975 und 2000 kann mit einer Zunahme der Rinderzahl um 385 Mio. Stück, von Schafen und Ziegen um etwa 280 Mio. Stück gerechnet werden. Die Notwendigkeit der Zunahme ergibt sich aus der Tatsache, daß Anfang der achtziger Jahre in Entwick-

Abbildung 65
Anteile der Erdteile und
der GUS an ausgewählten
Viehbeständen [%]
um 1993/94

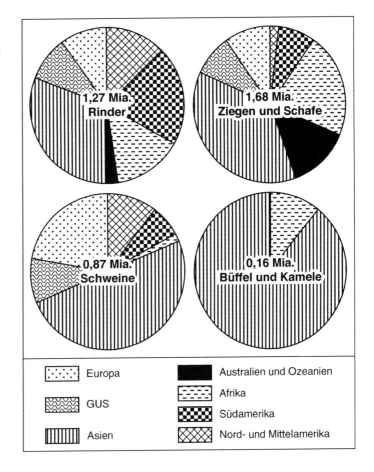

1,27 Mia.
Rinder

1,68 Mia.
Ziegen und Schafe

0,87 Mia.
Schweine

0,16 Mia.
Büffel und Kamele

Europa

GUS

Asien

Australien und Ozeanien

Afrika

Südamerika

Nord- und Mittelamerika

lungsländern der Pro-Kopf-Verbrauch an tierischem Eiweiß bei 10 g/d lag, also großer Nachholbedarf besteht. Eine direkte Korrelation zwischen erreichtem Entwicklungsstand und der Höhe des Verbrauches an tierischen Produkten ist unverkennbar.

Alle Erdteile verfügen über eine zunächst von der Zahl her umfangreiche Produktion von Vieh, besonders von Rindern (Abb. 65). Während aber die Rinderzucht in entwickelten Ländern vorwiegend intensiv erfolgt, weist sie in Entwicklungsländern meist extensive Merkmale auf. Innerhalb der Großregionen bzw. Erdteile konzentriert sich die Rinderhaltung auf Gebiete mit hohem Grünlandanteil sowie auf Steppen und Savannen. Der außerordentlich hohe Rinderbesatz Asiens resultiert aus der Großzahl von Tieren in Indien (mit 193 Mio. Stück = 15 % im Jahre 1994 an erster Stelle auf der Erde!), die jedoch ökonomisch von geringem Wert sind. In der hinduistischen Religion gehören die Rinder zu den heiligen Tieren mit besonders hohem Rang. Von der Mehrheit der Bevölkerung in den Städten (die Landbevölkerung hat zu den Rindern eine mehr sachlich-ökonomische Beziehung) wird diese Heiligkeit respektiert, so daß Millionen von Tieren volks- und ernährungswirtschaftlich nutzlos sind und sogar eine Belastung darstellen. Da die Hindus in Stadt und Land den Genuß von Rindfleisch ablehnen, ist das Rind auch insgesamt gesehen kein wesentlicher Faktor in der Ernährung der Bevölkerung.

| Land | 1960 | 1970 | 1980 | 1990 | 1994 |
|------|------|------|------|------|------|
| China |  |  | 23,2 | 29,6 | 41,4 |
| USA | 12,8 | 22,6 | 24,6 | 28,8 | 32,1 |
| UdSSR/Rußland | 2,8 | 12,3 | 15,1 | 19,9 | 7,4 |
| Brasilien |  | 3,1 | 4,5 | 6,4 | 8,1 |
| Deutschland | 2,3 | 3,8 | 5,2 | 5,7 | 5,8 |
| Frankreich | 2,8 | 4,2 | 5,4 | 5,6 | 6,2 |
| Italien | 0,7 | 2,5 | 3,5 | 4,0 | 4,0 |
| Indien |  |  |  | 2,0 | 4,1 |
| Spanien | 0,5 | 0,9 | 2,4 | 3,5 | 3,8 |
| Mexiko |  |  | 1,7 | 3,6 | 3,5 |
| Argentinien | 2,3 | 3,3 | 3,7 | 3,4 | 3,7 |
| Erde |  | 104,1 | 140,2 | 175,1 | 193,8 |

*Tabelle 76*
*Führende Länder in der*
*Fleischproduktion 1994 [Mio. t]*

Mit Ausnahme Nordamerikas verfügen alle anderen Erdteile und Großregionen über eine insgesamt sehr umfangreiche Produktion von Schafen und Ziegen. Stärker als in der Rinderhaltung haben hierbei jedoch Afrika und Australien Anteil. Räumliche Produktionszentren sind aride und subaride Gebiete der Sahelzone, des Mittelmeerraumes, des Nahen Ostens, Mittelasiens und Australiens. Die weltweit umfangreiche Tierhaltung und die erwartete weitere Steigerung der tierischen Produktion werfen zwangsläufig Probleme auf. In den Entwicklungsländern sind das die vorwiegend extensiv betriebene Weidewirtschaft, die traditionellen Nutz- und Haltungsformen, die komplizierten sozialökonomischen Verhältnisse der Viehzüchter und die meist sehr schwierigen natürlichen Bedingungen in den regionalen Schwerpunktgebieten der Viehzucht, so u. a. in der Sahel- und Sudanzone, in der nördlichen Trockenzone Äthiopiens und im südlichen Afrika, in den Trockengebieten der Arabischen Halbinsel und Mittelasiens, in Patagonien und in den Weidegebieten der Hochgebirgsregionen. Schwerwiegende ökologische Probleme stellten sich oft mit zunehmender Viehhaltung ein. Ein ganzer Katalog von Maßnahmen wird notwendig sein, wenn diese Probleme von globalem Rang nicht schwerwiegende Folgen für die Menschen haben sollen.

Schwerpunkte hierbei müssen der Schutz der Weideflächen, die Erhöhung der Qualität, weniger der Quantität des Viehs, die Anpassung der Weideführung an die ökologischen und physiologischen Bedürfnisse der Schlüsselfutterpflanzen, eine differenzierte Weideführung, der Beginn einer Futtervorratshaltung und die Nutzung von Abfällen des Feldbaus, eine sorgfältige Mineraldüngung, die züchterische Verbesserung der Rassen, eine bessere veterinärmedizinische Betreuung der Bestände und vor allem die Verbesserung der sozialökonomischen Verhältnisse sowie die Schulung der Viehzüchter sein.

Viehwirtschaft und *Fleischproduktion* stehen in einem unmittelbaren Zusammenhang. In den Werten der Welt-Fleischproduktion spiegelt sich der Trend wachsender Leistungen der Viehwirtschaft wider (Tab. 76). Es wird aber auch deutlich, daß unter den führenden Ländern der Fleischproduktion vorwiegend entwickelte Länder sind, ergänzt durch wenige Schwellenländer. Erst in jüngster Zeit haben sich Indien und Mexiko in die Gruppe der führenden Länder der Fleischproduktion (> 3,5 Mio. t) geschoben. Das ist ein Hoffnungsschimmer im Hinblick auf eine verbesserte Versorgung der Bevölkerung dieser volkreichen Länder mit tierischem Eiweiß.

3.4.3.2.
## Tierische Ressourcen des Meeres und des Süßwassers

Zu den tierischen Meeresressourcen, die vom Menschen direkt oder indirekt genutzt werden, gehören Tiere der verschiedensten Familien, Gattungen und Arten. Jedoch spielen nur relativ wenige für die menschliche Ernährung direkt eine Rolle; viele werden anderen Nutzungen unterworfen. Nach der FAO-Statistik für Fischereianlandungen ist folgende Gliederung der tierischen Meeresressourcen möglich:

- Meeresfische einschließlich Anadrome und Katadrome[4]: Hering, Kabeljau, Seebarsch, Seehecht, Makrele, Heilbutt, Flunder, Scholle, Thunfisch, Haifisch, Aal, Lachs u. a.;
- Krebstiere: Krebs, Krabbe, Hummer, Languste, Krill u. a.;
- Weichtiere: Muscheln, Austern, Miesmuscheln, Tintenfische, Kraken u. a.;
- Wale und andere Wassersäugetiere: Blauwale, Finnwale, Pottwale usw., Tümmler, Delphine, Robben, Seehunde u. a.;
- verschiedene Wassertiere: Schildkröten u. a. Reptilien, Stachelhäuter, verschiedene im Wasser lebende wirbellose Tiere u. a.;
- Produkte von Wassertieren: Perlen, Perlmutt, Muschelschalen, Korallen, Schwämme u. a.

Bis auf die als „Produkte von Wassertieren" ausgewiesenen Ressourcen spielen alle anderen für die Ernährung eine wichtige Rolle. Allerdings sind die einzelnen Gruppen unterschiedlich in die Fänge einbezogen. Die *Weltfangerträge* umfaßten (ohne Wassersäugetiere):

1950:   20,1 Mio. t
1960:   40,0 Mio. t
1970:   70,7 Mio. t
1980:   72,2 Mio. t
1990:   97,2 Mio. t
1993: 101,3 Mio. t.

Den bisherigen Höhepunkt bildeten die Jahre 1989 und 1993 mit Fangerträgen von jeweils mehr als 100 Mio t. Noch Mitte der achtziger Jahre ging man in Prognosen davon aus, daß die 100-Mio.-t-Fanggrenze erst um das Jahr 2000 erreicht wird. Der starke Produktionsanstieg in den See- und Binnen-Aquakulturen und der rasche Aufschwung des Fischfanges in zahlreichen Entwicklungsländern führten jedoch zwischen 1980 und 1990 zu einer sehr schnellen Zunahme der Fangerträge. Diese setzten sich Anfang der neunziger Jahre wie folgt zusammen:

- Meeresfangerträge: wildlebende Tiere 82 %, See-Aquakulturen 6 %,
- Süßwasserfangerträge: wildlebende Tiere 6 %, Binnen-Aquakulturen 6 %.

Bis zum Jahre 2000 ist mit einem weiteren Wachstum der Weltfangerträge zu rechnen. Es wird angenommen, daß sich die Produktion in Aquakulturen verdoppeln wird. Das geschieht auf zwei Wegen: einerseits durch die traditionelle rurale Aquakultur, die in Entwicklungsländern weit verbreitet ist, andererseits durch die intensive gewerbliche Aquakultur, die in Industrie- und Entwicklungsländern betrieben wird. Produziert werden vor allem Krabben, Austern, Muscheln und Grätenfische (Lachs, Karpfen, Forelle u. a.). Die industriemäßige

---

[4] siehe Glossar

Produktion ist jedoch ökologisch bedenklich. So verdrängen z. B. die Krabben-Aquakulturen in Küstengebieten die Mangrovenwälder und reduzieren die Brutstätten wildlebender Spezies. Andererseits sind Aquakulturen eine hochproduktive Form der Gewinnung eiweißreicher Nahrungsmittel. In tropischen und subtropischen Ländern mit ganzjähriger Wachstumsperiode von Pflanzen könnte durch Intensivhaltung pflanzenfressender Fischarten eine kostengünstige tierische Eiweißproduktion, an der es in diesen Regionen noch mangelt, erzielt werden.

Der in den neunziger Jahren zu erwartende langsamere Anstieg des Weltfischfanges ist keinesfalls auf eine allgemeine Erschöpfung der Ressourcen zurückzuführen. Die Ursachen liegen einerseits in veränderten Fischereirechten, speziell in der Schaffung von „Wirtschaftszonen". Während jahrhundertelang die „Freiheit des Fischfanges" zu den altüberkommenen Gewohnheitsrechten der Meeresnutzung gehörte, regeln heute international festgelegte Fischereirechte den Fang. Territorial spielen hierbei die „Territorialgewässer" (12 Seemeilen) und die „Ausschließlichen Wirtschaftszonen" bzw. die „Fischereizonen" (bis 200 Seemeilen) eine wichtige Rolle (siehe auch Kapitel 1.3.). Da etwa 90 % der Fänge im Weltmeer in einem Bereich bis etwa 200 Seemeilen (ca. 370 km) vor der Küste erfolgen, entfällt ein Großteil des Gesamtfanges auf die Teile des Meeres, die fast überall küstenstaatlicher Jurisdiktion unterliegen. Dadurch entstanden neue Probleme für die Seefischerei vieler Länder, die nur über den Erwerb von Fanglizenzen oder durch andere fischereiwirtschaftliche Aktivitäten gelöst werden können.

Die deutsche Hochsee-Fischfangflotte fing etwa 70 % des angelandeten Fisches in Gebieten der 200-Seemeilen-Zone außerhalb von EG-Ländern, insbesondere vor Island, Grönland und Labrador. Das entsprechende Gebiet Islands wurde von diesem Staat 1978 völlig für ausländische Fangschiffe gesperrt. Andere Länder begrenzten die Fangquoten für Ausländer beträchtlich, so u. a. Kanada, USA, Grönland, Norwegen.

*Hauptfischfanggebiete* sind die Meeresgebiete, in denen relativ oberflächennah Phytoplankton angereichert auftritt. In ihm sind Nährstoffe enthalten, die durch Flüsse ins Meer kommen oder die aus abgestorbenen und abgesunkenen Pflanzen und Tieren des Planktons bakteriell freigesetzt und durch Strömung, Auftriebe, Verwirbelungen usw. wieder in die Nähe der Meeresoberfläche gelangen und vom Phytoplankton aufgenommen werden können.

In der gegenwärtigen regionalen Verteilung der Gewinnung tierischer Meeresressourcen ergibt sich eine eindeutige Konzentration der Fischerei auf den Pazifik und den Atlantik, während der Indik weit in den Hintergrund rückt (Abb. 66). Im Pazifik und im Atlantik wiederum sind die nördlichen Teile die weitaus am stärksten fischereiwirtschaftlich genutzten Regionen, denen jeweils die mittleren folgen, während die südlichen noch relativ gering befischt sind und demzufolge nur kleine Anteile zum Fischereiaufkommen der Erde beitragen. Eine Ausnahme macht der südpazifische Raum (Peru).

In jüngerer Zeit sind jedoch durch die Aufnahme bzw. Intensivierung des Fischfanges in Entwicklungsländern Veränderungen erkennbar, die das Bemühen dieser Länder unterstreichen, die Ressourcen des Meeres verstärkt in die Nahrungsmittelproduktion einzubeziehen. Unter den elf führenden Fischfangländern befanden sich 1990 bereits acht Entwicklungsländer (Tab. 77). Staaten Südostasiens, also Länder mit traditionell hohem Fischverbrauch pro Einwohner, nehmen unter den Entwicklungsländern eine wichtige Stellung ein, während Afrika deutlich unterrepräsentiert ist.

Es fällt auf, daß so „klassische" Fischfangländer wie Norwegen, Dänemark, Kanada, Island oder Spanien nicht mehr zu den führenden Fangländern der Erde gehören. Veränderte

Abbildung 66
Fischereiregionen der Weltmeere und Verteilung des Zooplanktons (nach HEMPEL 1979 und HEPPER 1986)

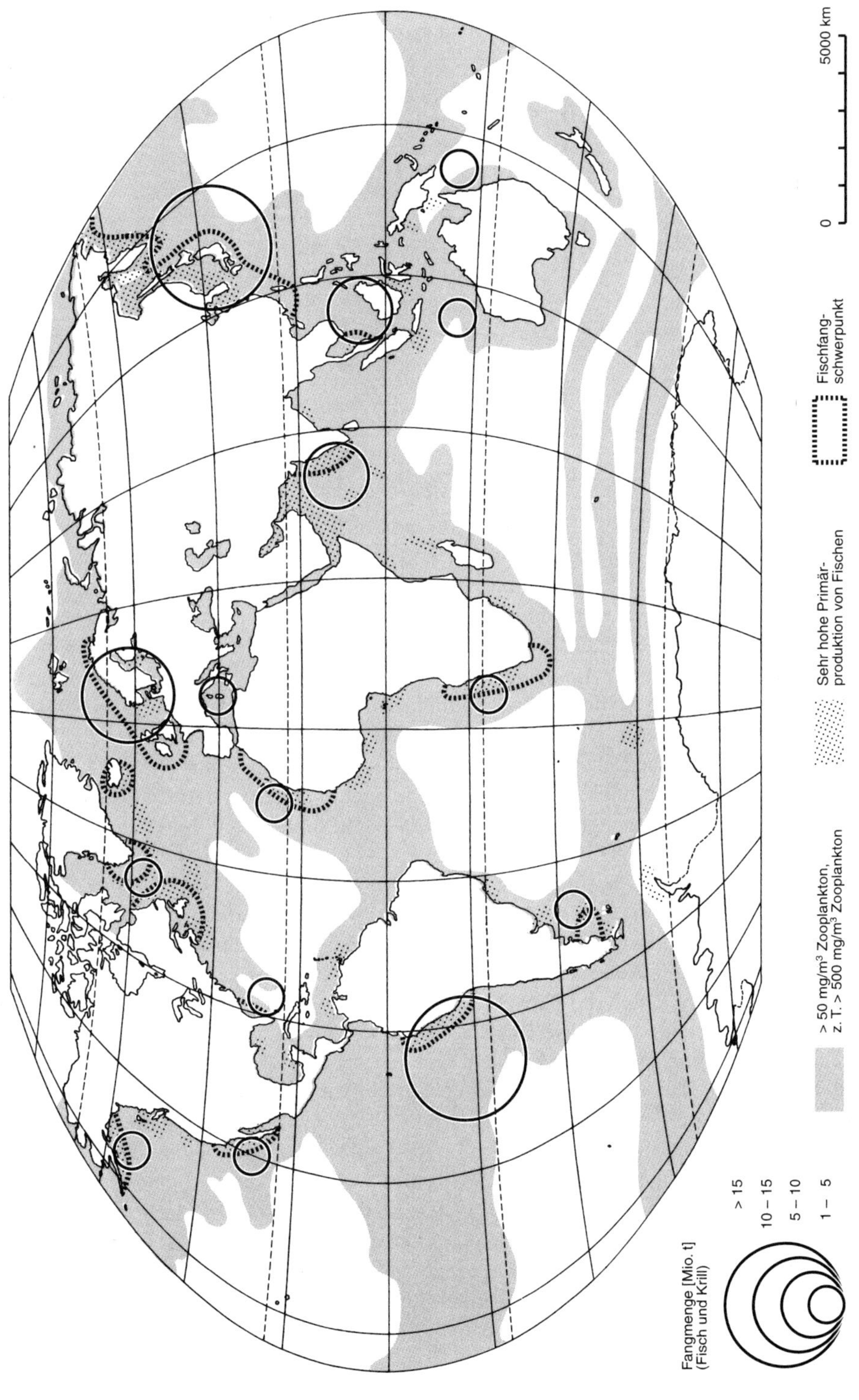

5000 km

Fischfang-
schwerpunkt

Sehr hohe Primär-
produktion von Fischen

> 50 mg/m³ Zooplankton,
z. T. > 500 mg/m³ Zooplankton

Fangmenge [Mio. t]
(Fisch und Krill)

> 15

10 – 15

5 – 10

1 – 5

| Land | 1950 | 1960 | 1970 | 1980 | 1990 | 1993 |
|------|------|------|------|------|------|------|
| China | | 4,1 | | 4,2 | 12,1 | 17,6 |
| Japan | 3,1 | 6,2 | 9,3 | 10,4 | 10,4 | 8,5 |
| UdSSR/GUS | 1,8 | 3,1 | 7,3 | 9,4 | 10,4 | 4,7* |
| Peru | 0,1 | 7,1 | 10,6 | 2,7 | 6,9 | 8,5 |
| USA | 2,6 | 2,8 | 2,8 | 3,6 | 5,9 | 5,9 |
| Chile | 0,1 | 0,3 | 1,2 | 2,8 | 5,2 | 6,0 |
| Indien | 0,8 | 1,2 | 1,7 | 2,4 | 3,8 | 4,2 |
| Indonesien | 0,2 | 0,8 | 1,2 | 1,9 | 3,1 | 3,6 |
| Südkorea | 0,1 | 0,3 | 0,9 | 2,0 | 2,8 | 2,6 |
| Thailand | 0,1 | 0,2 | 1,4 | 1,7 | 2,7 | 3,3 |
| Philippinen | 0,2 | 0,5 | 1,0 | 1,6 | 2,1 | 2,3 |
| Erde | 20,1 | 40,0 | 70,7 | 72,2 | 97,2 | 101,3 |

*Tabelle 77*
*Entwicklung und Stand des Fischfanges in den führenden Fangländern (> 2 Mio. t/a) 1993 [Mio. t]*

* nur Rußland

Fangrechte, eine teilweise Überfischung in traditionellen Fanggebieten, Konkurrenzprobleme usw. spielen hierbei eine Rolle. Verheerende Wirkung auf den Fischbestand bestimmter Meeresräume hatte der Treibnetzfang japanischer Fischer. Er mußte aufgrund internationaler Proteste inzwischen weitgehend reduziert werden.

Eine wichtige Rolle in der Nutzung tierischer Ressourcen des Meeres spielen die entsprechenden Ressourcen der *Antarktis*. Wenn wir – wie allgemein üblich – den antarktischen Raum als ein Gebiet südlich des 60. südlichen Breitengrades definieren, so gehören neben dem antarktischen Festland auch große Teile des Südlichen Polarmeeres hinzu. Dieses Meer und seine Küsten sind Lebensraum einer vielseitigen Pflanzen- und Tierwelt. Dort leben 35 Arten von Pinguinen, viele Vogelarten, sechs Seehundarten, zwölf Walarten und über 200 Fischarten. Viele dieser Arten sind seit mehr als 200 Jahren Jagdobjekt der Menschen, denn bereits 1784 wurden dort Robben geschlagen. Anfang des 19. Jh. begann der Walfang mit dem Aufbau von Verarbeitungsanlagen auf dem antarktischen Festland und später auf den Walfangschiffen selbst. In der zweiten Hälfte des 20. Jh. wurden zusätzlich Tiefseefische und seit 1976 Krill Zielobjekt der Jagd und der Fischerei in der Antarktis.

Die Fanggründe waren und sind bei bestimmten Arten bis heute reich an tierischen Ressourcen. Während durch die Fänge von Meeressäugern aller Art, insbesondere von Walen, Robben und Seehunden, diese Bestände stark dezimiert wurden, ist der Fang von Seefischen (meist Kabeljau) relativ konstant und bewegt sich seit Jahrzehnten zwischen 400 000 und 500 000 t. Das sind nur 0,5 % des Weltfischfanges. Außerordentlich umfangreich ist die Meeresressource Krill. Als Krill wird ein 4–7 cm langes, garnelenartiges Krustentier bezeichnet. Die Krill-Biomasse wird auf 250–600 Mio. t geschätzt (Abb. 67). Eine problemlose Fangmenge von jährlich 10–30 Mio. t wäre denkbar. Es dürfte jedoch zu keiner Dezimierung der Bestände kommen, weil eine solche verhängnisvolle Auswirkungen auf den Bestand von Säugetieren, Vögeln und Fischen und damit auf das Ökosystem Antarktisches Meer hätte, weil Krill ein Schlüsselelement der Nahrungskette ist. Nach „Welt-Ressourcen" (1993) bedrohen auch Veränderungen der Umwelt den Krill. Dort (S. 208) heißt es: „Biologen befürchten, daß der Abbau der Ozonschicht in der Stratosphäre die Krillpopulation durch erhöhte UV-Strahlung in der Antarktis indirekt dezimieren könnte. Hohe

Abbildung 67
Vorkommen von Krill
im Südpolarmeer (nach
„Welt-Ressourcen" 1993)

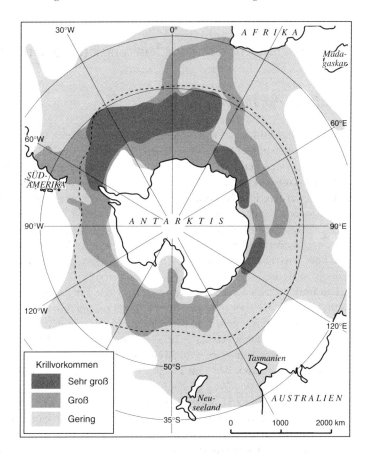

UV-Strahlung verzögert die Photosyntheserate von Phytoplankton und reduziert damit die Nahrungsmenge für Krill und andere Vorstufen in der Nahrungskette."

Unzweifelhaft stellen die tierischen Bestände des Antarktischen Meeres eine äußerst sensible Ressource dar. Nur umfangreiche Schutzmaßnahmen können eine zu starke Nutzung durch den Menschen verhindern. Mehrere internationale Abkommen tragen dazu bei, daß gefährdete Arten nicht weiterhin stark dezimiert oder völlig vernichtet werden, so u. a. CCAS, CCAMLR und CRAMRA (siehe Kapitel 1.3.). Seit 1946 kontrolliert die International Whaling Commission (IWC) den Walfang im Südlichen Polarmeer. Dank eines 1982 verabschiedeten Moratoriums konnte schließlich der Walfang weitgehend gestoppt und damit ein minimaler Bestand an Blau-, Finn-, Buckel- und Sei-Walen erhalten werden, obwohl einige Länder bis heute für „wissenschaftliche Zwecke" noch Jahr für Jahr Wale erlegen.

## 3.5.
# Ökologische Probleme der Nutzung biologischer Ressourcen

*3.5.1.*
## *Erhaltung der Bodenfruchtbarkeit*

In den letzten Jahrzehnten ist eine nachhaltige Landnutzung immer stärker zum Anliegen verantwortungsbewußter Landwirte und Forstleute geworden. Unter Nachhaltigkeit in den Nutzungsformen versteht man dabei die Anwendung solcher Technologien, die den natürlichen Stoffkreislauf berücksichtigen und dazu beitragen, daß natürliche Standorteigenschaften erhalten werden. Für die Industriestaaten heißt das: Aufgabe der Höchstertragskonzeption im Gartenbau, Feldbau und in der Grünlandwirtschaft, Übergang zu extensiveren Nutzungsformen, Renaturierung der Acker- und Grünlandgebiete sowie der Forsten. Das wird mit Ertragseinbußen verbunden sein. In Anbetracht des Überangebotes an Produkten der Land- und Forstwirtschaft, das für die meisten Industriestaaten charakteristisch ist, erscheint dies jedoch vertretbar.

Die Entwicklungsländer stehen weiterhin vor der Aufgabe, Hunger und Armut zu mindern. Gleichzeitig aber müssen sie sich damit auseinandersetzen, daß eine rasch wachsende Bevölkerung immer mehr Land in Anspruch nimmt und es dabei in erheblichem Maße devastiert. Vor allem in Afrika geht es nicht wie in den Industriestaaten darum, intensive Bewirtschaftungsformen zu extensivieren, sondern es ist vielmehr notwendig, aus Traditionen der Landnutzung, die sich in Zeiten niedriger Bevölkerungszahlen über Jahrhunderte entwickelt haben, den Weg in eine zeitgemäße, intensivere Art und Weise des Ackerbaus und der Viehhaltung zu finden. Schließlich muß auch der Übergang vom Holzeinschlag zur Forstwirtschaft gefunden werden. In beiden Fällen aber kann die ökologische Verträglichkeit der Land- und Forstwirtschaft nur bleibend gewährleistet werden, wenn der ökologische Bodenwert der Standorte – das Puffer-, Filter- und Transformationsvermögen des Bodens – erhalten bleibt. Nach Berechnungen im Umweltprogramm der Vereinten Nationen (UNEP) lag 1991 der Anteil chemisch veränderter Böden im Weltmaßstab bei 15 % der Landwirtschaftsfläche, in Europa lag dieser Anteil sogar bei 20 %.

Da die Klimafruchtbarkeit vom Menschen nur örtlich und in Ausnahmefällen („Regenmachen" in Trockengebieten durch das Einschießen von Silberjodid-Kondensationskernen in Wolken) beeinflußbar ist, konzentrierten sich die Maßnahmen zur Ausschöpfung und Steigerung des Ertragspotentials auf die Erhöhung der Bodenfruchtbarkeit. Die Mittel und Wege dafür waren in den einzelnen geographischen Zonen unterschiedlich. In den Feuchtgebieten der Außertropen standen dabei Düngung und Hydromelioration im Vordergrund. Heute ist man vorsichtig geworden. Viele Moore wurden durch zu starke Entwässerung zerstört, viele Gewässer durch Überdüngung eutrophiert. Dennoch können Düngung und Entwässerung, in Maßen vorgenommen, durchaus sinnvoll sein. Das gilt bereits für die subpolare Zone, deren Gleyböden (Gelic Gleysols) Ertragssteigerungen im (klimatisch) begrenzten Rahmen zulassen, wenn sie entwässert und mit Stickstoff gedüngt werden. Der hier – zwar reichlich – vorhandene Rohhumus ist extrem stickstoffarm. Außerdem müssen Tierverbiß und -tritt durch Rentiere oder Schafe in Grenzen gehalten werden, um die Bodenerosion zu verhindern. Die sauren Podsole und Fahlerden (Podzols, Podzoluvisols) der borealen Waldzone verlangen vor allem Kalkdüngung, die vergleyten Fahlerden noch zusätzliche Entwässerung. In der gemäßigten Waldzone und in der feuchten subtropischen Zone kann die hohe Fruchtbarkeit der Parabraunerden (Luvisols) und der sie begleitenden Fahlerden oder Braunerden (Cambisols) erhalten und – zumindest teilweise – erhöht werden, wenn dem damit verbundenen Nährstoffentzug durch eine an dem Pflanzenbedarf angepaßte Naturdüngung sowie mit sparsamem Einsatz von Mineraldünger (Kalk, Stickstoff, Phosphor) begegnet wird und wenn sich, falls erforderlich, Entwässerung und Beregnung sinnvoll ergänzen.

In den Trockengebieten der Außertropen und der Tropen kommt dem Zuschußwasser die entscheidende Bedeutung für die Steigerung der Bodenfruchtbarkeit zu. Das zeigt sich schon in den Übergangsbereichen zwischen Feucht- und Trockengebieten in der winterfeuchten subtropischen Zone. Die dort auftretenden humusarmen Braun- und Parabraunerden (Chromic Cambisols und Luvisols) müssen in den trockenen Sommern beregnet werden, wenn stabile und hohe Erträge erzielt werden sollen. Ohne Beregnung oder Bewässerung sind solche Erträge nur in grundwasserbeeinflußten Talauen auf Gley- und Auenböden (Fluvisols) möglich. Auf Sand oder Kalkschutt, wo Beregnung und Bewässerung wegen der Durchlässigkeit des Untergrundes sinnlos sind, können nur tiefwurzelnde Dauerkulturen (Wein, Oliven) gedeihen. Düngung, vor allem mit Stickstoff, macht sich in allen Fällen erforderlich. Weit geringer ist dagegen der Stickstoff- und Kalkdüngerbedarf der humusreichen Schwarzerden (Tschernoseme) in der Steppenzone. Beregnung wirkt auch hier ertragssteigernd. Notwendig ist außerdem der Schutz vor Bodenerosion durch Wasser und Wind. Das heißt: möglichst dichte Fruchtfolge, kurze Bracheperioden, darüber hinaus Anlage von Hecken oder Baumreihen als Windschutzstreifen. Beregnung und Schutz vor Bodenerosion sind auch Voraussetzung für relativ hohe und stabile Erträge auf den humusarmen, durch Kalkausfällungen verdichteten kastanienfarbenen Böden der Steppe (Castanozems). Hinzu kommt die Notwendigkeit, meliorativ zu pflügen (Auflockerung der Verdichtungen) und den stärkeren Stickstoff-, Phosphor- und Kalibedarf zu decken. Besonders hoch ist der Wasserbedarf der (Oasen-) Standorte, die innerhalb der Halbwüsten und Wüsten der Trockenzonen bewirtschaftet werden. Eine Wasserzufuhr, die dem pflanzlichen Bedarf gerecht wird, muß in allen Bewässerungsgebieten gewahrt werden, denn das im Boden versickernde Überschußwasser führt zur Versalzung, der Standort wird unfruchtbar (vgl. BRUNNER 1981).

In den feuchten Tropen sind neben Be- und Entwässerung vor allem Kalk- und Stickstoffversorgung sowie Gefügemeliorationen zur Erhöhung der Bodenfruchtbarkeit erforderlich. Dabei sollten auf den fruchtbaren tonreichen Schwarzlehmen (Vertisols), die zu Verdichtungen neigen, Maßnahmen zur Lockerung des Unterbodens im Vordergrund stehen, auf den nährstoffärmeren Rot- und Fahllehmen (Ferral- und Nitosols) ergänzt durch Düngung. Am höchsten sind der Düngerbedarf und die Gefahr der Bodenverdichtung auf den sehr nährstoffarmen Roterden (Acrisols), die die geringsten Erträge bringen.

Aber auch Rot- und Fahllehme können sehr rasch an Nährstoffen verarmen, wenn sie entwaldet werden. Nach der Rodung erlischt die Zufuhr an organischer Substanz. Der vorhandene Humus wird zwar zunächst durch die Asche der abgebrannten Vegetationsdecke angereichert, dann aber – bei relativ hohen Bodentemperaturen – rasch abgebaut. Die Nährstoffspeicherkapazität des Bodens wird immer geringer. Die Nährstoffe, die nicht die Nutzpflanzen verwerten, werden mit der Auswaschung in dichtere Lagen des Unterbodens abgeführt. Düngung durch Mulchen (Abdecken mit organischen Substanzen: Blättern usw.) ist also für eine dauerhafte Nutzung erforderlich, zumindest ein Feld-Gras-Fruchtwechsel, bei dem mit dem Gras dem Boden wieder neuer Humus zugeführt wird. Besser bewirtschaften lassen sich die nährstoffreichen Auenböden (Fluvisols) am Rand der Flußläufe, sofern sie außerhalb des heutigen Überschwemmungsbereiches liegen und nicht viel Schwefel enthalten. Durch Grundwassereinfluß kommt es hier bei der Humifizierung von Pflanzensubstanz zu Schwefelanreicherungen, die so hoch werden können, daß der Anbau von Kulturpflanzen stark erschwert wird (SCHEFFER u. SCHACHTSCHABEL 1982).

## 3.5.2.
## *Verhinderung von Devastierungen*

Durch die land- oder forstwirtschaftliche Nutzung werden stets die Vegetation und ihr Standort umgewandelt. Wenige neue Pflanzenarten werden in das Artengefüge eingeführt, viele andere in ihrem Wachstum behindert oder ganz vernichtet. Hinzu kommen die Entnahme von organischer Substanz, die (als Humus) für den Stoffhaushalt des Geosystems von Bedeutung ist, sowie die Zufuhr von anorganischem oder organischem Material (mit der Düngung), die Verlagerung oder Durchmischung des Bodens, die ebenfalls die Funktionsweise des Geosystems und seiner im Ökosystem verflochtenen biotischen Elemente verändern.

Den Grad der Veränderung kann man anhand der Naturfremdheit des Kulturpflanzenbestandes abschätzen, an der Hemerobie von Ökosystemen. Das erfolgt nach einer mehrstufigen Skala. Bei BLUME u. SUKOPP (1976) sind es sieben Stufen, von denen die erste keine anthropogenen Einwirkungen anzeigt, die siebte dagegen die völlige Vernichtung des natürlichen Pflanzenbestandes durch geschlossene Bebauung oder totale Vergiftung, wie das von 1965 bis 1971 in Vietnam geschehen ist, wo auf 25 000 km$^2$ dioxinhaltige Entlaubungsmittel eingesetzt wurden, mit denen nicht nur Wald, sondern auch 70 % der Anbaufläche von Kokospalmen und 60 % der Kautschukbäume vernichtet worden sind.

In der Regel sind schwach durchforstete Wälder in die Hemerobiestufe 2, stärker durchforstete Wälder, Wiesen und Weiden in die Stufe 3, intensiv genutzte Wiesen und Weiden in die Stufe 4, Äcker in die Stufe 5, intensiv bewirtschaftetes Garten- und Obstland in die Stufe 6 einzuordnen. Je höher die Hemerobiestufe ist, desto stärker sind die natürlichen Selbstregulationsmechanismen durch solche Regulationen ersetzt worden, die von der Bearbeitungstechnologie ausgehen. Die Stabilität des Ökosystems muß also durch eine naturadäquate Bearbeitungstechnologie aufrechterhalten werden. Werden hierbei Fehler gemacht oder kommen darüber hinausragende äußere Einflüsse zur Wirkung, ist die Gefahr der Instabilität bei stark hemeroben Ökosystemen größer als bei schwach hemeroben.

Aktuelle Aufgaben beim Schutz der Natur vor Devastierungen sollen nun im folgenden an drei Problemkreisen erläutert werden: den Waldschäden in den Industriestaaten der Außertropen, der Desertifikation in den trockenen Tropen und der Entwaldung der feuchten Tropen.

## 3.5.2.1.
## Waldschäden

Die Wälder West- und Mitteleuropas, Kanadas und der USA weisen erhebliche Schädigungen auf. Nachdem zunächst die Nadelbäume kränkelten und eingingen, sind heute auch Laubbäume, wie Eiche und Buche in Deutschland, davon betroffen. Diese Waldschäden werden durch den Eintrag (Immission) von Stäuben, Gasen oder wäßrigen Lösungen, die Pflanzenschadstoffe darstellen, verursacht. Zu diesen Schadstoffen gehören Schwefeldioxid, Stickstoffoxide, Ammoniak, Fluorchlormethane, Chlorwasserstoffe und schwermetallhaltige Staubauswürfe, die von Industriebetrieben (Kohlekraftwerken, Chemiewerken, Blei- oder Aluminiumhütten) stammen, aber auch durch den Hausbrand sowie durch Kraftfahrzeuge ausgeworfen (emittiert) werden. Hinzu tritt Ozon, das durch Reaktion zwischen Kohlendioxid sowie Stickstoffoxiden entsteht und selbst sehr reaktionsaktiv ist. In der ehemaligen DDR war die Hauptkomponente der Luftverunreinigung die Schwefeloxidemission durch die Verbrennung von Braunkohle. Bei ihrer relativ niedrigen Verbrennungstemperatur ist die Emission von Stickstoffoxiden allerdings gering. Mit der zunehmenden Verbrennung von Erdöl, Erdgas oder Steinkohle spielen Stickstoffoxide in den neuen Bundesländern heute eine wesentlich größere Rolle.

Luftschadstoffe wirken direkt auf die Pflanze ein, indem sie (vgl. Kapitel 3.2.2.1.) den zum Wachstum erforderlichen Austausch von Kohlendioxid und Sauerstoff zwischen Luft und Pflanze behindern, im Zellwasser als Schwefel-, Salpeter- oder Flußsäure den pH-Wert verändern und damit die Funktion der Enzyme beim Aufbau neuer Pflanzen erschweren, die Enzyme sogar zerstören. Über den Boden, in den sie mit dem Niederschlag gelangen, beeinflussen die im „sauren Regen" enthaltenen Schwefel-, Stickstoff-, Fluor- und Chlorverbindungen ($H_2SO_4$, $H_2SO_3$, $HNO_3$, HF, HCl) ebenfalls das Pflanzenwachstum. Mit dem „sauren Regen" ist ein erheblicher Anstieg der Wasserstoffionenkonzentration im Boden verbunden. Das machen sinkende pH-Werte deutlich. Die Bodenversauerung führt dazu, daß Tonminerale zerstört werden, die aufgrund ihrer hohen Sorptionskapazität viele Nährstoffe speichern können, daß diese Nährstoffe der Auswaschung unterliegen und statt dessen freie Aluminiumionen (Restprodukte der zerstörten Tonminerale) in die Pflanze gelangen. Diese blockieren, wie ebenfalls freigesetzte Schwermetallionen, die Enzymbildung und -tätigkeit. In ähnlicher Weise schädigen sie Bodenorganismen, die organische Substanzen abbauen und damit zur Neubildung von Humus beitragen. Auch dadurch verringert sich die Sorptionskapazität des Bodens. Die Luftschadstoffe und Schadstoffe im Boden schwächen den Baum. Sie stellen prädisponierende Faktoren der Waldschadensentwicklung dar. Trockenperioden sind die auslösenden Faktoren des Schadensfortschrittes. Sie lassen die ohnehin erschwerten Assimilationsprozesse völlig erlahmen. Begleitende Schadfaktoren sind die Schadinsekten (Borkenkäfer, Nonne), die die geschwächten Bäume in Massen befallen.

Die Einwirkung von Luftschadstoffen macht sich im Wald zunächst durch den verfrühten Blattfall bei sommergrünen Laubbäumen und durch die Abnahme der lebenden Nadelgenerationen bei immergrünen Nadelbäumen bemerkbar. Statt mit sieben bis (in Gebirgen) zehn Nadeljahrgängen können die Nadelbäume bald nur noch mit drei bis vier Nadeljahrgängen assimilieren. Das Pflanzenwachstum erlahmt, es treten Gewebeschäden (Nekrose) auf. Dann sterben Äste im Kronenbereich ab, schließlich stirbt der ganze Baum. Diese Schäden konzentrieren sich im Bereich der Westwindzirkulation auf die Sandstandorte des Tieflands sowie auf die skelettreichen Schuttstandorte der oberen Lagen der Mittelgebirge und die mittleren Lagen der Hochgebirge in Gebieten mit hoher Industrie- und Bevölkerungsdichte. In diesen Gebieten ist der Wald den Abgasen der Industrie und des Kraftverkehrs direkt ausgesetzt. Viele Bäume stehen hier auf Grenzstandorten. Die Niederschläge fallen aber als saurer Regen. Der Wald wird bereits durch Schadstoffwirkung aus der Luft stark beansprucht. Kommen dazu noch Schädigungen über den Boden hinzu, wird die Grenze der Existenzmöglichkeiten vieler Baumarten erreicht und im Laufe von Trockenperioden überschritten. Deshalb ist nach trocken-warmen Sommern in vielen Waldgebieten Mittel- und Nordeuropas das Tempo der Schadensentwicklung hoch. In kontinentalen Gebieten (wie Sibirien und Kanada) ist darüber hinaus häufig zu beobachten, daß sich die Waldschäden in Gebirgsbecken häufen, weil hier während Hochdrucklagen bei stabiler Schichtung der Emissionskegel der Abgase durch eine Inversionsschicht deformiert wird (vgl. Kapitel 3.1.4.4.). Dadurch häufen sich auf engem Raum die Schadstoffdepositionen. Hinzu kommt ein Summationseffekt. Im Winter werden die Schadstoffe durch die Schneedecke konserviert, im Frühling dringen sie konzentriert in den Boden ein.

Der Bodenbelastung kann durch Kalkdüngung in begrenztem Umfang begegnet werden. Das geschieht auf immisionsbelasteten landwirtschaftlichen Nutzflächen, vielfach auch in Forsten. Bei starken Forstschäden muß der Bestand gefällt und neu aufgeforstet werden. Früher glaubte man, daß dafür am besten solche rauchgasresistenten Gehölze geeignet wären, wie im Gebirge Omorikafichte, Weymuthskiefer und Rotbuche, im Hügel- und Tiefland Schwarzkiefer, Linde und Eiche. Es hat sich aber gezeigt, daß auch diese Baumarten anfällig sind. In Mitteleuropa war der Schadensfortschritt bei Eichen in den letzten Jahren beträchtlich. Allerdings betrifft er bei allen Baumarten in erster Linie ältere Bestände. Deshalb ist in den Kammlagen der Mittelgebirge und in den mittleren Lagen der Hochgebirge, die als natürliche Vegetation Fichtenbergwald tragen, aufgrund der geringen Hemerobie auch die Neuanpflanzung von Fichten sinnvoll, bei der Schäden erst auftreten, wenn die Bestände mehr als 40 Jahre alt werden. Insgesamt kann der Schädigung der Wälder durch Luftschadstoffe und sauren Regen aber nur dann völlig Einhalt geboten werden, wenn es gelingt, durch Filter in den Schornsteinen von Industriebetrieben und durch eine bessere Beherrschung des Verbrennungsvorganges in Heizungen und Kraftfahrzeugen den Eintrag von Schadstoffen in Luft und Boden zu minimieren.

Das ist sowohl unter ökonomischen Aspekten (Erhaltung der Holzvorräte, Schutz der Siedlungen und Verkehrswege im Hochgebirge vor Lawinen) als auch unter geoökologischen (Sicherung der Stabilität der Waldökosysteme, ihrer Leistungen beim Wassertransfer: Abflußretention, Transpiration) und humanökologischen Aspekten (Bewahrung des Erholungswertes der Wälder, ihrer Sauerstoffproduktion) erforderlich. Das Bundesimmisionsschutzgesetz und die Technische Anleitung zur Reinhaltung der Luft geben seit den achtziger Jahren in Deutschland den Orientierungsrahmen zur Minderung der Luftverunreinigung. Dennoch hat sich bisher der Schadstoffausstoß nur unwesentlich verringert, weil der Anstieg der Zahl von Kraftfahrzeugen die Bemühungen zur Luftreinhaltung konterkarierte. Andere Industriestaaten stehen vor ähnlichen Problemen. Das Waldsterben ist noch nicht beendet.

## 3.5.2.2.
## Desertifikation

Wie Waldschäden wird auch die Desertifikation durch Naturprozesse und menschliches Fehlverhalten gleichermaßen verursacht. Allerdings erweist sich weit mehr als beim sauren Regen das Klima als der bestimmende Faktor der Desertifikation, und statt der Verkehrs- oder Industriedichte beeinflußt maßgeblich die Ausdehnung traditioneller Wirtschaftsformen bei starker Bevölkerungsentwicklung die Wüstenbildung. Die Weltkonferenz über Desertifikation, die von der UNO 1977 nach Nairobi einberufen wurde, hat den jährlichen Flächenzuwachs der Wüsten ab 1965 mit 50 000 km$^2$ angegeben. In dieser Größenordnung ist die

Desertifikation bis zur Gegenwart vorangeschritten. Der größte Teil des Flächenzuwachses vollzieht sich gegenwärtig in der Sahelzone am Südrand der Sahara mit etwa 20 000 km²/a. Dennoch sind auch andere Trockengebiete der Erde durch Desertifikationsprozesse gefährdet (vgl. Karte im hinteren Vorsatz).

Eine Ursache für die starke Desertifikation in den tropischen Trockengebieten ist zunächst in einer Häufung von Dürreperioden zu sehen. In ariden Regionen ist die Niederschlagsvariabilität ohnehin groß. Das machen langjährige Niederschlagsmessungen deutlich. Regenreichere Jahre wechseln mit trockenen. Das Auftreten mehrjähriger Dürren ist nichts Ungewöhnliches. In den Sahel-Ländern sowie in Äthiopien und Somalia hatte dies in den letzten Jahrzehnten jedoch besonders schwerwiegende Folgen für die Ernährungssituation. Die Ursachen liegen darin, daß in den Jahren zuvor, bei zunehmender Bevölkerungsdichte (nach der Befreiung von der Kolonialherrschaft), sich der Regelfeldbau weit in die Dornsavanne hinein ausdehnte (200 km gegen die Sahara nach Norden; GELLERT 1981, 1982), der Viehbestand sich um das Sechsfache erhöhte und Bäume und Büsche weithin als Brennholz geschlagen wurden. Mit Einsetzen der Dürreperioden reichten die Ernteerträge nicht mehr zur Ernährung aus, das nahrungssuchende Vieh zerstörte die Reste der Vegetationsdecke. Das Wasser vieler Brunnen versiegte, da das Grundwasser in größere Tiefen absank. Die Bevölkerung konnte sich nicht mehr selbst ernähren.

Im Bericht der Ernährungs- und Landwirtschaftsorganisation der Vereinten Nationen für 1984 (FAO-Bericht 1984) wird festgestellt, daß sich dadurch (sowie durch Maniokseuche und Rinderpest) im Zeitraum 1983/84 für 24 Länder Afrikas ein Gesamtbedarf an Nahrungsmittelhilfe von etwa 3,3 Mio. t ergab, von denen 2,2 Mio. t durch Spenden und kommerzielle Importe abgedeckt werden konnten. Die Nahrungsmittellücke von 1,1 Mio. t ließ sich aufgrund der katastrophalen Wirtschaftslage dieser Länder jedoch nicht schließen: Hungersnöte waren die Folge.

Zwischen den Dürreperioden in den tropischen Trockengebieten nördlich des Äquators und der globalen Erwärmung bestehen Zusammenhänge. Hohe Druck- und Temperaturunterschiede zwischen Tropik- und Polarluft auf der Nordhalbkugel führen zu einer Verstärkung meridionaler Strömungskomponenten. Mit der polwärtigen Höhenströmung werden die absteigenden Luftbewegungen in den Passathochdruckzellen nördlich des Äquators verstärkt. Damit wird im Sahelgebiet sowie in Äthiopien und Somalia die Verweildauer der Passatzirkulation größer. Die Länge der Trockenzeiten nimmt zu. Darüber hinaus führt die Zerstörung der Vegetationsdecke zu einer Erhöhung der Albedo des Bodens, der Nettostrahlungsgewinn der Oberfläche verringert sich (KLAUS 1981). Es kommt zu einer zusätzlichen Selbstverstärkung der stabilen Schichtung in den Passathochdruckzellen. Anstelle von jährlich 2–6 extrem trockenen Monaten (unter 0,5 mm Niederschlag) treten nun 4–10 derartige Monate (GELLERT 1981) auf, zum Teil in zwei oder drei aufeinanderfolgenden Jahren. Die größten Dürreperioden dieser Art waren 1972/73 sowie 1982/83 zu beobachten.

Inzwischen ist es in einzelnen Gebieten gelungen, dem weiteren Vorrücken der Wüste Einhalt zu bieten. Es hat sich gezeigt, daß zunächst die Wiederherstellung der Vegetationsdecke am Rand der Wüste erforderlich ist, das heißt: Verzicht auf jegliche Beweidung. In den Siedlungsräumen mußte Zuschußwasser erschlossen werden, nicht mehr durch Großprojekte, sondern im Rahmen der Dorfgemeinschaften. Neben der Anlage von Staubecken ging es vor allem um die Erschließung von neuen Brunnen. Es galt, von Bewässerungs- oder Beregnungszellen aus die Bewuchsdichte wieder zu erhöhen. Dazu müssen Schutzhecken angelegt, die Dünen durch Bepflanzung fixiert werden.

Besonders wichtig war die Bereitstellung von geeignetem Saatgut. Hirse wird gebraucht, um – bei ausbleibenden Niederschlägen – gegebenenfalls auch mehrmals nachsäen zu können. Millet-Hirse (bei > 200 mm Jahresniederschlag) und Sorghum-Hirse (bei > 400 mm Jahresniederschlag) sind durchaus dürreresistent. Neuzüchtungen erbringen heute erheblich höhere Erträge als vor 20 Jahren. Dennoch ist damit die Eigenversorgung der Sahel-Staaten nicht gesichert. Da sich die Wirtschaftsfläche einer sahelischen Familie auf Gunst- und Ungunststandorte verteilt, kann nur in Jahren mit „normalem" oder reichlichem Niederschlag das ganze Land bewirtschaftet werden. Dann sind Eigenversorgung und Saatgutrücklage gesichert. Für Notjahre bleibt allerdings lediglich eine geringe Reserve an Nahrungsmitteln übrig. Einzig in Feuchtejahren wird die sahelische Bevölkerung in die Lage versetzt, für den Markt zu produzieren, notwendige Arbeits- oder Haushaltgeräte zu erwerben und die städtische Bevölkerung mitzuernähren (ANHUF 1994).

Notwendig sind die Errichtung von Futter- sowie Düngerdepots und die Anlage von Nutzholzpflanzungen (für Brennholz) in Siedlungsnähe. Schließlich gilt es, einen Teil der durch Desertifikation betroffenen Bevölkerung in anderen Landesteilen neu anzusiedeln. Für einige der reichen erdölexportierenden Länder stellt das kein Problem dar. Vieh kann auch hier auch zeitweise mit Lastwagen von einem zum anderen Weidegebiet umgesetzt werden. Die armen Länder Schwarzafrikas sind davon aber noch weit entfernt. Hilfe zur Selbsthilfe wird noch für Jahrzehnte erforderlich sein.

## 3.5.2.3.
## Zerstörung des Regenwaldes

Den Berichten der Ernährungs- und Landwirtschaftsorganisation der Vereinten Nationen (FAO) zufolge hat sich in den letzten 20 Jahren die Fläche der tropischen Wälder (immergrüne Regenwälder, regengrüne Feuchtwälder, Monsunwälder) jährlich um mindestens $100\,000$ km$^2$ verringert (vgl. GELLERT 1983). 1830 waren die Regenwaldflächen doppelt so groß wie heute. Dieser Flächenverlust hat aber auch dazu geführt, daß die tatsächliche Waldbedeckung in den verbliebenen tropischen Waldzonen heute weithin weniger als 50 % beträgt. Er ist in erster Linie dem bäuerlichen Wanderhackbau geschuldet. Wahrscheinlich roden gegenwärtig 80–100 Millionen bäuerliche Familien $150\,000$–$180\,000$ km$^2$ Primärwald und etwa $50\,000$–$60\,000$ km$^2$ Sekundärwald (BRUENIG 1991). 80 % des Einschlages dienen der Anlage von Hackbauflächen und der Gewinnung von Brennholz. Erst in zweiter Linie sind die Holzeinschläge zu nennen, die für den Export von Edelhölzern vorgenommen werden.

Waldrodungen sind verbunden mit einer erheblichen Verringerung des Biotopwertes in den Regenwaldzonen. Artenreichtum, die Diversität des Bestandesaufbaus und die Diversität der Tierlebensräume nehmen ab. Ebenso schwindet der ohnehin geringe ökologische Bodenwert. Die hohe Intensität und die große Geschwindigkeit des Stoffumsatzes in tropischen Böden bewirken einen raschen Abbau des von den tropischen Wäldern vorher geschaffenen (ohnehin nie hohen) Humusvorrates. Die Starkregenfälle, die nun nicht mehr in mehreren Stockwerken der Baumschicht zurückgehalten werden, führen zu einer starken Auswaschung von Produkten der chemischen Verwitterung. Es werden immer weniger Tonminerale neu gebildet. Dabei handelte es sich auch vorher schon zumeist um Zweischichttone mit relativ geringer Sorptionskapazität.

So vermindert sich auch die Bodenfruchtbarkeit. Die auch auf naturbelassenen Standorten geringen Möglichkeiten der Bindung von Nährstoffen an die Böden der feuchten Tropen (vor allem der Acrisole, aber auch der Ferralsole und Nitosole; vgl. Kapitel 3.2.1.5.) nehmen weiter ab. Eine Ausnahme stellen nur die nährstoffreichen Böden auf vulkanischen Verwitterungsdecken (Andosole) dar. Sie werden vom traditionellen Wanderfeldbau (shifting cultivation), zu dem die in den tropischen Wäldern lebenden Völker seit Jahrhunderten übergegangen sind, nicht beeinträchtigt. Der Wald wird hierbei abgebrannt, die Brandrodungsfläche wird 1–4 Jahre mit Getreide oder Knollenfrüchten bestellt, dann folgte eine Brache von 5–15 Jahren, in der sich der Wald regeneriert. Kurze Regenerierungsphasen, wie auf Andosolen, ermöglichten so die Eigenversorgung (Subsistenzwirtschaft) bei Bevölkerungsdichten um 50 Einw./km$^2$, lange Regenerierungsphasen ließen die Eigenversorgung nur bei weniger als 10 Einw./km$^2$ zu. Aber auch dann waren nach extremen Witterungsverläufen Mißernten und die Unterbrechung der Regeneration nicht ausgeschlossen (GREENLAND 1974). Die Verlagerung das Anbaus in andere Gebiete war die Folge.

Mit der Erhöhung der Bevölkerungsdichte seit dem Ende der Kolonialherrschaft in den fünfziger Jahren nahm der Flächenbedarf für den Wanderfeldbau rasch zu. Da dieser nicht überall befriedigt werden konnte, wurden die Regenerierungsphasen verkürzt. Hinzu kamen in den Gebieten, die für den Verkehr erschlossen wurden, neue Plantagen und eine verstärkte Holznutzung. Weil hierbei Waldflächen weithin zunächst kahlgeschlagen wurden (beim Bau der Transamazonica in Brasilien wurden mehr als 50 % der „erschlossenen" Waldbestände vernichtet; vgl. GELLERT 1983) und auch danach beim mechanisierten Einschlag von Einzelbäumen große Gassen in den Wäldern gebahnt wurden, trug dies ebenfalls zur Entwaldung der feuchten Tropen bei. Hinzu kamen schwerwiegende Verluste durch Kriegseinwirkungen, wie in Vietnam durch amerikanische Entlaubungsmittel (s. o.). Mit der Entwaldung waren auch eine Verstärkung der Bodenerosion und eine Vergrößerung der Abflußschwankungen der Flüsse sowie der Grundwasserspiegelschwankungen in den Talauen verbunden. Das alles zusammenen führte zu einer Verarmung des Ertragspotentials land- und forstwirtschaftlicher Standorte auf mehreren Millionen Quadratkilometern in den Zonen des immergrünen Regenwaldes sowie des regengrünen Feuchtwaldes und des Monsunwaldes.

Durch die Ernährungs- und Landwirtschaftsorganisation (FAO) und das Umweltprogramm der Vereinten Nationen (UNEP) ist deshalb ein Informationssystem über Forstbestände eingerichtet worden (FORIS), das 1983 zu arbeiten begann (Welternährungsbericht der FAO 1984). Die Kontrolle über die tropischen Wälder muß sich jedoch verbinden mit der gezielten Entwicklung von Bewirtschaftungsweisen, die die Ernährung der weiter wachsenden Bevölkerung bei Einschränkung des Wanderfeldbaus sichern, denn die Entwaldung der feuchten Tropen wird zu 80 % durch bäuerliche Brandrodungen verursacht. Waldgärten sind bei geringer Bevölkerungsdichte eine geeignete Lösung. Aber auch bei hoher Bevölkerungsdichte läßt sich die Grundversorgung mit Nahrungsmitteln gewährleisten. Der standorttreue Anbau einjähriger Kulturen kann entweder durch natürliche Wasserzufuhr bzw. Bewässerung (Naßreis) oder durch eine Fruchtfolge von Trockenkulturen erreicht werden, von denen einige zugleich den Bodenstickstoff erneuern können (Trockenreis, Sojabohnen, Mais, Maniok, Bohnen). Die Anbauweisen Südostasiens (UHLIG 1983) zeigen, daß solche Bewirtschaftungsformen auch außerhalb der nährstoffreichen Andosol-Standorte auf Ferralsolen möglich sind. Eine Vorratsdüngung ist in den feuchten Tropen – bei häufigen Starkregenfällen – wirkungslos. Der Dünger wird ausgewaschen und erreicht die Pflanze nicht.

Darüber hinaus ist es erforderlich, daß der Einschlag von Edelholz, der in den letzten Jahren zurückgegangen ist, weiter eingeschränkt wird. Um zu einem Baum vorzudringen, werden breite Gassen in die Bestände geschlagen. 20 ha und mehr Wald werden dabei vernichtet. Das könnte unterbleiben, wenn sich – wie in einigen westafrikanischen Staaten – eine Forstwirtschaft nach europäischem Vorbild durchsetzen würde. Das heißt, die Nutzhölzer werden aufgeforstet und dann geschlagen. Der Plantagenforst weist zwar mit 100–200 Arten nur ein Drittel der Arten natürlicher Bestände auf, aber große Teile des Naturwaldes bleiben so unberührt. Bisher hat trotz der ausgedehnten Rodungen kein nennenswerter Artenverlust stattgefunden (HEYWOOD u. STUART 1990). Die Überlebensfähigkeit der Restwälder ist größer als oftmals angenommen. Das sollte auch so bleiben.

## 3.5.3.
## Globale Erwärmung

Das schwerwiegendste Problem für die Gestaltung des Lebens der Menschheit in einem sich ständig verändernden Beziehungsgefüge zwischen Atmosphäre, Hydrosphäre und Biosphäre ist gegenwärtig das der globalen Erwärmung. Dabei hat es Klimaschwankungen und -veränderungen im Laufe der Erdgeschichte immer wieder gegeben, allerdings noch nie auf einer so dicht von Menschen bewohnten Erde. Während der Kreidezeit stand beispielsweise das Weltmeer 100 m höher als heute. Die einfallende Sonnenstrahlung wurde von den ausgedehnten Ozeanen stärker absorbiert. Mehr Wasser als in der Gegenwart verdunstete. Große Teile der Erde wiesen ein feuchtwarmes maritimes Klima auf. Im Gegensatz dazu sank das Meeresspiegelniveau während der pleistozänen Eiszeiten um 80 m gegenüber dem heutigen Stand ab. Weitaus geringere Einstrahlungsmengen wurden in Wärme umgewandelt. Die Verdunstungswerte waren weltweit niedrig. Die Kontinentalität des Klima verstärkte sich. Wie man sieht, gibt es Rückkopplungseffekte in der Atmosphäre, die durch Schwankungen im Strahlungsgenuß der Erde ausgelöste Veränderungen des Klimas verstärken (HUPFER 1991).

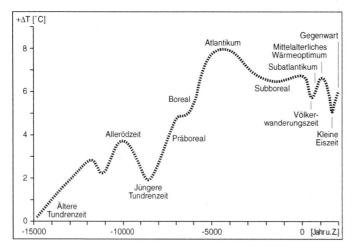

Abbildung 68
Temperaturentwicklung in Mitteleuropa seit der letzten Eiszeit (aus MALBERG 1994)

Abbildung 69
Veränderung des atmo-
sphärischen $CO_2$-Gehaltes
(nach Institut für Klima-
folgeforschung 1993)

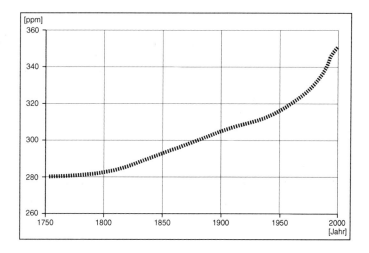

Die jüngste erdgeschichtliche Vergangenheit belegt, daß damit in erdgeschichtlich kleinen Zeiträumen große Wirkungen verbunden sind (Abb. 68). Große Teile Europas, Nord-
asiens und Nordamerikas wiesen während der pleistozänen Eiszeiten Temperaturmittel auf,
die bis zu 10 K unter denen der Gegenwart lagen. Aber bereits zwei Jahrtausende nach dem
Ende der letzten Eiszeit erreichten im Holozän während des Boreals und des Atlantikums,
vor 5000 bis 8000 Jahren, die Jahresmittel um 2–3 K höhere Werte als heute. Nach einer
erneuten Abkühlung war es vor 1000 Jahren, im Subatlantikum, um 1–2 K wärmer als gegenwärtig. Die Wikinger entdeckten damals ein grünes Land: Grönland. Danach wurden
die Winter kälter, die Gletscher auf der Nordhalbkugel rückten wieder vor. Diese „kleine
Eiszeit" währte bis in das beginnende 19. Jh. hinein. Seitdem steigen die Temperaturen
wieder an. Von 1850 bis 1980 wurde für die Nordhalbkugel ein Anstieg der Mittelwerte um
0,6 K berechnet. Er hat sich im vergangenen Jahrzehnt weiter fortgesetzt. Offensichtlich
verändert sich das Gleichgewicht zwischen den Komponenten des Strahlungshaushaltes der
Erde. Dem folgt die globale Gleichgewichtstemperatur. Die Suche nach den Ursachen ist
eine zentrale Fragestellung des Weltklimaforschungsprogrammes (WCRP). Diesem Problem wird aber auch in anderen internationalen Forschungsprogrammen, wie dem Bio-
sphären-Wasserkreislauf-Programm (BAHC) und dem Geosphären-Biosphären-Programm
(IGBP), sowie vielen bilateralen und nationalen Projekten nachgegangen.

Unstrittig ist, daß der gegenwärtige Temperaturanstieg auf eine Zunahme des Anteils von
Treibhausgasen in der Atmosphäre zurückzuführen ist (Abb. 69). Diese sind für die Einstrahlung der Sonne im Bereich des sichtbaren Lichtes weitgehend transparent, absorbieren
jedoch weite Bereiche der infraroten Wärmestrahlung der Erde und emittieren sie wieder.
Einen Teil dieser Wärmestrahlung senden sie als atmosphärische Gegenstrahlung zur Erde
zurück. Die Erdoberfläche wird dadurch nochmals erwärmt. Würde dieser Rückkopplungs-
prozeß nicht stattfinden, wäre die globale Gleichgewichtstemperatur 18 K niedriger. Durch
die atmosphärische Gegenstrahlung liegt sie bei 15 °C. Würde sie wegfallen, ergäbe sich
ein globales Temperaturmittel von -18 °C.

Den gegenwärtigen Anteil der einzelnen Treibhausgase an der globalen Gleichgewichtstemperatur zeigt Tab. 78. Wie man sieht, ist das wichtigste Treibhausgas der Wasserdampf.
Wolkenbedeckter Himmel vermindert bekanntlich die nächtliche Auskühlung, feuchte Mee-

| Treibhausgas | Gegenwärtige Konzentration in der Atmosphäre [ppm]* | Wellenlänge der Absorptionsbanden [µm] | Beitrag [K] zur mittleren Oberflächentemperatur der Erde von +15 °C |
|---|---|---|---|
| $H_2O$ (Wasserdampf) | wechselnd | 2– 4, 5–8, >14 | +20,6 |
| $CO_2$ (Kohlendioxid) | 340 | 14–16 | +7,2 |
| $N_2O$ (Distickstoffoxid) | 0,3 | 8 | +1,4 |
| $CH_4$ (Methan) | 1,6 | 8 | +0,8 |
| $O_3$ (Ozon) und Spurengase: CO (Kohlenmonoxid), $CFCl_3$, $CF_2Cl_2$ (Freone) | unter 1 | mehrere Banden zwischen 4 und 14 | +2,4 |

* ppm (parts per million): 0,0001 Vol.-%

*Tabelle 78*
*Beitrag der Treibhausgase zur globalen Gleichgewichtstemperatur*
*(nach GEORGII 1988 bzw. SCHÖNWIESE 1988 aus AHLHEIM 1989)*

resluft schwächt die Unterschiede zwischen Sommer und Winter ab. Wasserdampf absorbiert die atmosphärische Gegenstrahlung im gesamten infraroten Bereich. Ausgenommen davon sind die sogenannten Wasserdampffenster, die am besten in den Spektralbereichen 4–6 µm sowie 10–12 µm ausgebildet sind. Sie stellen wichtige Steuerungsbereiche im globalen Strahlungshaushalt dar. Die anderen Treibhausgase füllen die dadurch gegeben Lücken und absorbieren in den Wellenlängen der Wasserdampffenster. Sie sind damit in der Lage, trotz relativ geringer Volumenanteile an der Atmosphäre klimatisch wirksam zu werden.

Der Wassertransfer zwischen Boden, Vegetation und Atmosphäre wird heute zu erheblichen Teilen von der Landnutzung beeinflußt. Die entscheidende Größe der Evapotranspiration ist dabei das Ausmaß der pflanzlichen Transpiration. Wald und Grünland transpirieren stärker als Ackerland. Wüstenbildung setzt die pflanzliche Verdunstung ebenso herab wie die Versiegelung des Bodens in den Städten. Dort kommt auch die Verdunstung des Bodenwassers (Evaporation) zum Erliegen. Anthropogen beeinflußt ist aber auch der Anteil der anderen Treibhausgase. Seit 1750 ist der $CO_2$-Gehalt von rund 280 ppm (0,028 %) bis zur Gegenwart auf 350 ppm gestiegen (Abb. 69). Das wurde seit Beginn der Industrialisierung in erster Linie durch die Verbrennung von Kohle und Erdöl verursacht. Im zweiten Teil unseres Jahrhunderts ist in steigendem Maße auch die Abholzung der tropischen Wälder am $CO_2$-Anstieg beteiligt. An der globalen Erwärmung wirken darüber hinaus einige gleichmäßig in der Atmosphäre verteilte und langfristig wirksame Spurengase mit. Ihr Anstieg hat ebenfalls anthropogene Ursachen. Der Verbrauch fossiler Brennstoffe und die Stickstoffdüngung haben zu einer Erhöhung der Gehaltes an $N_2O$ in der Luft geführt. Gleiches haben große Rinderherden und ausgedehnte Reisfelder, aber auch defekte Erdgasleitungen für den Methangehalt ($CH_4$) bewirkt.

Besonders gefährlich sind die Spurengase, die nicht nur am Treibhauseffekt beteiligt sind, sondern zusätzlich den Ozongehalt der Atmosphäre beeinflussen. An erster Stelle sind dabei die von der chemischen Industrie bislang als Kühl- und Treibmittel produzierten, sehr reaktionsträgen Freone (Fluorchlorkohlenwasserstoffe: $CFCl_3$, $CF_2Cl_2$) zu nennen, die bei

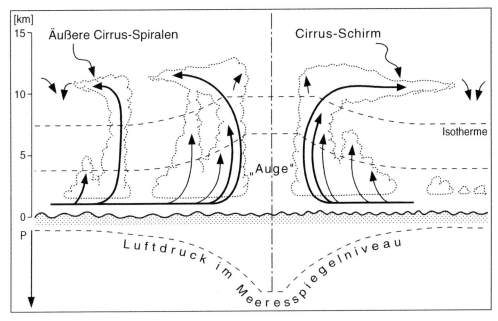

**Abbildung 70**
Vertikalschnitt durch einen tropischen Wirbelsturm (nach WARNECKE 1991)

ihrem Abbau in der unteren Stratosphäre mit $O_3$ reagieren und dadurch die Ozonschicht zerstören. Im Gegensatz dazu führt der steigende CO- und $NO_x$-Gehalt der Luft zu Ozonanreicherungen in der unteren Atmosphäre. Ozon ($O_3$) ist ebenfalls ein Treibhausgas. Es absorbiert in der unteren Stratosphäre die ultraviolette Einstrahlung ($< 0,29$ μm) und vermindert dadurch das Hautkrebsrisiko. $O_3$ ist aber außerdem sehr reaktionsfreudig. In der Grundschicht schädigt es in höherer Konzentration die Atemwege der Menschen und Tiere. Es beeinträchtigt außerdem den Gasaustausch der Pflanzen. Gegenwärtig äußert sich der Einfluß der Spurengase auf die Ozonverteilung in einem Anstieg des mittleren $O_3$-Partialdruckes auf mehr als 3 mPa am Boden und einer Abnahme auf weniger als 12 mPa in der unteren Stratosphäre (rund 20 km über den Polen und 25 km über dem Äquator), wobei zeitweise erhebliche positive bzw. negative Extremwerte auftreten können. Höchstwerte am Boden sind mit Smog in Kessellagen verbunden. Negative Extrema in der stratosphärischen Ozonverteilung charakterisieren ein „Ozonloch", das zuerst über der Antarktis im Spätwinter festgestellt wurde, inzwischen aber auch wiederholt am Rande der Arktis zu beobachten war.

Kurz- und mittelfristig führt der Anstieg des Anteils der Treibhausgase zu einer Erhöhung der inneren Energie der Troposphäre. Das ist vor allem im Bereich der Tropen der Fall. Damit erhöht sich die Differenz zwischen der potentiellen Energie der Tropik- und Polarluft. Mehr als bisher ist potentielle Energie für eine Umwandlung in kinetische Energie global verfügbar. Der meridionale Luftaustausch verstärkt sich weltweit. Das führt zu einer größeren Wellenzahl in der Westwindzirkulation (vgl. Kapitel 4.1.2.4.). Damit sind in den mittleren Breiten häufiger Warm- oder Kaltlufteinbrüche verbunden. Witterungsanomalien treten im Bereich der Westwindzirkulation immer öfter auf. Langfristige Erwartungswerte

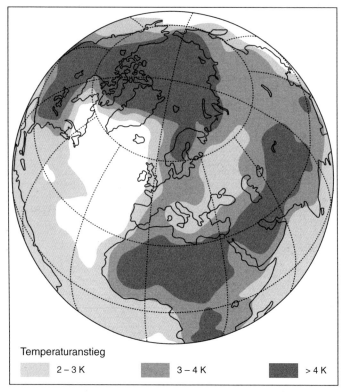

Abbildung 71
Szenarium zur Auswirkung
der globalen Erwärmung
(nach Institut für Klima-
folgeforschung 1993).
Szenarium A: bei Verdopp-
lung der $CO_2$-Konzentration
in der Atmosphäre bis 2050

Temperaturanstieg

2 – 3 K          3 – 4 K          > 4 K

erweisen sich mehr und mehr als unzutreffend. Heiße trockene Sommer und milde Winter werden ebenso wie extreme Kaltlufteinbrüche oder Starkniederschläge zur Regel. Der Witterungsverlauf der letzten Jahre zeugt sowohl in Europa als auch in Nordamerika davon.

In die Passatzirkulation fließen mehr als bisher kalte Höhenwirbel ein, die durch die relativ kurzen Wellen der Westwindzirkulation abgeschnürt worden sind. Sie kühlen die Hochtroposphäre ab und lösen damit das für die Passatzirkulation charakteristische Höhenhoch auf. Eine kräftige Labilisierung tritt ein (WARNECKE 1991). Die Kaltluft (das spätere „Auge" des Orkans) sinkt ab, an deren Rand steigt die Warmluft auf. Die Passatinversion wird durchbrochen. Geschieht dies über Meeren mit Wassertemperaturen > 27 °C, so strömt dabei tropische Luft nach oben, deren Wasserdampf einen sehr großen Vorrat an latenter Energie aufweist. Das bewirkt einen raschen Luftaufstieg und einen beträchtlichen Nachschub an feuchter Tropenluft aus der Umgebung (Abb. 70). Mehrere Ringe von Cumulus-Wolken umgeben nun das wolkenfreie Zentrum, das „Auge". Sturm setzt ein, der sich zum Orkan steigert. In der Regel zieht der Wirbel zunächst mit der Passatströmung mit, weicht aber dann polwärts aus. Als Taifun erreicht er Ostasien, als Zyklon Südasien, als Hurrikan Mittel- und Nordamerika, als Willie-Willie Australien. Manchmal gerät ein solcher Wirbel in die Westwindzirkulation und kommt so, gealtert, bis nach Europa, Island oder Alaska. In Europa gehörten die Sturmtiefs Daria und Herta im Januar und Februar 1990 dazu. Die Tatsache, daß die damit verbundenen Schäden zwischen den sechziger und den achtziger Jahren um das Fünffache zugenommen haben (BERZ 1990), spricht nicht nur für eine immer

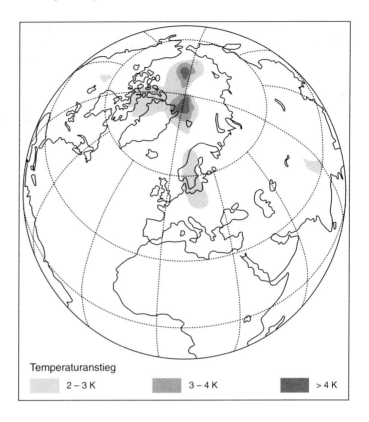

Abbildung 72
Szenarium zur Auswirkung der globalen Erwärmung (nach Institut für Klimafolgeforschung 1993).
Szenarium D: bei drastischer Reduktion der Treibhausgasemission

Temperaturanstieg
2 – 3 K    3 – 4 K    > 4 K

dichtere Besiedlung der Erde, sondern auch für ein Zunahme der Häufigkeit derartiger Naturkatastrophen.

Langfristig führt die globale Erwärmung zu einem Abschmelzen der polaren Eiskappen und zu einem weltweiten Meeresspiegelanstieg. In welchem Zeitraum das erfolgt, ist heute nur schwer vorauszusagen. Fest steht, daß in nächster Zeit die Küstengebiete und Inselgruppen am stärksten gefährdet sind. Archipelen, wie den Malediven, drohen die Überflutung und zunächst, wie den Küstengebieten Bangladeschs (vgl. Abb. 58) oder der amerikanischen Golfküste, die Verdrängung der als Trinkwasser nutzbaren Grundwasserleiter durch Salzwasser.

Die ersten Modellrechnungen erbrachten einen Temperaturanstieg, der bis 2100 weltweit 3–5 K, an den Polen 7–8 K erreichen sollte. Beachtet wurde dabei nur die Deckschicht der Ozeane, die Wärme in die Tiefe abführen und schon jetzt dafür sorgen, daß der Grad der Erwärmung geringer ist als prognostiziert. Modelle, die die ozeanische Zirkulation voll berücksichtigen (Abb. 71 u. Abb. 72), stellen nicht nur den Zeitrahmen für die globale Erwärmung etwas anders dar, sondern auch das Ausmaß der bisher angenommenen Verlagerung der Zirkulationssysteme und Landschaftszonen. Wann allerdings wird die Aufnahmefähigkeit der Ozeane erschöpft sein? Kommt es danach zu einem rapiden Temperaturanstieg mit katastrophalen Folgen? Die internationalen Forschungsprogramme (IGBP, BAHC, WCRP; vgl. Kapitel 1.4.1.) versuchen, darauf eine Antwort zu geben.

Fest steht, daß es unbedingt erforderlich ist, den anthropogenen Anteil an der Bildung von Treibhausgasen in der Atmosphäre entschieden zu senken. Das 1987 verabschiedete

Montrealer Protokoll zum Schutz der Ozonschicht weist dazu den Weg. Bei seiner Verwirklichung hat sich aber gezeigt, welche großen Widerstände gegen einen Ausstieg aus der Produktion von Treibhausgasen bestehen. Weltweit verbindliche Festlegungen konnten noch nicht erreicht werden (vgl. Kapitel 1.4.). Die Weltklimakonferenz in Berlin 1995 ist in ähnlicher Weise mit Absichtserklärungen über die Senkung des $CO_2$-Ausstoßes zu Ende gegangen. Mit Unterstützung der Öffentlichkeit muß auf diesem Gebiet von den Regierungen noch viel getan werden, um rechtlich verbindliche Regelungen zu schaffen.

# 4.
# Wasserhaushalt und Wasserressourcen der Erde

## 4.1.
## Wasserhaushalt

### 4.1.1.
### Wassermengen und Wasserkreislauf der Hydrosphäre

Wie die Lithosphäre und die Atmosphäre ist auch die Hydrosphäre bei der Differenzierung der Erdmaterie vor etwa 4 Mia. Jahren im Azoikum gebildet worden. Das mit der Entgasung des Mantels entstandene juvenile Wasser sammelte sich in Becken oder trat als Wasserdampf in die Atmosphäre ein. Durch den Austausch von Wasser in unterschiedlichen Zustandsformen (fest, flüssig und dampfförmig) kam der Wasserkreislauf zustande, den wir heute beobachten können. Marine Sedimentgesteine in Westgrönland, die ein Alter von rund 3,8 Mia. Jahren aufweisen, legen von der Entstehung dieses Wasserkreislaufes Zeugnis ab.

An der Gesamtmenge des Wassers auf der Erde, die mit 1,386 Mia. km$^3$ angegeben wird (DYCK 1985), hat das Weltmeer mit 1,338 Mia. km$^3$ den größten Anteil. 577 000 km$^3$ sind am Wasserkreislauf aktiv beteiligt. Dessen Bilanz (Abb. 73) ergibt sich aus dem Verhältnis von Niederschlag (P$_M$ auf dem Meer, P$_L$ auf dem Land), Verdunstung auf dem Meer (E) und auf dem Land (ET) sowie Abfluß (R). Diese Bilanz ist im globalen Mittel ausgeglichen. Allerdings werden 79 % des Wassers über dem Meer ausgetauscht. Dort ist die Verdunstung größer als der Niederschlag, im Gegensatz zum Festland. Das führt zu einer positiven Wasserbilanz auf der Nordhalbkugel und zu einer negativen Bilanz auf der Südhalbkugel, die durch Meeresströmungen von der Nord- zur Südhemisphäre sowie die atmosphärische Zirkulation von der Süd- zur Nordhemisphäre kompensiert werden.

### 4.1.2.
### Klimatische Wasserbilanz des Festlandes

Niederschlag und potentielle Verdunstung sind die Grundgrößen der klimatischen Wasserbilanz. Sie weisen bereits auf zonaler und regionaler Ebene erhebliche Unterschiede auf. Der Strahlungsindex der Trockenheit nach BUDYKO soll gerade diese Unterschiede deutlich machen. Der Index sagt aus, in welchem Maße im jeweiligen Gebiet die Nettostrahlung den Energiebedarf bereitstellt, der zur Verdunstung des Niederschlages im Jahresmittel erfor-

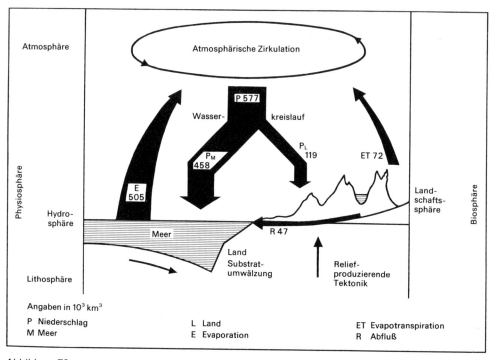

Abbildung 73
Schema des Wasserkreislaufes der Erde (nach DYCK 1985)

derlich ist. Werte unter 1 weisen ein Energie- und Verdunstungsdefizit aus, Werte über 1 einen Energie- und (potentiellen) Verdunstungsüberschuß. Strahlungsindizes der Trockenheit oder, kürzer gesagt, Trockenheitsindizes unter 1 kennzeichnen humide Gebiete, Trockenheitsindizes über 1 aride Gebiete.

Für den Wasserhaushalt auf dem Festland wird damit gleichzeitig ausgesagt, daß Flüsse lediglich bei Trockenheitsindizes unter 1 durch eine relativ dichte Folge von Niederschlagsereignissen annähernd kontinuierlich gespeist werden können. Im globalen Mittel unterschreitet der Trockenheitsindex auf dem Festland den Wert 1. Das drückt sich in der Wasserbilanzgleichung aus (vgl. hier und im folgenden MARCINEK u. ROSENKRANZ 1983). Für die gesamte Erde kann man davon ausgehen, daß Niederschlag (P) und Verdunstung (E) einander ausgleichen. Es gilt P = E (Abb. 74). Betrachtet man Meer und Land getrennt, so zeigt sich, daß auf dem Meer die Verdunstung größer ist als der Niederschlag, auf dem Land dagegen (im Mittel) kleiner. Deshalb muß man in die Wasserbilanzgleichung des Festlandes den Abfluß (R) einbeziehen. Sie lautet: $P_L$ = ET + R, wobei $P_L$ für Niederschlag auf dem Festland steht und ET für Evapotranspiration, für die Verdunstung des Wassers an der Erd- und Pflanzenoberfläche.

Betrachtet man die in der klimatischen Wasserbilanz zum Ausdruck kommenden Beziehungen zwischen Niederschlag und potentieller Verdunstung auf dem Festland genauer, so zeigt sich, daß die potentiellen Verdunstungshöhen, auf die sich der Trockenheitsindex orientiert, in den ariden Gebieten real nicht erreicht werden. Das ist in erster Linie dadurch

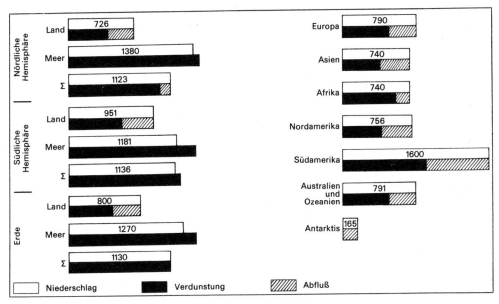

Abbildung 74
Mittlere jährliche Wasserbilanz der Erde und der Kontinente (nach Dyck 1985)

bedingt, daß nicht soviel Wasser zur Verfügung steht, wie verdunsten könnte. Darüber hinaus verdunsten auch die gefallenen Niederschläge nicht immer vollständig. Sie fallen in der Regel als Starkregen, nachdem die für die Trockengebiete der Kontinente charakteristische stabile Schichtung von Hochdruckzellen durchbrochen wurde. Ober- und unterirdisch fließt das Regenwasser rasch ab. Die in der Zeit des Oberflächenabflusses zur Verfügung stehende Energiemenge reicht jedoch nicht überall aus, um alles Wasser zu verdunsten. Damit wird der Einfluß von Nettostrahlungswerten und potentiellen Verdunstungshöhen auf den Oberflächenabfluß abgeschwächt. Er ist dennoch in allen Zonen der Erde vorhanden. Nach Budyko (1980) kann er an Hand eines Diagramms verdeutlicht werden (Abb. 75). Es zeigt, wie stark vor allem im Bereich niedriger Nettostrahlungswerte die Strahlungsbilanz die Abflußwerte bestimmt.

Für die Niederschlags- und Abflußbildung auf dem Festland ist wesentlich, daß auf dem Weltmeer das von der Nettostrahlung abhängige Maß der potentiellen Verdunstung weitgehend ausgeschöpft wird, insbesondere, wenn Wind- und Wellenbewegungen die mit Wasserdampf gesättigte Luft unmittelbar über der Meeresoberfläche ab- und mit Wasserdampf ungesättigte Luftkörper zuführen. Die größten Verdunstungshöhen erscheinen auf dem Weltmeer im Bereich der Wendekreise, hier insbesondere über warmen Meeresströmungen. Dort wird Strahlungsenergie am stärksten in latente Verdunstungswärme umgesetzt.

Die Passat-Hochdruckzellen im Atlantik, Pazifik und Indik führen den Kontinenten das meiste Niederschlagswasser zu. Dabei ist der Versorgungsbereich des Nordatlantik-Hochs besonders groß. Niederschlagswirksam werden die mit Feuchtigkeit angereicherten Luftmassen der Grundschicht ozeanischer Passat-Hochdruckgebiete jedoch in der Regel erst dann, wenn sie aus der stabil geschichteten Passatzirkulation heraus in andere, labil geschichtete Zirkulationssysteme eingeflossen sind, in die Äquatorial-, Monsun- oder West-

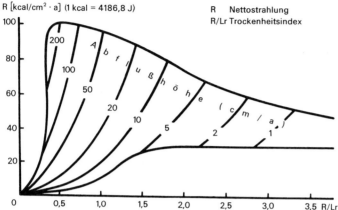

Abbildung 75
Abflußspende in Abhängig-
keit von Nettostrahlung und
Trockenheitsindex
(nach BUDYKO 1980)

windzirkulation. Innerhalb dieser Zirkulationssysteme treten die höchsten Niederschläge der Erde auf. Ihr Ausmaß und ihre räumliche Verteilung sind dabei von der Position der Kontinente zu den bodennahen Hauptwindrichtungen abhängig. Luvseiten der Kontinente und – innerhalb der Kontinente – Luvseiten der Gebirge erhalten höhere Niederschläge als Leeseiten. In der Westwindzirkulation sind demnach die Westseiten am niederschlagsreichsten. Am Luvrand des Festlandes kommt es sogar in der Passatzirkulation zu beachtenswerten Regenfällen. Hier werden an den Ostseiten der Kontinente die vom Meer kommenden feuchten Luftmassen der Passat-Grundschicht zum Aufsteigen gezwungen. Es treten labile Schichtungsverhältnisse ein, sie regnen sich ab.

Die globale Niederschlagsverteilung ist nicht identisch mit der globalen Verteilung des oberirdischen Abflusses. Infolge der unterschiedlichen Verdunstungshöhen weisen trotz geringerer Niederschläge beispielsweise die Westküsten der Nordkontinente im Bereich der Westwindzirkulation ebenso hohe Abflußwerte wie einige tropische Gebiete mit Äquatorial- oder Monsunzirkulation auf (über 1500 mm/a). Dagegen bewirken die relativ bedeutenden Niederschläge in den Gebirgen des Südwestens der Arabischen Halbinsel nur Jahresabflußwerte unter 50 mm wie in den meisten anderen Trockengebieten der Erde auch. Generell zeigt sich, daß Niederschlags- und Abflußhöhen am stärksten in vollhumiden Gebieten korrelieren, am schwächsten in vollariden Gebieten.

In allgemeiner Form hat BUDYKO (1980) den Zusammenhang zwischen dem – durch Strahlungsbilanz und Trockenheitsindex bestimmten – Normhaushalt der geographischen Zonen und der klimatischen Wasserbilanz in Form eines Diagramms zum Ausdruck gebracht (Abb. 75). Es zeigt die höchsten Abflußwerte (zwischen 1000 und 2000 mm/a) im Af-, Aw- und Cw-Klima der feuchten Tropen und Subtropen an sowie in einigen Teilen der gemäßigten Waldzone mit Cf-Klima (Bezeichnung der Zonen in Anlehnung an BRAMER 1982, Klimakennzeichnung nach KOEPPEN).

Mittlere Abflußwerte (um 500 mm/a) sind vor allem für das Cf-Klima der gemäßigten Waldzone und das Df-Klima des borealen Nadelwaldes charakteristisch. Niedrige Abflußwerte (um 200 mm/a) treten innerhalb humider Bereiche (Trockenheitsindex unter 1) vor allem im ET-Klima der subpolaren Zone auf. Bei Nettostrahlungswerten von mehr als 20 kJ/cm² · a bleiben sie den ariden Gebieten vorbehalten, den tropischen und subtropischen Trockenzonen. Sehr niedrige Abflußwerte (um 100 mm/a) kennzeichnen das kontinentale Cf-Klima oder das BS-Klima der Steppenzone und sind im humiden Bereich nur in Teilen der borealen Waldzone mit Df- oder Dw-Klima vertreten. Bedeutungslose Abflüsse (50 mm/a und weniger) stehen für das BS- und BW-Klima von Trockensteppe, Trockensavanne, Halbwüste und Wüste.

## 4.1.3.
## Oberirdischer Abfluß

Kennzeichnet man das Verhältnis von Niederschlag und Abfluß durch das Abflußverhältnis, so können sich Werte zwischen 1,0 (der gesamte Niederschlag wird in Abfluß umgeformt) und 0 ergeben (keine Umformung von Niederschlag in Abfluß). Sie werden vom Speichervermögen des Untergrundes (vgl. Kapitel 2.2.2.2.), vor allem aber von der klimatischen Wasserbilanz bedingt. Das verdeutlichen die Unterschiede zwischen dem Abflußverhältnis der Wüsten von 0,1 und dem der borealen Waldzone von 0,5 und mehr. Weniger als 10 % des Niederschlages kommen in den trockenen Tropen, mehr als 50% des Niederschlages in Teilen der kühlgemäßigten Außertropen und der feuchten Tropen zum Abfluß (Abb. 76). Ähnlich hohe Werte werden stellenweise auch in Gebirgen und im luvseitigen Gebirgsvorland außerhalb dieser Gebiete erreicht. Ansonsten sind für die humiden Außertropen Abflußverhältnisse von 0,3–0,5 charakteristisch.

Abbildung 76
Globale Verteilung des Abflußverhältnisses – schematisierte Übersicht
($P_L/R$ = Abflußverhältnis, $P_L$ = Niederschlag auf dem Festland, R = Abfluß)

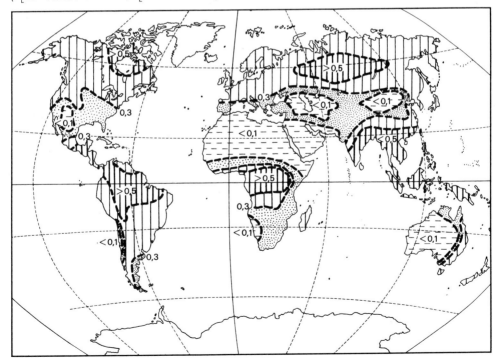

| Abflußregime | Abflußkoeffizienten | |
|---|---|---|
| | Minima | Maxima |
| pluvial-tropisch | um 0,2 | 3,0–4,0 |
| pluvial-außertropisch | um 0,3 | 1,5–2,0 |
| nivopluvial-Tiefland | 0,4–0,9 | 1,5–2,5 |
| nivopluvial-Bergland | um 0,6 | 1,5–2,0 |
| nival-Tiefland | 0,2–0,3 | 3,0–4,0 |
| nival-Bergland | 0,3–0,4 | 2,5–3,0 |
| glaziär | um 0,1 | 3,0–3,5 |

*Tabelle 79*
*Wertespannen der Abflußkoeffizienten*
*(nach* PARDÉ*) bei Hoch- und Niedrigwasser*

Der Jahresgang des Abflusses kann durch den Jahresgang des Niederschlags direkt beeinflußt werden. Man spricht dann von einem pluvialen Abflußregime. Bei einigen kalten
oder Höhenklimaten (EP, ET, DT) wird der Niederschlag ganz oder zum Teil durch Gletscher-
eis oder Schnee gespeichert. Es setzt sich ein glaziäres oder nivales Abflußregime durch.
Große Flüsse weisen oft ein komplexes Abflußregime (nach PARDÉ) auf: Sie werden auf
verschiedene Weise gespeist oder durchfließen verschiedene Klimabereiche, so daß ihr
Abflußgang durch mehrere Abflußregime oder durch verschiedene Ausprägungen eines
Abflußregimes bestimmt wird. Im globalen Überblick läßt sich generalisierend feststellen,
daß für die subpolare Zone, die boreale Waldzone sowie für die Steppenzone ein nivales
Abflußregime mit Frühjahrshochwasser nach der Schneeschmelze charakteristisch ist. Ein
nivopluviales Abflußregime mit Hochwasser im Frühjahr und im Sommer, wo das Nieder-
schlagsmaximum auftritt, bestimmt das Abflußverhalten der Flüsse in der gemäßigten Waldzone und in der feuchten subtropischen Zone. Pluvial ist das Abflußregime in der winterfeuchten subtropischen Zone, in der periodisch-feuchten und in der immerfeuchten Tropen-
zone. Dabei unterliegt das Abflußregime in den Tropen dem Äquatorialtyp des Niederschlags
(vgl. HENDL 1983) mit Maxima von Niederschlag und Abfluß im Anschluß an die Zenit-
stände der Sonne, in den winterfeuchten Subtropen dem (durch winterlichen Einfluß der
wandernden Tiefs in der Westwindzone bestimmten) subtropischen Typ mit Winter-
niederschlag. In den Trockenzonen wird das Abflußregime der benachbarten Feuchtigkeits-
gebiete, wenn auch in einer durch die starke Verdunstung abgeschwächten Form, wirksam.
In der Nachbarschaft von vergletscherten Hochgebirgen kann dabei auch – wie in Mittelasien – glaziäres Abflußregime auftreten, mit Abflußspitzen im Sommer, zur Zeit der stärksten Gletscherschmelze. Für Bewässerungsvorhaben ist dies besonders günstig.

Die Unterschiede zwischen Mittelwerten des monatlichen und des jährlichen Abflusses
können als Quotienten ($MQ_{Monat}/MQ_{Jahr}$) berechnet werden. Diese Abflußkoeffizienten nach
PARDÉ (vgl. MARCINEK 1978) geben Auskunft über das Ausmaß der Schwankungen zwischen Hoch- und Niedrigwasserführung im Jahresgang des Abflusses. Die sich daraus erge-
benden Wertespannen zeigt Tab. 79. Berücksichtigt man dabei, daß es sich hier um Mittelwerte handelt, dann wird die große Variabilität des Abflusses in allen Regimen deutlich.
Die geringsten Abflußschwankungen und damit die besten Voraussetzungen für eine kontinuierliche Nutzung des abfließenden Wassers weist das pluviale Abflußregime der Außertropen auf, von PARDÉ als ozeanisches Regenregime bezeichnet.

## 4.1.4.
## Unterirdische Wasserspeicherung

Nicht der gesamte Niederschlag wird auf dem Festland durch oberirdischen Abfluß und Verdunstung umgesetzt. Ein Teil wird gestaut oder versickert und tritt später in Quellen zutage. Dieses unterirdische Wasser betrachtet man in der Wasserbilanz als Vorratsgröße. In gespeicherter Form stellt es die Rücklage dar. Sobald es in den Abfluß kommt, geht es als Aufbrauch in den Wasserhaushalt ein. Unter Berücksichtigung der Wasserspeicherung im Bilanzgebiet und ihrer Veränderung (S) läßt sich die Wasserbilanzgleichung für das Festland folgendermaßen präzisieren:

$$PL = ET + R + S.$$

Rücklage und Aufbrauch gleichen sich langfristig und im globalen Mittel gegenwärtig weitgehend aus. Das zeigen die relativ geringen Meeresspiegelveränderungen in historischen Zeiträumen. Lokal und regional gibt es jedoch davon erhebliche Abweichungen. Spiegelschwankungen von Seen und Binnenmeeren (z. B. Aral- und Kaspisee; vgl. Kapitel 4.5.1.) machen das deutlich, aber auch Veränderungen im Flurabstand der Grundwasseroberfläche oder im Ausmaß von Quellschüttungen.

Witterungsbedingte Temperatur- oder Niederschlagsschwankungen kommen besonders dort im Abfluß zur Geltung, wo Relief und Gestein wenige Rücklagen zulassen, wo es weniger Seen gibt, die den Abfluß verlangsamen (Retention) und als Speicher wirken können, wo dichte Festgesteine mit geringem Porenvolumen und niedrigem Wasseraufnahmevermögen anstehen. Grobporige Gesteine können Wasser am besten aufnehmen, speichern und weiterleiten. Dazu gehören mineralische Sedimentgesteine, wie Sande, Sandsteine, Konglomerate und Kalksteine, aber auch biogene Bildungen, wie Torf und stark verwitterte Magmatite oder Metamorphite, wie vergruste Granite, Gneise oder Glimmerschiefer. Sie werden als Grundwasserleiter (Aquifer) bezeichnet. Nichtleiter von Grundwasser oder schlechte Grundwasserleiter (Aquiclud) sind porenarm und feinporig. Sie können entweder kein Grundwasser aufnehmen oder binden es so stark kapillar bzw. adhäsiv, daß es nicht mehr im Wasserkreislauf verfügbar ist. Zu den Gesteinen dieser Art gehören die Tone sowie alle unverwitterten Magmatite und Metamorphite. Lediglich Klüfte führen innerhalb dieser kristallinen Gesteine Wasser. Die Qualität des Grundwassers ist am höchsten in silikatischen Gesteinen. Gelöster Kalk oder gelöste organische Substanzen beeinträchtigen ebenso wie gelöste Salze die Grundwassergüte. Kalksteine führen hartes Wasser, Torfe an Keimen reiches Wasser.

Die sedimentären Bildungen stellen die wichtigsten Grundwasserspeicher und Grundwasserleiter dar. Innerhalb der Plattformen sind sie in den Deckschichten der Tafelgebiete konzentriert, innerhalb der Faltengebirge in den Binnen- und Randsenken. Grundwasserarm sind die Schilde innerhalb der Plattformen und die kristallinen Kerne der Faltengebirge. Tafelgebiete in den Tropen, wie die Nordafrikanische Tafel, enthalten zahlreiche Grundwasserleiter mit einem hohen Anteil statischer, seit langem nicht am Wasserkreislauf beteiligter Vorräte. Physikalische Altersbestimmungen (über das radioaktive Isotop des Kohlenstoffs: [14]C) haben nachweisen können, daß sie aus der letzten Pluvialzeit stammen. Diese entspricht zeitlich der Weichselvereisung Europas. Untersuchungen in den Tafelgebieten der Nordkontinente, die vereist waren, haben dagegen gezeigt, daß das Grundwasser hier erst mit dem Auftauen des dauernd gefrorenen Untergrundes wieder aufgefüllt wurde, also

im Holozän. Insgesamt ist aber die hohe Speicherkapazität der Sedimentdecke in Tafelgebieten von großer Bedeutung für die Überführung diskontinuierlicher Niederschlags-
ereignisse in kontinuierliche Abflüsse. Der Rückhaltekoeffizient, der sich aus dem Verhältnis von kontinuierlichem Abfluß zu Gesamtabfluß (Ak/Ag) ergibt, beträgt in den Außertropen etwa 0,5 und mehr. Auf Tafeln, Schilden, Massiven oder Faltengebirgen mit kristallinen Gesteinen liegt er bei gleichen klimatischen Bedingungen unter 0,2.

# 4.2.
# Wasserpotential

## 4.2.1.
## *Hydroökologischer Wert und Wasserpotential des Festlandes*

Der hydroökologische Wert des Wassers ergibt sich aus dessen Chemismus und dem damit
verbundenen Vermögen, Inhaltsstoffe abzubauen. Das ist vor allem von der Vorbelastung
des Wassers abhängig, die geogen oder anthropogen bedingt sein kann. Allein den natürlichen Bedingungen ist das Vermögen der Naturräume des Festlandes geschuldet, Niederschläge in Abfluß umzuformen und damit ein Dargebot an wirtschaftlich nutzbarem Trink-
und Brauchwasser zu schaffen. Die klimatischen Verhältnisse einerseits und Bau und
Gesteinsinhalt der Erdkruste andererseits bestimmen das Wasserpotential (Tab. 80). Auch
das hydroenergetische Potential leitet sich aus dem Klima, dem geologischen Bau und dem
Relief ab, denn die Arbeit, die das Wasser zur Stromerzeugung an Wasserturbinen leisten
kann, ist weniger von der Wassermenge, sondern vielmehr von der Wassergeschwindigkeit
abhängig. Die Formel

$$W_{kin} = \frac{m \cdot v^2}{2}$$

sagt für die kinetische Energie des fließenden Wassers aus, daß die Bewegungsenergie des
Wassers ($W_{kin}$) sich zur Wassermenge (m) lediglich linear verhält, aber quadratisch zur Geschwindigkeit (v), die von dem Höhenunterschied längs einer horizontalen Wegstrecke bestimmt wird.

Große Unterschiede der Höhen an kleinen Wegstrecken findet man in Gebirgen oder an
Landstufen in Bergländern. Durch Staudämme kann man sie dort erheblich verstärken. Treten an diesen Stellen unverwitterte, dichte Festgesteine auf, wie Tonschiefer oder Magmatite
und Metamorphite in Faltengebirgen bzw. Schilden, ist auch das Risiko von Versickerungs-
verlusten gering. Sind oberhalb des Staudamms die Täler eng, bleibt das Risiko von
Verdunstungsverlusten bei Trockenheitsindizes unter 1,5 begrenzt. Außerdem sind in Kerb-
oder Sohlentälern die überstauten Flächen relativ klein, es müssen relativ wenige Siedlungen oder land- und forstwirtschaftliche Nutzflächen aufgegeben werden, um Sinkstoffe und
Geröll vor dem Stausee abzufangen. Deshalb müssen bei einer globalen Bewertung des
Wasserpotentials auf dem Festland die Formen der Wasserbereitstellung auf der Grundlage
der klimatischen Wasserbilanz ebenso beachtet werden wie die durch das Relief sowie die
durch den Bau und die durch den Gesteinsinhalt der Erdkruste gegebenen Potentialeigenschaften.

| Geographische Zone | Abflußregime/ -höhe* [mm/a] | Bewertung des Wasserpotentials nach | | Besondere hydrologische Eignung von | |
|---|---|---|---|---|---|
| | | potentiellem Wasserdargebot | stabilem Wasserdargebot | Tafeln und Sedimentpaketen in Faltengebirgen** | Schilden, Massiven und kristallinen Bereichen in Faltengebirgen*** |
| Subpolare Zone (ET) | nival/ um 200 | mäßig bis hoch | | bei Dauerfrostboden TB – | E – |
| Boreale Waldzone (Df, Dw) | nival/ um 500 | mäßig bis hoch | | bei Dauerfrostboden TB + | E + |
| Steppenzone (Df-, Cf-kontinental, BSk) | nival bzw. nivopluvial/ um 100 | gering | sehr gering | TB + | E – |
| Gemäßigte Waldzone (Cf-maritim), feuchte subtropische Zone (Cw) | nivopluvial bzw. pluvial/ um 500 | mäßig | mäßig bis hoch | TB + | E + |
| Winterfeuchte subtropische Zone (Cs) | pluvial/ um 100 | gering | gering bis mäßig | TB + | E – |
| Subtropische und tropische Trockenzone (BW) | pluvial/ unter 50 | unbedeutend | unbedeutend | TB + | E – |
| Trockengebiete der periodisch feuchten Tropenzone (BSh) | pluvial/ 50–100 | sehr gering bis unbedeutend | unbedeutend | TB + | E – |
| Periodisch feuchte Tropenzone (Aw, Am) | pluvial/ 400–1000 | hoch bis sehr hoch | | TB + | E + |
| Immerfeuchte Tropenzone (Af) | pluvial/ über 1000 | sehr hoch | sehr hoch | TB + | E + |

\* nach Budyko (1980)
\*\* TB +/TB –: hohe/geringe Eignung zur Trink- und Brauchwasserversorgung sowie -entsorgung
\*\*\* E +/E –: hohe/geringe Eignung zur Gewinnung von Hydroenergie

*Tabelle 80*
*Wasserpotential des Festlandes*

Dennoch erscheint es bei der Betrachtung des Wasserpotentials angebracht, von den Ab-
flußwerten auszugehen. Der Gesamtabfluß zeigt das potentielle Wasserdargebot an und gibt
damit den Bewertungsrahmen auf der Grundlage der klimatischen Wasserbilanz vor. Infolge der mitunter sehr starken Abflußschwankungen kann jedoch das potentielle Wasserdargebot nicht vollständig genutzt werden. Ein Teil des Abflusses ergibt sich aus Hochwasser,
das nicht kontinuierlich für die Entnahme zur Verfügung steht. Für die Nutzung ist aber nur
das beständig vorhandene Wasser von Interesse. Es bildet das stabile Wasserdargebot. Sein
Anteil wird durch das Rückhaltevermögen des Flußgebietes bestimmt. Dieses ist vom
Grundwasserspeicherraum abhängig, der zur Verfügung steht. Das stabile Wasserdargebot
entspricht damit dem Grundwasserabfluß.

Unter Beachtung dieser Randbedingungen kann man bei jährlichen Abflußhöhen über
800 mm das Wasserpotential generell als sehr hoch sowie bei Abflußhöhen zwischen 400
und 800 mm als hoch bezeichnen. Das potentielle Wasserdargebot ist unter diesen Bedingungen so umfangreich, daß trotz Abflußschwankungen und mangelnden Rückhalte-
vermögens des Untergrundes ein für den gegenwärtigen Wasserbedarf weithin ausreichendes stabiles Wasserdargebot gewährleistet werden kann. Bei geringeren Abflußhöhen gewinnen Abfluß- und Rückhaltekoeffizienten zunehmend an Bedeutung. So muß man zunächst auf der Grundlage des potentiellen Wasserdargebotes bei Abflußhöhen zwischen 400
und 200 mm das Wasserpotential als mäßig bezeichnen, zwischen 200 und 100 mm als
gering, zwischen 100 und 50 mm als sehr gering sowie unter 50 mm als unbedeutend. Bei
einer mittleren Schwankungsbreite der Abflußkoeffizienten unter Werten von 2,5 oder bei
Rückhaltekoeffizienten über 0,4 erscheint es möglich, in bezug auf die Bereitstellung von
Trink- und Brauchwasser das Bewertungsergebnis um eine Stufe zu erhöhen, denn der Anteil des stabilen Wasserdargebotes am potentiellen Wasserdargebot ist dann relativ hoch.
Dagegen begründen mittlere Schwankungsbreiten des Abflußkoeffizienten von mehr als
3,0 sowie Rückhaltekoeffizienten unter 0,2 die Herabsetzung der vom Abfluß abgeleiteten
Bewertung um eine Stufe. Positiv kommen dabei die relativ ausgeglichenen Abflußverhältnisse bei pluvial-außertropischem oder nivopluvialem Abflußregime zur Geltung, negativ
die hohen Abflußschwankungen bei nivalem Abflußregime des Tieflandes oder glaziärem
Abflußregime. Die Sedimentgesteinskomplexe der Tafeln oder Faltengebirge gehen ebenfalls im positiven Sinne in die Bewertung ein, die kristallinen Gesteinskomplexe der Schilde, Massive bzw. Faltengebirge sind dagegen negativ zu bewerten.

Hinsichtlich der Bereitstellung von Wasser für die Energiegewinnung muß man das von
den Abflußhöhen abgeleitete Bewertungsergebnis für Schilde, Massive sowie die Teile der
Faltengebirge anheben, in denen Magmatite oder Metamorphite anstehen oder die Sedimentite
durch Tonschiefer vertreten werden. Diese Gesteine bieten die besten Voraussetzungen für
die Anlage von Staudämmen zur Gewinnung von Elektroenergie. Hinzu kommt, daß sich
Massive und Faltengebirge auch durch ihre Reliefs für den Bau von Wasserkraftwerken
anbieten. Ausgenommen sind dabei – wegen der hohen Verdunstungsverluste – die geographischen Zonen, die einen Trockenheitsindex über 1,5 aufweisen (Tab. 80). Durch die Berücksichtigung des Verhältnisses zwischen potentiellem und stabilem Wasserdargebot sowie der damit verbundenen klimatischen und geologischen Rahmenbedingungen können
zugleich hydrologische Risiken ausgewiesen werden, wie das Risiko von Überflutungen
oder von Trockenperioden.

Der hydroökologische Wert dieses Wasserdargebotes kann unterschiedlich sein. Geogene
und anthropogene Inhaltsstoffe können das nutzbare Wasserdargebot wesentlich einschrän-

ken. Geogene Beeinträchtigungen des hydroökologischen Wertes werden in erster Linie durch Salzgesteine verursacht, deren Lösungen in das Grundwasser eindringen. Wird zuviel Grundwasser aus den oberen Grundwasserleitern gefördert, steigt das salzige Tiefenwasser auf und macht das Oberflächenwasser unbrauchbar. Erdöl- oder Erdgasförderung am Rand von Salzstöcken kann diesen Prozeß unterstützen. Eine Reihe von Städten in Norddeutschland und Holland haben diese Erfahrung machen müssen. Ähnliche Effekte ergeben sich in Küstennähe, wo sich das schwerere Salzwasser unter das leichtere Süßwasser schiebt. Die Wasserversorgung von Dakar, Jakarta, Havanna und Lima ist dadurch ständig gefährdet. Anthropogene Beeinträchtigungen des hydroökologischen Wertes verursachen die Abwässer des Salzbergbaus, vor allem aber die Einleitungen von synthetischen organischen Verbindungen und Schwermetallen aus der Industrie sowie von Phosphaten und Stickstoffverbindungen aus Haushalten und der Landwirtschaft. Alle Industriestaaten sind davon betroffen.

## 4.2.2.
## Wasserpotential des Meeres

Betrachtet man das Wasserpotential des Weltmeeres, dann ist zunächst der Wasserchemismus allein das wichtigste Bewertungskriterium. Der Salzgehalt schränkt die Nutzungsmöglichkeiten des Meerwassers für die Trink- und Brauchwasserversorgung entscheidend ein. Im Mittel beträgt der Anteil an gelösten Chloriden 35 ‰. Diese Größe schwankt bei den Ozeanen zwischen 36 und 37 ‰ in den Hauptnährgebieten des Wasserkreislaufes der Erde, also im Bereich der Passathochdruckgebiete, und weniger als 33 ‰ im Nordpolarmeer, das zu den Zehrgebieten des Wasserkreislaufes der Erde gehört (SCHARNOW 1978). Nährgebiete weisen Verdunstungsüberschuß auf, Zehrgebiete Niederschlagsüberschuß. Verdunstungsüberschuß erhöht die Salzkonzentration. Besonders hoch ist der Salzgehalt flacher Meeresbuchten. Der Aufwand für die Meerwasserentsalzung ist hier besonders hoch. Sie ist großtechnisch vor allem durch den Abtausch der Chloridionen möglich. Durchgeführt wird sie besonders dort, wo die lokalen Grundwasservorräte und deren Erneuerungsrate nicht zur Wasserversorgung ausreichen, unter anderem in Kuwait. Das Wasserpotential des Weltmeeres, bezogen auf die Bereitstellung von Trink- und Brauchwasser, muß gegenwärtig dennoch als gering eingeschätzt werden, in den Rand- und Nebenmeeren der trockenen Tropen und Subtropen als sehr gering.

Verglichen mit der Gesamtmenge bewegten Wassers in den Ozeanen, ist auch das hydroenergetische Potential des Weltmeeres géring. Diese Einschätzung ist deshalb erforderlich, weil Potentialbewertungen nicht allein auf Naturbedingungen bezogen werden können, sondern den technologischen Entwicklungsstand ebenfalls berücksichtigen müssen. Gegenwärtig läßt sich die kinetische Energie der Meeresströmungen nur mit Hilfe der Gezeiten nutzen. Staudämme, die bei Flut geöffnet, bei Ebbe aber wieder geschlossen werden, schaffen in engen Meeresbuchten energetisch verwertbare Höhenunterschiede zwischen dem Meeresspiegelniveau vor und hinter dem Damm. Das ist besonders an den Küsten möglich, wo große Meeresströmungen zusammen mit den Gezeiten auflaufen, beispielsweise die Zweige des Golfstroms an der französischen oder englischen Kanalküste, in Skandinavien und auf der Kolahalbinsel (SCHARNOW 1978). Das Energieangebot durch den Tidenhub ist allerdings sehr unterschiedlich. Bei Nipptide beträgt es in der Regel nur 25 % des Leistungsver-

mögens der Springtide, denn die kinetische Energie des fließenden Wassers verändert sich
mit dem Quadrat seiner Geschwindigkeit, also auch mit dem Quadrat seiner Fallhöhe. Darauf muß sich der Betrieb von Gezeitenkraftwerken einstellen. Das ist durchführbar, denn
der Wechsel von Nipp- und Springtide unterliegt mit dem Mondumlauf um die Erde und
dem Erdumlauf um die Sonne einem streng periodischen Regime.

# 4.3.
# Bilanzen und Prognosen

Wasser gehört – ebenso wie Luft – zu den unabdingbaren Voraussetzungen für die Existenz
von Leben. Mithin ist Wasser eine der bedeutendsten Ressourcen überhaupt. Für die Trink-
und Brauchwasserversorgung steht fast ausschließlich das Süßwasseraufkommen zur Verfügung, dessen Anteil an den gesamten Wasservorkommen der Erde (ohne Eis) sehr gering
ist und lediglich etwa 2 % beträgt. Von dieser Menge ist wiederum der größte Teil als tief-
liegendes Grundwasser nicht in den Wasserkreislauf einbezogen. Deshalb ist seine Nutzung
nur in Ansätzen möglich, und zwar einerseits aus technologischen Gründen, andererseits,
weil nur das Wasser verbraucht werden kann, was sich regeneriert. Wäre der Betrag größer,
würden bald schwerwiegende Schäden im Wasserhaushalt eintreten.

Aus diesen Gründen ist es notwendig, das globale Wasserdargebot und den Wasserverbrauch zu bilanzieren. Dabei sind zu unterscheiden:

– Das potentielle Wasserdargebot ($D_{pot}$)
  Dieses Dargebot entspricht dem Gesamtabfluß eines Gebietes. Die hohe Varietät des potentiellen Wasserdargebotes, bedingt durch jahreszeitliche und mehrjährige Niederschlags-
  und Abflußschwankungen, erschwert seine Nutzung. Das potentielle Wasserdargebot ist
  deshalb mehr eine theoretische Größe. Über die Abflußwerte des festen Landes und die
  regionalen Unterschiede im potentiellen Wasserdargebot informiert Tab. 81.

– Das stabile Wasserdargebot ($D_{stab}$)
  Dieses Dargebot entspricht dem Grundwasserabfluß eines Gebietes. Es umfaßt etwa 20 %
  des potentiellen Wasserdargebotes auf Schilden und bis zu 60 % auf Tafeln. Im Durchschnitt wird mit einem globalen Wasserdargebot gerechnet, das etwa 30 % des potentiellen Dargebotes umfaßt. Das bedeutet, daß pro Jahr theoretisch 12 000–14 000 km³ Trink-
  und Brauchwasser regenerierbar zum Verbrauch zur Verfügung stehen würden. In einer
  FAO-Statistik wird jedoch nur von 9000 km³ ausgegangen.

– Das regulierte Wasserdargebot ($D_{reg}$)
  Dieses Dargebot entspricht dem abgabewirksamen Stauvolumen der Speicherbauten eines Gebietes. Das regulierte Wasserdargebot erreicht in einigen Staaten beachtliche Anteile am gesamten Wasseraufkommen und wird dadurch zu einer wichtigen Größe im
  Hinblick auf die Durchführung bestimmter wasserwirtschaftlicher Maßnahmen.

– Das verfügbare Wasserdargebot ($D_{verf}$)
  Gegenwärtig wird das verfügbare Dargebot in einer Größe von 1900 km³ (nach „Welt-
  Ressourcen" 1993) in Anspruch genommen. Um das Jahr 2000 sollen es etwa 2500 km³
  sein. In diesen Summen sind jedoch das Abwasser und das recycelte Wasser nicht enthalten. In anderen Quellen wird von höheren Werten sowohl beim gegenwärtigen als auch

| Kontinent | Abfluß [km³/a] | Abflußspende [1/s · km²] | Einwohner 1994 [Mio.] | Abfluß [1000 m³/Einw. · a] |
|---|---|---|---|---|
| Europa (einschließlich Rußland) | 3210 | 9,7 | 705 | 4,6 |
| Asien (einschließlich asiatische GUS-Länder) | 14 410 | 10,5 | 3 323 | 4,3 |
| Afrika | 4570 | 4,8 | 682 | 6,7 |
| Nordamerika | 8200 | 10,7 | 283 | 29,0 |
| Südamerika | 11 760 | 21 | 458 | 25,7 |
| Australien (und Ozeanien) | 2388 | 8,5 | 28 | 85,3 |
| Antarktis | 2310 | 5,2 | – | – |
| Festland der Erde | 46 800 | 10 | 5479 | 8,5 |

*Tabelle 81*
*Gliederung des potentiellen Wasserdargebotes nach dem Gesamtabfluß der Kontinente*
*(nach* DYCK *1985, erweitert vom Verfasser 1995)*

beim zukünftigen Verbrauch ausgegangen. In einer FAO-Statistik bilanziert man einen Bedarf an Trink- und Brauchwasser im Jahre 2000 von 5450 km³; SHIKLOMANOW u. SOKOLOW (1983) rechnen mit 4000–5000 km³.

Da nach einer neueren FAO-Studie (1993) das weltweit verfügbare Wasserdargebot nur mit 9000 km³ ausgewiesen wird, bedeutet der gegenwärtig erreichte Nutzungsstand fast schon einen Grenzwert, der nicht mehr wesentlich überschritten werden kann, ohne schwerwiegende Gefahren einer Überbeanspruchung in Kauf nehmen zu müssen.

Der zukünftige Umfang der Wassernutzung auf der Erde, insbesondere der Süßwassernutzung, ist schwer vorherzusagen. Will man ihn ermitteln, so genügt es nicht, eine einfache lineare Extrapolation der Nutzung bei Einbeziehung der Werte des Bevölkerungswachstums durchzuführen, sondern man muß verschiedene weitere Faktoren (Bewässerung, Verstädterung, soziale Strukturveränderungen usw.) in derartige Berechnungen einbeziehen. Es ist auch hervorzuheben, daß globale Aussagen über die Verfügbarkeit von Wasserressourcen nur allgemeine Informationen vermitteln.

Im Hinblick auf die zukünftigen globalen Möglichkeiten der Wassernutzung sind nach „Global 2000" „sechs allgemeine Eigenschaften von Wasserressourcen" zu beachten:

1. Wasser ist überall.
   Vorkommen von Wasser sind weltweit verbreitet und überall zu finden. Problematisch sind die Mittel und Wege der Erschließung und des Transports zu dem Punkt, wo das Wasser gebraucht wird, sowie häufig auch die Qualität des Wassers.

2. Wasser ist eine uneinheitliche Ressource.
   Es kommt in fester, flüssiger und gasförmiger Form vor und hat unterschiedliche chemische und biologische Eigenschaften. Im Hinblick auf eine Nutzung ist die Ressource durch den Salzgehalt des Meerwassers und durch die extrem ferne Lage zu den Zentren

der Bevölkerung und der Wirtschaft (polare Eiskappen) nur zu einem kleinen Teil im Verhältnis zur Gesamtmenge verfügbar. Es sind nur etwa 1–1,5 %.

3. Wasser ist eine erneuerbare Ressource.

Zwischen den drei großen Wasserspeichern – Meer, Atmosphäre, Festland – werden die Wasserressourcen im Rahmen eines hydrologischen Kreislaufes ständig erneuert. In diesen Prozeß greift der Mensch ein, indem er den Wasseraustausch der Vorkommen an der Erdoberfläche sowie Grundwasservorkommen ebenso wie auch das Meerwasser zu seinen Zwecken nutzt. Teilweise wird dadurch die Erneuerungskapazität des Wassers beeinflußt.

4. Wasser ist Allgemeingut.

Eigentumsrechte an Wasser sind oft nur verschwommen oder gar nicht vorhanden, in anderen Gebieten zu einseitig an einzelne Besitzer gebunden. Das erschwert in vielen Gebieten der Erde eine optimale Ausnutzung des Wassers, dessen Aufbereitung und den Transport sowie die Verteilung der zur Verfügung stehenden Mengen.

5. Wasser wird in großen Mengen gebraucht.

Die genutzte Menge übersteigt die Fördermenge aller anderen Ressourcen zusammengenommen. Während man den Gesamtumfang der jährlich gewonnenen mineralischen Ressourcen um 1980 mit $8 \cdot 10^9$ t bilanzierte, rechnete man mit einem gesamten Wasserverbrauch von $3 \cdot 10^{12}$ t.

6. Wasser ist relativ billig.

Gegenüber anderen Rohstoffen ist Wasser – global gesehen – noch relativ billig, insbesondere das nicht aufbereitete Wasser. Dazu tragen auch nicht geregelte Besitzverhältnisse (Wasser als Allgemeingut) und regionale Überangebote an Wasser bei. Dagegen weisen Regionen mit entwickelter Wasserversorgungstechnik und hohen Tarifen schon hohe Wasserpreise auf, so u. a. Mitteleuropa.

*Tabelle 82*
*Strategien der Wasserbewirtschaftung*

| Umfang und Zustand der Wasserressourcen | | Maßnahmen zur Erhöhung der Ressourcenqualität |
|---|---|---|
| naturbedingt | nutzungsbedingt | |
| Bilanz des Wasserdargebotes<br>– Veränderung durch Klima-<br>  schwankungen | Verbrauchsentwicklung<br>– Gefahr der Erschöpfung<br>– verlustarme Wassernutzung | Erweiterung des regulierten Wasserdargebotes |
| | Belastungsentwicklung<br>– Eutrophierung<br>– Saprophierung<br>  (Verschlammung)<br>– Kontaminierung, Infektion<br>  (Vergiftung durch Abwässer)<br>– Versauerung | Einführung abproduktarmer Technologien<br><br><br>Begrenzung von Schadstoff-<br>zufuhren<br>Abwässerreinigung,<br>Gewässersanierung |

Was globale Problemstellungen betrifft, so werden diese von der UNESCO verfolgt, die als UNO-Organisation auch internationale wissenschaftliche Programme auf diesem Gebiet entwickelt und zu realisieren versucht. So hat z. B. die Verwirklichung von Strategien der Wasserwirtschaft nach dem 1975 gestarteten „Internationalen Hydrologischen Programm" große Bedeutung für die Praxis (Tab. 82).

Diese Schwerpunkte tragen der Tatsache Rechnung, daß sich die Probleme der zukünftigen Nutzung des Wassers nicht nur aus einem sich vorwiegend regional und territorial äußernden Mangel an Wasserressourcen ergeben, sondern auch aus relativ hohen Verlusten beim Wasserverbrauch sowie der zunehmenden Belastung des Wassers mit Abprodukten aus Industrie, Landwirtschaft oder Haushalten und der damit verbundenen Verschmutzung der Flüsse, Kanäle und Seen. Die qualitative Sicherung des Wasserbedarfs gewinnt gegenüber seiner quantitativen Sicherung immer größere Bedeutung.

Voraussetzung für eine erfolgreiche Bewältigung dieser Aufgabe durch gut aufeinander abgestimmte Maßnahmen der Wasserbewirtschaftung und Wasserbehandlung ist eine möglichst umfassende Dokumentation von Daten des Wasserhaushalts und des Wasserverbrauchs einschließlich der damit verbundenen Veränderungen der Wasserbeschaffenheit. Sie stellt die Grundlage für die Entwicklung von Bewirtschaftungsmodellen dar, in denen die quantitative Kennzeichnung der in Tab. 82 ausgewiesenen Tatbestände und deren Auswirkungen auf den Zustand der Wasserressourcen angestrebt werden.

Grundsätzlich sind komplexe Lösungen gefragt, durch die eine besondere Eigenschaft der Ressource Wasser voll zur Geltung kommen kann: die Möglichkeit der Mehrfachnutzung.

Ein ganz wesentliches Problem der Sicherung des verfügbaren Wasserdargebotes ergibt sich aus der Tatsache, daß meist mehrere Länder Anteil an gemeinsamen Wasserressourcen haben, weil sie im Einzugsgebiet einzelner Ströme liegen. Damit sind Fragen der Wassernutzung in solchen Räumen auch ein politischer Faktor. So sind z. B. die Regelungen der Nutzung und Verfügbarkeit von Wasserressourcen in den Flußeinzugsgebieten des Rio Grande (USA – Mexiko), des Río de la Plata (Bolivien – Paraguay – Brasilien – Argentinien – Uruguay), des Niger (Guinea – Mali – Burkina Faso – Benin – Nigeria – Kamerun), des Sambesi (Angola – Sambia – Simbabwe – Malawi – Mosambik), des Euphrat (Türkei – Syrien – Irak – Iran), des Ganges (China – Indien – Bangladesch), des Mekong (China – Laos – Thailand – Kambodscha – Vietnam), der Donau (Deutschland – Österreich – Slowakei –

*Tabelle 83*
*Beispiele für internationale Uneinigkeiten bezüglich des Wassers*

| Fluß | Länder in Disput | Gegenstand |
|------|------------------|------------|
| Elbe | Tschechien, Deutschland | Verschmutzung, Wasserführung |
| Nil | Äthiopien, Sudan, Ägypten | Verschlammung, Wasserführung |
| Ganges-Brahmaputra | Bangladesch, Indien | Verschlammung, Hochwasser, Wasserfluß |
| Mekong | Kambodscha, Laos, Thailand, Vietnam | Wasserfluß, Hochwasser |
| Paraná | Argentinien, Brasilien | Stauseen, Landflutung, Wasserfluß |
| Colorado, Rio Grande | USA, Mexiko | Übersalzung, Wasserfluß, agrochemische Verschmutzung |

Ungarn – Kroatien – Serbien – Rumänien – Bulgarien – Moldawien – Ukraine) auch eine politische Fragestellung, die zunehmend eine internationale Zusammenarbeit verlangt.

Je knapper das Wasser wird, je mehr Verunreinigungen die Qualität des Wassers beeinflussen, desto dringender sind internationale Abmachungen zwischen den Flußanliegern, besonders zwischen den Anrainern in oberen Flußabschnitten und solchen in unteren Flußabschnitten (Tab. 83).

Bisher liegen über 500 internationale Verträge über Wassernutzungen vor. Viele davon beschäftigen sich ausschließlich mit der Planung und Regulierung der Schiffahrt. Inzwischen spielen aber immer mehr Fragen der Bekämpfung von Schadstoffen und anderer grenzüberschreitender Umweltverschmutzungen mit Einfluß auf die Ressource Wasser eine Rolle. Seit 1991 beschäftigt sich die Economic Commission for Europe mit diesem Problem.

Für Prognosen zur Verfügbarkeit von Wasser sind *regionale Erhebungen* wichtig, weil sich das Problem der Wassernutzung vor allem regional und lokal äußert. Auch die nationalen Prognosen sind in diese Kategorie eingebunden.

Jedem Staat steht theoretisch nur die Wassermenge zur Verfügung, die durch Niederschläge oder durch Zufluß (potentielles Dargebot) auf sein Territorium gelangt. Praktisch kann er jedoch nur auf ein verfügbares Wasserdargebot zurückgreifen, das der Summe von stabilem und reguliertem Wasserdargebot entspricht. In relativ wenigen Ländern wird darüber hinaus Wasser durch Meerwasserentsalzung bzw. Wasserimporte (Kuwait, Saudi-Arabien, Vereinigte Arabische Emirate, Bahrain u. a.) bereitgestellt. Aufgabe der Wasserwirtschaftsinstitutionen ist es, die Bedürfnisse des Territoriums an Wasser so umfassend wie möglich zu befriedigen. Dazu sind allgemein-gesellschaftliche, wirtschaftlich-organisatorische und materiell-produktive Maßnahmen notwendig.

Allgemein-gesellschaftliche Maßnahmen sind solche, die mit der Erfassung des Wasserdargebotes, der Bilanzierung des Wasserbedarfs der Bevölkerung und der Wirtschaft in der Gegenwart und in Prognosezeiträumen, mit der Anstrebung eines Höchstmaßes an Schutz vor Wasserüberschuß (Hochwässer) und Wassermangel (Trockenperioden) sowie mit der Erhaltung und dem Schutz der Gewässer aus ökologischen Erwägungen zusammenhängen. Sie umfassen auch gesetzgeberische Maßnahmen des Staates.

Zu den wirtschaftlich-organisatorischen Maßnahmen gehören die Bemühungen um eine bestmögliche Bewirtschaftung des Wasserdargebotes durch alle Nutzer, aber auch die Kontrolle der wasserwirtschaftlichen Verhältnisse in den Fluß- und Seengebieten, die Überwachung der wasserwirtschaftlichen Anlagen und die Koordinierung der wasserwirtschaftlichen Maßnahmen.

Materiell-produktive Aufgabenstellungen sind die Sicherung einer stabilen Trinkwasser- und einer ebensolchen Brauchwasserversorgung von Bevölkerung und Wirtschaft, die Abwässerbehandlung, die Schaffung von Ver- und Entsorgungsanlagen (Stauanlagen, Wehre, Pipelines usw.), ferner die Sicherung festgelegter Wassermengen zur Realisierung von Transportleistungen auf Flüssen und Seen, für die Energiegewinnung, für Erholungs- und Kur-Zwecke usw.

In den Ländern der Erde werden solche wasserwirtschaftlichen Maßnahmen mit unterschiedlicher Intensität durchgeführt. Vor allem in Entwicklungsländern bereitet die Durchsetzung der oben angeführten Maßnahmen aus politischen, rechtlichen, ökonomisch-finanziellen, organisatorischen und wissenschaftlich-technischen Gründen oft Schwierigkeiten. Vielfach gelingt es zwar, Wasserressourcen für einen ganz bestimmten Zweck (so z. B. als Trink- oder Brauchwasser) regional verfügbar zu machen, ohne jedoch eine komplexe bzw.

Tabelle 84
*Zur Verfügung stehende Pro-Kopf-Wassermengen im Jahre 2000*
*[1000 m³]*

| Land | Menge |
|------|-------|
| *Europa* | |
| Deutschland | 1,2 |
| Frankreich | 3,8 |
| Italien | 2,4 |
| Polen | 1,3 |
| *Amerika* | |
| USA | 6,6 |
| Kanada | 83,0 |
| Mexiko | 1,9 |
| Brasilien | 26,0 |
| *Afrika* | |
| Ägypten | 0,05 |
| Nigeria | 2,4 |
| Tansania | 2,4 |
| Südafrika | 1,3 |
| *Asien* | |
| Saudi-Arabien | 0,3 |
| Indien | 1,5 |
| China | 2,7 |
| Japan | 2,7 |
| *Australien/Ozeanien* | |
| Australien | 452,0 |
| Neuseeland | 72,0 |

optimale Wassernutzung erreichen zu können. Eine solche Bewirtschaftung des Grundstoffes Wasser ist aber letztlich im Produktions- und Lebensprozeß unabdingbare Voraussetzung stabiler Verhältnisse in den Beziehungen der Gesellschaft zum Wasser.

Häufig werden für regionale Wasserprognosen auch die Pro-Kopf-Wassermengen ermittelt. Sie haben den Vorteil, daß sehr konkret die wirklich nutzbare Wassermenge erfaßt wird. Für das Jahr 2000 ergeben sich nach L'vovič (1974) die in Tab. 84 aufgeführten Mengen.

In allen Ländern der Erde ist ein ansteigender Wasserverbrauch feststellbar. Die Ursachen liegen nicht nur in der zunehmenden Verstädterung, Industrialisierung und Entwicklung der Landwirtschaft. Der höchste Druck auf Wasserbereitstellung wird in Ländern mit relativ geringer absoluter Verfügbarkeit an Wasser und hohem Bevölkerungswachstum ausgeübt. Das ist vor allem in Ländern der Sahelzone sowie Westasiens, insbesondere der Arabischen Halbinsel, der Fall.

Zu den Ländern mit einem sehr angespannten Wasserdargebot gehört auch Deutschland. Deshalb sind große Anstrengungen notwendig, die Verfügbarkeit von Trink- und Brauchwasser zu sichern. Ein komplexes System der Wasserbereitstellung soll dazu beitragen. Öffentliche Wasserwerke fördern und bereiten sowohl Grundwasser als auch Quellwasser, See- und Talsperrenwasser, Uferfiltrat und Flußwasser auf. Industriebetriebe verfügen oft über eigene Anlagen der Wassergewinnung.

Das Wasserdargebot umfaßt jährlich etwa 75 Mia. m³ Oberflächen- und 25 Mia. m³ Grundwasser. Von diesen 100 Mia. m³ werden gegenwärtig 12,2 Mia. m³ entnommen, und zwar 2,5 Mia. m³ als Trinkwasser, 8,6 Mia. m³ für die Industrie und 1,1 Mia. m³ für die Landwirtschaft. Hinzu kommen noch 25 Mia. m³ Kühlwasser für die Kraftwerke. Damit verfügt Deutschland über ein Pro-Kopf-Wasserdargebot von gegenwärtig 1250 m³ und einen Wasserverbrauch von 465 m³ (der sich jedoch ohne Berücksichtigung des Kühlwassers für Kraftwerke auf 152,5 m³ reduziert).

# 4.4.
# Die Nutzung der Ressource Wasser

## 4.4.1.
## *Komplexe Nutzung des Wasserdargebotes*

Seitdem der Mensch existiert, nutzt er Wasser. Im Verlauf seiner historischen Entwicklung gelang es ihm immer besser, sich des Wassers zu bedienen, das er benötigte. Waren es zunächst die oberirdischen Gewässer des festen Landes, wie Bäche, Flüsse, Seen, so erschloß er sich frühzeitig über Brunnen auch das Grundwasser und über verschiedene wasserwirtschaftliche Maßnahmen (z. B. Rohrleitungen) Wasserressourcen anderer Gebiete. Die wasserbaulichen Leistungen in der Antike sind noch heute sichtbares Zeugnis. Auch das Meerwasser wurde zunehmend in die Nutzung einbezogen, die jedoch eine andere Richtung aufwies: die Nutzung des Wassers als Transportmittel und Nahrungsreservoir. Das traf freilich auch für viele Gewässer des festen Landes zu. Schließlich gewann die Wassernutzung im Mittelalter verstärkt Bedeutung für die Gewinnung mechanischer Energie, seit dem 20. Jh. auch von Elektroenergie. Gleichzeitig erreichte die Nutzung von Wasser für Industrie und Landwirtschaft sowie als Gebrauchswasser für den Haushalt völlig neue Dimensionen, die in der Gegenwart zu einer großen Belastung des Wasserhaushaltes, der natürlichen Ressource Wasser, führten. Deren Nutzung läßt sich heute in mehrere Hauptverwendungszwecke gliedern:

– Wasser als Trink-, Gebrauchs- und Verbrauchswasser im Haushalt;
– Wasser als Ge- und Verbrauchswasser in Industrie und Landwirtschaft einschließlich der Bewässerungszwecke;
– Wasser für die Energiegewinnung;
– Wasser als Transportmedium;
– Wasser für sonstige Zwecke (Abfallbeseitigung, kommunale Reinigungs- und Dienstleistungsaufgaben, Brandbekämpfung usw.).

Die weltweite Realisierung dieser Aufgaben hat in diesem Jahrhundert zu einer zehnfachen Steigerung des Wasserverbrauchs geführt. Das zwingt immer mehr, mit der Ressource Wasser äußerst sparsam umzugehen. Das ist kein Widerspruch zur eingangs dargestellten natürlichen Gesetzmäßigkeit, daß Wasser eine sich ständig erneuernde natürliche Ressource ist, auch kein Widerspruch zu der Feststellung, daß das global verfügbare Wasserdargebot noch weit über dem heutigen Bedarf liegt. Die Probleme der Wassernutzung ergeben sich nicht aus einem weltweiten Mangel an Wasservorräten, sondern daraus, daß diese zeitlich und räumlich sehr große Unterschiede aufweisen, daß man sie vielfach nicht sehr rationell nutzt und daß sie durch Verschmutzung zunehmend entwertet werden (DYCK 1985).

Der Wasserkreislauf ist ein unendlicher Prozeß der einfachen Reproduktion des Wassers. Weil aber die Menschheit ständig wächst und sich auch die Produktion erhöht, steigt auch der Wasserbedarf. Die dadurch entstehenden Probleme zunehmender Verknappung des Wassers müssen durch Maßnahmen zur Regelung des Wasserhaushaltes gelöst werden. Das geschieht – auf Staaten und Regionen bezogen – bisher in sehr unterschiedlichem Umfang und mit unterschiedlichen Ergebnissen. Besondere Bedeutung kommt einer möglichst komplexen Erfassung und Nutzung des verfügbaren Wasserdargebotes zu. Im Rahmen der materiell-produktiven Aufgabenstellungen trägt insbesondere die Entwicklung eines gut ausgebauten regulierten Wasserdargebotes dazu bei, komplexe Nutzungen zu ermöglichen. In Deutschland gehören dazu die Talsperrenkaskaden am Lech, an der Isar und der Iller sowie an der Saale, in Tschechien an der Moldau, in der Slowakei an der Waag, in der Ukraine am Dnepr und in Rußland an der Wolga (obwohl nicht unumstritten). Das umfassendste ist jedoch das Tennessee-System in den USA.

Das Tennessee-System, von der bundesstaatlichen Tennessee-Authority realisiert, umfaßt das gesamte Einzugsgebiet des Flusses (mehr als 100 000 km²) und erstreckt sich über sieben Bundesstaaten. Unter besonderer Berücksichtigung der hydrographischen und wasserwirtschaftlichen Gegebenheiten wurde die räumliche Entwicklung dieses Gebietes, insbesondere die der Industrie, der Land- und Forstwirtschaft und des Erholungswesens, betrieben. Große Komplexe der Industrie und der Energiegewinnung entstanden neu.

Voraussetzung für die Durchsetzung der räumlichen Umgestaltung war eine komplexe Wassernutzung des Tennessee und seiner Nebenflüsse. Durch den Bau zahlreicher Anlagen, wie Speicherbecken, Hydrokraftwerke, Pipelinesysteme für Nutzungs- und Wiederaufbereitungszwecke, konnte das weitgehend erreicht werden.

## 4.4.2.
## Trinkwassernutzung

Wasser ist nach einem alten chinesischen Spruch nicht nur das kostbarste, sondern auch das köstlichste Gut unserer Erde. Obwohl pro Erdenbürger bei einem verfügbaren Wasserdargebot von 9000 km³ über 1600 m³ zur Verfügung stehen, ist das nur eine theoretische Größe. Die äußerst ungleiche Wasserverteilung schafft ganz andere Realitäten:

1. Vorwiegend in ariden und semiariden, aber auch anderen Gebieten der Erde, z. B. in Bevölkerungsballungsräumen der gemäßigten Zone, ist der Bedarf an Trinkwasser größer als das Wasserangebot. Große Anstrengungen in der Gewinnung (Rohwasserentnahme aus dem Grund- und Oberflächenwasser, Sammeln von Regenwasser, Fassen von Quellen), im Transport (Pipelines, Rohrleitungssysteme) und in der Aufbereitung müssen unternommen werden, um das chronische Defizit abzubauen.

   Dazu sind jedoch Finanzmittel notwendig, die besonders Entwicklungsländern nicht in genügendem Umfang zur Verfügung stehen. Gegenwärtig steht für 2,5 Mia. Menschen, das sind etwa 45 % der Menschheit, nicht genügend Trinkwasser zur Verfügung. Entsprechend niedrig ist der tägliche Trinkwasserverbrauch pro Kopf. Auch in vielen anderen Gebieten der Erde bereitet die Trinkwasserbereitstellung zunehmend Schwierigkeiten. Der hohe Verbrauch in entwickelten Ländern ist oft nur unter großen Anstrengungen zu decken.

Für Räume mit sehr starker Konzentration der Bevölkerung wird zukünftig die Bereitstellung von Trinkwasser äußerst problematisch. So werden um das Jahr 2000 allein im Einzugsgebiet des Ganges etwa 500 Mio. Menschen leben und mit Trinkwasser versorgt werden müssen. Langfristig sind Maßnahmen einzuleiten, die eine solche Versorgung ermöglichen, so u. a. durch den Bau von Trinkwassersperren, Leitungssystemen, Wasseraufbereitungsanlagen, Errichtung von Tiefbrunnen, verstärkte Meerwasserentsalzung usw.

Nicht nur durch den Nachholbedarf in der Nutzung von Trinkwasser, besonders in den Entwicklungsländern, sondern auch durch die Vergrößerung der Weltbevölkerung steigt der Trinkwasserbedarf permanent. Die Zunahme der Weltbevölkerung verlangt um 2000 zusätzliche Mengen von Trinkwasser in einer Größenordnung von 70 Mia. m³ pro Tag (bei nur 50 l kalkuliertem durchschnittlichem Verbrauch) gegenüber 1980.

2. Ein weltweites Problem ist die Bereitstellung von Trinkwasser hoher Qualität. Während das in den entwickelten Ländern weitgehend realisiert werden kann (obwohl auch hier zunehmend durch die Wasserverschmutzung mit Abprodukten der Industrie, der Landwirtschaft usw. Kosten für die Aufbereitung des Wassers entstehen), gehört die Bereitstellung qualitätsgerechten Trinkwassers in vielen Entwicklungsländern zu den ungelösten Problemen.

Nach UNO-Angaben waren 1980 über 1 Mia. Menschen ohne Zugang zu sauberem Trinkwasser. 1994 sind es über 1,2 Mia. gewesen, insbesondere in Asien, Afrika und Lateinamerika. Etwa 5 Mio. Menschen sterben jährlich an Krankheiten, die durch Wasser übertragen werden, so u. a. Cholera, Diarrhö, Dysenterie, Malaria und intensiver Wurmbefall. Die Weltgesundheitsorganisation (WHO) wies darauf hin, daß ein Viertel aller Krankenhausbetten von Kranken belegt werden, die durch verunreinigtes Wasser erkrankt sind.

3. In vielen Gebieten der Erde ist der Zugang zum Wasser problematisch. Einerseits sind es feudale Besitzverhältnisse, durch die vor allem für die Armen der Zugang zum Wasser erschwert wird, andererseits muß Wasser oft kilometerweit aus Wasserlöchern, Quellen, Speichern, Felsspalten usw. zur Wohnstätte getragen werden.

Heute und auch in Zukunft hat die Bereitstellung von Trinkwasser nach Menge und Qualität größte Bedeutung. Zu den in fast allen Ländern der Erde zu lösenden Problemen gehören in diesem Zusammenhang ein konsequenter Schutz aller Wasserreservoire vor Verunreinigungen, die Senkung der Verbrauchsverluste, die Einführung wassersparender Technologien (auch im Haushalt), die Erschließung neuer Ressourcen und ein allseitig sparsamer Umgang mit der Ressource Wasser.

## 4.4.3.
### *Wasser für Bewässerungszwecke*

Mit der Bewässerung des Bodens nimmt der Mensch Einfluß auf die Regulierung der Wasserzufuhr zum Zwecke der Ermöglichung oder Verbesserung der landwirtschaftlichen Produktion. Alle Maßnahmen der Bewässerungswirtschaft dienen dem Ziel, einen ständigen Akkerbau zu ermöglichen, Ernteausfälle aus Wassermangel einzuschränken, möglichst stabile

| Gebiet | Bewässerte Fläche [Mio. ha] | | Wasserentnahme [km³] | | Wasserverbrauch [km³] | | Recyceltes Wasser [km³] | |
|---|---|---|---|---|---|---|---|---|
| | 1* | 2** | 1* | 2** | 1* | 2** | 1* | 2** |
| Europa | 17 | 19 | 110 | 125 | 95 | 105 | 15 | 20 |
| Asien | 140 | 165 | 1300 | 1500 | 980 | 1150 | 320 | 350 |
| GUS | 20 | 23,5 | 260 | 300 | 180 | 210 | 80 | 90 |
| Afrika | 11 | 15 | 120 | 160 | 85 | 110 | 35 | 50 |
| Nordamerika | 29 | 35 | 330 | 390 | 215 | 260 | 115 | 130 |
| Lateinamerika | 8,5 | 11 | 70 | 90 | 55 | 70 | 15 | 20 |
| Australien/ Ozeanien | 2 | 2,5 | 16 | 20 | 13 | 15 | 3 | 5 |
| Erde insgesamt | 227,5 | 271,0 | 2206 | 2585 | 1623 | 1920 | 583 | 665 |

\* 1: Durchschnittswert 1980–89
\*\* 2: Prognose für das Jahr 2000

*Tabelle 85*
*Wasserentnahme für künstliche Bewässerung*

und hohe Ernten zu erreichen. Deshalb wird sowohl in ariden Gebieten, in denen Ackerbau ohne Bewässerung nicht möglich ist, als auch in humiden Gebieten, in denen die natürlichen Niederschläge oft für eine stabile Pflanzenproduktion nicht ausreichen, Bewässerungswirtschaft betrieben. In einigen Regionen der Erde tat das der Mensch bereits vor mehreren tausend Jahren (Mesopotamien, Mittelasien, China, Peru) und intensivierte diesen Prozeß im Verlauf der Geschichte beträchtlich. Beachtliche Bewässerungsleistungen sind im Mittelmeerraum schon in der Antike nachweisbar; in anderen Gebieten entstanden in der Feudalzeit entsprechende Anlagen (u. a. Bewässerungskanäle in Indien, Mexiko, Mitteleuropa, Nordafrika). Einen beträchtlichen Aufschwung nahm die Bewässerungswirtschaft jedoch erst im 19. und 20. Jh., und der Prozeß ist noch nicht abgeschlossen. Im Hinblick auf die notwendige Steigerung der landwirtschaftlichen Produktion werden weitere Leistungen von der Bewässerungswirtschaft erwartet und angestrebt, was mit einer zukünftig noch größeren Belastung des Wasserdargebotes verbunden ist. Die Bilanzen über Entwicklung und Prognose der Weltbewässerungsfläche und Dynamik des Wasserbedarfs für Bewässerungszwecke unterstreichen diese Feststellung (Tab. 85).

Dieser Tabelle ist zu entnehmen, daß in der regionalen Verteilung sehr starke Unterschiede bestehen. Sie haben verschiedene Ursachen: Unterschiede in physisch-geographischen Bedingungen, in der Größe der Territorien und deren Einwohnerzahl, aber auch im sozialökonomischen Entwicklungsniveau, im Charakter der Volkswirtschaften, speziell der Landwirtschaften, in Auswirkungen unterschiedlicher Entwicklungen in Kolonialzeiten.

Erkennbar ist auch der bis zum Jahre 2000 vorgesehene beträchtliche Intensivierungsprozeß im Bereich der Bewässerungsvorhaben. Vergrößerte sich die bewässerte Fläche von 8 Mio. ha im Jahre 1800 auf 41 Mio. ha im Jahre 1900, so wird sie im 20. Jh. um weitere fast 200 Mio. ha zunehmen. Entsprechend groß ist auch die Zunahme des Wasserbedarfs. Im Jahre 2000 wird er fünf- bis sechsmal so groß sein wie im Jahre 1900.

Allein diese Werte zeigen, daß mit der Ressource Wasser äußerst sparsam umgegangen werden muß. Vor allem sind auch neue und verbesserte Techniken in der Bewässerungswirtschaft einzusetzen, die dieser Notwendigkeit entsprechen. Dazu gehören die Senkung der Wasserverluste in den Zuleitungs- und Verteilersystemen, der Übergang von der Stau- und Rieselbewässerung zur Beregnung, die Senkung von Wasserverlusten durch Regulierung des Bodenwasserhaushaltes usw. (siehe auch Kapitel 4.5.1.).

Abschließend sei darauf verwiesen, daß die in vielen Gebieten der Erde (besonders in Trockengebieten) recht teure Intensivierungsmaßnahme „Bewässerung" auch Probleme in der Bodennutzung hervorrufen kann, wenn nicht gleichzeitig Entwässerungsmaßnahmen eingeleitet werden. Ein Ansteigen der Grundwasseroberfläche erhöht den Salzgehalt und läßt unter Umständen den Salzspiegel so hoch ansteigen, daß eine Versalzung der Böden eintreten kann. Nach PAGEL (1985) gehen auf diese Weise jährlich etwa 125 000 ha bewässerte Fläche der landwirtschaftlichen Nutzung verloren.

## 4.4.4.
## Wasser als Energieträger

Die Ressource Wasser ist ein wichtiger Energieträger. Schon im Altertum wurde die Energie der Wasserläufe genutzt, und in der Feudalzeit diente diese dem Antrieb von Schmiedehämmern, Mühlwerken, Webstühlen, Pumpsystemen im Bergbau usw. Aber erst im 20. Jh. konnte durch Umwandlung der kinetischen Energie des fließenden Wassers in elektrische Energie der entscheidende Durchbruch in einer weltweiten Nutzung der Wasserkraft erfolgen.

In der regionalen Erschließung ergeben sich jedoch beträchtliche Unterschiede, die zum Teil auf die unterschiedlichen natürlichen Gegebenheiten, zum Teil auf die sozialökonomischen Verhältnisse zurückzuführen sind. Tab. 86 läßt besonders den Rückstand in der Erschließung der potentiellen Wasserkräfte in Asien und Afrika erkennen.

Fast zwei Drittel des technisch verwertbaren Wasserkraftpotentials befinden sich in Asien, Afrika und Lateinamerika. Während dort aber bisher nur 5–9 % der nutzbaren Möglichkeiten verwertet werden, weisen Europa und Nordamerika bereits hohe Verwertungsraten auf.

| Gebiet | Technisch verwertbares Potential [MW] | Anteil am verwertbaren Potential [%] |
|---|---|---|
| Europa | 163 000 | 59 |
| GUS | 250 000 | 12 |
| Nordamerika | 356 400 | 36 |
| Südamerika | 431 900 | 8 |
| Afrika | 358 300 | 5 |
| Asien | 610 100 | 9 |
| Australien/Ozeanien | 45 000 | 15 |
| Erde insgesamt | 2 214 700 | 17 |

*Tabelle 86*
*Wasserkraftpotential und Nutzung*

| Erdteil | System | Land | Fluß | Installierte Kapazität [MW] |
|---|---|---|---|---|
| Nordamerika | Tennessee | USA | Tennessee | 4000 |
| | John Day | USA | Columbia | 2700 |
| | Dallas | USA | Columbia | 2059 |
| | Québec | Kanada | | 6000 |
| Südamerika | Río Caroní | Venezuela | Río Caroní | 12 000 |
| | Itaipú | Brasilien/Paraguay | Paraná | 10 000 |
| | Aracajú | Brasilien | Paranaíba | 2500 |
| Europa | Eisernes Tor | Rumänien/Serbien | Donau | 2000 |
| Asien | Sajano-Schuschenskoje | Rußland (Sibirien) | Jenissej | 6400 |
| | Krasnojarsk | Rußland (Sibirien) | Jenissej | 6000 |
| | Bratsk | Rußland (Sibirien) | Angara | 4100 |
| | Nurek | Tadschikistan | Nurek/Wachsch | 2700 |
| | Euphrat-System | Syrien | Euphrat | 800 |
| Afrika | Assuan | Ägypten | Nil | 2100 |
| | Kariba | Sambia/Simbabwe | Sambesi | 1000 |
| | Cabora Bassa | Mosambik | Sambesi | 4000 |
| Australien | Snowy-Mountain-Projekt | Australien | | 3900 |

*Tabelle 87*
*Große Staudämme und hydroenergetische Leistungsfähigkeit (Auswahl)*

Weltweit haben Brasilien, Indien, China, Peru und Zaïre die noch größten unangetasteten Potentiale. Auch Rußland verfügt in Sibirien noch über ein gewaltiges, nur zum Teil erschlossenes Wasserpotential.

Die Elektroenergiegewinnung aus der Wasserkraft, d. h. die Umwandlung der kinetischen Energie strömenden Wassers mittels Turbinen in Elektroenergie, erfolgt in Wasserkraftwerken der verschiedensten Typen und unterschiedlichsten Größenordnungen. Sie lassen sich in drei Grundtypen gliedern:

1. Laufwasserwerke
   Sie werden meist an Flüssen mit größerer Wasserführung errichtet und – zum Teil auch nach Wasserstau in Talsperren – zur Energiegewinnung genutzt.

2. Speicherkraftwerke
   Sie beziehen ihr Wasser aus höhergelegenen Wasserspeichern (Seen, Wasserbecken).

3. Pumpspeicherwerke
   Sie besitzen ein Ober- und ein Unterbecken, wobei das obere oft keinen natürlichen Zufluß hat. In Zeiten erhöhten Elektroenergiebedarfs wird Strom für das Verbundnetz erzeugt, in lastschwachen Zeiten (sonntags, nachts) das Wasser mit Elektroenergie aus Wärmekraftwerken zurückgepumpt und dadurch eine Vielfachnutzung erreicht.

Weltweit verbreitet sind die beiden ersten Typen. Auf allen Kontinenten (Ausnahme Antarktika) wurden mit dem Bau großer Staudämme auch Großkraftwerke mit beachtlicher hydroenergetischer Leistungsfähigkeit geschaffen (Tab. 87).

Der Bau solch riesiger Stauanlagen ist jedoch nicht unumstritten. Wegen der hohen Investitionskosten, der Probleme der Stromabnahme, einiger ungünstiger physisch-geographischer und ökologischer Nebenwirkungen der großen Stauseen (hohe Verdunstung, Sinkstoffablagerung im See, Verhinderung der nährstoffreichen Schlickablagerungen flußabwärts) und sozialer Probleme (Vertreibung der Menschen aus dem Talsperrenbereich, Überflutung wertvollen Ackerlandes, Krankheitsausbreitungen durch stehendes Wasser, wie Bilharziose) werden oft die Vorteile beträchtlich eingeschränkt. Der Sanmenxia-Damm in China büßte 75 % seiner 1100-MW-Kapazität durch Verschlammung ein.

In jüngerer Zeit gewinnen dezentralisierte Kleinkraftwerke als Minikraftwerke (bis zu 10 MW) und Mikrokraftwerke (bis 1 MW) an Bedeutung, weil sie örtliche Energiequellen darstellen, die zur Landerschließung äußerst wichtig sind. China und Indien sind durch den Bau und die Nutzung Zehntausender solcher Anlagen Wegbereiter eines gewissen Umdenkens.

Neben den potentiellen Wasserkräften des festen Landes gehören auch die des Meeres zu den Wasserressourcen der Erde. Es hat wenig Sinn, die ungeheuren Energiemengen des Meeres in Zahlen auszudrücken, denn sie übersteigen unser Vorstellungsvermögen. Außerdem sind gegenwärtig und in einem übersehbaren Prognosezeitraum nur relativ geringe Teile der Wasserkraftenergie des Meeres nutzbar. Möglichkeiten sind durch die Nutzung der Energien der Wellen, der Brandung und der Gezeiten sowie die Erschließung der thermischen Energie des Weltmeeres gegeben.

In der Gegenwart hat von den angedeuteten Möglichkeiten der Nutzung der Meereskraft lediglich die Elektroenergiegewinnung aus Gezeitenströmen eine wirtschaftliche Bedeutung, obwohl auch sie erst begonnen hat. Das erste Gezeitenkraftwerk der Erde entstand 1966 an der französischen Kanalküste bei Saint-Malo an der Mündung der Rance (240 MW), ein zweites arbeitet seit 1968 in der Meeresbucht Kislaja Guba nördlich von Murmansk mit

| Land | Gebiet | Mittlerer Tidenhub [m] |
|------|--------|------------------------|
| Rußland | Mesenbucht (Weißes Meer) | 6,5 |
|  | Ochotskisches Meer | 6,0 |
| Großbritannien | Severnmündung bei Bristol | 9,0 |
|  | Solway Firth | 5,0 |
|  | Morecambebucht | 6,0 |
| Frankreich | Flußmündungen auf der Halbinsel Cotentin | 8,0 |
| Kanada | Fundybucht | 11,5 |
|  | Cumberlandsund | 10,5 |
| USA | Cook Inlet (Alaska) | 8,0 |
|  | Coloradomündung | 8,0 |
| Argentinien | Mündungsgebiete im südlichen Patagonien | 8,0 |
| Guinea | Nunezmündung | 5,5 |
| Indien | Golf von Cambay | 7,0 |
| China | Hangzhoubucht | 7,0 |
| Australien | Collier Bay (Westaustralien) | 9,0 |
|  | Beaglegolf (Nordterritorium) | 8,0 |

*Tabelle 88
Gebiete mit den
günstigsten
Möglichkeiten zur
Errichtung von
Gezeitenkraftwerken*

800 MW. Gegenwärtig existieren Überlegungen über den Bau an etwa 100 bereits lokalisierten Standorten.

Im Gegensatz zu den günstigen physisch-geographischen Voraussetzungen, die der Bau von Wasserkraftwerken an Flüssen in vielen Gebieten der Erde findet, ist der Bau von Gezeitenkraftwerken jedoch an eine Bedingung geknüpft: Der Tidenhub muß mindestens mehrere Meter (über 3 m) betragen. Die Gebiete mit den günstigsten Möglichkeiten sind in Tab. 88 angeführt.

Es handelt sich hier um Buchten, in die die Flut zusammen mit kräftigen Meeresströmungen hineinläuft. Im nordwestlichen europäischen Teil von Rußland, in Großbritannien und in Frankreich trifft der Golfstrom auf die Küste auf, in (Ost-) Kanada der Labradorstrom, in (West-) Alaska der Alaskastrom, in Argentinien und Brasilien der Brasilstrom, in Guinea der Guineastrom, in Indien ein Seitenarm des Somalistromes, in China der Gegenstrom zum Kuroschiostrom und in (Nordwest-) Australien der Westaustralstrom.

Während der Bau weiterer Gezeitenkraftwerke durchaus real ist, haben Gedanken über die Nutzung des Wassers als Energiequelle durch kontrollierte Verschmelzung leichter Kerne, wie Deuterium, zu schweren Kernen, wodurch riesige Energiemengen freigesetzt würden, noch spekulativen Charakter. Deuterium ist aus Wasser gewinnbar, so daß dieses einmal dazu beitragen könnte, alle Energiesorgen der Menschheit eine „historische Kategorie" werden zu lassen.

# 4.5.
# Ökologische Probleme der Nutzung von Wasserressourcen

## 4.5.1.
## *Sicherung des Wasserdargebotes*

Der steigende Wasserbedarf hat in den letzten Jahrzehnten den Wasserkreislauf in wachsendem Umfang belastet. Mit der Umwandlung von Wald in Ackerland wurden die Abflußschwankungen größer, die Verdunstungsverluste (an Stauseen, auf Grünanlagen, in Beregnungs- und Bewässerungsgebieten) sind erheblich gestiegen, die Abwassermengen haben sich erhöht, die Verunreinigung von Gewässern hat zugenommen. In den Industriestaaten ist die Einleitung von Lösungen, die mit Schwermetallen oder synthetischen organischen Verbindungen versetzt sind, durch die Industrie selbst sowie die Versickerung von phosphat- oder stickstoffhaltigen Düngerüberschüssen durch die Landwirtschaft ein noch nicht völlig gelöstes Problem, in den Entwicklungsländern steht die Abwasserbehandlung der rasch wachsenden Großstädte erst am Anfang.

Wege zur nachhaltigen Sicherung des Wasserdargebotes werden deshalb im Internationalen Geosphären-Biosphären-Programm (IGBP) sowie in vielen nationalen Forschungsprojekten untersucht. Darüber hinaus sind während der Internationalen Trinkwasser- und Sanitär-Dekade der Vereinten Nationen (IDWSD: International Drinking Water Supply and Sanitation Decade) 1981–1990 die Bemühungen verstärkt worden, für mehr als 1 Mia. Menschen in den Entwicklungsländern die Versorgung mit sauberem Wasser zu sichern (vgl. GAIA 1985). Es sind neue Brunnen gebaut und städtische Wasserversorgungsnetze angelegt worden. Allerdings waren die Zielstellungen dieses Programmes unterschiedlich. In Indien wollte man beispielsweise für 10 % der ländlichen Bevölkerung eine hygienisch unbedenkliche Trinkwasserversorgung erreichen, in Indonesien für 42 %. Auch diese begrenzten Ziele erwiesen sich als zu hoch. Neue Slums am Rande der Großstädte haben vielerorts die Bemühungen um sauberes Wasser zunichte gemacht. Von über 3000 Städten in Indien besitzen nur 218 Wasseraufbereitungsanlagen (KELLERSOHN 1990). Dennoch kann man insgesamt eine Verbesserung des Trinkwasserangebotes als Erfolg verbuchen. Der Rückgang der Kindersterblichkeit in Indien, die hauptsächlich durch Durchfallerkrankungen nach dem Genuß von unsauberem Wasser ausgelöst wurde, belegt dies.

Die notwendige Verbesserung der Wasserversorgung in der Dritten Welt erhöht den Wasserverbrauch. An anderer Stelle muß deshalb Wasser gespart werden. Offensichtlich ist, daß man in Trockengebieten mehr als bisher darauf achten muß, daß die Verdunstungsoberfläche von Wasserspeichern oder Stauseen begrenzt bleibt. Stauseen sollten also, wenn irgend möglich, in Kerb- und Sohlentälern angelegt werden. Dort läßt sich ein hohes Wasservolumen mit geringen Verdunstungsverlusten speichern. Das daraus zu Bewässerungszwecken abgeleitete Wasser muß rasch und wirksam durch verrohrte Bewässerungsanlagen in den Boden gebracht und von dort mit dem Grundwasserstrom weitgehend in die Flüsse zurückgeführt werden. Ein vollständig geschlossener Kreislauf ist jedoch nicht möglich.

So muß man bei der Erweiterung von Bewässerungsflächen mit einem weiteren Anstieg der Verdunstungswerte rechnen. Das läßt sich schon deshalb nicht vermeiden, weil die mit der Bewässerung beabsichtigte Ertragssteigerung der landwirtschaftlichen Kulturen ohne höhere Pflanzendichte und stärkeren pflanzlichen Wasserdurchsatz, ohne mehr pflanzliche Transpiration, nicht möglich ist. Für das Wolgagebiet lag der nichtkompensierbare Wasserverlust in den achtziger Jahren bei mehr als 10 % des mittleren Jahresabflusses vor dem Bau der Staukaskade. Mehr als die Hälfte des Verlustes entfiel aber auf die Stauseen selbst, deren Oberfläche fast 20 000 km² groß ist (vgl. ZIMM u. MARKUSE 1979). Noch höher war die Abflußminderung durch Bewässerungsmaßnahmen im vollariden Mittelasien. Die Oberfläche des Kaspisees hat sich verringert, vom Aralsee existiert nur noch ein Rest (Abb. 77).

Der Aralsee war 1960 mit einer Ausdehnung von 69 500 km² der viertgrößte Binnensee der Erde (nach dem Kaspischen Meer, dem Oberen See und dem Victoriasee). Heute bedeckt er nur noch rund 30 000 km². Sein Wasservolumen ist von etwa 1000 km³ auf 230 km³ gesunken (DECH u. RESSEL 1993). Es hat um 77 % abgenommen. Amudarja und Syrdarja, die den Aralsee speisten, wurden seit 1960 in immer größere Bewässerungssysteme abgeleitet. 1960 versorgten sie 2,8 Mio. ha Bewässerungsfläche, in den achtziger Jahren über 7 Mio. ha. Bei Verdunstungshöhen um 1000 mm/a über Wasser und Niederschlagsmengen von 150–200 mm/a waren die Verdunstungsverluste in diesem Bewässerungssystem besonders hoch. Auch heute, nachdem ein Teil der Baumwollfelder brachliegt, entziehen die nun nur teilweise genutzten Kanäle dem Aralsee Wasser. Sein Spiegel lag 1960 bei 53 m über NN. Heute schwankt er um 16 m über NN, und der ehemalige Seeboden stellt eine Salztonebene dar. Im Westen des Seegebietes hat sich an einem Grabenbruch der kleine Aralsee vom Stammbecken weitgehend abgetrennt. Er wird ausschließlich vom Syrdarja gespeist, weist aber bei größerer Tiefe als der „große" Aralsee eine geringere Verdunstungsoberfläche in Relation zum Wasservolumen auf. Dort könnte sich wieder eine ausgeglichene Wasserbilanz entwickeln.

In ariden Gebieten ist vor allem darauf zu achten, daß Bewässerungs- und Beregnungsgaben zu den agrotechnisch günstigen Terminen vor und während der Wachstumsphasen und lediglich in pflanzenaufnehmbaren Mengen verabreicht werden. Verrohrte Sprinkler-

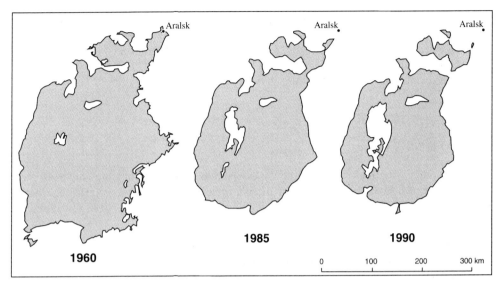

Abbildung 77
Flächenverlust des Aralsees 1960–1990 (nach DECH u. RESSL 1993)

anlagen, wie sie in Kalifornien oder Israel verwendet werden, kommen mit einem Drittel des Zuschußwassers aus, die die Kanalbewässerung erfordert (GAIA 1985). In ariden Gebieten muß man mit Wasser sparsam umgehen, nicht nur weil das Wasserdargebot eng begrenzt ist, sondern auch, weil das nicht von den Pflanzen verwertete Wasser und die in ihm gelösten Substanzen den Landschaftshaushalt belasten. Dieses Wasser verdunstet im Boden, und die im Wasser gelösten Salze scheiden sich ab. Es kommt somit zur Ausbildung von Carbonat-, Gips- oder Salzböden, die aufgrund ihres einseitigen Ionenangebotes und ihres zu hohen pH-Wertes nicht mehr bewirtschaftet werden können. Nicht nur in Mittelasien versalzen eine ganze Reihe von Bewässerungskulturen und müssen aufgegeben werden, obwohl Bewässerungskulturen wie Baumwolle in gewissem Maße salztolerant sind. Nach einer Studie der Weltorganisation für Ernährung und Landwirtschaft FAO weisen mehr als 30 % der Landwirtschaftsfläche Ägyptens salzhaltige Böden auf.

Weit höher als in Entwicklungsländern ist der Wasserentzug aus dem natürlichen Wasserkreislauf in den Industriestaaten. 60–80 % des Nutzwassers werden dem Grundwasser entnommen. Die Druckentlastung, die durch das Abpumpen der Grundwasserbrunnen auftritt, führt nicht nur zum seitlichen Zustrom aus dem gleichen Grundwasserleiter, sondern kann bei starker Förderung auch den Aufstieg von Grundwasser aus tieferen Stockwerken auslösen. In Mitteleuropa ist dies Salzwasser, das mit den Zechsteinsalzen im unteren Tafelstockwerk in Verbindung steht. Dieses Risiko begrenzt das verfügbare Wasserdargebot ebenso wie die hohen Verdunstungswerte bei trockenen Sommern im Binnentiefland.

Talsperren, die in Gebirgsländern wie der Schweiz rund 20 % des Nutzwassers anbieten (KUMMERT u. STUMM 1989), sichern zwar ein ganzjährig verfügbares Wasserdargebot. Sie greifen aber erheblich in den Wasserhaushalt von Bächen und Flüssen ein. Das Abflußregime wird verändert, der natürliche Lebensrhythmus der Pflanzen- und Tierwelt unterhalb der Staumauern wird gefährdet. Aus ökologischer Sicht muß deshalb angestrebt wer-

den, daß die Abflußmengen im Frühjahr hoch genug sind, um Uferwiesen zu überschwem-
men und uferlaichenden Fischen Laichplätze anzubieten. Die Flußgerölle müssen durch
Abflußspitzen bewegt werden, um die Veralgung und Verunkrautung von Fließgewässern
zu verhindern. Das heißt, eine gleichmäßige Wasserabgabe aus Talsperren ist zwar energie-
wirtschaftlich vorteilhaft, aber ökologisch bedenklich.

## 4.5.2.
## Abwasserreinigung

Die technischen Möglichkeiten für eine wirkungsvolle Abwasserreinigung sind heute vorhanden (Abb. 78). In Klärwerken werden die Wasserinhaltsstoffe in einer Kette von mechanischen, chemischen und biologischen Reinigungsvorgängen entfernt. Man unterscheidet
(KUMMERT u. STUMM 1989):

– als erste Stufe die mechanische Klärung, die die Entfernung der absetzbaren Stoffe durch
  Rechen und Sandfänge sowie Absetzbecken bewirkt und durch den Öl- und Fettabscheider
  ergänzt wird,
– als zweite Stufe die biologische Reinigung, wo im Belebtschlamm (reich an Bodenorganismen: Bakterien, Pilze, Wimpern- und Geißeltierchen) oder durch den Biofilm eines mit Steinen gefüllten Tropfkörpers das Abwasser von organischen Verbindungen und
  einem Teil der Schwermetalle, 40–90 %, befreit wird,
– als dritte Stufe die chemische Fällung, die der Ausscheidung von Phosphaten dient. Sie
  werden als Eisen-, Aluminium- oder Calciumphosphat abgesetzt. Chlorgas und Natrium-
  hypochlorid (Bleichlauge) gewährleisten die abschließende Entkeimung.

Solche Anlagen sind auch in den Industriestaaten noch nicht überall vorhanden. 1989 wurden in der damaligen DDR nur rund 30 % der Abwässer biologisch geklärt. Deshalb sind in
den letzten Jahren in den neuen Bundesländern viele neue Kläranlagen, teilweise überdi-
mensioniert, angelegt worden, um wie in den alten Bundesländern einen Anschlußgrad von
über 90 % an moderne Klärwerke zu erreichen. Das Instrument der Umweltverträglichkeitsprüfung hat bewirkt, daß nicht nur in Deutschland, sondern auch in den anderen Industriestaaten die Errichtung von kommunalen oder industriellen Neubauten ohne Kläranlagen
wesentlich erschwert worden ist. Ungeklärt ist die Frage, wie die wachsenden Mengen an
Klärschlamm bewältigt werden sollen. Mit der Errichtung neuer Kläranlagen und der Erweiterung vorhandener fallen immer mehr Klärschlämme an, in denen sich die vorher im
Abwassereinzugsgebiet diffus verteilten Schadstoffe konzentriert haben. Klärschlamm kann
auf Grund seines hohen Schwermetallgehaltes und seiner anderen Verunreinigungen auch
nach einer Kompostierung (unter Zusatz von Stroh, Sägemehl oder Schreddergut) nur in
begrenztem Umfang als Dünger ausgebracht werden. Ein Teil muß als Sondermüll deponiert werden.
    Abwässer sind nicht zuletzt ein Problem der Entwicklungsländer. Sie werden in Stadt und
Land zumeist unbehandelt dem nächsten Gerinne, Bach oder Fluß, zugeleitet. Fäkalien von
Mensch und Tier sind hier die Hauptinhaltsstoffe. Bakterien, Parasiten und Viren können
sich davon (bei relativ hohen Wassertemperaturen) massenhaft ernähren. Viele Grundwasserbrunnen sind davon betroffen. Der Anschlußgrad der Städte an Kläranlagen sinkt in Südostasien, wenn man von Singapur absieht, sowie in West- oder Zentralafrika gegen Null

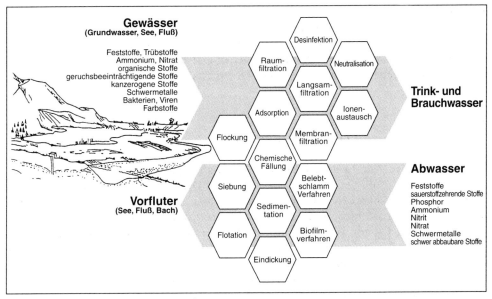

**Abbildung 78**
Bausteine der Verfahrenstechnik zur Abwasserreinigung und Trinkwasseraufbereitung
(nach Boller 1983 aus Kummert u. Stumm 1989)

("Welt-Ressourcen" 1993). In den Städten der Mittelmeerländer, Südafrikas oder Mittel- und Südamerikas beträgt er rund 30 %. Dementsprechend groß ist die Verunreinigung der Meeresküsten durch kommunale Abwässer, beispielsweise im nördlichen Indischen Ozean. Hinzu kommen hier die Abprodukte der Industrie in Ballungszentren wie Bombay und Karachi, wo täglich etwa 100 Betriebe 75 Mio. m³ ungereinigte Abwässer dem Meer zuleiten. Mangrovenwälder und Korallenriffe sowie Seegrasfluren werden so vergiftet. Gleiches geschieht am Golf von Mexiko, in dem das Schmutzwasser der Erdölindustrie zusätzlich die Strände und Vorstrände belastet (KELLERSOHN 1990).

Grundsätzlich können heute alle Neben- und Randmeere als Problemgebiete angesehen werden. Davon sind auch die Meere an Europas Küsten nicht ausgenommen. Nach den Nord- und Ostseeschutzkonferenzen 1984–1990 konnte die Verklappung von verdünnter Schwefelsäure in die Nordsee zwar 1989 gestoppt werden, die Einlagerung von Müll aus Großbritannien jedoch noch nicht. In das Mittelmeer fließen immer noch die Abwässer vieler Küstenstädte, obwohl 1976 in Barcelona ein Rahmenabkommen zum Schutz des Mittelmeeres abgeschlossen worden ist. Ohne den weiteren Ausbau von Kläranlagen in allen Anliegerstaaten wird dieses Abkommen jedoch nicht die erhoffte Wirkung zeigen.

Die Wirkung der Kläranlagen würde ohne die Reinigungsfunktionen nicht ausreichen, die den hydroökologischen Wert der Gewässer ausmachen: die physikalische und biologische Selbstreinigung im Boden und beim Abfluß, auch die Destillation beim Verdunstungsvorgang (vgl. MARCINEK u. ROSENKRANZ 1983). Verfahren zur naturnahen Abwasserklärung sind nicht nur für Entwicklungsländer von großer Bedeutung. Auffangbecken, wo sich Feststoffe absetzen und Bakterien Schadstoffe abbauen, gibt es in Peru, Bangladesch, Malaysia und Thailand, aber auch in Israel und Taiwan ("Welt-Ressourcen" 1993). Um Berlin existieren heute noch Rieselfelder, die die Reinigungskraft der sandig-lehmigen Braunerden und der lehmunterlagerten Fahlerden nutzen. Sie produzieren keinen Klärschlamm, dessen Verbringung große Probleme bereitet. Kläranlagen sollten dort zur Anwendung kommen, wo dieser Selbstreinigungsprozeß mit der lokalen und regionalen Wasserbelastung durch natürliche oder technogene Substanzen nicht Schritt halten kann.

## 4.5.3.
### Gewässerschutz und Gewässersanierung

Die Erhaltung des hydroökologischen Wertes ist das Hauptziel des Gewässerschutzes, seine Erhöhung das Anliegen der Gewässersanierung. Die darauf abzielenden Maßnahmen müssen von den ökologischen Beziehungen ausgehen, die sich in den unterschiedlichen Gewässertypen auf natürliche Weise ausbilden. Das betrifft nicht nur das Oberflächenwasser, sondern auch das Grundwasser. Es wird von allen Gewässertypen am stärksten genutzt, da sein Dargebot nicht von kurzfristigen Abfluß- oder Spiegelschwankungen abhängig ist. Am Beispiel des Rheins kann man sehen, daß er im Gebirgsland den Tälern folgt, im Tiefland der Tafelgebiete aber die Verbindung zwischen den Flußgebieten herstellt (Abb. 79). Grundwasserneubildung erfolgt durch Versickerung von Oberflächen- oder Niederschlagswasser. Auf der Sickerstrecke werden Wasserinhaltsstoffe bakteriell abgebaut, unter anderem auch die krankheitserregenden Kolibakterien. Ist das Sickerwasser stark mit Inhaltsstoffen belastet, kann der Sauerstoffverbrauch so groß werden, daß aerobe Bakterien nicht mehr existieren können. Alle Inhaltsstoffe werden nicht mehr abgebaut. Aneaerobe Bakterien treten auf, die beispielsweise Nitrat zu $N_2$ reduzieren, Sulfat zu $H_2S$. Am Geruch des Grundwassers läßt sich dies erkennen. Ein unbedeckter Grundwasserleiter, der oberflächennah liegt und damit nur eine kurze Filterstrecke aufweist, reagiert deshalb am empfindlichsten auf Schadstoffeinträge. Ein bedeckter Grundwasserleiter, über dem eine Sperrschicht liegt (Ton oder Lehm), die das Sickerwasser nur langsam durchläßt und dabei Inhaltsstoffe adsorbiert, ist weniger gefährdet. Eingriffe in Gebiete mit einem oberflächennahen unbedeckten Grundwasserleiter sind deshalb zu vermeiden. Niederungen und Flußauen dürfen nicht als Bauland freigegeben werden. Ihre intensive landwirtschaftliche Nutzung ist einzuschränken und gegebenenfalls zu unterbinden. Unter diesen Gesichtspunkten wird in einer Reihe von europäischen Staaten die Umweltverträglichkeitsprüfung durchgeführt. In Venedig sollte sicherlich auf den Bau neuer Wohnsiedlungen im Bereich der Lagune verzichtet werden. Das trifft auf trockengelegte Buchten am Rande der Stadt ebenso zu wie auf bisher unberührte Nachbarinseln. Dagegen muß aber in Venedig eine leistungsfähige Kanalisation geschaffen werden (Döpp 1988).

   Seen weisen drei große Lebensräume auf: die Uferzone (Litoral), die Freiwasserzone (Pelagial) und die bodennahe Zone (Benthal). In der Freiwasserzone kann man darüber hinaus das Epilimnion (oberer Wasserkörper) vom Hypolimnion (Tiefenwasserkörper) unterscheiden. Im Epilimnion schwebt das Phytoplankton und produziert Sauerstoff, im Hypolimnion oxidiert das Phytoplankton abgestorbene organische Substanzen, verbraucht dabei Sauerstoff und setzt Nährstoffe frei. Im Sommer herrscht stabile Schichtung: Das kalte dichte Tiefenwasser liegt unter dem warmen, weniger dichten Oberflächenwasser. Bei der Auskühlung des Sees im Winter wird das Wasser durchmischt, Sauerstoff und Nährstoffe tauschen sich aus. Davon profitieren auch die Lebensgemeinschaften des Litorals und

Abbildung 79
Grundwasservorkommen im
Einzugsgebiet des Rheins
(nach der Internationalen
Kommission für die Hydro-
logie des Rheingebietes,
Den Haag 1977, und
KUMMERT U. STUMM 1989)

des Benthals. Wird dieser Austausch beeinträchtigt, ist das ökologische Gleichgewicht des Sees gefährdet.

Das Dünger- und Zuschußwasserangebot der Landwirtschaft hat zur Eutrophierung vieler Oberflächengewässer geführt, zu einer Erhöhung ihres Nährstoffgehaltes. Dadurch steigt der Bestand an Algen, Plankton (Wasserblüte) und an höheren Pflanzen. Lediglich das nun stärker eiweißhaltige, aber an Stützgewebe schwächere Schilf bricht leichter und geht in seiner Verbreitung zurück. Für den Abbau der abgestorbenen Organismen benötigen die Mikroorganismen im Tiefenwasser immer mehr Sauerstoff. Das Tiefenwasser wird sauerstoffarm, es reichert sich mit Schwefelwasserstoff (als Zersetzungsprodukt organischer Substanz) an. Damit ist eine Freisetzung von Phosphat- und Nitratverbindungen aus dem Bodenschlamm verbunden. Die im Tiefenwasser lebenden Organismen sterben aus oder drängen nach oben. Der Fischbestand verändert sich stark und geht zurück. In der warmen Jahreszeit trifft man auf tote Fische und Algenteppiche. Das Gewässer ist „gekippt".

Einer solchen Entwicklung kann man in Seen mit Tiefenwasserbelüftung begegnen. In Zukunft besonders beachtenswert sind hierbei auch die Möglichkeiten zur Manipulation von Nahrungsketten durch Ökotechnologien. Diese Ketten bestehen aus den Gliedern Nährstoffgehalt – Phytoplankton – Zooplankton – Fischbestand. Dabei weist das Zooplankton eine große Filtrierleistung auf. Erhöht man nun den Raubfischbestand, wird der Bestand an Kleinfischen vermindert, die das Zooplankton fressen. Dadurch wird das Wasser besser filtriert, seine Qualität verbessert sich. Darüber hinaus verhindert der Abbau von Phytoplankton durch Filtration die erneute Freilegung von Phosphaten im Seeschlamm, die beim mikrobiellen Abbau des Phytoplanktons erfolgen würde, eine erneute Eutrophierung des Gewässers aus den Bodensedimenten erfolgt nicht mehr (UHLMANN 1985). Dauerhafte Lösungen werden aber nur dann geschaffen, wenn der Nährstoffeintrag unterbunden wird. Ein bedarfsgerechter Düngereinsatz in der Landwirtschaft und die Klärung der kommunalen sowie industriellen Abwässer stellen dafür die Voraussetzung dar. Schutz der Seen heißt aber nicht nur Verhinderung von Eutrophierungsprozessen durch Abwässer, sondern auch Vermeidung von Wasserbauten, die den Wasseraustausch im See gefährden. Die Nebenwirkungen von Abbaggerungen und Dammbauten sind deshalb sorgfältig zu überprüfen. Darüber hinaus müssen Eingriffe in das Litoral weitgehend vermieden werden. Uferbefestigungen zerstören das Litoral.

Fließgewässer weisen die schichtungsbedingte Zonierung der Seen nicht auf. Hier herrschen ständig Strömung und damit ein relativ gutes Sauerstoff- und Nährstoffangebot. Darauf haben sich die Lebensgemeinschaften der Fließgewässer eingestellt, ebenso auf die Strömungsturbulenz (den Wechsel von Stillwasser und Stromstrich) sowie den Abflußgang (den Wechsel von Niedrig- und Hochwasser). Überflutungen im Frühjahr schaffen Laichplätze für die Fische und Amphibien. Eine Veränderung dieses Abflußregimes durch Deichbauten verändert die Lebensbedingungen der flußbegleitenden Fauna und Flora ebenso wie das Selbstreinigungsvermögen der Flüsse. Darüber hinaus werden durch Flußbegradigungen und Deichbauten Hochwasserrisiken geschaffen, die mit der Verbesserung der Schiffbarkeit nicht gerechtfertigt werden können. Am Rhein befinden sich heute nur 28 % der Flußufer im Naturzustand (KUMMERT u. STUMM 1989). Die Korrektion des Oberrheins hat 1958–1963 die Abflußverhältnisse entscheidend verändert. Die Erosionswirkung des Rheins wurde rund verzwanzigfacht, der Grundwasserspiegel in der Rheinaue erheblich gesenkt. Organische Substanz der Böden wurde abgebaut, ihre Fruchtbarkeit gemindert. Vor allem aber haben sich die Abflußspitzen erhöht, ohne daß genügend große Rückhaltebecken angelegt wurden. Da an Mosel und Main ähnliche Eingriffe vorgenommen wurden, folgten 1993 und 1994 in Köln zwei „Jahrhunderthochwasser" aufeinander. Die Renaturierung des Flußlaufes ist hier eine dringende Aufgabe. Es ist zu hoffen, daß sie so erfolgreich gelöst werden kann wie die Reduzierung der Schadstoffbelastung. Der größte Teil des Rheins ist heute der Gewässergüteklasse II zuzuordnen (mäßig belastet). 1976 schwankten die Einstufungen der Länderarbeitsgemeinschaft Wasser (LAWA) zwischen II–III und IV (übermäßig verschmutzt) mit Belastungsspitzen bei Mannheim und Mainz. Kennwerte wie der biochemische Sauerstoffbedarf und die Cadmiumkonzentration belegen die positive Entwicklung der Gewässerqualität des Rheins trotz einer nach wie vor hohen Abwassereinleitung (Abb. 80).

Mündungsgebiete von Flüssen tragen besonders empfindliche Ökosysteme. Hier fließt das Süßwasser über das dichtere Salzwasser hinweg in das Meer. Gezeiten sorgen für die Vermischung von Süß- und Salzwasser. Dabei sterben Süßwasserorganismen ab und sedi-

Abbildung 80
Belastung des Rheins,
verglichen mit derjenigen
des Jangtsekiangs (nach
KUMMERT U. STUMM 1989)

Die dargestellte Flußbreite
wurde im oberen Teil der
Abbildung proportional zur
Abflußmenge dargestellt,
in der Mitte proportional zur
Einwohnerzahl im Einzugs-
gebiet, berechnet pro m³/s
Abfluß, unten proportional
zur Abwasserbelastung,
berechnet nach den Kosten
zur Abwasserreinigung ($).

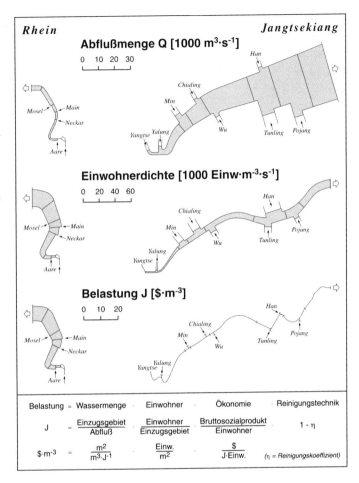

mentieren. Tonminerale geben Nährstoffionen frei und werden schließlich ebenfalls abgesetzt. Daran angepaßte Tiere und Pflanzen nutzen den Nährstoffreichtum dieser Gebiete. Es
haben sich einzigartige Lebensgemeinschaften entwickelt. Deltagebiete und Wattlandschaften
stehen deshalb weithin unter Naturschutz. Ein Eingriff in solche Gebiete, sei es durch Un-
fälle, durch Abwassereinleitung in die Flüsse, durch die Anlage von Schiffahrtswegen oder
durch Neulandgewinnung im Watt, vernichtet diese Lebensräume. Die Havarie des Tankers
„Exxon Valdez" hat im April 1989 dazu geführt, daß, ausgehend vom Prince William Sound,
über 400 km der Küste des Golfes von Alaska durch einen Ölfilm überzogen und damit
Pflanzen- und Tierbestände, insbesondere die der Seeotter, nachhaltig dezimiert wurden. In
den Tropen läuft dieser Prozeß der Küstenverschmutzung durch Abwässer vor allem in der
Nähe der Küstenstädte ab. Mangrovenbestände, die hier anstelle der Salzmarsch anzutreffen sind, sterben ab, Korallenriffe werden zerstört. Die Erhaltung der küstennahen Lebensräume ist deshalb vor allem im Mündungsbereich großer Flüsse eine wichtige Aufgabe des
Naturschutzes. In den Niederlanden hat man auf die Eindeichung der Markerwaard verzichtet und sie als Vogelrastgebiet erhalten. Sie sollte das letzte Neulandgebiet im Ijsselmeer

werden (Abb. 57). An der deutschen Nordseeküste sind rund 60 000 km$^2$ zum Nationalpark Wattenmeer erklärt worden. Im internationalen Rahmen können solche Schritte beispielgebend sein, wenn sie sich mit einer Entwicklungspolitik verbinden, die auch die Dritte Welt in die Lage versetzt, ihren Beitrag zum Gewässerschutz zu leisten.

# Literaturverzeichnis

AHLHEIM, K.-H. [Hrsg.] (1989):
Wie funktioniert das? Wetter und Klima.
Mannheim–Wien–Zürich.

ALEKSANDROW-STENCHIKOW, G. L., et al. (1985):
Weltweite klimatische Folgen eines
Kernwaffenkrieges – mit dreidimensio-
nalen Modellen simuliert.
Wissenschaft und Fortschritt **35**:
285–288. Berlin.

ALEXANDER, K. F. (1978):
Energiequellen der Zukunft.
URANIA im Funk. Berlin.

ALEXANDERSSON, B., u. J. KLEVEBRING (1978):
World Resources Energy, Metals,
Minerals. Berlin–New York.

ANHUF, D. (1994):
Vegetationsdegradierung in den Tropen
am Beispiel Afrika - Ausmaß und Folgen.
In: ANHUF, D., u. P. FRANKENBERG:
Beiträge zu globalen Umweltproblemen.
Stuttgart: 135–154.

BACHMANN, H. (1979):
Internationale Entwicklungslinien der
Klassifikation von Lagerstättenvorräten
mineralischer Rohstoffe.
Zschr. f. angewandte Geologie **25**:
113–119.

BACHMANN, H. (1983):
Wie lange reichen die Rohstoffe der
Erde? Zschr. f. angewandte Geologie **29**:
609–616.

BACHMANN, H. (1983):
Ökonomie mineralischer Rohstoffe.
Leipzig.

BACHMANN, H. (1985):
Die Rolle der fossilen Energieträger bei
der langfristigen Weltenergieversorgung.
Zschr. f. geologische Wissenschaften **13**.

BACHMANN, H. (1985):
Standort- und Nutzungsprobleme mineralischer Rohstofflagerstätten im Weltmaßstab.
Geographische Berichte **30**: 29–42.

BARSCH, H., u. R. WEISSE (1979):
Landeskulturelle Aspekte bei der
Entwicklung territorialer Produktions-
komplexe in Sibirien.
Peterm. Geogr. Mitt. **123**: 89–99.

BAUM, V. (1979):
The north-south dialogue from a raw
materials perspective.
In: BENDER, K.: The Mineral Resources
Potential of the Earth. Stuttgart: 8–23.

BAUMANN, L. (1978):
Zur Bedeutung der Plattentektonik für
die Metallogenie – Minerogenie.
Zschr. f. geologische Wissenschaften **6**:
1357–1377.

BAUMANN, L. (1984):
Die Zyklizität in der Plattentektonik und
in den zugehörigen metallogenetischen
Prozessen. Zschr. f. geologische Wissenschaften **12**: 141–173.

BAUMANN, L., I. NIKOLSKIJ u. M. WOLF (1982):
Einführung in die Geologie und Erkundung von Lagerstätten. Leipzig.

BAUMANN L., u. G. TISCHENDORF 1976):
Einführung in die Metallogenie –
Minerogenie. Leipzig.

BERZ, G. (1990):
Klimaänderungen. Auswirkungen auf
Volkswirtschaft und Versicherungs-
wesen. Geographische Rundschau **42**:
334–339.

BISCHOFF, G., u. W. GOCHT (1981):
Das Energiehandbuch. Wiesbaden.

BLOOM, A. L. (1978):
Geomorphology. A systematic analysis
of late cenozoic landforms. New Jersey.

BLUME, H. P., et al. [Hrsg.] (1982):
Ökosystemforschung im Bereich der
Bornhöveder Seenkette.
EcoSys. Beiträge zur Ökosystem-
forschung, Bd. 1: Kiel.

BLUME, H. P., u. H. SUKOPP (1976):
Ökologische Bedeutung anthropogener
Bodenveränderungen.
In: SUKOPP, H., u. W. TRAUTMANN [Hrsg.]:
Veränderung der Flora und Fauna in der
BRD. Schriftentreihe für Vegetations-
kunde **10**: 75–89.

BOESLER, K. A. (1989):
Rohstoffwirtschaft.
Aarau–Frankfurt/Main–Salzburg.

BOTT, M. P. H. (1982):
The interiour of the Earth: Its structure,
constitution and evolution. 2. Auflage:
London.

BOWMAN, M. J., u. D. J. HARVIS (1984):
Multilateral Treaties:
Index and Current Status. London.

BRAMER, H. (1982):
Geographische Zonen der Erde. Gotha.

BRECHT, C., u. H.-G. GOETHE et al. (1993):
Jahrbuch Bergbau, Erdöl und Erdgas,
Petrochemie, Elektrizität, Umweltschutz
1993. Essen.

BROSIN, H.-J. [Hrsg.] (1984):
Das Weltmeer. Leipzig–Jena–Berlin.

BROWN, H. [Hrsg.] (1979):
Renewable Energy Prospects. Oxford.

BRUNDTLAND, G. H. [Vors.] (1988):
Unsere gemeinsame Zukunft.
Bericht der Weltkommission für Umwelt
und Entwicklung. Berlin.

BRUENIG, E. F. (1991):
Der tropische Regenwald im
Spannungsfeld „Mensch und Biosphäre".
Geographische Rundschau **43**:
224–230.

BRUNNER, H. (1981):
Zur Bewertung des Naturpotentials der
Tropen und Subtropen für den Pflanzen-
bau. Peterm. Geogr. Mitt. **125**: 47–51.

BUDYKO, M. I. (1980):
Global Ecology. Moscow.

Bundesanstalt für Geowissenschaften
und Rohstoffe (verschiedene Jahrgänge):
Jahresberichte zur Rohstoffsituation.
Hannover.

Bundesanstalt für Rohstoffe (1989):
Reserven, Ressourcen und Verfügbarkeit
von Energierohstoffen. Hannover.

BÜRGER, K. (1985):
Die mineralischen Ressourcen Afrikas.
Potsdamer Forschungen, Reihe A,
H. **75**: 102–122. Potsdam.

BÜRGER, K. (1985):
Geographische Aspekte der
Bilanzierung und Prognostizierung
mineralischer Ressourcen.
Geographische Berichte **30**: 43–59.

BÜRGER, K. (1988):
Entwicklung, Standortverteilung
der Produktion und Probleme des
Getreideanbaues im Weltmaßstab.
Wiss. Zschr. d. Humboldt-Universität
zu Berlin. Berlin.

BÜRGER, K. (1990):
Hunger: Tod für 50 Millionen.
Horizont International, H. **19**.
Berlin.

BÜRGER, K. (1990):
Möglichkeiten und Probleme der
Ernährung der Weltbevölkerung im
Zeitraum bis zum Jahr 2000.
Geographische Berichte **35**: 15–28.

BURKE, K., u. J. T. WILSON (1976):
Hot spots on the Earth's surface.
In: Continents adrift and continents
aground. San Francisco: 58–69.

CALLOT, F. (1974):
   Minerals in the World Economy.
   Washington.

CALLOT, F. (1985):
   Gewinnung und Verlust von Mineralien
   auf Weltebene 1983. Annales des Mines.
   Juillet–Aout.

CALLOT, G. (1982):
   Mineralstoffe der Welt. Essen.

CHORLEY, R. J., u. B. A. KENNEDY (1971):
   Physical Geography.
   A Systems Approach. London.

CISSARZ, A. (1965):
   Einführung in die allgemeine und systematische Lagerstättenlehre. Stuttgart.

CLOOS, H. (1939):
   Hebung – Spaltung – Vulkanismus.
   Elemente einer geometrischen Analyse
   irdischer Großformen. Geolog. Rundschau **30**: 400–528, 545–567.

DAHM, K.-P., H. GERSTENBERGER u.
   M. GEISSLER (1985):
   Zum Problem der Granitgenese im
   Erzgebirge, DDR. Zschr. f. geologische
   Wissenschaften **13**: 545–567.

DECH, S. W., u. R. RESSEL (1993):
   Die Verlandung des Aralsees.
   Eine Bestandesaufnahme durch
   Satellitenfernerkundung.
   Geographische Rundschau **45**: 345–352.

DEGENS, E. T. (1988):
   Folgen des $CO_2$-Anstieges in der Luft.
   In: GERMANN, K., WARNECKE, G., u.
   M. HUCH [Hrsg.]: Die Erde.
   Dynamische Enwicklung – menschliche
   Eingriffe – globale Risiken.
   Berlin–Heidelberg–New York: 129–138.

DENFFER, D. V., et al. (1978):
   Lehrbuch der Botanik.
   Begründet von E. STRASBURGER u. a.
   Jena.

DEWEY, J. F. (1972):
   Plate tectonics.
   In: Scientific American: Planet Earth.
   San Francisco: 124–135.

DONGES, J. B. (1985):
   The Economics of Deep-Sea Mining.
   Berlin.

DÖPP, W. (1988):
   Venedig und seine Lagune.
   Ein traditionsreicher Konfliktraum
   mit akutem Handlungsbedarf.
   Geographische Rundschau **40**: 49–55.

DURNUNG, A. B. (1992):
   Die Armutsfalle.
   Worldwatch Paper, Bd. **2**. Schwalbach.

DYCK, S. (1983):
   Grundlagen der Hydrologie. Berlin.

DYCK, S. (1985):
   Der Wasserkreislauf der Erde.
   Wissenschaft und Fortschritt **7**: 176–179.

EHRENDORFER, F (1978):
   Geobotanik. In: DENFFER, D. V., et al.:
   Lehrbuch der Botanik. Begründet von
   E. STRASBURGER et al., 31. Auflage.
   Jena: 862–987.

ENDRES, A., u. I. QUERNER (1993):
   Die Ökonomie natürlicher Ressourcen.
   Darmstadt.

Energy in a Finite World.
   Report by the International Institute
   for Applied Systems Analysis (1981).
   Autorengruppe. Laxenburg.

ENGELHARDT, W., u. H. WEINZIERL (1993):
   Der Erdgipfel.
   Perspektiven für die Zeit nach Rio.
   Bonn.

ELLENBERG, H. [Hrsg.] (1971):
   Integrated Experimental Ecology.
   Methods and Results of Ecosystem
   Research in the German Solling Projekt.
   Berlin–Heidelberg–New York.

ERTEL, H. (1954):
   Kausalität, Teleologie und Willens-
   freiheit als Problemkomplex der
   Naturphilosophie. Berlin.

FETTWEIS, G. B. (1981):
   Bergmännische Gesichtspunkte
   zur Rohstoffversorgung. Wien.

FORTAK, H. (1988):
    Prinzipielle Grenzen der Vorher-
    sagbarkeit atmosphärischer Prozesse.
    In: GERMANN, K., WARNECKE G., u.
    M. HUCH [Hrsg.]: Die Erde.
    Dynamische Enwicklung – menschliche
    Eingriffe – globale Risiken.
    Berlin–Heidelberg–New York: 169–182.
FRIEDENSBURG, F. (1976):
    Die Bergwirtschaft der Erde. Stuttgart.
FRISCH, J.-R. (1981):
    Energy 2000–2020: World Prospects
    and Regional Stresses.
    World Energy Conference. London.
FRISCH, W., u. J. LOESCHKE (1993):
    Plattentektonik. 3. überarbeitete Auflage.
    Erträge der Forschung., Bd. 236. Darmstadt.
Früchte der Erde (1977).
    Autorengruppe. Leipzig–Jena–Berlin.
FUKAREK, F., et al. (1979):
    Die Pflanzenwelt der Erde.
    Leipzig–Jena–Berlin.

GAIA (1984):
    Der Öko-Atlas unserer Erde.
    Frankfurt/Main.
GANSAUGE, P. (1975):
    Notwendigkeit und Probleme der
    Bestimmung eines volkswirtschaftlich
    zweckmäßigen Vorlaufs an Lagerstätten-
    vorräten mineralischer Rohstoffe.
    Zschr. f. angew. Geologie 21: 39–45.
GASSNER, E., u. A. WINKELBRANDT (1992):
    Umweltverträglichkeitsprüfung in der
    Praxis. München.
GATZWEILER, C. (1993):
    Die ökologischen Folgen des Uran-
    bergbaus in Thüringen und Sachsen.
    Geographische Rundschau 45: 330–335.
GELLERT, J. F. (1981):
    Die Sahelkatastrophe. Wissenschaft
    und Umweltpolitik davor und danach.
    Wissenschaft und Fortschritt 31: 67–70.
GELLERT, J. F. (1982):
    Die Erde – Sphären, Zonen und Regio-
    nen, Territorien. Leipzig–Jena–Berlin.

GELLERT, J. F. (1982):
    Nutzung und Belastbarkeit der subariden
    Randgebiete der Wüsten.
    Geographische Berichte 27: 73–86.
GELLERT, J. F. (1983):
    Raubbau am Urwald.
    Seine Folgen für das globale Ökosystem.
    Wissenschaft und Fortschritt 33: 231–234.
GEORGII, H.-W. (1988):
    Weitere anthropogene atmosphärische
    Spurengase – Kleine Ursachen, große
    Wirkungen. In: GERMANN, K., WARN-
    ECKE, G., u. M. HUCH [Hrsg.]: Die Erde.
    Dynamische Enwicklung – menschliche
    Eingriffe – globale Risiken.
    Berlin–Heidelberg–New York: 139–154.
GESKE, R. (1987):
    Niederlande. Berlin.
Global 2000 (1980):
    Der Bericht an den Präsidenten.
    Frankfurt/Main.
GOCHT, W. (1983):
    Gewinnung mineralischer Rohstoffe aus
    dem Meer. In: Die Erde.
GOCHT, W. (1983):
    Wirtschaftsgeologie und Rohstoffpolitik.
    Berlin–Heidelberg–New York–Tokio.
GORE, A. (1992):
    Wege zum Gleichgewicht. Ein Marshall-
    plan für die Erde. Frankfurt/Main.
GREENLAND, D. J. (1974):
    Evolution and development of different
    types of shifting cultivation.
    FAO Soils Bulletin 24. Rom.
GROSSLING, B. F. (1977):
    The Petroleum Exploration Challenge with
    Respect to Developing Nations. Elsenford.

HAASE, G. (1964):
    Landschaftsökologische Detailuntersu-
    chungen und naturräumliche Gliederung.
    Peterm. Geor. Mitt. 108: 8–30.
HAASE, G. (1978):
    Zur Ableitung und Kennzeichnung von
    Naturpotentialen.
    Peterm. Geogr. Mitt. 122: 113–125.

HAASE, G., et al. (1991):
Naturraumerkundung und Landnutzung.
Beiträge zur Geographie **34**. Berlin.

HABER, W. (1979):
Theoretische Anmerkungen zur
Ökologischen Planung.
Verhandl. Ges. für Ökologie **7**.
Weihenstephan.

HAGGETT, P.:
Geographie – eine moderne Synthese.
Stuttgart.

HARRISON, P. (1993):
Greening of Afrika.
New York–London (im Druck).
Zitiert in: Welt-Ressourcen 1993

HEIN, W. [Hrsg.] (1992):
Umweltorientierte Entwicklungspolitik.
Hamburg.

HENDL, M. (1983):
Allgemeine Klimageographie.
In: HENDL, M., E. J. JÄGER u. J. MARCINEK:
Allgemeine Klima- Hydro und Vegeta-
tionsgeographie. Gotha: 11–90.

HEMPEL, G. (1979):
Fischereiregionen des Weltmeeres –
Produktion und Nutzung.
Geographische Rundschau **31**: 492–497.

HEROLD, D. (1975):
Die Dritte Seerechtskonferenz der
Vereinten Nationen. In: Die Erde.

HESS, H. H. (1962):
History of ocean basins.
In: ENGEL, A. E. J., JAMES H. L.,
u. B. F. LEONARD: Petrological Studies.
Denver: 599–620.

HEYWOOD, V. H., u. S. H. STUART (1990):
Species extinctions in tropical forests.
Discussion Document. 18. IUCN
General Assembly. Workshop 5. Perth.

HIGGINS, G. M. (1982):
Potential Population Supporting
Capacities of Lands in the Developing
World (FAO). Rom.

HOHL, R., et al. (1981):
Die Entwicklungsgeschichte der Erde.
Leipzig.

HOLZAPFEL, G. (1983):
Ernährung und Lebensmittelproduktion
im abgelaufenen Jahrzehnt (1970–1980)
unter besonderer Berücksichtigung der
Entwicklungsländer.
Peterm. Geogr. Mitt. **127**: 129–136.

HUPFER, P. (1984):
Neue Forschungsergebnisse zu den
Wechselwirkungen zwischen Ozean
und Atmosphäre.
Geographische Berichte **29**: 241–251.

HUPFER, P. [Hrsg.] (1991):
Das Klimasystem der Erde. Berlin.

Institut für Klimafolgeforschung (1993):
Auftrag und Charakter des Potsdam-
Institutes für Klimafolgeforschung.
Potsdam.

Jahrbuch der Atomwirtschaft (1994).
Düsseldorf.

JEFREMOW, J. (1965):
Resursy prirodnye
[Natürliche Ressourcen]. Moskva.

JEVONS, W. S. (1965):
The Coal Question. London.

KAHN, H. (1977):
The Next Two Hundred Years.
New York.

KEIL, G., TÖPFER, E., u. G. KLEY (1979):
Rohstoffe – die Basis unseres Lebens.
URANIA im Funk. Berlin.

KELLERSOHN, H. (1990):
Die Verschmutzung der Küsten und
Meere als regionale und globale
Herausforderung.
Geographische Rundschau **42**: 663–666.

KIRCHNER, C. (1977):
Rohstofferschließungsvorhaben in
Entwicklungsländern. Frankfurt/Main.

KLAPPER, H. (Hrsg.) (1980):
Flüsse und Seen der Erde. Erscheinungs-
formen, Stoffhaushalt, Lebensraum und
Nutzung der Binnengewässer.
Leipzig–Jena–Berlin.

KLAUS, D. (1981):
Klimatische und klima-ökologische
Aspekte der Dürre im Sahel. Wiesbaden.

KLUG, R., u. H. LANG (1983):
Einführung in die Geosystemlehre.
Darmstadt.

KNEESE, A. V., u. J. L. SWEENLY (1985):
Handbook of Natural Resource and
Energy Economics.
Amsterdam–New York–Oxford.

KÖLBEL, B. (1984):
Erdöl-Ergas-Geologie und Plattentektonik.
Zschr. f. angewandte Geologie **30**: 173–178.

KUCHLER, A. W. (1975):
Map of the Potential Natural Vegetation
of the Conterminous United States.
Special Publication 38. American
Geographical Society. New York.

KUMMERT, R., u. W. STUMM (1989):
Gewässer als Ökosysteme.
Grundlagen des Gewässerschutzes.
2., überarbeitete Auflage. Stuttgart.

KRAUKLIS, A. A. (1985):
Dinamika geosistem i osvoenie
priangarskoj tajgi [Die Dynamik der
Geosysteme und die Erschließung der
Angara-Taiga]. Novosibirsk.

LAUNER, E. (1992):
Datenhandbuch Süd–Nord. Göttingen.

LE PICHON, X., FRANCHETEAU, J.,
u. J. BONNIN (1973):
Plate tectonics. Amsterdam.

LESER, H. (1976):
Landschaftsökologie. Stuttgart

LESER, H. (1991):
Landschaftsökologie.
3., neu bearbeitete Auflage. Stuttgart

LIETH, H. u. R. H. WHITTAKER (1975):
Primary productivity of the biosphere.
Berlin–Heidelberg–New York.

LÜTTIG, G. W. (1985):
Die Grenzen des Wachstums,
geognostisch gesehen.
Mitteilungen der Fränkischen Geographischen Gesellschaft **29/30**: 1–47.

MAEDOWS, D. L., MAEDOWS, D. H.,
u. J. RANDERS (1972):
The Limiths to Growth [Bericht an den
Club of Rome]. New York.

MAEDOWS, D. L., MAEDOWS, D. H.,
u. J. RANDERS (1992):
Beyond the Limits. Global Collapse or a
Sustainable Future [Bericht an den Club
of Rome]. London.

MALENBAUM, W. (1977):
World Demand for Raw Materials
in 1985 and 2000. Philadelphia.

MALBERG, H. (1994):
Meteorologie und Klimatologie. Eine
Einführung. Berlin–Heidelberg–New York.

MANSHARD, W. (1982):
Alternativen der Energie-Versorgung
in Entwicklungsländern.
Geographische Rundschau **34**: 430–435.

MARCINEK, J. (1978):
Das Wasser des Festlandes.
Gotha–Leipzig.

MARCINEK, J., u. E. ROSENKRANZ (1983):
Das Wasser der Erde. Gotha.

MAUERSBERGER, P. (1977):
Wasserressourcen und ihre anthropo-
genen Veränderungen.
Sitzungsberichte der AdW der DDR
(N) **22**. Berlin.

McKELVEY, V. E. (1972):
Mineral Resources Estimates
and Public Policy. Amer. Sci. **60**: 32–40.

MEINHOLD, R. (1981):
Lagerstätten der Salze. Lagerstätten der
Kohlen. Erdöl- und Erdgaslagerstätten.
In: HOHL, R., u. a.: Die Entwicklungs-
geschichte der Erde. Leipzig.

MESAROVIC, M. D. (1983):
Der Weg in das 21. Jahrhundert [Bericht
an den Club of Rome]. München.

MINC, A. A. (1976):
Die ökonomische Bewertung der Naturressourcen. Gotha–Leipzig.

MIYASHIRO, A. (1973):
Metamorphism and metamorphic belts.
London.

NATHO, G. (1984):
Rohstoffpflanzen der Erde.
Leipzig–Jena–Berlin.

NAVEH, Z., u. A. LIEBERMAN (1994):
Landscape Ecology. Second Edition.
New York–Berlin–Heidelberg.

NEEF, E. (1967):
Die theoretischen Grundlagen der
Landschaftslehre. Gotha/Leipzig.

NEUMEISTER, H. [Hrsg.] (1987):
Geoökologie – geowissenschaftliche
Aspekte der Ökologie. Jena.

OLSZAK, G. (1984):
Zur Zyklizität geotektonischer Bewe-
gungen und zu einigen Aspekten der
Entwicklung geophysikalischer Para-
meter in der Geschichte der Erde.
Zschr. f. geolog. Wissenschaften **12**: 23–33.

PAGEL, H. (1985):
Boden und Gesellschaft.
In: Welternährung und Weltbevölkerung.
Schriftenreihe für den Referenten der
URANIA **8**: 47–54.

PALM, W. (1979):
Rohstoffe im Engpaß?
Leipzig–Jena–Berlin.

PARSON, R. (1969):
Priroda pred''javljaet ščët [Die Natur
präsentiert die Rechnung]. Moskva.

PAUCKE, H. (1984):
Weltproblem Rohstoff.
spectrum, Berlin **15**: 8–10.

PAUCKE, H., u. A. BAUER (1979):
Umweltprobleme – Herausforderung
der Menschheit. Berlin.

PETRASCHECK, W. E. (1994):
Einige Beziehungen zwischen Intrusions-
tektonik und Lagerstättenverteilung.
Geol. Rundschau **34**: 38–54.

POHL, W., u. W. E. PETRASCHECK (1992):
Lagerstättenlehre.
Eine Einführung in die Wissenschaft von
den mineralischen Bodenschätzen.
4. Auflage. Stuttgart.

POSTEL, S. (1993):
Die letzte Oase. Der Kampf um das
Wasser. Worldwatch Institute.

PREOBRASHENSKIJ, W. S. (1977):
Formen von Integrationsprozessen
in der Geographie.
Peterm. Geogr. Mitt. **121**: 175–177.

Presse- und Informationsamt der Bundesregierung (1994): Umweltpolitik –
Chancen für unsere Zukunft. Bonn.

RICHTER, H. (1978):
Einfluß der Flächennutzung auf die
Landschaftsgürtel des Festlandes.
Geographische Berichte **23**: 259–269.

RICHTER, H. (1979):
Naturräumliche Stockwerksgliederung.
Potsdamer Forschungen, Reihe B,
H. **15**: 141–149. Potsdam.

RICHTER, H. (1981):
Die inhaltliche Konzeption der Karte
„Flächennutzung und naturräumliche
Ausstattung" 1 : 750 000 im „Atlas
DDR". Peterm. Geogr. Mitt. **112**: 9–14.

ROOS, H., u. G. STREIBEL (1979):
Umweltgestaltung und Ökonomie
der Naturressourcen. Berlin.

ROSENKRANZ, E. (1980):
Das Meer und seine Nutzung.
Gotha/Leipzig.

RÖSLER, H.-J. (1979):
Lehrbuch der Mineralogie. Leipzig.

RUDOLPH, H. (1983):
Internationale Rohstoffabkommen
und Internationale Rohstoffonds.
Berlin.

RÜHLE, O. (1963):
Brot für sechs Milliarden.
Leipzig–Jena–Berlin.

SAAGER, R. (1984):
Metallische Rohstoffe von Antimon
bis Zirkonium. Zürich.

SAGLADIN, W., u. I. FROLOW (1982):
Globale Probleme der Gegenwart.
Berlin.

SAGLADIN, V., u. I. FROLOV (1983):
Global'nye problemy sovremennoj
Afriki [Globale Probleme des gegen-
wärtigen Afrika]. Moskva.

SCHARNOW, U., et al. (1978):
Grundlagen der Ozeanologie. Berlin.

SCHEFFER, F., u. P. SCHACHTSCHABEL (1982):
Lehrbuch der Bodenkunde.
11. Auflage, Stuttgart.

SCHERF, K., u. D. SCHOLZ (1981):
Zur Methodologie der geographischen
Darstellung gesellschaftlicher Erscheinungen, Prozesse und Zusammenhänge
im Territorium.
Zschr. f. d. Erdkundeunterricht **2/3**: 54–60;
**4**: 140–149; **5**: 181–190.

SCHMIDT, W. (1962):
Wirtschaftsgüter der Erde. Gotha.

SCHOLZ, E. (1978):
Wasserbautechnische Projekte
in den Niederlanden.
Geographische Berichte **23**: 301–316.

SCHÖNENBERG, R. (1979):
Geographie der Lagerstätten. Darmstadt.

SCHULTZ, J. (1988):
Die Ökozonen der Erde. Stuttgart.

SCHWAB, M. (1982):
Allgemeine Geologie.
In: KUGLER, H., SCHWAB, M.,
u. K. BILLWITZ: Allgemeine Geologie,
Geomorphologie und Bodengeographie.
Gotha: 1–76.

SEDLAG, U. (1973):
Die Tierwelt der Erde.
Leipzig–Jena–Berlin.

SHAPLEY, D. (1982):
Antarctic Up for Grabs. Science **11**.

SHIKLOMANOW, I. A., u. A. A. SOKOLOW (1983):
Methodological Basis of World Water
Balance Investigation and Computation.
In: Papers of Workshop World Water
Balance. 18th General Assembly
IUGG/IAHS. Hamburg.

SIEBERT, H. (1983):
Ökonomische Theorie natürlicher
Ressourcen. Tübingen.

SOČAVA, V. B. (1978):
Vvedenie v učenie o geosistemach
[Einführung in die Lehre von den
Geosystemen]. Novosibirsk.

SOYEZ, D. (1985):
Ressourcenverknappung und Konflikt.
Entstehung und Raumwirksamkeit mit
Beispielen aus dem mittelschwedischen
Industriegebiet. Saarbrücken.

SPRINGIS, K. J. (1971):
Morskaja geologija problemy mineral'-
nogo syr'ja [Meeresgeologie zum
Problem der mineralischen Rohstoffe].
Moskva.

STAMMBERGER, F. (1966):
Grundfragen der ökonomischen
Geologie. Berlin.

STAMMBERGER, F. (1972):
Die nutzbaren Lagerstätten der DDR –
ihre geologische und ökonomische
Charakterisierung. Schriftenreihe für den
Referenten der URANIA **1**: 16–35.

STAMS, W. (1983):
Geographische Zonen nach den
häufigsten Landschaftselementen.
In: Kleine Enzyklopädie Natur. Leipzig.

STEMPELL, D. (1985):
Weltbevölkerung 2000.
Leipzig–Jena–Berlin.

STRAHM, R. (1990):
Warum wir so arm sind. Wuppertal.

STRÖBELE, W. (1987):
Rohstoffökonomik. München.


TROLL, C. (1939):
Luftbildplan und ökologische Boden-
forschung. Zschr. d. Ges. f. Erdkunde
Berlin: 241–298.

TROLL, C. (1950):
Die geographische Landschaft und ihre
Erforschung.
Studium generale **3**: 163–181.

TRUSSOW, J. P., u. J. K. PLETNIKOW u. a. (1973):
Wissenschaftlich-technische Revolution
und Gesellschaft.
Moskau-Leipzig.

TÜXEN, R. [Hrsg.] (1956):
Die heutige potentielle natürliche
Vegetation als Gegenstand der
Vegetationskartierung.
Angewandte Pflanzensoziologie **13**: 5–42.

UHLIG, H. (1983):
Reisbausysteme und -ökotope
in Südostasien. Erdkunde **37**: 269–275.

UHLMANN, D. (1985):
Ökotechnologie –
Aufgaben und Lösungsweg.
Wissenschaft und Fortschritt **36**: 108–111.

ULRICH, J. (1979):
Erforschung und Nutzung des Meeresbodens.
Geographische Rundschau **31**: 498–505.

US-Bureau of Mines (1974):
Classification of mineralic resources.
Washington.

VAN DER MAREEL, E. (1978):
Ecological principles for physical planning.
In: HOLGATE, M. W., u. M. J. WOODMAN
[Hrsg.]: The breakdown and restoration
of ecosystems. NATO Conf. Ser.1 (Ecology),
Bd. **3**: 413–450. New York u. London.

WALKER, G. (1924):
Correlation in seasonal variation
of weather.
Mem. Indian Metereolog. Dept. **24**: 275–332.

WALTER, H. (1964):
Die Vegetation der Erde in öko-physiolo-
gischer Betrachtung. Band 1: Die tropischen und subtropischen Zonen. Stuttgart.

WALTER, H. (1968):
Die Vegetation der Erde in öko-physiolo-
gischer Betrachtung. Band 2: Die gemäßigten und arktischen Zonen. Stuttgart.

WALTERS, C. I. (1980):
System-Ökologie – Erfassung der
Systeme und mathematische Modelle
in der Ökologie.
In: ODUM, D. G.: Grundlagen der Ökolo-
gie. Übersetzt und bearbeitet von I. u. E.
OVERBECK. Stuttgart–New York.

WARNECKE, G. (1991):
Meteorologie und Umwelt. Eine Einführung. Berlin–Heidelberg–New York.

WEBSTER, P. J. (1982):
Seasonality in the Local and Remote
Atmospheric Response to Sea Surface
Anomalies. Journal Atmospheric
Sciences **39**: 41–52.

WEGENER, A. (1912):
Die Entstehung der Kontinente.
Geol. Rundschau **3**: 276–292.

WEGENER, A. (1929):
Die Entstehung der Kontinente
und Ozeane.
Sammlung Viehweg Nr. **66**. Braunschweig.

WEIZSÄCKER, E. U., u. R. BLEISCHWITZ
[Hrsg.] (1992):
Klima und Strukturwandel. Bonn.

Weltkommission für Umwelt und
Entwicklung (1988):
Unsere gemeinsame Zukunft. Berlin.

Welt-Ressourcen (1994):
Teil 3: Lebensraum Erde – Trinkwasser.
3. Erg.-Lfg.: Landsberg/Lech.

WIJKMAN, A., u. T. TIMBERLAKE (1984):
Natural Disasters: Acts of God
or Acts of Man? London.

WILSON, M. (1965):
A new class of faults and their
bearing on continental drift.
Nature **207**: 343–347.

ZIEGLER, H. (1978):
Physiologie.
In: DENFFER, D. V., et al.:
Lehrbuch der Botanik. Begründet von
E. STRASBURGER u.a. Jena: 214–476.

ZIMM, A., u. G. MARKUSE (1979):
Geographische Komplexität in der
regionalen Geographie, dargestellt an
Problemen der Optimierung der Terri-
torialstruktur im Volga-Kaspi-Raum.
Peterm. Geogr. Mitt. **123**: 25–37.

ZIMMERMANN, E. W. (1951):
World resources and industries.
New York.

ZIMMERMANN, E. W. (1964):
Introduction to World Resources. New York.
ZIMMERMANN, H., u. B. HANSJÜRGENS (1994):
Prinzipien der Umweltpolitik
in ökonomischer Sicht. Bonn.
ZONNEVELD, I. S. (1972):
Land Evualation and Land(scape) Science.
ITC Textbook of Photo-Interpretation,
Chapter VII.4. Enschede.
ZONNEVELD, I. S (1990):
Scope and concepts of landscape
ecology as an emerging science.
In: ZONNEVELD I. S., u. R. T. FORMAN [Hrsg.]:
Changing Landscapes. New York: 1–20.

## Statistische Literatur

Der Fischer Weltalmanach.
Frankfurt/Main (verschiedene Jahrgänge).

EG-Rohstoffbilanzen
(Statistisches Amt der EG).
Luxemburg (verschiedene Jahrgänge).
Energy Statistic Yearbook 1994.

Fisheries Statistics of Japan.
Tokio (verschiedene Jahrgänge).

Jahrbuch Produktion der Ernährungs-
und Landwirtschaftsorganisation der
Vereinten Nationen (FAO).
Rom (verschiedene Jahrgänge).

Statistiken der Weltenergiekonferenzen.
London u. a. Orte
(verschiedene Jahrgänge).
Statistisches Jahrbuch der DDR.
Berlin (verschiedene Jahrgänge).
Statistisches Jahrbuch für die
Bundesrepublik Deutschland.
Stuttgart-Mainz
(verschiedene Jahrgänge).

UN-Conference on Desertification.
UNCOD (1977), 4.
UN Monthly Bulletin of Statistics.
New York (verschiedene Jahrgänge).
UN Statistical Yearbook.
New York (verschiedene Jahrgänge).
UN Yearbook of Forest Products (FAO).
Rom (verschiedene Jahrgänge).
UN Yearbook of International Trade Statistics.
New York (verschiedene Jahrgänge).
UN Yearbook of the Food and Agriculture
Organization (FAO).
Rom (verschiedene Jahrgänge).

Welternährungsbericht (FAO). Rom
(verschiedene Jahrgänge).
World Energy Statistics 80–84 (1986).
Keyworth–Nottinghamshire.
World Energy Supplies.
London (verschiedene Jahrgänge).
World Mineral Statistics
(Institute of Geological Sciences).
London (verschiedene Jahrgänge).

# Abbildungsverzeichnis

280

# Tabellenverzeichnis

# Glossar

**Anadrome**

*siehe* Diadrome

**Antarktis**

Im völkerrechtlichen Sinne das Gebiet südlich des 60. südlichen Breitengrades; 36 Mio. km$^2$ umfassend; durch Antarktisvertrag 1959 zur internationalen Friedenszone erklärt; durch Verträge und Konventionen gegen Ausbeutung mineralischer und biologischer Ressourcen geschützt.

**Anwachskeil**

Sedimentstapel am äußeren Rand der Oberplatte in einer Kollisionszone. Bei der Subduktion der Unterplatte wird ein großer Teil der in der Tiefseerinne gelegenen Sedimente von der Unterplatte abgeschürft und als Wall von der Oberplatte aufgefaltet. Er bildet die äußere Schwelle von Faltengebirgen.

**Auenböden**

In Talauen auf den lehmigen und tonigen Flußablagerungen auftretende Böden. Sie können Lagen von eingeschwemmtem Humus aufweisen und grundwasserbeeinflußt sein, das heißt Gleymerkmale tragen. Auenböden (Fluvisols) kommen in allen Bodenzonen vor (*siehe* Gley).

**Bakterien**

Mikroskopisch kleine Organismen, die an vielen Stoffumwandlungen im Boden und im oberflächennahen geologischen Substrat beteiligt sind. Dementsprechend können kohlehydratabbauende, ammonifizierende, nitrifizierende, denitrifizierende, stickstoffbindende sowie Schwefel- und Eisenbakterien unterschieden werden. Nach dem Medium, das sie umgibt, lassen sich aerobe (im durchlüfteten Bereich lebende) und anaerobe (im Grundwasserbereich lebende) Bakterien voneinander trennen.

**Bauxit**

Rohstoff für die Aluminiumgewinnung. Produkt der chemischen Verwitterung. Bei der Hydrolyse von Kalken oder Silikatgesteinen (Schiefern, Basalten) werden Aluminium und Eisen getrennt von Kalk und Silikaten ausgefällt. Dementsprechend unterscheidet man Silikatbauxite und Kalkbauxite. Das namengebende Vorkommen in Südfrankreich (Les Baux) besteht aus Kalkbauxit. Die größten Lagerstätten stellen tropische Silikatbauxite (Lateritbauxite) dar.

**Begleitrohstoff**

Ein nutzbarer mineralischer Stoff, der im Zusammenhang mit der Gewinnung des Hauptrohstoffes vorgefunden wird und abgebaut werden kann.

**Bergbauliche Produktion**

Die in bergbaulichen Betrieben gewonnene Produktion. Bei der statistischen Erfassung der Erze spielen die unterschiedlichen Metallgehalte eine Rolle. Daraus resultieren voneinander abweichende Angaben, wenn Erz- bzw. Verhüttungsgewicht oder Metallgewicht erfaßt wird.

**Biologische Ressourcen**

Für die menschliche Nutzung direkt
oder indirekt verfügbare oder verfügbar
gemachte pflanzliche und tierische
Stoffe.

**BSP**

Bruttosozialprodukt: eine statistische
Größe zur Messung der Leistungen einer
Volkswirtschaft, die über den Markt
abgesetzt werden kann (ohne Leistungen
ausländischer Unternehmen im Inland).

**Chlorophyll**

Grünes pflanzliches Pigment, das in der
Lage ist, Sonnenstrahlung zu absorbie-
ren. Das Absorptionsmaximum von
Chlorophyll a liegt im Bereich des
sichtbaren Lichtes bei einer Wellenlänge
von 0,7 µm. Untergeordnet absorbieren
Chlorophyll b und das rote Pigment
Karotin bei 0,4 µm.

**Diadrome**

Fischarten, die zum Laichen aus ihrem
eigentlichen Lebensraum (Salzwasser-
oder Süßwasserbereich) in den jeweils
anderen wandern, wobei im Süßwasserbereich laichende Fische als Anadrome,
im Salzwasserbereich laichende Fische
als Katadrome bezeichnet werden.

**Diskordanzlagerstätte**

Ausfällungslagerstätten von Erzen an
Störungszonen, in denen hydrothermale
Wässer von oben oder unten eindringen
und die Metalle durch Reduktion aus
dem Gesteinsverband herauslösen
sowie an anderer Stelle bei Oxidation
konzentriert absetzen. 30 % der Weltvorräte an Uran sind auf diese Weise
entstanden.

**Diversifizierung**

Die Herbeiführung struktureller Wand-
lungen zur Überwindung einer einseitigen Wirtschaftsstruktur; Ziel: vielseitige
Struktur (Polystruktur), besonders in
Industrie und Landwirtschaft.

**Domestikation**

Die Umwandlung von Wildtieren
in Haustiere; im weiteren Sinn auch
Züchtung von Kulturpflanzen aus
Wildpflanzen.

**Energieträger**

Die Stoffe und Kräfte, die zur Abgabe
von Energie genutzt werden können.
Die bedeutendsten sind Kohle, Erdöl,
Erdgas, Kernbrennstoffe, Wasser und
Holz. Hinzu kommen Sonnen-, Wind-,
Bio- und Meeresenergie sowie geother-
mische Energie.

**Energieverbrauch** bzw. **Primärenergie-
verbrauch**

Der Verbrauch an Stoffen und Kräften
in einem bestimmten Gebiet (Haushalt,
Land, Erdteil, Erde), meist aufgeschlüs-
selt auf Energieträger und auf SKE
berechnet (*siehe* SKE).

**Energiekonsens**

Bemühungen, um möglichst Übereinstimmung hinsichtlich der zukünftigen
Energiepolitik zu erreichen. Insbesondere geht es um den weiteren Einsatz
von Primärenergieträgern zur Deckung
des Eigenbedarfs, z. B. um Steinkohle.

**Entwicklungshilfe**

Staatliche und private materielle und
nichtmaterielle Leistungen von entwik-
kelten Ländern an Entwicklungsländer.

**FAO**

Food and Agriculture Organization:
Ernährungs- und Landwirtschaftsorganisation der UNO, strebt die Hebung
des Ernährungsstandards auf der Erde
und die Verbesserung der Lebensbedingungen der ländlichen Bevölkerung an.

**Flächenumwidmung**

Die Veränderung der Nutzungsstruktur
von Flächen, insbesondere von Wald-
und Agrarflächen, von Wiesen und
Weiden in ackerbaulich zu nutzende
Flächen usw.

## Geburtenrate

Die Zahl der Geburten eines bestimmten Gebietes (Stadt, Land, Kontinent), bezogen auf 1 000 Einwohner.

## Geburtenüberschuß

*siehe* Wachstumsrate der Bevölkerung

## GE

Getreideeinheit: ein Naturalmaßstab (Vergleichswert), mit dem die ernährungswirtschaftliche Leistung aller landwirtschaftlichen Erzeugnisse mit dem Ernährungswert (Stärke- und Eiweißwert) des Getreides verglichen werden kann. Dabei wird der ernährungswirtschaftliche Wert des Getreides gleich 1 gesetzt. *Beispiele:* 1dt Getreide = 1,0 GE; 1dt Hülsenfrüchte (Erbsen, Bohnen usw.) = 1,2 GE; 1dt Ölfrüchte (Raps, Sonnenblumenkerne) = 2,0 GE; 1dt Hackfrüchte (Kartoffeln, Zuckerrüben) = 0,25 GE; 1dt Gemüse = 0,15 – 0,3 GE; 1dt Beerenobst (Himbeeren, Brombeeren) = 0,75 GE; 1dt Rind, Schaf = 6,0 GE; 1dt Geflügel, Fisch = 6,0 GE; 1dt Butter mit ca. 82 % Fett = 13,0 GE; 1hl Wein = 1,5 GE.

## Gley

Grundwasserbeeinflußter Bodentyp, der an Eisenanreicherungen im Unterboden zu erkennen ist. Diese können Rostflecken (oxidativ gebildet bei zeitweiligem Grundwassereinfluß) oder Bleichflecken (reduktiv gebildet bei andauerndem Grundwassereinfluß) darstellen. Gleyböden (Gleysols) treten in allen Bodenzonen auf.

## Granitoide

Saure plutonische Gesteine, die über 20 % Quarz enthalten (Granite, Granodiorite). Bei der Kennzeichnung von Erzlagerstätten werden zum Teil auch Diorite und Gabbros dieser Gesteinsgruppe zugeordnet.

## GV oder GVE

Großvieheinheit: ein Umrechnungsschlüssel (Vergleichswert) für Tierarten und Altersklassen auf die Einheit von 1 Stück Großvieh, das einem Lebendgewicht von 500 kg entspricht. *Beispiele:* 1 Pferd, 3 Jahre und älter, mittelschwer = 1,0 GV; 1 Esel = 0,5 GV; 1 Jungrind, 3 Monate bis 1 Jahr = 0,4 GV; 1 Kuh, 2 Jahre und älter = 1,0 GV; 1 Schaf, 1 Jahr und älter = 0,1 GV; 1 Ziege, 1 Jahr und älter = 0,1 GV; 1 Schwein, 10 Monate und älter = 0,25 GV; 1 Stück Geflügel (Durchschnittswert) = 0,006 GV.

## Grüne Revolution

Sammelbegriff für die gezielte Steigerung der Erträge von Nutzpflanzen zur Nahrungsmittelproduktion in Entwicklungsländern. Ansatzpunkte sind der Einsatz von Hochleistungssaatgut, Düngemitteln, Schädlingsbekämpfungsmitteln, Bewässerung und Maschinen.

## GUS

Gemeinschaft Unabhängiger Staaten: Staatenbund, der aus der ehemaligen Sowjetunion hervorgegangen ist. Der GUS gehören alle ehemaligen Republiken der UdSSR mit Ausnahme der baltischen Republiken an.

## Halbfabrikat

Ein Zwischenerzeugnis, das schon Ergebnis eines Produktionsprozesses ist, aber Bearbeitungsgegenstand eines neuen Produktionsprozesses wird.

## Hauptrohstoff oder Hauptkomponente

Eine mineralische Stoffkomponente, um derentwillen die Lagerstätte abgebaut wird. Sie gibt der Lagerstätte meist den Namen, z. B. Kalilagerstätte.

## Isostasie

Unter plattentektonischen Aspekten hydrostatischer Gleichgewichtszustand (Tauchgleichgewicht) im oberen Erdmantel. Je mächtiger und/oder dichter die Kruste ist, desto tiefer liegt die Krustenuntergrenze.

## Isotope

Nuklide (Atome) mit gleicher Protonen-
zahl (Kernladungszahl), aber verschiedener Neutronenzahl und damit unterschiedlicher Masse. In der Isotopen-
geologie wird die Verteilung der Isotope
im Gestein untersucht. Daraus lassen
sich Hinweise auf die Genese und das
Alter der Gesteine ableiten. Es gibt rund
270 stabile und rund 20 instabile (radioaktive) Isotope in der Natur.

## Katadrome

*siehe* Diadrome

## Kationentauschkapazität

*siehe* Sorption

## Kohlearten

Im deutschen Sprachraum die Gliederung der Kohlevorkommen in Braun-
und Steinkohlen. Sie ist aus den Prozessen der Kohlebildung in Mitteleuropa
abgeleitet worden. Braunkohle hat einen
Heizwert unter 23 000 kJ/kg. Man unterscheidet (bei steigendem Heizwert) Weich-
braunkohle (erdig, stückig) und Hart-
braunkohle (Matt- und Pechbraunkohle).
Steinkohle, mit einem Heizwert über
23 000 kJ/kg, gliedert sich in Flammkoh-
le, Gaskohle, Fettkohle (Kokskohle),
Magerkohle und Anthrazit, ebenfalls bei
steigendem Heizwert und einem von
40 % auf 4 % sinkendem Anteil an
flüchtigen Bestandteilen. In anderen
Erdteilen waren die Bedingungen für die
Bildung von Kohlelagerstätten anders,
woraus andere Gliederungen resultieren.
Weltweit trifft man auf viele Übergangsformen zwischen den deutschen Kohle-
arten Braun- und Steinkohle.

## Lagerstätte

Eine natürliche Konzentration von Mineralen, die entsprechend den heutigen technischen Möglichkeiten und wirtschaftlichen Erfordernissen nutzbringend gewonnen und verarbeitet werden können.

## Lagerstättenpotential

Die Gesamtmenge an Stoffen in Lagerstätten.

## Landschaft

Ausschnitt der Erdhülle, dessen Ausstattung und Verhalten von der Natur vorge-
zeichnet ist sowie vom Menschen beeinflußt und gestaltet wird (HAASE u. a. 1991).
Landschaftliche Komponenten (Kompartimente) leiten sich aus den Erdsphären und ihrer anthropogenen Über-
prägung ab: Luft, Wasser, Bios, Boden,
Relief, geologischer Bau, Landnutzung.

## Landschaftsverbrauch

Inanspruchnahme von Freiräumen durch
Siedlungen, Industriegebiete, Bergbau-
flächen und Verkehrsanlagen.

## Landwirtschaftliche Nutzsysteme

– Traditionelle Landwirtschaft:
  Praktiken wie Fruchtrotation, Aus-
  bringen von Viehdung auf die Böden,
  umfassende Bearbeitung der Böden
  und Bearbeitung der Felder mit
  Pferden und Ochsen;
– Konventionelle Landwirtschaft:
  umfangreicher Einsatz chemischer
  Düngemittel und Pestizide, fortgesetz-
  ter Anbau einer Frucht oder Rotation,
  umfassender Einsatz von Maschinen,
  Schwerpunkt: hohe Erträge;
– Alternative Landwirtschaft:
  Praktiken wie Fruchtrotation, sanfte
  oder gar keine Bearbeitung der Böden,
  mechanisch/biologische Unkrautbe-
  kämpfung, Kombination von Ackerbau und Viehzucht, verminderter oder
  kein Einsatz von chemischen Düngemitteln und Pestiziden, integrierte
  Schädlingsbekämpfung, Versorgung
  der Böden mit Nährstoffen unterschiedlicher Herkunft (Viehdung,
  Leguminosen);
– Intensive Landwirtschaft:
  Maximierung der landwirtschaftlichen
  Produktionsfläche je Einheit Land, im
  allgemeinen mit verstärktem Einsatz

von Chemikalien, Arbeitskraft und
Maschinen;
– Extensive Landwirtschaft:
Maximierung der landwirtschaftlichen
Produktionsfläche mit geringerem
Einsatz von Chemikalien, Arbeitskraft
und Maschinen.

## Manteldiapir

Über heißen Stellen (hot spots) im
Erdmantel aufgestiegenes Mantelmagma.
Mit dem Aufstieg sind Krustenauf-
schmelzungen und Erzbildungen ver-
knüpft. Manteldiapire treten in Arko-
genen auf, Krustenaufwölbungen
(Aufwölbungen der MOHO-Fläche) über
Konvektionsströmungen im Erdmantel.

## Metallische Ressourcen

Erze, aus denen Metalle gewonnen
werden können.

## Metallreservenindex

Die Mittel eines jeden Landes (oder
Kontinentes) im Hinblick auf die globa-
len Anteile an 15 wichtigen metallischen
Stoffen.

## Natürliche Bitumina

Anreicherungen von Kohlenwasserstoffen, die bei ihrer Verbrennung im Vergleich zur Kohle geringere Mengen des
Treibhausgases $CO_2$ freisetzen. Erdöl ist
eine Verbindung flüssiger Kohlenwasserstoffe (Alkane, Naphtene, Benzole) mit
geringen Schwefel-, Sauerstoff- und
Stickstoffanteilen. Erdgas ist eine Verbindung gasförmiger Kohlenwasserstoffe
(Methane, Paraffine) mit geringen
Mengen von $N_2$, $CO_2$ und $H_2S$. Erdteer
ist besonders dichtes, oft schwefel-
reiches Rohöl, das in Ölschiefern oder
Ölsanden vorkommt.

## Naturraum

Ausschnitt der Erdhülle, bei dessen
Beschreibung von der anthropogenen
Beeinflussung abstrahiert wird. Natur-
räumliche Komponenten (Komparti-
mente) leiten sich allein aus den
Erdsphären ab: Luft, Wasser, Bios,
Boden, Relief, geologischer Bau. Die
Landnutzung wird bei der Naturraum-
charakterisitk nicht berücksichtigt.

## Naturressource

*siehe* Ressource

## Nettostrahlung

Strahlungsbilanz, d. h. Differenz zwischen absorbierter Globalstrahlung und
effektiver Ausstrahlung. Die Globalstrahlung, die ihre höchste Strahldichte
im Bereich des sichtbaren Lichtes aufweist (Wellenlänge um 0,5 µm) und als
direkte Sonnenstrahlung und diffuse
Himmelsstrahlung auf die Erde trifft,
wird zum Teil reflektiert (Albedo), teilweise absorbiert. Die absorbierte Energie
wird von der Erde als Wärmestrahlung
im thermischen Infrarot (höchste Strahldichte bei Wellenlängen um 10 µm) abgestrahlt, zum Teil in der Atmosphäre
(Treibhausgase) absorbiert und als Gegenstrahlung zur Erde zurückgesandt
bzw. in den Weltraum als effektive Ausstrahlung abgegeben. Weltweit ist die
Strahlungsbilanz ausgeglichen. Polwärts
ergibt sich jedoch eine negative Strahlungsbilanz, äquatorwärts ist sie positiv.
Der meridionale Wärmeaustausch durch
Luft- und Meeresströmungen schwächt
die strahlungsbedingten Unterschiede im
Wärmehaushalt der Erde ab.

## OPEC

Organization of Petroleum Exporting
Countries: Organisation Erdölexportierender Länder.

## Ophiolithe

Gesteinsserien, die Fragmente ozeanischer Krusten und des oberen Erdmantels darstellen und an Kollisionszonen
aufgepreßt (obduziert) worden sind. Sie
bestehen u. a. aus am Ozeanboden
metamorphisierten Basalten, Gabbros
sowie Serpentiniten und Duniten.

## Paragenese

Zeitgleiche Entstehung unterschiedlicher
Minerale, die bei der magmatogenen
Bildung von Erzlagerstätten auftritt.
Paragenetische Sequenzen sind zeitlich
aufeinanderfolgende Mineralbildungen
bei der Kristallisationsdifferentiation
von Magmen. Damit verbunden sind
insbesondere in der hydrothermalen
Phase Hohlraumausfüllungen, Verdrän-
gungen oder Entmischungen.

## Phosphorit

Sammelbegriff für phosphatreiche
Gesteine. Dabei kann es sich entweder
um marine Sedimente handeln, die sich
an Küsten absetzen, an denen nährstoff-
reiches Tiefenwasser aufsteigt und an
denen sich darüber hinaus die Nahrungskette Phytoplankton–Fische–Vögel
ausgebildet hat, oder es handelt sich
um Verwitterungsprodukte, die bei der
chemischen Verwitterung von Kalken,
Dolomiten oder nephelinreichen
Magmatiten entstehen. Durch Hydrolyse bildet sich hierbei Apatit:
$Ca_5 (F, OH, Cl) (PO_4)_3$.

## Phytoplankton

Im Wasser schwebende Pflanzen
(z. B. Kieselalgen und Panzer-
flagellaten); wichtigste Nahrungs-
grundlage für das Tierleben im
Wasser.

## Recycling

Ein Prozeß, in welchem Produkte,
die bereits mindestens einen Produk-
tions- und Verbrauchszyklus durch-
laufen haben, in einen weiteren derarti-
gen Zyklus zurückgeführt werden
(Stoffkreislauf). Die auf diese Weise
recycelten Rohstoffe werden als
Sekundärrohstoffe bezeichnet; gewonnene Stoffe, die erstmals einen Produk-
tions- und Verbrauchszyklus durchlau-
fen, bezeichnet man im Unterschied
dazu als Primärrohstoffe.

## Renaturierung

Die Wiederherstellung eines naturnahen Stoffhaushaltes in ehemals
intensiv genutzten Landschaften durch
Extensivnutzung oder Nutzungs-
ausschluß (bei Naturschutzgebieten,
Nationalparks).

## Rekultivierung

Die Neugestaltung von Ackerland,
Forstflächen, Siedlungs- und Erholungs-
flächen auf devastierten Gebieten, vor
allem ehemaligen Tagebauflächen und
-ablagerungen.

## Reserve an mineralischen Stoffen

Diejenigen Vorkommen, deren Menge
und Qualität durch Proben und Messun-
gen festgestellt wurden und die zum
Zeitpunkt der Bemessung gewinnbrin-
gend gewonnen werden können. Reserven sind durch geologische Erkundung,
Technik, Kosten des Abbaus und durch
die Preise des Rohstoffes hinsichtlich
der Schätzwerte beeinflußbar.

## Ressource bzw. Naturressource

Von Menschen genutzte oder nutzbare
natürliche Stoffe und Energiearten. Dazu
gehören mineralische, energetische,
pflanzliche und tierische, Boden- und
Flächenressourcen.

## Revier

Ein größeres, von anderen Abbau-
gebieten meist deutlich abgegrenztes
Abbaugebiet von Bodenschätzen.

## Rift

Grabenbruch in kontinentaler oder
ozeanischer Kruste (mittelozanische
Rücken), an denen Mantelmagma
aufsteigen kann.

## Rohstoffe

Durch menschliche Arbeit umgewandelte Naturressourcen. Es sind weitgehend
unbearbeitete Erzeugnisse mineralischer,
pflanzlicher oder tierischer Herkunft, die
bis auf die Loslösung aus ihrer natürlichen Quelle noch keine weitere Verarbeitung erfahren haben.

**Salzgesteine**

Vornehmlich aus Salzmineralen bestehende Gesteine. Monomineralisch ist Steinsalz (Halit) aufgebaut (NaCl). Kalisalze sind polymineralische Bildungen: Sylvinit: Sylvin (KCl) + Halit; Hartsalz: Sylvin + Kieserit (Ca, K, Mg · $SO_4$) + Halit; Carnallitit: Carnallit (KCl · $MgCl_2$ · $6H_2O$) + Kieserit.

**Sensibler Rohstoff**

Ein Rohstoff, dessen Vorhaltedauer nach den heutigen Erkenntnissen maximal noch ein Jahrhundert betragen wird, danach also nur noch über Recycling zur Verfügung steht (*siehe* Rohstoffe, stabiler Rohstoff)

**Sorption**

In Böden Adsorption, Anlagerung von Ionen der Bodenlösung an Bodenaggregate (Tonminerale, Humusstoffe, untergeordnet Oxide). Ionen stellen Atome oder Atomgruppen dar, die eine positive (Kationen) oder negative (Anionen) elektrische Ladung tragen. Fruchtbare Böden haben eine hohe Sorptionskapazität. Sie können dementsprechend viele Ionen speichern und als Nährstoffe an die Pflanzenwurzeln abgeben. Allerdings gilt das gleiche auch für Schadstoffionen.

**Stabiler Rohstoff**

Ein Rohstoff, dessen Vorhaltedauer noch länger als ein Jahrhundert beträgt, häufig sogar mehrere Jahrhunderte (*siehe* Rohstoffe, sensibler Rohstoff).

**SKE**

Steinkohleneinheit: eine Energieeinheit, von der aus Umrechnungen in andere Energieträger erfolgen können.

*Beispiele:*

1 kg Steinkohle = 1,00 SKE = 8,14 kWh
1 kg Braunkohle ≈ 0,27 SKE = 2,21 kWh
1 kg Erdöl ≈ 1,44 SKE = 11,75 kWh
1 m³ Erdgas ≈ 1,09 SKE = 8,84 kWh
1 kWh aus Wasserkraft ≈ 0,123 SKE = 1,00 kWh.

**Sterberate**

Die Zahl der Gestorbenen eines bestimmten Gebietes, bezogen auf 1000 Einwohner.

**Subsistenzwirtschaft**

Eine landwirtschaftliche Produktion, die auf Eigenversorgung des Produzenten ausgerichtet ist. Sie ist in Entwicklungsländern für viele Klein- und Kleinstbauern typisch.

**Terrane**

Geologische Einheit, die von Störungen begrenzt wird und deren Genese sich von ihrer Umgebung grundlegend unterscheidet. Bei plattentektonischen Bewegungen wurden Terranes aus einem Kontinent herausgebrochen und – nach einer Wanderung mit dem Ozeanboden – an andere angeschweißt. Im Pazifik driften derzeit eine Reihe von Terranen (FRISCH u. LOESCHKE 1993).

**Tethys**

Nach der Gattin des Meeresgottes OKEANOS benanntes weltumspannendes Mittelmeer (beiderseits des Pazifiks), das vom Paläozoikum an bis ins Mesozoikum existierte. Mit der Entwicklung des Atlantiks wurde es größtenteil subduziert. Das östliche Mittelmeer und das Schwarze Meer stellen Reste der Tethys dar.

**Urbanisierung**

Das Anwachsen der Stadtbevölkerung; in vielen Gebieten der Erde zu einem großen Problem geworden.

**UN-Seerechtskonferenz**

*siehe* UNCLOS

**UNCLOS**

UN-Conference on the Law of the Sea: UN-Seerechtskonferenz; eine Institution zur Regelung von Rechts- und Nutzungsverhältnissen in Meeresgebieten. Wichtigstes Ergebnis der bisherigen Arbeit: 1982 Schaffung der 200-Seemeilen-Zone.

**Verfügbarkeit mineralischer Stoffe**

Die Möglichkeit der Gewinnung bzw. des Imports von Stoffen für die Verwendung in der Wirtschaft. Sie setzt die geologische, technisch-ökonomische, politische und ökologische Verfügbarkeit voraus.

**Verstädterung**

*siehe* Urbanisierung

**Vorhaltedauer**

Der Zeitraum, in dem die Lagerstättenvorräte eines Rohstoffes in Beziehung zum jährlichen Abbau noch zur Verfügung stehen. Die Vorhaltedauer wird in Jahren ausgedrückt:

$$\frac{\text{Lagerstättenvorräte } [t, m^3 ...]}{\text{Förderung pro Jahr } [t, m^3 ...]} = [\text{Jahre}].$$

**Wachstumsrate der Bevölkerung**

Das Verhältnis zwischen Geburten- und Sterberate; bestimmt direkt das natürliche Wachstum der Bevölkerung; wird oft auch als Zuwachsrate oder Geburtenüberschuß bezeichnet
(*siehe* Geburtenrate, Sterberate).

**Weltgesundheitsorganisation**

*siehe* WHO

**Weltkommission für Umwelt und Entwicklung**

Eine von der UNO eingesetzte Kommission unter Leitung von G. H. BRUNDTLAND,

die ein „Weltprogramm des Wandels" in der Zeit von 1983 bis 1987 ausarbeitete. Wichtige Ergebnisse sind in dem Buch „Unsere gemeinsame Zukunft" festgehalten.

**WHO**

World Health Organization: Weltgesundheitsorganisation; eine Organisation der UNO, Sitz in Genf.
Hauptaufgaben: Hilfe bei der Ausrottung von Seuchen und Epidemien;
Förderung der Gesundheitsfürsorge, besonders in den Entwicklungsländern;
Förderung der Forschung zu Fragen der Weltgesundheit.

**Zooplankton**

Die im Wasser treibenden tierischen Organismen (z. B. Strahlentierchen oder Quallen).

**Zuwachsrate**

*siehe* Wachstumsrate der Bevölkerung

**200-Seemeilen-Zone**

Eine 1982 geschaffene, sich aus der Hoheitszone (12 Seemeilen) und der „Ausschließlichen Wirtschaftszone" (bis 188 Seemeilen) zusammensetzende Zone eines Meeresanrainers, in der dieser souveräne Rechte – u. a. auch über alle lebenden und toten Ressourcen – ausübt.

# Sachregister

# LAND- UND FORSTWIRTSCHAFT DER ERDE – NATURBEDINGUN

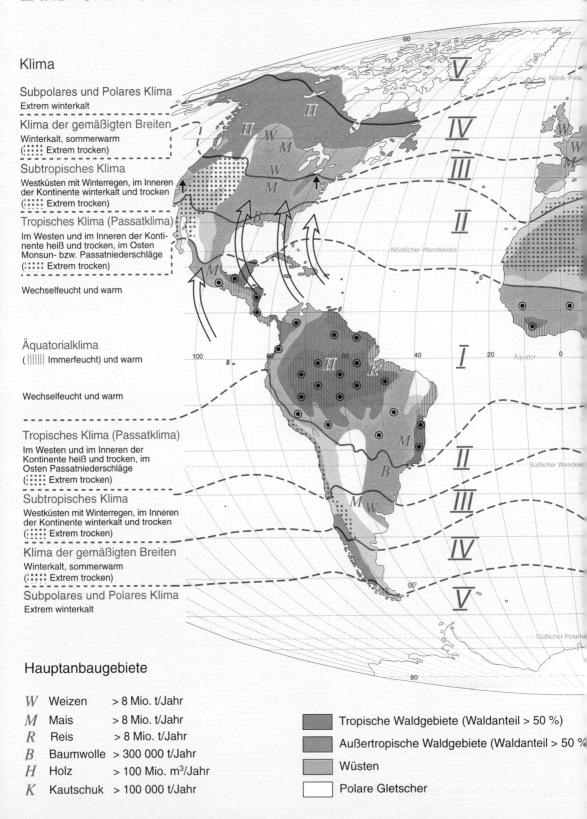

## Klima

**Subpolares und Polares Klima**
Extrem winterkalt

**Klima der gemäßigten Breiten**
Winterkalt, sommerwarm
(:::: Extrem trocken)

**Subtropisches Klima**
Westküsten mit Winterregen, im Inneren
der Kontinente winterkalt und trocken
(:::: Extrem trocken)

**Tropisches Klima (Passatklima)**
Im Westen und im Inneren der Konti-
nente heiß und trocken, im Osten
Monsun- bzw. Passatniederschläge
(:::: Extrem trocken)

Wechselfeucht und warm

**Äquatorialklima**
( ||||| Immerfeucht) und warm

Wechselfeucht und warm

**Tropisches Klima (Passatklima)**
Im Westen und im Inneren der
Kontinente heiß und trocken, im
Osten Passatniederschläge
(:::: Extrem trocken)

**Subtropisches Klima**
Westküsten mit Winterregen, im Inneren
der Kontinente winterkalt und trocken
(:::: Extrem trocken)

**Klima der gemäßigten Breiten**
Winterkalt, sommerwarm
(:::: Extrem trocken)

**Subpolares und Polares Klima**
Extrem winterkalt

## Hauptanbaugebiete

| | | |
|---|---|---|
| *W* | Weizen | > 8 Mio. t/Jahr |
| *M* | Mais | > 8 Mio. t/Jahr |
| *R* | Reis | > 8 Mio. t/Jahr |
| *B* | Baumwolle | > 300 000 t/Jahr |
| *H* | Holz | > 100 Mio. m³/Jahr |
| *K* | Kautschuk | > 100 000 t/Jahr |

| | |
|---|---|
| ■ | Tropische Waldgebiete (Waldanteil > 50 %) |
| ■ | Außertropische Waldgebiete (Waldanteil > 50 % |
| ■ | Wüsten |
| □ | Polare Gletscher |